기초 일본어

基礎 日本語

Workshop 2

기초일본어

최철규

基礎日本語

WORKSHOP

2

박영사

추천의 말

    일본어 학습의 중요성은 아무리 강조하여도 지나침이 없다. 이 사실은 어느 시대나 어떤 계층의 사람에게도 타당한 말이다. 특히 모든 영역에 걸쳐 국제화·세계화의 물결이 더욱 거세질 21세기를 대비하여야 하는 현 시점에서는 더욱 그러하다. 정치·경제·문화 등의 모든 생활 영역에서 일본과의 관계처럼 우리에겐 밀접한 교류와 접촉이 빈번한 곳은 없다.

    일본은 역사적으로 우리와의 암울했던 악연 때문에 흔히들 가장 가까운 곳이지만 가장 먼 나라라고들 한다. 문화·역사 국민 의식간에 공통성을 지니고 경제·학문·인적인 교류면에서 불가결한 관계를 가지면서도 드러내어 놓고 접촉하기엔 서먹서먹했고 응어리진 생각을 풀 수 없었던 때도 있었다.

    어떻든 이제는 내일을 위한 우호적인 동반자 관계로서이건 적대적 경쟁 관계로서이건 상대방의 언어와 문화, 의식구조와 가치관을 철저히 터득해 두는 것은 우리 국민의 필수적 과제이다. 국경 없는 무한 경쟁 시대에 이 지구촌에 살아남을 수 있는 경쟁력을 기르는 방법은 접촉이 빈번한 국가의 언어와 문화 등을 통달하는 길이다.

    이러한 시점에서 일찍이 일본에 건너가서 다년간 정열적으로 학문 연수를 하고 일본어와 일본 것들의 연구에 전념해 온 최철규 군이 그 동안 많은 일본어 학습 서적을 낸 끝에 "日本語 Workshop"을 펴낸 데 대하여 진심으로 경하하면서 다음 몇 가지 이유에서 각종의 국가시험에 대비하는 일본어 수험생을 비롯한 각 계층의 일본어 학습자 및 일본어 교수에 대해서까지 배우고 가르치는 모범 교재로 추천하는 바이다.

첫째, 저자는 다년간 일본에서 공부하면서 일본어뿐만 아니라 일본의 문화·역사·사회에 대한 이해를 깊이 했다는 점에서 살아 있는 일본어 교재를 펴낼 능력 있는 자라는 점이다. 어떤 나라의 언어의 터득은 그 나라의 문화·역사, 그리고 사회에 대한 깊은 이해 없이는 완전할 수 없다. 언어는 문화적·역사적·사회적 산물이기 때문이다.

둘째, 저자는 귀국 후에도 다년간 사법시험을 비롯한 각종 국가시험 자들을 가르친 경험을 토대로 만들어 낸 교재이므로 각종 시험 준비에 필수적인 부분을 강조했다는 사실이다.

셋째, 저자는 평소에 어떤 일에 착수하면 온 정열을 바치는 열정가이고 또한 항상 장래를 대비하는 창조적 역량을 발휘하는 자이므로 본 교재 내용도 독창성을 지니고 있다는 점이다.

넷째, 모든 싸움이 그렇듯이 각종시험에도 신예의 무기가 필수적이다. 저자 최철규 군은 귀국후에도 자주 일본을 드나들면서, 그리고 일본에 관한 최신 독서물을 통하여 새로운 문물에 접하고 있으므로 격조 있는 최신교재를 꾸몄다는 점이다.

다섯째. 흔히들 저작물은 저자의 인격의 표현이라고 함에 비쳐볼때 본 저자는 근면하고 소박하며 솔직한 인품으로 인정되고 있다는 점에서 본 저서도 근면의 산물이라고 평가된다는 사실이다.

이상의 몇 가지 특정한 이유로 저자 최철규 군의 본 저서를 추천하면서 판을 거듭할수록 더욱 알차고 격조 높은 내용으로 발전되길 빌면서…….

한양대학교 법과대학 교수
한양대학교 행정 대학원장
법학박사 車鏞碩 (차용석)

머리말

    한 시간이면 갈 수 있는 나라, 일본은 분명 먼 나라이기만 하지는 않습니다. 또한, 21세기 태평양 시대의 도래를 생각해 본다면, 한국과 일본은 극동의 동반자로서 중요한 역할을 하게 될 것임을 쉽게 예측할 수 있습니다. 지금보다 더 많은 한·일간의 교류·무역·거래 등이 우리를 기다리고 있고, 더 나은 미래와 발전을 위해, 피할래야 피할 수 없는 국제화와 세계로의 도약을 위해, 이제 경제 대국 일본과 일본어라고 하는 의사소통의 도구를 갖추지 않으면 안 되는 것입니다. 그만큼 일본어는, 이미 영어와 함께 국제어로서 당당히 자리 잡고 있기 때문입니다.

    '日本語 회화를 유창하게 하고 싶다'., '해외여행을 갔을 때 현지인들과 부담 없이 자유롭게 이야기하고 싶다.', '비즈니스맨으로서 당당하게 日本語로 교섭하고 싶다.', 이것은 일본어에 관심이 있는 모든 사람의 간절한 바람이라고도 할 수 있습니다. 자신의 日本語가 서툴고, 완전한 언어를 말할 수 없고, 유창한 회화를 구사하지 못한다고 해서 그대로 있을 수는 없습니다. 지금 시작할 수밖에 없습니다. 실패를 두려워 말고 일어서는 것, 그것이 능숙한 日本語 구사를 위한 키(key) 라고 할 수 있는 것입니다.

    日本語 Workshop은 지금까지의 구태의연한 일본어 학습체계를 탈피하여 더욱 쉽고 확실하게, 그리고 재미있게 현장감 있는 학습을 유도하기 위해 많은 연구 끝에 만들어진 독창적인 일본어 교재입니다. 될 수 있으면 많은 예문을 다루었고 실생활에서 사용되는 언어를 중심으로 만들어졌습니다.

수년간의 강의에서의 시행착오를 통해 얻은 효과적인 학습체계 정리와 일본 현지에서의 체험담을 바탕으로, 현장에서의 실패나 체험에서 배운 노하우(know-how)나 지혜가 집약되어 완성된 이 책은, 일본어를 정복하고자 하는 여러분들에게 가장 현장감 있는 일본어를 놀랄 정도의 수준까지 끌어올려 줄 것이라고 확신합니다. 이 책은 일상생활에서 사용되는 기초적인 일본어의 문법과 회화를 목표로 만들어진 책입니다. 이 책이 살아있는 일본어를 배우는 시작에 도움이 되었으면 하며 여러분의 노력을 통해, 본 교재와 함께 최고의 결실을 보길 기원합니다.

끝으로 이 책이 나오기까지 많은 도움을 주신 이삼 부장검사님 · 사법연수원 교수 조한욱 부장검사님 · 김태업 수석부장판사님 · 법무법인(유한) 법조 하영주 대표 변호사님 · 홍만식 회장님 · 늘 신경 써 주는 최춘교 누님 · 소중한 벗 김재철 님 · 박기돈 님 · 박영훈 님 · 송호영 님 · 사랑하는 동생 김동민 교수님 · 김종명 사장님 · 언제나 곁에서 저를 지켜준 세상에서 가장 소중한 아내 윤수진 님 · 사랑하는 아들 종현 · 종인 · 그리고 박영사 조성호 출판기획 이사님 및 관계자분께 진심으로 감사드립니다.

1998年 12月 최철규 (崔喆奎)

이 책으로 공부하는 모든 분께

• 문형을 반복해서 연습하십시오.

  일본어에 관한 한, 새로운 언어를 배울 때마다 문법의 지식은 중요합니다만, 거기에 너무 치우쳐서는 안됩니다. 언어를 빨리 구사할 수 있게 하는 최신의 빙법은, 우선 일상생활에서 자주 사용되어지고 있는 일본어표현을 하나의 문형으로서 이해하고, 외우는 것입니다. 이 교과서에서는, 문형을 반복연습함으로써 문법사항과 단어의 사용법을 스스로 터득할 수 있는 동시에 회화력을 기를 수 있도록 구성되고 배열되어 있습니다.

• 정확한 발음을 들어주십시오.

  교과서의 문자는 정확한 발음을 전해줄 수 없습니다. 주위의 일본인이나 인터넷을 이용해서 발음을 듣고 외워 주십시오.

• 외국어만큼은 독학하지 마십시오.

  언어의 가장 큰 장벽은 뉘앙스이듯이 혼자서 하는 공부는 무리가 따르게 마련입니다. 가능하면 주위의 학원이나 선생님에게 배우십시오. 그래야 한국식 외국어가 아닌 살아 있는 외국어를 배울 수 있습니다.

• 복습을 게을리하지 마십시오.

　한번의 공부로 전부 이해하고, 기억하는 것은 도저히 무리입니다. 또 한번에 많은 내용을 암기해도 곧 잊어버리게 됩니다. 그렇기 때문에 그날 배운 것은 반드시 그날 복습하고 2시간에 걸쳐 공부를 했다면 복습시간도 2시간이 필요합니다.

• 외웠으면 사용하는 것이 무엇보다도 중요합니다.

　언어공부의 기본은 외우고, 또 그것을 사용하는 것입니다. 우선은, 각과의 단어와 회화를 외우고, 그리고, 외운 단어와 문장을 사용해서 친구나, 일본인에게 말을 걸어 보십시오. 혹시, 일본어가 틀리지나 않을까 하고 창피해 한다면 언어는 절대로 잘할 수 없습니다. 그리고 외국어를 틀리는 것은 당연한 것입니다.

• 한미디.

　위의 제 조언을 충실하게 이행하고 실행한다면, 일본어의 기초적인 표현과 일상생활에 필요한 어휘를 습득하게 됨은 물론 일본인이 말하는 일본어를 이해하게 됩니다. 모든 언어가 그렇듯이 쉬운 외국어는 하나도 없습니다. 하나의 외국어를 정복한다는 마음가짐으로 끈기 있게 공부를 계속한다면 분명히 좋은 결과가 오리라 믿습니다.

각 과의 구성

각 과는 단어·형용사·형용동사·동사·숙어·예문설명·회화·본문의 형태로 구성되어 있고, 초급의 단계에서도 쉽게 이해할 수 있도록 많은 예문과 자세한 설명이 첨부되어 있습니다. 어려운 용법은 보다 잘 이해할 수 있도록 연습문제를 함께 다루었습니다.

· 단어. (單語)

일본어를 학습하는 데 있어 꼭 필요한 필수단어를 중심으로, 기본회화와 작문에서 가장 많이 사용되어지는 단어를 엄선하여 다양하게 다루었다.

· 동사. (動詞)

일반의 일본어 문법에서의 동사는 오단동사·상일단동사·하일단동사·サ행변격동사·カ행변격동사로 분류되지만, 이 책에서는 오단동사를 動詞Ⅰ 상일단동사와 하일단동사를 動詞Ⅱ サ행변격동사와 カ행변격동사를 動詞Ⅲ으로 부르기로 한다. 처음으로 공부하는 사람들을 위해 단어마다 동사의 종류를 분류해 놓았다.

· 형용사. (形容詞·い形容詞)

일반의 일본어 문법에서는 형용사이지만 이 책에서는 い형용사로 부르기로 한다.

·형용동사. (形容動詞·な形容詞)

일반의 일본어 문법에서는 형용동사이지만 이 책에서는 な형용사로 부르기로 한다.

• 숙어. (熟語)

　일상생활에서 많이 사용되고 있는 회화를 중심으로 구성해 놓았다.

• 예문 설명. (例文·説明)

　각 과별로 체계적으로 정리되어 있으며 어려운 용법과 실수하기 쉬운 언어를 중심으로 설명하여, 초보자가 보아도 이해하기 쉽도록 구성하였다.

• 회화. (会話)

　일상생활에서 흔히 사용되고 있는 회화를 중점적으로 다루었고, 일본어를 처음 시작하는 사람도 자유자재로 다양한 일본어 회화를 구사하는 데 도움이 되도록 엄선하여 쉽게 정리하였다. 예문 설명에 맞추어 번호별로 자세하게 다루었다. (예문 1번은 회화 1번)

• 본문. (本文)

　공부한 과의 최종정리로, 처음부터 끝까지의 내용을 전부 이해하고 외울 수 있도록 단어를 다양하게 사용하였으며 본문 하나로 한 과를 충분히 소화할 수 있게 구성하였다.

• 단어. (語句·い形容詞·な形容詞·フレーズ)

　단어 중에서 까만점(●)이 있는 것은 중요한 것이므로 꼭 외웠으면 한다.

• 띄어쓰기.

　일본어는 띄어쓰기가 없지만, 초보자를 위해 띄어 써 놓았다.

• 기호.

　일본어의 기호는 문장을 끊을 때 「、」, 문장을 끝낼 때 「。」, 두 개의 기호가 있다. 그렇지만 초보자를 위해 여러 가지 기호를 사용했다.

문자의 읽기. (가나는 히라가나 가따까나의 준말이다.)

일본어는 3개의 다른 문자 체계를 갖고 있고, 각각 히라가나·가따까나·한자라고 부른다. 히라가나는 조사·동사·형용사 등의 활용부분의 표기, 접속사 등의 표기에 사용되고, 가따까나는 구미의 언어에서 일본어에 들어온 외래어를 표기하는데 쓰이고 있다. 또 한자는 말의 본질적인 의미 부분을 나타내는데 많이 사용된다.

• う (ウ) /u/

う (ウ) /u/ 또는 う단의 가나를 읽을 때의 입모양은 평행되게 (납작하게) 하고, 둥그렇게 하지 않는다.

• ふ (フ) /fu/

ふ (フ) /fu/ 는 자음 표기로 /f/ 를 사용하고 있지만, 실제 읽기로는 영어의 "who" 를 읽는 것과 같이 읽는다.

• じ·ぢ /dji/ 와 ず·づ /dzu/

じ·ぢ는 표기는 다르지만 양쪽 모두 /dji/ 또는 /ji/ 로 읽는다.
마찬가지로 ず·づ 는 /dzu/ 또는 /zu/ 로 읽는다.
즉, じ·ぢ 가 어두에 올 때는 /dji/ 로 읽는다.

| 事故 | /djiko/ | 사고. |

ず·づ가 어두(語頭)에 올 때에는 /dzu/ 로 읽는다.

| ズボン | /dzubon/ | 바지. |

じ·ぢ가 단어의 중간이나, 어미(語尾)에 올 때는 /ji/ 로 읽는다.

| 鼻血 | /hanaji/ | 코피. |

ず·づ가 단어의 중간이나, 어미(語尾)에 올 때는 /zu/ 로 읽는다.

続く /tsuzuku/ 계속되다.

또 어두의 じ·ぢ /dji/·ず·づ /dzu/ 라도, 그 앞의 말이 오면 어두(語頭)가 되지 않으므로, /ji/ ·/zu/ 로 변한다. 예를 들어, じこ (事故) 는 단독으로는 /djiko/ 로 읽히지만, このじこ (この事故) 와 같이 じこ (事故) 앞에 この /kono/ 가 오면, /konojiko/ 로 변한다.

문자를 읽는 길이.

하나하나의 가나를 읽을 때의 시간적 길이는 거의 일정하다. 예를 들어 めがね / megane / 는 め が ね 의 3개의 가나로 표현되지만, 그 각각의 め が ね 를 읽을 때의 길이는 거의 일정한 길이로 읽는다. 마찬가지로 つくえ /tsukue/ 의 3개의 가나도 대체로 같은 길이로 읽는다.

■ 장모음

• 원칙 1.

おかあさん・おにいさん・ふうふ 와 같이 あ・い・う 가 각각, あ단・い단・う단의 가나 다음에 쓰이는 경우에는 단독으로는 읽지 않는다. 예를 들면, おかあさん 의 かあ 의 부분은 /ka:/ 로 길게 늘여 읽는다. おにいさん 의 にい 도 /ni:/ 로 읽는다.

お母さん   [oka:san]   (어머님)

お兄さん   [oni:san]   (형님)

夫婦   [fu:fu]   (부부)

/fu/ 는 자음표기로 /f/ 를 사용하고 있지만, 실제읽기로는 영어의 " who " 를 읽는 것과 같이 읽는다.

• 원칙 2.

とけい・おとうさん 과 같이 い・う 가 각각 え단과 お단의 가나 다음에 쓰이는 경우에도 단독으로 읽지 않는다. とけい의 けい 는 /ke:/ 로 읽고, おとうさん 의 とう 는 /to:/ 로 읽는다. 따라서 아래와 같이 읽는다.

時計   [toke:]   (시계)

先生   [sense:]   (선생님)

お父さん   [oto:san]   (아버님)

• 원칙 3.

え단의 가나로 え・お단의 가나로 お 가 쓰이는 경우도 있다.
예를 들면, おねえさん은 /one:san/ 이라고 읽고, <u>おおきい</u> 는 /o:ki: 로 읽는다.

お<ruby>姉<rt>ねえ</rt></ruby>さん   [one:san]   (누님)
<ruby>大<rt>おお</rt></ruby>きい   [o:ki:]   (크다)

• 원칙 4.

가따까나는 히라가나의 경우와 달리,『ー』로 쓰이는 경우가 있다. 따라서 エレベーター 는
/erebe:ta:/ 로 <u>ベ</u>와 <u>タ</u> 를 길게 읽는다.

elevator   [erebe:ta:]   (엘리베이터)

• 원칙 5.

원칙1에서 원칙4에 제시된 <u>あ・い・う・え・お・ー</u> 를 읽는데 필요한 시간적 길이는 다른 가
나를 읽을 때의 길이와 거의 같다.
따라서 <u>おかあさん</u> 의 <u>お・か・あ・さ・ん</u> 의 하나하나의 문자는 거의 같은 길이로 읽는다.

읽기

ん은 다음에 오는 음에 의해 영향을 받아 실제로는 4종류의 읽기 방법이 있다.

실제의 발음	뒤에 따라오는 가나 문자. (ん뒤에 오는 글자)							
ñ	あ	い	う	え	お			
	さ	し	す	せ	そ	しゃ	しゅ	しょ
	は	ひ	ふ	へ	ほ	ひゃ	ひゅ	ひょ
	や		ゆ		よ			
	わ							
	어미(語尾)							
	ん은 비음화 된다. (단독으로 사용한다)							

原因	(げんいん)	[geñin]	원인.
未婚者	(みこんしゃ)	[mikoñsha]	미혼자.
面接	(めんせつ)	[meñsetsu]	면접.
日本	(にほん)	[nihoñ]	일본.
本屋	(ほんや)	[hoñya]	책방.
電話	(でんわ)	[deñwa]	전화.
保険	(ほけん)	[hokeñ]	보험.
家賃	(やちん)	[yachiñ]	집세.

か	き	く	け	こ	きゃ	きゅ	きょ
が	ぎ	ぐ	げ	ご	ぎゃ	ぎゅ	ぎょ

ŋ

영어의 'Sing' 에서 보이는 ng의 음과 비슷하다.
(우리나라 말의 ㅇ에 가깝다)

文化 （ぶんか）	[buŋka]	문화.
音楽 （おんがく）	[oŋgaku]	음악.

ざ	じ	ず	ぜ	ぞ	じゃ	じゅ	じょ
た	ち	つ	て	と	ちゃ	ちゅ	ちょ
だ	ぢ	づ	で	ど	ぢゃ	ぢゅ	ぢょ
な	に	ぬ	ね	の	にゃ	にゅ	にょ
ら	り	る	れ	ろ	りゃ	りゅ	りょ

n

혀끝을 잇몸에 붙여 읽는다. (우리나라 말의 ㄴ에 가깝다)

漢字 （かんじ）	[kanji]	한자.
本当 （ほんとう）	[hontou]	정말.
神田 （かんだ）	[kanda]	간다(지명).
女 （おんな）	[onna]	여자.
管理 （かんり）	[kanri]	관리.

ば	び	ぶ	べ	ぼ	びゃ	びゅ	びょ
ぱ	ぴ	ぷ	ぺ	ぽ	ぴゃ	ぴゅ	ぴょ
ま	み	む	め	も	みゃ	みゅ	みょ

m

위 아랫입술을 닫고 읽는다. (우리나라 말의 ㅁ에 가깝다)

現場 （げんば）	[gemba]	현장.
新聞 （しんぶん）	[shimbun]	신문.
鉛筆 （えんぴつ）	[empitsu]	연필.
憲法 （けんぽう）	[gempoo]	헌법.
三枚 （さんまい）	[sammai]	세장.

• ん음을 읽는데 걸리는 길이는 다른 가나문자의 길이와 거의 같다.

● 작은 っ (촉음)

<u>き</u><u>っ</u><u>て</u>에서 보여지듯이 작은 <u>っ</u> 는 특별하게 읽는다. <u>っ</u> /tsu/ 라고 읽지 않고, 단지 모양만을 취할 뿐이다. 즉, <u>き</u><u>っ</u><u>て</u> 의 경우는 <u>き</u> 를 읽고, 혀는 <u>て</u> 의 위치로 하여 모양을 취한다. 이 모양의 길이는 <u>き</u>・<u>て</u>를 읽는 것과 거의 같은 길이이다. 이와 같이 작은 <u>っ</u> 를 읽는 경우의 혀(舌)의 위치는 <u>っ</u> 에 붙는 (뒤에 따라오는) 문자의 자음의 위치이다. 그러나 <u>っ</u> 다음에 오는 문자가 さ・し・す・せ・そ의 경우는 공기가 나올 뿐, 모양은 의식되지 않는다.

이 작은 っ 는

K음 앞에서는 ㄱ에 가깝다.	か	き	く	け	こ
	一家 (い<u>っか</u>)	일가족.	真っ黒 (ま<u>っく</u>ろ)	진검정.
	一回 (い<u>っか</u>い)	한 번. 일회.	湿気 (し<u>っけ</u>)	습기.
	学期 (が<u>っき</u>)	학기.	学校 (が<u>っこ</u>う)	학교.

S음 앞에서는 ㅅ에 가깝다.	さ	し	す	せ	そ
	一切 (い<u>っさ</u>い)	일절.	生粋 (き<u>っす</u>い)	순수하다.
	雑誌 (ざ<u>っし</u>)	잡지.	一石 (い<u>っせ</u>き)	일석.
	一生 (い<u>っしょ</u>う)	일생.	発足 (ほ<u>っそ</u>く)	발족.

T음 앞에서는 ㄷ에 가깝다.	た	ち	つ	て	と
	一体 (い<u>った</u>い)	도대체.	三つ (み<u>っつ</u>)	세 개.
	match (ま<u>っち</u>)	성냥.	切手 (き<u>って</u>)	우표.
	熱中 (ね<u>っちゅ</u>う)	열중.	圧倒 (あ<u>っと</u>う)	압도.

P음 앞에서는 ㅂ에 가깝다.	ぱ	ぴ	ぷ	ぺ	ぽ
	一杯 (い<u>っぱ</u>い)	가득. 한잔.	切符 (き<u>っぷ</u>)	티켓. 표.
	発表 (は<u>っぴょ</u>う)	발표.	疾病 (し<u>っぺ</u>い)	질병.
	別嬪 (べ<u>っぴ</u>ん)	미인.	尻尾 (し<u>っぽ</u>)	꼬리.

의 앞에서만 나타난다.

• 모음 /i/ · /u/ 의 무성화.

모음 /i/ · /u/ 는 무성음 /k · s · sh · t · ch · ts · p · h · f/ 와 무성자음 사이에 있을 때는
무성화 된다.
따라서 き·し·ち·ひ·ぴ·く·す·つ·ふ·ぷ 다음의(예로 드는) 읽기 앞에 올 때는 /i/·/u/ 는
무성화 된다.

寿司 /sushi/ す /su/ 의 /u/ 가 무성화 된다.
따라서 실제 す의 읽기는 단지 공기가 나올 뿐이다.

飛行機 /hiko:ki/ ひ /hi/ 의 /i/ 가 무성화 된다.
따라서 ひ의 실제 읽기는 단지 공기가 나올 뿐이다.

또 문장의 제일 끝에 오는 す도 무성화 된다.
예를 들어 飲みます의 す /su/ 는 [s] 로 읽혀진다.
따라서, 飲みます의 실제 읽기는 [nomimas] 이다.

• は · へ · を 읽기.

は · へ · を가 조사로 쓰인 경우에는 は는 /wa/·へ는 /e/ 로 읽는다.
を는 조사를 표시할 때만 쓰인다. お와 を는 표기는 다르지만, 읽기는 같으며, /o/ 로 읽는다.

• く 읽기.

く자 뒤에 さ·し·す·せ·そ가 올 때는 ㄱ받음에 가깝다.					
沢山 (たくさん)	닥상.	많다.	約数 (やくすう)	약스우.	약수.
奥様 (おくさん)	옥상.	부인.	学生 (がくせい)	각세에.	학생.
読書 (どくしょ)	독쇼.	독서.	白線 (はくせん)	학센.	흰선.
拍手 (はくしゅ)	학슈.	박수.	服装 (ふくそう)	훅소오.	복장.
複数 (ふくすう)	훅스우.	복수.	告訴 (こくそ)	곡소오.	고소.

교실 용어

始めましょう。	시작합시다.
終わりましょう。	끝냅시다.
休みましょう。	휴식합시다.
読んでください。	읽어 주세요.
見てください。	봐 주세요.
言ってください。	말해 주세요.
書いてください。	써 주세요.
開いてください。	펴 주세요. (노트·책을)
閉じてください。	덮어 주세요. (노트·책을)
覚えてください。	기억해 주세요.
答えてください。	대답해 주세요.
聞いてください。	물어주세요(말을). 들어주세요(이야기를).
もう一度言ってください。	다시 한번 말해 주세요.
もっとゆっくり言ってください。	좀 더 천천히 말해 주세요.
分かりますか。	알겠습니까. 이해가 됩니까.
はい、分かりました。	예, 알겠습니다. 예, 이해가 됩니다.
いいえ、分かりません。	아니오, 모르겠습니다. 아니오, 이해가 안 됩니다.

인사와 간단한 회화

•인사.

お早うございます。	아침인사
今日は。	낮인사
今晩は。	저녁인사
佐様なら。 然様なら。	헤어질 때. 영원히 헤어질 때.
お休みなさい。	안녕히 주무세요. (잠잘 때의 인사) 밤늦게 헤어질 때
では、また。	그럼, 다음에.
また、明白。	내일 또 봅시다.
また、会いましょう。	또 만납시다.
じゃね。	그럼, 다음에. (주로 여성들이 사용한다)
どうぞお元気で。	그럼 안녕히 가십시오. (멀리 떠나는 사람에게 하는 인사)
大丈夫です。	괜찮습니다. 좋습니다. 사양의 의미도 있다.
すみません。	미안합니다. (남에게 말을 걸때나 사람을 부를 때)
ちょっとすみません。	잠깐 실례합니다.
お願いします。	부탁합니다. (무언가를 부탁할 때)
本当です。	정말입니다.
お大事に。	몸조심하십시오.. (환자에게)
駄目です。	안됩니다.
また 今度お願いします。	다음에 부탁합니다. (상대방의 권유를 거절할 때)
いらっしゃいませ。	어서 오십시오. (손님이 왔을 때. 점원이 손님을 상대로 많이 사용)
いろいろお世話になりました。	여러 가지 신세 많이 졌습니다.
あした お暇ですか。	내일 한가하십니까. 내일 시간 있습니까.
おめでとうございます。	축하합니다.

• 고마움을 느낄 때.

どうも すみません。	대단히 고맙습니다.
どうも。	대단히. (고맙습니다를 간단히 줄여 どうも로 많이 사용한다)
どうも 有り難う。	대단히 고맙습니다. (가볍게 인사할 때)
ありがとう。	맙습니다. (나이가 같거나 연하(年下)일때)
どうも 有り難うございます。	대단히 고맙습니다.
どういたしまして。	천만예요.

• 처음에 만니 인사할 때.

始めまして。 처음 뵙겠습니다.	상대편	始めまして。 처음 뵙겠습니다.
私はキムです。 저는 김입니다.		私はチンです。 저는 진입니다.
どうぞよろしく。 잘 부탁합니다.		どうぞよろしく。 잘 부탁합니다.

• 누구의 소개로 만나 인사할 때.

始めまして。 처음 뵙겠습니다.	상대편	こちらこそ。 이쪽이야말로. (저야말로)
私はキムです。 저는 김입니다.		
どうぞよろしく。 잘 부탁합니다.		どうぞよろしく。 잘 부탁합니다.

• 만나서 인사할 때.

| こんなに会えて嬉しいです。 | 이렇게 만나게 되어서 기쁩니다. |

• 오래간만에 만나 안부를 물을 때.

| A : お元気ですか。
B : はい、お陰様で元気です。
B : キムさんはどうですか。
　　キムさんはいかがですか。
A : 私も元気です。 | A: 건강하십니까.
B: 예, 덕분에 건강합니다.
B: 김씨는 어떻습니까.
　 김씨는 어떻습니까.
A: 저도 건강합니다. |

•오래간만에 만났을 때.

しばらくですね。	오래간만입니다. (나이가 같거나 年下(연하)일 때)
お久しぶりですね。	오래간만입니다. (손윗사람(年上) 에게)
ご無沙汰いたしました。	그 동안 소식 못 전해서 죄송합니다. (격조했습니다)

•안부를 물을 때.

| A : お変わりありませんか。 | A: 별일 없으십니까. (안부인사) |
| B : 相変わらず元気です。 | B: 변함없이 잘 지냅니다. 여전히 건강합니다. |

•상대에게 안부를 전할 때.

| 金さんによろしくお伝えください。 | 김씨에게 안부 좀 전해주세요. |

• 외출할 때와 귀가할 때.

行って来ます。	다녀오겠습니다.　(외출할 때)
行って参ります。	다녀오겠습니다.　(외출할 때)
行っていらっしゃい。	다녀오십시오.
只今。	다녀왔습니다.　(외출하고 돌아와서)
お帰りなさい。	어서 오십시오.　(귀가했을 때)

• 무엇을 먹을 때.

いただきます。	잘 먹겠습니다. (무엇을 먹기 전에)
ご馳走さまでした。	잘 먹었습니다. (먹고 나서)
お粗末さまでした。	변변치 못했습니다.
何を食べますか。	무엇을 먹겠습니까.
何でもいいです。	무엇이든지 좋습니다.

• 선물을 줄때와 받을 때.

詰まらない物ですが、どうぞ。	변변치 못합니다만, 받아주세요.
お粗末な物ですが、どうぞ。	변변치 못합니다만, 받아주세요.
いただきます。	고맙습니다. 잘 받겠습니다.

• 방문할 때.

御免ください。	계십니까. (남의 집을 방문할 때 문을 두드리며)
どなた様ですか。	누구십니까. (공손한 말)
どなたですか。	누구십니까.
どうぞお入りください。	자 어서 들어오십시오.
どうぞお上がりください。	자 어서 들어오십시오.
お邪魔します。	실례합니다. (남의 집을 방문해서 들어갈 때)
よくいらっしゃいました。	잘 오셨습니다.
ようこそいらっしゃいました。	잘 오셨습니다.
どうぞこちらへ。	자 이쪽으로. (자리를 안내할 때)
お茶は いかがですか。	차 한잔하시겠습니까.
いただきます。	잘 먹겠습니다.
おいとまします。	가보겠습니다. (사라지다)
失礼しました。	실례했습니다.
そろそろ失礼します。	이제 그만 가보겠습니다. (그 자리를 떠날 때)
お先に失礼します。	먼저 실례하겠습니다.
お休みなさい。	안녕히 계세요. 안녕히 주무세요.

• 일을 끝마치고.

ご苦労様でした。	수고하셨습니다. (나이가 같거나 연하(年下) 일 때)
お疲れさまでした。	수고하셨습니다. (윗사람(年上) 에게)
有り難うございます。	수고하셨습니다. (배움의 장소에서)

• 잠깐 기다리게 할 때.

ちょっと待って下さい。	잠깐만 기다려 주세요.
少々お待ち下さい。	잠깐만 기다려 주세요. (공손한 말)
しばらくお待ち下さい。	잠시만 기다려 주세요. (약 5분 정도)
お待たせいたしました。	많이 기다리게 했습니다.
お待ち遠様。	많이 기다리셨습니다. (사과의 말)

• 새해 인사.

明けましておめでとうございます。	새해 복 많이 받으세요.
新年おめでとうございます。	새해 복 많이 받으세요.

• 사과할 때.

<ruby>大丈夫<rt>だいじょうぶ</rt></ruby>ですか。	괜찮습니까.
すみません。	미안합니다. (가벼운 실수를 사과할 때)
どうもすみません。	대단히 고맙습니다. 대단히 미안합니다. (상대에게 폐를 끼쳤을 때) (ありがとうございます。의 의미도 들어 있다)
<ruby>御免<rt>ごめん</rt></ruby>なさい。	죄송합니다. (정말로 잘못을 했을 때)
<ruby>御免<rt>ごめん</rt></ruby><ruby>下<rt>くだ</rt></ruby>さい。	죄송합니다. (용서를 구할 때)

• 과일. (<ruby>果物<rt>くだもの</rt></ruby>)

いちご	딸기	<ruby>桃<rt>もも</rt></ruby>	복숭아
ストロベリー	딸기	みかん	귤
りんご	사과	<ruby>梨<rt>なし</rt></ruby>	배
<ruby>柿<rt>かき</rt></ruby>	감	<ruby>西瓜<rt>すいか</rt></ruby>	수박
ぶどう	포도	パインナップル	파인애플
メロン	메론	オレンジ	오렌지
バナナ	바나나	トマト	토마토

• 신체. (体)

頭	あたま	머리	膝	ひざ	무릎
額	ひたい	이마	胸	むね	가슴
顔	かお	얼굴	腰	こし	허리
目	め	눈	胃	い	위
鼻	はな	코	肺	はい	폐
耳	みみ	귀	肘	ひじ	팔꿈치
口	くち	입	腹	はら	배
首	くび	목	腕	うで	팔
手	て	손	尻	しり	엉덩이
足	あし	발	腸	ちょう	장
指	ゆび	손가락	手の平	てのひら	손바닥
足指	あしゆび	발가락	足裏	あしうら	발바닥
手首	てくび	손목	喉	のど	목구멍. 식도
足首	あしくび	발목	爪	つめ	손톱. 발톱
肩	かた	어깨	背中	せなか	등

目次。 차례

제16과   **あしたテストがあるそうです。** 내일 테스트가 있다고 합니다. 31

제17과   **安ければ買います。** 싸다면 삽니다. 61

제18과   **ドアが開いています。** 문이 열려 있습니다. 99

제19과   **尊敬語。** 존경어. 139

제20과   **私は友達に本を送ってあげました。** 나는 친구에게 책을 보내 주었습니다. 193

제21과   **田中さんは部屋を出たり入ったりしています。** 다나까씨는 방을 나왔다 들어갔다 하고 있습니다. ... 227

제22과   **来るかどうか分かりません。** 올지 안 올지 모릅니다. 261

제23과   **使役。** 사역형. 289

제24과   **受け身。(受動)** 수동형. 319

제25과   雨はもう止んだようです。 비는 이미 그친 것 같습니다. ———— 351

제26과   もの。 こと。 ———————————————————————— 395

제27과   佐藤家の一日。 사또오씨 집의 하루. —————————— 409

제28과   佐藤家の一年。 사또오씨 집의 일 년. —————————— 437

제29과   佐藤家の一年。 사또오씨 집의 일 년. —————————— 469

제30과   佐藤家の一年。 사또오씨 집의 일 년. —————————— 495

부록   조수사 · 조사 · 동사의 활용 · い 형용사의 활용 · な형용사의 활용
       접속조사 · 부사 ———————————————————————— 523

연습 문제 ———————————————————————————————— 634
연습 문제 정답 —————————————————————————————— 722

第十六課

だいじゅうろっか

あしたテストがあるそうです。
내일 테스트가 있다고 합니다.

語句 (어구, 말)

단 어	한자 읽는 법	의 미
それに ・		게다가. 그 위에. (しかも・その上・お負けに・かつ・うえに)
以後	いご	이후.
以内	いない	이내.
音	おと	소리. (사물소리)
温泉	おんせん	온천.
~階建	~かいだて	~층 건물.
火事 ・	かじ	화재.
地震 ・	じしん	지진.
風	かぜ	바람.
形	かたち	형태. 모양.
記事 ・	きじ	기사.
近所 ・	きんじょ	근처. (가까운 곳)
空気	くうき	공기.
天気予報	てんきよほう	일기예보.
曇り	くもり	흐림.
晴れ	はれ	맑음. (날씨가)
皇居	こうきょ	일왕(천황)의 주거지.
交通事故	こうつうじこ	교통사고.
(お)砂糖	(お)さとう	설탕.
週末	しゅうまつ	주말.
首相 ・	しゅしょう	수상. (내각 책임자)
総理	そうり	총리. (내각 책임자)

大統領	だいとうりょう	대통령.
生活費	せいかつひ	생활비.
彫刻の森	ちょうこくのもり	조각의 숲.
定期券	ていきけん	정기권.
寝間着・寝巻 ・	ねまき	잠옷.
~杯	~はい・~ばい・~ぱい	~잔. (한잔・두잔)
~泊	はく	~박. (몇 박 며칠)
物価	ぶっか	물가.
お祭り	おまつり	축제.
湖	みずうみ	호수.
面接	めんせつ	면접.
山	やま	산.
旅館	りょかん	여관.
立教祭	りっきょうさい	릿꾜대학 축제. りっきょうだいがくがくえんさい 立教大学学園際의 준말.
芦ノ湖	あしのこ	아시노꼬. (지명)
にほんごのうりょくしけん 日本語能力試験		일본어 능력시험.
こうしゅうかいどう 甲州街道		고슈우까이도. (지명)
デザイナー ・	designer	디자이너.
ニュース ・	news	뉴스.
バッグ	bag	백. 가방. 여자용 백.
モデル	model	모델.
クリーニング	cleaning	클리닝. 세탁소.
コンサート ・	concert	콘서트.
クーラー ・	cooler	쿨러. 에어컨(エアコン).
ストーブ	stove	스토브.
ダイエット ・	diet	다이어트.
コンタクトレンズ	contact lens	콘택트렌즈.
バーゲンセール	bargain sale	바겐세일.
オリンピックセンター	olympic center	올림픽 센터.

• 動詞 (동사)

기본형·사전형	한자 읽는 법	동사 구분	의 미
(酒に) 酔う		動Ⅰ	술에 취하다.
脱ぐ	ぬぐ	動Ⅰ	벗다. (옷을)
(風が) 吹く ・		動Ⅰ	불다. (바람·피리·휘파람)
(窓を) 拭く ・		動Ⅰ	닦다. (창문을, 방을)
無くす	なくす	動Ⅰ	재산·기억을 잃어버리다.
亡くす	なくす	動Ⅰ	죽다. 사별하다. 없던 것으로 하다.
泊まる	とまる	動Ⅰ	머무르다. 숙박하다.
(点を) 取る		動Ⅰ	점을 찍다.
(眼鏡を) 取る		動Ⅰ	안경·모자를 벗다.
慌てる	あわてる	動Ⅱ	당황하다.
負ける	まける	動Ⅱ	지다. (게임에)
飛び降りる		動Ⅱ	뛰어내리다.
(新聞に) 出る		動Ⅱ	신문에 나다.
びっくりする		動Ⅲ	깜짝 놀라다. (どきっとする)
準備(を)する		動Ⅲ	준비를 하다.
デザイン(を)する		動Ⅲ	디자인하다.

• い形容詞 (い형용사)

단 어	한자 읽는 법	의 미
恥ずかしい	はずかしい	창피하다. 부끄럽다.
珍しい	めずらしい	진귀하다. 희귀하다.

• な形容詞 (な형용사)

단 어	한자 읽는 법	의 미
有名	ゆうめい	유명하다.

• フレーズ (문구, 관용구, phrase)

단 어	한자 읽는 법	의 미
慌てて	あわてて	당황해서.
急いで	いそいで	서둘러서.
ええ、まあ		예, 지금으로서는 그럭저럭.
お先に	おさきに	먼저 실례하겠습니다.
そうだねえ		그렇군요.
土・日	ど・にち	토. 일.
~に泊まる　　　・	~にとまる	~에서 머무르다. (숙박하다)
~泊する　　　・	~はくする	~몇 박하다. (며칠 자다)
モデルをする	modelをする	모델을 하다.
今日中に	きょうじゅうに	오늘 중에. 오늘 중으로.

• せっかく : 모처럼. (기회를 만들어)

• 노력했는데도 되지 않아 안타깝다고 하는 기분을 나타낸다.

せっかく用意したのに使われなかった。　모처럼 준비했는데도 사용되지 않았다.

• 상대의 노력에 보답하려고 하는 일이 되지 않아 미안하다고 하는 기분을 나타낸다.

せっかくの好意を無にする。　　　　　모처럼의 호의를 헛되이 하다

• 좀처럼 얻을 수 없는 것의 의미를 나타낸다. (작지만은 귀중한)

せっかくの機会だから。　　　　　　　모처럼의 기회이기 때문에.

- 어느 범위의 전체, 또는 남김없이 전부, 모든 것에 걸쳐서.
  장소를 나타내는 말에 붙어서, 그 전체를 포함하는 말.

  世界中 (세계 전체).　　東京中 (도쿄 전체).　　学校中 (학교 전체).　　町中 (마을 전체).

- 시간을 나타내는 말에 붙어서, 어느 한동안 계속되는 상태.
  그 期間(기간) 중에, 또는, ~하는 사이에.

  今日中 (오늘 중).　　一晩中 (밤새도록).　　一年中 (일 년 내내).　　夏休み中 (여름 방학 중)

◆ 中。

- 어디에도 치우치지 않는 위치.

  中央 (중앙)　　中心 (중심)　　中天 (중천, 하늘의 중심, 천심)

- 시간이나 공간의 사이.

  中旬 (중순)　　中年 (중년)　　途中 (도중)

- 태도가 한쪽으로 치우지지 않는 것.

  中道 (중도)　　中立 (중립)　　中正 (공정함).

- 사물에 집중하는 것.

  中間 (중간)　　意中 (의중).　　外出中 (외출 중).　　不在中 (부재중).

  熱中 (열중).　　集中 (집중).　　水中　(수중).　　授業中 (수업 중).

  夢中 (꿈속. 열중함. 물두함).

例文 · 説明 (예문 · 설명)

1.

あしたテストがあるそうです。
내일 테스트가 있다고 합니다.

天気予報によると、あした雨が降るそうです。
일기예보에 의하면 내일 비가 온다고 합니다.

▸ によると : 〜에 의하면. (전문에만 사용된다)

▸ 기본체+そうです : 〜라고 합니다.
　용법 : 동사 · い형용사 · な형용사 · 명사(기본체) + そうです.

　의미 : 남에게 전해들은 것을 남에게 전달할 때 사용한다. (伝聞)

夕方から雨が降るそうです。
저녁부터 비가 내린다고 합니다.

リンさんは大学へ行かないそうです。
린씨는 대학에 가지 않는다고 합니다.

金さんは今東京に向かって行っているそうです。
김씨는 지금 도쿄를 향해서 가고 있다고 합니다.

今朝のニュースによると、甲州街道で交通事故があったそうです。
오늘 아침 뉴스에 의하면, 고슈까이도에서 교통사고가 있었다고 합니다.

テレビのニュースによると、アメリカの大統領が来るそうです。
텔레비전 뉴스에 의하면, 미국대통령이 온다고 합니다.

▶ い형용사(기본체)＋そうです。

あの映画はとてもおもしろいそうですよ。
저 영화는 매우 재미있다고 합니다.

新聞によると、今年の夏はあまり暑くないそうです。
신문에 의하면, 올 여름은 그다지 덥지 않다고 합니다.

山本さんは昨日とても忙しかったそうです。
야마모또씨는 어제 매우 바빴었다고 합니다.

山本さんは昨日あまり忙しくなかったそうです。
야마모또씨는 어제 그다지 바쁘지 않았다고 합니다.

▶ な형용사 · 명사(기본체)＋そうです。
단 な형용사 · 명사의 긍정은 단어＋だそうです。

リーさんは旅行が好きだそうです。
이씨는 여행을 좋아한다고 합니다.

あの店の人はあまり親切じゃないそうです。
저 가게 점원은 그다지 친절하지 않다고 합니다.

先週は暇だったそうです。
지난주는 한가했다고 합니다.

先週は暇ではなかったそうです。
지난주는 한가하지 않았다고 합니다.

火事の原因はたばこの火だそうです。
화재의 원인은 담뱃불이라고 합니다.

田中さんは病気だそうです。
다나까씨는 병이라고 합니다.

天気予報によると、あしたは晴れだそうです。
일기예보에 의하면, 내일은 맑는다고 합니다.

テストは月曜日じゃなかったそうです。
테스트는 월요일이 아니었다고 합니다.

---

1. あの店の人はとても親切だそうです。

   저 가게 점원은 매우 친절하다고 합니다.

2. 今度のテストは月曜日じゃないそうです。

   다음 시험은 월요일이 아니라고 합니다.

3. チンさんは夏休みに国へ帰るそうです。

   진씨는 여름방학에 본국으로 돌아간다고 합니다.

2.

> 全部覚え**て**しまいました。　　전부 외웠습니다。

> 教科書を忘れ**て**しまいました。　교과서를 잊어버리고 말았습니다。

▸ 동사(て形) + しまう : ~해 버리다.
　용법 : 동사(て形) + しまう。
　　　　회화체로는 (ちゃう・ちまう)・(じゃう・じまう)를 사용한다.
　　　　단(じゃう・じまう)는 동사 기본형의 끝 글자가(ぐ・ぬ・ぶ・む)로 끝나는 동사에 한정된다.
　의미 : 동작이 완료된 것을 나타낸다.
　　　　동작이나 상황을 강조해서 말한다. (깨끗이 ~하다)

기본형	しまう形 (동사(て形) + しまう)	ちゃう・じゃう形 (동사て形에서 て를 빼고 + ちゃう・じゃう)	ちまう・じまう形 (동사て形에서 て를 빼고 + ちまう・じまう)
行く	行ってしまう	行っちゃう	行っちまう
食べる	食べてしまう	食べちゃう	食べちまう
読む	読んでしまう	読んじゃう	読んじまう
死ぬ	死んでしまう	死んじゃう	死んじまう
飛ぶ	飛んでしまう	飛んじゃう	飛んじまう
脱ぐ	脱いでしまう	脱いじゃう	脱いじまう

1. 本を全部読んでしまいました。

　本を全部読んじゃいました。

　책을 전부 읽었습니다。

2. 明日出掛けるので、今日中にこの宿題をやってしまうつもりです。

　明日出掛けるので、今日中にこの宿題をやっちゃうつもりです。

　내일 외출하기 때문에, 오늘 중으로 이 숙제를 끝낼 생각입니다。

3. 三十分で作文を書いてしまいました。

三十分で作文を書いちゃいました。

30분 만에 작문을 다 썼습니다.

4. 勉強しようと思っていたけど、寝てしまいました。

勉強しようと思っていたけど、寝ちゃいました。

공부하려고 생각하고 있었지만, 잠자고 말았습니다.

5. せっかく定期券を買ったのに、無くしてしまいました。

せっかく定期券を買ったのに、無くしちゃいました。

모처럼 정기권을 샀지만, 잃어버리고 말았습니다.

6. ビールを飲んでしまった。

ビールを飲んじゃった。

맥주를 마셔버렸다.

3.

ストーブをつけた<u>まま</u>、出掛けました。　　스토브를 켜 놓은 상태로, 외출했습니다.

▶ まま : ～한 상태로. (상태의 동시 진행)
　　　　동작의 동시진행을 강조하는 경우에는 ながら · つつ를 사용한다.
　　용법 : 동사(과거형) + まま。(で)

● 생각대로.

　　ままにならない。　　생각대로 (마음대로) 되지 않는다.

● 되는대로 맡기는 것. ～하는 대로.
　　용법 : 동사(기본체) + まま。

　　思うままにさせる。　　생각대로 시키다.

● 그 상태 그대로.
　　용법 : 동사 · い형용사 · な형용사 · 명사(기본체) + まま。
　　　　단 な형용사 · 명사의 긍정형은, な형용사(な) · 명사(の) + まま。

　　昔のままの景色。　　옛날 그대로의 경치.

　　見たままを描く。　　본 그대로를 그리다.

1.　窓を開けたまま、寝てしまいました。
　　창문을 열어 논 상태로, 잠들고 말았습니다.

2.　靴を履いたまま、入ってもいいですか。
　　구두를 신은 상태로, 들어가도 됩니까. (좋습니까)

3.　昨日、眼鏡を掛けたまま、お風呂に入ってしまいました。
　　어제, 안경을 낀 상태로, 목욕하고 말았습니다.

4.

苦苗さんは、きれいだし親切です。	요시다씨는, 예쁘고 친절합니다.

▸ ~이기도 하고, ~하고.

용법 : 동사 · い형용사 · な형용사 · 명사(기본체) + し.
　　　부정 + 부정 or 긍정 + 긍정문으로 연결되고,
　　　부정 + 긍정 or 긍정 + 부정문은 연결할 수 없다.

의미 : 同類(같은) 의 내용을 열거하기도 하고 累加(누가 : 겹쳐서 보태짐)를 조건으로 推論(추리)

해서 帰結(끝을 맺는) 하는 관계를 나타낸다.

雨も降るし風も吹くし、出掛けたくない。

비도 오고 바람도 불고, 외출하고 싶지 않다.

疲れたし遅いしもう寝よう。

피곤하고 늦었고 이제 자자.

---

* 대립되고 모순된 것을 열거하여 예를 들어 말하기도 하고 암시하기도 한다.

遊びに行きたいし暇はないし。　놀러는 가고 싶고 시간은 없고.

---

1. 東京は、人も多いし車も多いから、いやです。

　　도꾜는, 사람도 많고 차도 많기 때문에, 싫습니다.

2. 田中さんは、背が高いし頭もいいです。

　　다나까씨는, 키가 크고 머리도 좋습니다.

3. このバッグは、形もいいし色もいいから、買おうと思います。

　　이 백은, 디자인도 좋고 색깔도 좋기 때문에, 사려고 생각합니다.

4. キムさんは、お刺身も好きだしてんぷらも好きです。

   김씨는, 생선회도 좋아하고 튀김도 좋아합니다.

5. 皇居は、静かだしきれいなので、また行きたいです。

   황궁은, 조용하고 깨끗하기 때문에, 또 가고 싶습니다.

6. 中島さんは、よく食べるしよく寝るので、太っています。

   나까지마씨는, 잘 먹고 잘 자기 때문에, 뚱뚱합니다.

7. 昨日は、雨が降ったし風も吹きました。

   어제는, 비가 내렸고 바람도 불었습니다.

5.

これは半円もしました。	이것은 1,000엔 씩이나 했습니다.
これは半円しかしませんでした。	이것은 1,000엔 밖에 안했습니다.
これは半円はするでしょう。	이것은 1,000엔 정도는 하겠지요.

▸ も ： ~씩이나.
　의미 ： 수량사와 같이 사용되어지고, 일반적으로 그렇게 안할 것 같은데도 ~씩이나 했습니다. (생각보다는 의외의 경우에 사용한다)

▸ しか ： ~밖에.
　의미 ： 한정의 의미를 나타내며 뒷문장은 반드시 부정문을 동반한다.

▸ だけ ： ~만. ~뿐.
　의미 ： 한정의 의미를 나타내며 뒷문장은 긍정문을 동반한다. 단 현재진행형문일 경우는 긍정문과 부정문이 올 수 있다.

▸ は ： ~정도는. ~은.
　의미 ： 수량의 말에 붙어 긍정의 표현을 취하면서 최소한을 나타내고, 부정의 표현을 취하면서 최대한을 나타낸다.

1. ウイスキーを五杯も飲みました。
   위스키를 5잔이나 마셨습니다.

2. ビールを六本も飲んだ。
   맥주를 6병씩이나 마셨다.

3. 昨日十時間も寝てしまいました。
   어제 10시간이나 자고 말았습니다.

4. 昨日三時間しか寝ませんでした。

   어제 3시간밖에 잠자지 못했습니다.

5. 学生が一人しか来ませんでした。

   학생이 한 사람밖에 오지 않았습니다.

6. 毎日二時間は勉強してください。

   매일 2시간 정도는 공부해 주세요.

7. 今度のテストで八十点は取りたいです。

   다음 시험에서 80점은 맞고 싶습니다.

8. 東京は物価が高いから、一か月の生活費が十万円は掛かるでしょう。

   도꾜는 물가가 비싸기 때문에, 한 달 생활비가 10만엔은 들겠지요.

9. 期日にまだ十日はあります。

   기일까지 아직 10일은 있습니다.

10. 残る者は、もう五人はいないだろう。

    남은 자는, 이제 5명도 없겠지.

6.

宿題をしないで寝てしまいました。　숙제를 하지 않고 잠자고 말았습니다.

▶ ないで : ～하지 않고.

용법　:　동사 (부정형) + で。
　　　　동사 I (あ단) + ないで。　　　동사 II (ます形) + ないで。
　　　　동사 III (する) → しないで。　　동사 III (くる) → こないで。
　　　　단 동사 기본형의 끝 글자가 う로 끝나는 것은 あ가 아닌 わ로 바뀐다. (会う → 会わない)

의미　:　부정형의 문장을 연결할 때 사용한다.

1. テストがあったので、寝ないで勉強しました。

   시험이 있었기 때문에, 잠자지 않고 공부했습니다.

2. 洋服を脱がないで寝てしまいました。

   양복을 벗지 않고 잠자고 말았습니다.

3. 朝ご飯を食べないで学校へ来るのは、体に悪いです。

   아침밥을 먹지 않고 학교에 오는 것은, 몸에 나쁩니다.

4. 眼鏡を取らないでお風呂に入ってしまいました。

   안경을 벗지 않고 목욕하고 말았습니다.

5. 手紙を書かないで、電話を掛けます。

   편지를 쓰지 않고, 전화를 겁니다.

6. 中国語で話さないで、日本語で話してください。

   중국어로 이야기하지 말고, 일본어로 이야기해 주세요.

7.

学校でパーティーがありました。 　　学교에서 파티가 있었습니다.

▸ で ：〜에서.

　용법 ：장소 ＋ で.

　의미 ：동작ㆍ작용이 행하여지는 장소, 또는, 그 동작이 행하여지는 舞台(무대)로서의 장소에서 사용된다.

▸ がありました ：〜가(이) 있었습니다. 〜을(를) 했습니다.

1. 七月と十二月に、ロッテデパートでバーゲンセールがあります。

   7월과 12월에, 롯데백화점에서 바겐 세일이 있습니다.

2. きのう学校の側で火事がありました。

   어제 학교 근처에서 화재가 났습니다.(있었습니다)

3. きのうロッテホテルでゼミがありました。

   어제 롯데호텔에서 세미나(Seminar)가 있었습니다.

   (ゼミ : 대학에서의 연습형식(발표ㆍ토론)의 수업. ゼミナール의 약칭)

4. 十二月に代々木のオリンピックセンターで日本語能力試験があります。

   12월에 요요기 올림픽센터에서 일본어능력시험이 있습니다.

5. A: 面接はどこでありますか。

   　면접은 어디에서 합니까.

   B: 面接は二〇三であります。

   　면접은 203호에서 합니다.

8.

ラジオの音を大きくしました。　　　ラジオ 소리를 크게 했습니다.

▶ くする : ～하게 하다. (본인의 의지에 의한 문장에 사용한다)
　용법 : い형용사(기본형에서 い만 빼고) + くする。
　　　　 な형용사·명사(단어) + にする。
　의미 : 물리적인 힘이나 인위적인 힘을 가해서 했을 때.
　　　　 자연적으로 커졌다면 (大きくなる。 ～커지다)
　　　　 사람이 크게 했다면 　(大きくする。 ～크게 하다)

1. テストの問題を少なくしてください。
   시험문제를 적게 해주세요.

2. 夜中だから、ラジオの音を小さくします。
   한밤중이기 때문에, 라디오 소리를 작게 합니다.

3. あした友だちが来るから、部屋をきれいにします。
   내일 친구가 오기 때문에, 방을 깨끗이 합니다.

4. テストの時は、静かにしてください。
   시험 볼 때는, 조용히 해 주세요.

5. 田中さんは子供を先生にするつもりです。
   다나까씨는 자식을 선생님으로 만들 생각입니다.

6. お店を四階建てのビルにしました。
   가게를 4층 건물 빌딩으로 했습니다.

9.

7月２０日以後に帰ります。	7월 20일 이후에 돌아갑니다.
3週間以内に帰ります。	3주일 이내에 돌아갑니다.

▸ ～以後に : ～이후에.

▸ ～以内に : ～이내에.

　용법 : 시간·시각 + 以後に·以内に。

　의미 : 정해진 정확한 시간을 나타내기 때문에 조사に를 동반한다.

1. 十二時以後に取りに来てください。

   12시 이후에 가지러 와 주세요.

2. 今忙しいから、三時以後に来てください。

   지금은 바쁘기 때문에, 3시 이후에 와 주세요.

3. 一時間以内にこのプリントをしてください。

   1시간 이내에 이것을 프린트해 주세요.

4. 一週間以内に本を返します。

   일주일 이내에 책을 돌려주겠습니다.

10.

新聞に面白い記事が出ています。
신문에 재미있는 기사가 나와 있습니다. (실려 있습니다)

▶ に : ～에.
  의미 : 동작이 행하여진 대상을 나타낸다.

▶ 出ています : 나와 있습니다. (자동사의 상태)

1. きのう、テレビにこの学校が出ていました。
   어제, 텔레비전에 이 학교가 나왔습니다.

2. 雑誌に日本の首相の記事が出ていました。(総理 : 총리)
   잡지에 일본 수상의 기사가 나와 있었습니다.

会話(かいわ)

1.

鈴木(すずき): きのうのパーティーに行(い)きましたか。

어제 파티에 갔었습니까.

中島(なかじま): いいえ。急(きゅう)に用事(ようじ)ができたので……。

아니오. 갑자기 용무가 생겼기 때문에…….

鈴木: 私(わたし)もきのうは行(い)かなかったんです。どうだったんでしょうか。

나도 어제는 가지 않았습니다. 어땠을까요.

中島: とても楽(たの)しかったそうですよ。

대단히 즐거웠다고 합니다.

鈴木: 山本(やまもと)さんは行(い)ったんでしょうか。

야마모또씨는 갔었습니까.

中島: はい。山本さんは行(い)ったそうですよ。山本さんはお酒(さけ)に酔(よ)って、ずっと歌(うた)を歌(うた)っていたそうです。

예. 야마모또씨는 갔었다고 합니다. 야마모또씨는 술에 취해서, 계속 노래를 부르고 있었다고 합니다.

2. 図書館で。(도서관에서)

鈴木: まだ帰らないんですか。

아직 돌아가지 않습니까.

中島: はい。週末に旅行をするので、今日中に宿題をしてしまうつもりなんです。

예. 주말에 여행을 하기 때문에, 오늘 중으로 숙제를 끝낼 생각입니다.

鈴木: いいですね。どこへ行くんですか。

좋겠네요(부럽네요). 어디에 갑니까.

中島: 箱根へ行くんです。

하꼬네에 갑니다.

鈴木: そうですか。じゃ、頑張ってください。お先に。

그렇습니까. 그렇다면, 힘내주세요. 먼저 실례하겠습니다.

中島: さようなら。

안녕히 가세요.

3.

原 : サイさん、どうしたんですか。目が赤いですよ。

사이씨, 왜 그렇습니까. 눈이 빨갛습니다.

サイ: 昨日コンタクトレンズをしたまま、寝てしまったんです。

어제 콘택트렌즈를 한 상태로, 잠을 자고 말았습니다.

原 : 危ないですね。コンタクトレンズをしたまま、寝てしまって、目が悪くなった人もいるそうですよ。

위험합니다. 콘택트렌즈를 한 상태로, 잠을 자서, 눈이 나빠진 사람도 있다고 합니다.

サイ: まあ、そうですか。これからは気を付けます。

예, 그렇습니까. 앞으로는 조심하겠습니다.

4.

山本: 十一月にファッションショーがあるそうですね。

11월에 패션쇼가 있다고 합니다.

ユン: はい。毎年、立教祭の時あります。

예. 매년, 릿꾜 대학 축제 때 있습니다.

山本: 学生が全部準備をするんですか。

학생이 전부 준비를 합니까?

ユン: はい。デザインもするし、作るし、それにモデルもするんです。

예. 디자인도 하고, 만들기도 하고, 게다가 모델도 합니다.

山本: えっ、ファッションショーのモデルも学生ですか。

아니(감탄사), 패션쇼모델도 학생입니까.

ユン: はい。

예.

山本: そうですか。早く見たいですね。

그렇습니까. 빨리 보고 싶군요.

5.

山本: きのうは二時間しか勉強しませんでした。

어제는 2시간밖에 공부하지 않았습니다.

ユン: えっ、二時間も勉強したんですか。

아니(감탄사), 2시간씩이나 공부했습니까.

山本: はい。

예.

ユン: 毎日どのぐらい勉強するんですか。

매일 어느 정도 공부합니까.

山本: たいてい四時間は勉強します。

대개 4시간은 공부합니다.

6.

チン: コウさん十五課の宿題をしましたか。

　　고씨 15과 숙제를 했습니까.

コウ: はい、しましたよ。チンさんは。

　　예, 했습니다. 진씨는?

チン: きのう友だちのうちでパーティーがあって、遅く帰ったんですよ。疲れていたので、宿題をしないで寝てしまったんです。

　　어제 친구 집에서, 파티가 있었기 때문에, 늦게 귀가했습니다. 피곤했었기 때문에, 숙제를 하지 않고 잠을 자고 말았습니다.

コウ: じゃ、急いでやったほうがいいですよ。あした十四課と十五課のテストがありますから。

　　그렇다면, 서둘러서 하는 것이 좋겠군요. 내일 14과와 15과 테스트가 있기 때문에.

7.

中島: あれ、掃除をしているんですか。珍しいですね。

　　아니, 청소를 하고 있습니까. 보기 드문 일이군요.

田中: はい。今日、友だちが来るので、きれいにしているんです。窓も拭いたほうがいいでしょうか。

　　예. 오늘 친구가 오기 때문에, 깨끗하게 하고 있습니다. 창문도 닦는 것이 좋겠습니까.

中島: そうですね。窓を拭いて部屋を明るくしたほうがいいですね。ガールフレンドですか。

　　그렇군요. 창문을 닦고 방을 밝게 하는 것이 좋겠군요. 여자친구입니까?

田中: はい、まあ……。

　　예, 아마……. (소극적인 긍정의 인사 표현).

8. クリーニング屋で。 세탁소에서.

マリ: すみません。これ、お願いします。

미안합니다. 이거, 부탁합니다.

店員: はい、スカートとセーターですね。お名前は?

예. 스커트하고 스웨터이군요. 이름은 어떻게 됩니까.

マリ: マリです。急ぐんですけど、一週間 以内にできますか。

마리입니다. 급합니다만, 1주일 이내에 가능합니까.

店員: はい、出来ますよ。今日は七月二日ですね。四日にできますから、四日

以後にいらっしゃってください。

예, 가능합니다. 오늘은 7월 2일이지요. 4일날 가능하기 때문에, 4일 이후에 와

주십시오.

マリ: じゃ、お願いします。

그러면, 부탁합니다.

9.

木村: 新聞に地震の記事が出ていますよ。

신문에 지진기사가 나와 있습니다.

田中: ああ、きのうの地震ですか。あれは酷かったですね。

예, 어제 지진입니까. 그 지진은 심했습니다.

木村: 私は寝間着を着たまま、外へ出てしまいました。

나는 잠옷을 입은 상태로, 밖으로 나갔습니다.

田中: 慌てて二階から飛び降りて、怪我をした人もいるそうですよ。

당황해서 2층에서 뛰어내려, 상처를 입은 사람도 있다고 합니다.

本文

1.

チン: 先週友だちと箱根へ行きました。

지난주 친구하고 하꼬네에 갔었습니다.

高橋: 箱根はいい所だそうですね。どうでしたか。

하꼬네는 좋은 곳이라고 하는군요. 어땠습니까.

チン: 楽しかったですよ。

箱根には山もあるし湖もあるし、それに空気もきれいだし。

즐거웠습니다. 하꼬네에는 산도 있고 호수도 있고, 게다가 공기도 깨끗하고.

高橋: どんな所へ行きましたか。

어떤 곳에 갔었습니까.

チン: 芦の湖へも行ったし、彫刻の森へも行ったし、有名な所は全部見てしまいました。

아시노꼬에도 갔었고, 조각 숲에도 갔었고, 유명한곳은 전부 보았습니다.

高橋: じゃあ、三泊か四泊ぐらいしたんですか。(四泊、四拍)

그러면, 3박 아니면 4박정도 했습니까.

チン: いいえ、二泊しかしませんでしたが、車で行ったので、いろいろな所へ行けたんです。

아니오, 2박밖에 하지 않았습니다만, 차로 갔기 때문에, 많은 곳에 갈수 있었습니다.

高橋: ホテルに泊まったんですか。

호텔에서 잤습니까.

チン: いいえ、旅館です。

아니오, 여관입니다.

高橋: 旅館は、始めてですか。

여관은, 처음입니까.

チン: ええ。靴をはいたまま、上がってしまったので、旅館の人がびっくりしていました。

예. 구두를 신은 상태로, 들어갔기 때문에, 여관주인이 깜짝 놀랐습니다.

高橋: そうですか。箱根にはきれいな温泉が多いでしょ。

그렇습니까. 하꼬네에는 아름다운 온천이 많지요.

チン: ええ、最初の日は、恥ずかしかったのでお風呂に入らないで寝てしまいました。でも、せっかく箱根に来たのだからと思って、次の日、電気を暗くしてお風呂に入ったんです。

예, 첫날은, 창피했기 때문에 목욕을 하지 않고, 잠자고 말았습니다. 그러나, 모처럼 하꼬네에 온 것이라고 생각해서, 다음날, 전기를 어둡게 하고, 목욕을 했습니다.

高橋: どうでしたか。

어땠습니까.

チン: とても気持ちがよかったので、二時間も入りました。

高橋さんは箱根へ行ったことがありますか。

대단히 기분이 좋았기 때문에, 2시간씩이나 들어가 있었습니다.
다까하시씨는 하꼬네에 가본 적이 있습니까.

高橋: ないんです。今度行きたいです。写真はありますか。

없습니다. 다음에 가고 싶습니다. 사진은 있습니까.

チン: ええ、今度持って来ますよ。

예, 다음에 가지고 오겠습니다.

2. 高橋さんの家で。(다까하시씨 집에서)

よしえ: チンさん、先週、箱根へ行ったそうですよ。

　　　　진씨, 지난주에, 하꼬네에 갔었다고 하더군요.

けんじ: そう。どうだったって?

　　　　그래. 어땠었데?

よしえ: とても楽しかったそうよ。

　　　　대단히 즐거웠다고 하더라.

けんじ: どんな所へ行ったって?

　　　　어떤 곳에 갔었데?

よしえ: いろいろな所へ行ったそうよ。彫刻の森へも行ったし、芦の湖へも

　　　　行ったって。私も行きたいわ。

　　　　많은 곳에 갔었데. 조각 숲에도 갔었고, 아시노꼬에도 갔었데. 나도 가고 싶다.

けんじ: そうだねえ。今週は仕事が忙しいけど、来週以後は少し暇になるし、

　　　　東京から二時間以内で行けるから、来週の土・日に行こうか。

　　　　그렇구나. 이번 주는 일이 바쁘지만, 다음 주 이후는 조금 한가하고, 도꾜에서
　　　　2시간 이내로 갈 수 있기 때문에, 다음 주 토요일 아니면 일요일에 갈래.

よしえ: そうね。新聞に箱根の記事が出ていたけど、来週の土・日に箱根でお

　　　　祭りがあるそうだから、丁度いいわ。

　　　　그렇구나. 신문에 하꼬네 기사가 나와 있었지만, 다음 주 토요일 아니면 일요일
　　　　에 하꼬네에서 축제가 있다고 하기 때문에, 딱 좋다.

だいじゅうなな か
第十七課

安ければ買います。
싸다면 삽니다.

語句 (어구. 말)

단 어	한자 읽는 법	의 미
桜	さくら	벚꽃.
かなり •		꽤. 상당히. 보통 이상일 때.
浮き輪	うきわ	바퀴모양의 튜브.
赤ちゃん	あかちゃん	아기.
田舎 •	いなか	시골.
海	うみ	바다.
お医者さん	おいしゃさん	의사선생님.
患者 •	かんじゃ	환자.
観光地	かんこうち	관광지.
劇	げき	극. 연극.
友人 •	ゆうじん	친한 친구.
原因	げんいん	원인.
質問	しつもん	질문.
貯金	ちょきん	저금.
近く	ちかく	가까이.
遠く	とおく	멀리.
波	なみ	파도.
(お)花見 •	おはなみ	꽃구경.
百科事典	ひゃっかじてん	백과사전.
復習テスト	ふくしゅうテスト	복습테스트.
夕立 •	ゆうだち	소나기. (にわか雨)
料金	りょうきん	요금.
冷房	れいぼう	냉방.
次に	つぎに	다음에.
次々に •	つぎつぎに	계속해서.

富士山	ふじさん	후지산.
イギリス	Inglez (포르투갈어)	영국. (England)
コーラ •	cola	콜라.
スケート	skate	스케이트.
チーズケーキ	cheeses cake	치즈케이크.
ピアノ	piano	피아노.
バスケットボール	basket ball	농구.
ボート	boat	보트.
ヨット	yacht	요트.

• やっと

겨우. 가까스로. 간신히. (やっと・どうにか・ようやく・辛うじて)

드디어. 마침내. 기다리던 것이 이루어졌을 때. (やっと・ようやく)

• 動詞 (동사)

기본형·사전형	한자 읽는 법	동사 구분	의 미
通う	かよう	動Ⅰ	정기적으로 왕래하다.
(ピアノを)弾く •		動Ⅰ	치다. (피아노·악기종류)
咲く	さく	動Ⅰ	피다. (꽃이)
効く	きく	動Ⅰ	듣다. 효과가 있다. (약이)
泳ぐ	およぐ	動Ⅰ	헤엄치다.
貸す	かす	動Ⅰ	빌려주다.
育つ	そだつ	動Ⅰ	키우다. 성장하다.
寄る	よる	動Ⅰ	들르다. (가게·집)
聞こえる	きこえる	動Ⅱ	들리다. (소리)
見える	みえる	動Ⅱ	보이다.
間違える	まちがえる	動Ⅱ	틀리다. 실수하다.
予習(を)する		動Ⅲ	예습하다.

• い形容詞 (い형용사)

단 어	한자 읽는 법	의 미
熱い	あつい	뜨겁다.
厚い •	あつい	두껍다.
篤い •	あつい	정이 두텁다. 병이 무겁다.
暑い	あつい	기온·온도가 높다.

• フレーズ (문구, 관용구, phrase)

단 어	의 미
いただきます。	잘 먹었습니다. 잘 받겠습니다. (무엇을 먹거나 받기 전에)
御馳走。	맛있는 음식. 진수성찬.
御馳走さまでした。 •	잘 믹있습니다. (밥을 먹고 나서)
お粗末さまでした。 •	변변치 못했습니다. (음식을 대접한 사람이)
どうやって。	어떻게 해서. 어떤 방법으로.
~に寄る。	~에 들르다.
はい、結構です。	예, 좋습니다. 예, 충분합니다.
へえ。	상대의 의견에 동의할 때. 놀라거나 감탄했을 때.

例文・説明 (예문·설명)

1. 가정형.

この薬を飲めば、治ります。	이 약을 마시면, 낫습니다.
安ければ、買います。	싸다면, 사겠습니다.
暇なら、来てください。	한가하다면, 와 주세요.
あしたなら、出来ます。	내일이라면, 가능합니다.

▶ ば ：～하면.
　용법 : 동사Ⅰ (え段) ＋ ば。　　　동사Ⅱ (え段) ＋ ば。
　　　　동사Ⅲ (する) → すれば。　　동사Ⅲ (くる) → くれば。
　　　　い형용사(기본형에서 い만 빼고)＋ければ。
　　　　な형용사・명사(단어)＋なら (ば)。
　　　　な형용사・명사는 보통 ば를 빼고 많이 사용한다.

▶ ば。(～한다면. ～하면)

동 사 ：行けば (간다면)	・	行かなければ (가지 않는다면)
い형용사 : 安ければ (싸다면)	・	安くなければ (싸지 않다면)
な형용사 : きれいであれば (예쁘다면)	・	きれいで(は)なければ (예쁘지 않다면)

- 앞문장이 성립할 때는 뒷문장도 반드시 성립하는 것을 나타낸다. (항상조건).
　속담이나 추상적 논리 관계, 일반적 진리 등에 잘 사용된다. 문장 끝에 과거형은 사용
　할 수 없다. (단 관용적으로 사용하는 경우는 아래 참조)

終わり良ければすべてよし。	끝이 좋으면 모든 것이 좋다.
苦あれば楽あり。	고생이 있으면 낙이 있다. (고생 끝에 낙)
二に二をかければ四になる。	2에 2를 곱하면 4가 된다.

- 뒷문장이 성립하기 위한 조건을 앞문장에서 진술한다. (가정조건)
  뒷문장에는 보통 말하는 상대의 희망(~たい)・의지(~よう)・명령(~なさい)
  추량(~だろう) 등이 나타난다.

もし切符が買えれば、是非行ってみたい。

혹시 표를 살수 있다면 꼭 가보고 싶다.

値段があまり高くなければ買おう。

가격이 그다지 비싸지 않으면 사자.

子供の服は着やすく、丈夫でさえあれば充分です。

어린이옷은 입기 쉽고, 튼튼하기만 하면 충분합니다.

みんなが協力してくれれば、もっと早くできただろう。

모두가 협력해 준다면, 좀 더 빨리 완성할 수(끝낼 수) 있었겠지.

昔は結婚しなければ一人前と認められなかった。

옛날에는 결혼하지 않으면 어른으로 인정받지 못했다.

● 위의 문은 たら와 같이 사용할 수 있다. (21과 예문설명 7번 참조)

- 서론 (머리말) 이나 관용적인 사용법.

よろしければどうぞお使いください。

좋으시다면 어서 사용하십시오.

思えば一人でよくここまで頑張ったものだ。

생각해 보면 혼자서 여기까지 잘 노력했던(힘냈던) 것이다.

出来れば手伝って欲しい。

가능하면 도와주는걸 원한다. (도와주었으면 좋겠다).

どちらかと言えばスポーツは苦手なほうです。

어느 쪽인가를 말한다면 스포츠는 서투른(질색・골칫거리) 편입니다.

- (~も ～ば ～も : ~도 없다면 ~도 없다 · ~도 있다면 ~도 있다) 의 형으로 똑같은 내용의
  사정을 열거해서 말할 때 사용한다.
  명사나 な형용사의 경우에는 なら (ば) 를 사용해도 된다.

私には金もなければ、権力もない。

나에게는 돈도 없다면, 권력도 없다.

才能の豊かな人で、歌も歌えば、絵も描く。

재능이 풍부한 사람이어서, 노래도 부른다면, 그림도 그린다.

金さんは赤が好きで、電話も赤なら車も赤である。

김씨는 빨강을 좋아해서, 전화도 빨갛다면, 차도 빨갛다.

- ~ばよかった : ~하면 좋았다. (관용적 용법)

学生時代にもっと勉強すればよかったと思います。

학생시절에 좀 더 공부했다면 좋았을 거라고 생각합니다.

▸ なら (ば)。(~하는 것이라면. ~이라면)

용법 : 동사 · い형용사(기본체) + (の)なら。(安いなら · 安いのなら)

な형용사 · 명사(단어) + なら。(静かなら)

동사 · い형용사는 (のなら)의 형으로 사용하는 일이 많다.

- 「もし(혹시) ~だったら(~이라면)」의 의미를 나타낸다.
  명사・な형용사에 접속하는 일이 많다. (가정조건)

そのアパート、学校に近くて安いんならぜひ借りたいですね。

그 아파트, 학교에서 가깝고 싸다면 꼭 빌리고 싶습니다.

必要でないのなら、返してください。

필요하지 않다면, 돌려주세요.

もし郵便局に行くのならついでに切手を買って来てください。

혹시 우체국에 가는 거라면 가는 김에 우표를 사 가지고 오세요.

もし生まれ変わることが出来るなら、また男に生れたいですか。

혹시 다시 태어나는 일이 가능하다면, 또 남자로 태어나고 싶습니까.

- 동사에 붙어서, 어떤 내용이 일어나고, 또는 일어나고 있는 것을 인정하고, 거기에 대한 말하는 상대의 의미・의견을 나타낸다.
  「혹시 ~할 생각이라면, 나는 당신에게 지금, 다음과 같은 조언을 한다」라고 하는 의미이다.

京都に行くなら新幹線が便利ですよ。

교또에 가는 거라면 신깐센이 편리합니다.

日本語を習うのなら、ひらがなから始めたほうがいい。

일본어를 배우는 거라면, 히라가나부터 시작하는 것이 좋다.

- 명사에 접속해서, 화제제시(話題提示)를 나타낸다.

そのことならもういいんです。	그 일이라면 이제 됐습니다.
ひらがななら読める。	히라가나라면 읽을 수 있다.
寿司ならあの店が安くて美味しい。	초밥이라면 저 가게가 싸고 맛있다.

1. 疲れた時は、少し休めばいいんです。

   피곤할 때는, 조금 쉬면 좋습니다.

2. 勉強しなければ、テストは出来ません。

   공부하지 않으면, 테스트는 할 수 없습니다.

3. A: わからない言葉がある時は、どうすればいいでしょうか。

   모르는 말이 있을 때는, 어떻게 하면 좋습니까.

   B: 辞書を引けばいいですよ。

   사전을 찾아보면 좋습니다.

4. A: 何時に来ればいいですか。

   몇 시에 오면 좋습니까.

   B: 九時に来てください。

   9시에 와 주세요.

5. 高くなければ、買いますが、高ければ、買いません。

   비싸지 않으면, 삽니다만, 비싸면, 사지 않습니다.

6. 便利なら、買います。

   편리하다면, 삽니다.

7. 今週は忙しくて駄目ですが、来週なら、大丈夫です。

   이번 주는 바빠서 안 됩니다만, 다음 주라면, 괜찮습니다.

2.

来週_{らいしゅう}にしましょう。	다음 주에 합시다.
小_{ちい}さいのでいいです。	작아도 좋습니다.

▸ にする : ～로 하다. (선택하다)
　용법 : 명사·な형용사(단어) + にする。
　의미 : 자기의 의지를 나타낸다.

▸ でいいです : ～도 (이라도) 좋습니다.
　용법 : い형용사(기본형) + のでいいです。
　　　　　 명사(단어) + でいいです。
　의미 : 어떤 것을 선택할 여지가 없을 때.

1.　A: 何_{なに}にしますか。
　　　　무엇으로 하겠습니까.
　　B: 私はてんぷらにします。
　　　　나는 튀김으로 하겠습니다.

2.　A: どこへ行_いきましょうか。
　　　　어디에 갈까요.
　　B: 京都_{きょうと}にしましょう。
　　　　교또에 갑시다.

3.　A: 大_{おお}きいのはもうありません。
　　　　큰 것은 이제 없습니다.
　　B: じゃ、小_{ちい}さいのでいいです。
　　　　그러면, 작아도 (작은 것이라도) 좋습니다.

4. A: 今日、できますか。

　　오늘, 가능합니까. (완성할 수 있습니까)

　B: 今日は、とてもできません。

　　오늘은, 도저히 할 수 없습니다.

　A: じゃ、あしたでいいです。

　　그러면, 내일이라도 좋습니다.

5. A: これでいいですか。

　　이것으로 좋습니까. (이것으로 되었습니까)

　B: はい、結構です。

　　예, 충분합니다. (좋습니다)

3. 可能動詞。(가능동사)

ホワイトボードの字が見えます。　　화이트보드 글씨가 보입니다.

先生の声が聞こえます。　　선생님 목소리가 들립니다.

▸ が見えます　：～가 보입니다. (가능동사)

▸ が聞こえます：～가 들립니다. (가능동사)

• 가능동사 앞에서의 조사는 が를 사용한다.

가능형 (인위적으로 ～하다)	가능동사 (자연적으로 ～하다)
見られる　(볼 수 있다)	見える　(보이다)
聞ける　(들을 수 있다)	聞こえる (들리다)

▸ 다음과 같은 동사 앞에서는 조사를 주의할 것.

バスに乗る。 버스를 타다.	風邪を引く。 감기가 걸리다.	部屋でビールを飲む。 방에서 맥주를 마신다.
バスを降りる。 버스에서 내리다.	機械に触る。 기계를 만지다.	部屋に入る。 방에 들어가다.
友だちに会う。 친구를 만나다.	父に似ている。 아버지를 닮았다.	東京に住んでいる。 도꾜에 살고 있다.
日本語が分かる。 일본어를 알다.	東京へ行く。 도꾜에 가다.	日本語が出来る。 일본어를 할 수 있다.

1. 窓から富士山が見えます。

   창문에서 후지산이 보입니다.

2. 暗くて見えません。

   어두워 보이지 않습니다.

• 東京で韓国の劇が見られます。

   도꾜에서 한국 연극을 볼 수 있습니다.

3. ピアノの音が聞こえます。

   피아노 소리가 들립니다.

4. すみません。聞こえないので、もう少し大きい声で話してください。

   미안합니다. 들리지 않기 때문에, 조금 큰소리로 이야기해 주세요.

• エルエル教室でテープが聞けます。

   LL교실에서 테이프를 들을 수 있습니다.

4.

よく分かりません。　　잘 모르겠습니다.

▶ よく 〜ません : 잘 〜모르겠습니다. (잘 이해가 되지 않습니다)
　 용법 : 형용사가 동사를 수식할 때는 기본형의 끝글자인 い가 く로 바뀐다.

1. 暗くてよく見えません。
   어두워서 잘 보이지 않습니다.

2. 日本のことは、まだよくわかりません。
   일본에 대해서는, 아직 잘 모릅니다.

3. うるさくてよく寝られませんでした。
   시끄러워서 잘 잘 수가 없었습니다.

4. 音が小さくてよく聞こえません。
   소리가 작아서 잘 들리지 않습니다.

5. 音が大きくてよく聞こえます。
   소리가 커서 잘 들립니다.

6. 今度のテストはあまりよく出来ませんでした。
   이번 시험은 그다지 잘 보지 못했습니다.

7. 今度のテストは易しくてよく出来ました。
   이번 시험은 쉬워서 잘 보았습니다.

5.

このコーヒーは熱過ぎます。　이 커피는 너무 뜨겁습니다.

▸ すぎる : 지나치게 ~하다.

용법 : 동사(ます形) + すぎる。 な형용사(단어) + すぎる。

 い형용사(기본형에서 い만 빼고)+ すぎる。

의미 : 사물의 정도가 지나친 것을 나타낸다.

동사	食べ過ぎます。	과식했습니다.
い형용사	熱過ぎます。	너무 뜨겁습니다.
な형용사	親切過ぎます。	너무 친절합니다.

1. この本は難しすぎます。

 이 책은 너무 어렵습니다.

2. かばんが小さすぎて、本が入りません。

 가방이 너무 작아서, 책이 들어가지 않습니다.

3. ここは静かすぎて、怖いです。

 여기는 너무 조용해서, 무섭습니다.

4. お金を使いすぎて、貯金がなくなりました。

 돈을 너무 많이 사용해서, 저금이 없어졌습니다.

5. 働きすぎて、病気になりました。

 너무 일해서, 병이 들었습니다. (병 걸렸습니다)

6. 夏休みに遊びすぎてはいけませんよ。

여름방학에 너무 놀아서는 안 됩니다.

7. 冷房が効きすぎて寒いです。

냉방이 너무 잘되어서 춥습니다.

• 명사형.		
食べ過ぎ。 (과식)	飲み過ぎ。 (과음)	
遊びすぎ。 (지나치게 놂)	買いすぎ。 (낭비)	
使いすぎ。 (과 사용)	吸いすぎ。 (지나친 흡연)	

▸ 동사가 되었을 때는 すぎます가 되지만, 명사가 되었을 때는 すぎです가 된다. 따라서 조사는 명사＋명사의 문장이 되기 때문에 조사는 の가 온다.

• 病気の原因は、お酒の飲みすぎです。

병의 원인은, 과음 때문입니다.

• こんなに沢山買うのは、お金の使いすぎですよ。

이렇게 많이 사는 것은, 돈의 낭비입니다.

6.

夜、寝られないことがあります。

밤에, 잠을 못 자는 적이 있습니다. (잠 못 이룰 때가 있습니다)

▸ ことがある ：～하는 적이(할 때가) 있다.
　용법 ：동사(현재형) + ことがある。
　의미 ：가끔 어떤 동작 · 상태가 일어나는 것을 나타낸다.

▸ ことがある ：～했던 적이 있다. ～한 경험이 있다.
　용법 ：동사(과거형) + ことがある。
　의미 ：～한 적이 있다. (과거의 경험이나 체험을 나타낸다)

1. 夜、お酒を飲みに行くことがあります。

　밤에, 술 마시러 갈 때가 있습니다.

• 夜、お酒を飲みに行ったことがあります。

　밤에, 술 마시러 갔던 적이 있습니다.

2. 夜遅く帰ることがあります。

　밤늦게 돌아간 적이 있습니다.

3. 朝ご飯を食べないことがあります。

　아침을 먹지 않을 때도 있습니다.

4. 大抵予習しますが、しないこともあります。

　대개 예습합니다만, 하지 않을 때도 있습니다.

5. 先生も間違えることがあります。

　선생님도 틀릴 때가 있습니다.

7.

私は田中さんに本を貸しました。
나는 다나까씨에게 책을 빌려주었습니다.

私は田中さんに本を借りました。
나는 다나까씨에게 책을 빌렸습니다.

▶ に   : ~에게. (비생물일 경우는 から밖에 사용할 수 없지만, 동물일 경우 に・から를 사용할 수 있다)
  의미   : 동작이 행하여지는 대상을 나타낸다.

▶ 貸す   : 빌려주다. (내가 남에게, 남이 나에게 빌려주다)

▶ 借りる : 빌리다・꾸다. (내가 남에게 빌리다)

1. 私は林さんにボールペンを貸しました。
   나는 하야시씨에게 볼펜을 빌려주었습니다.

2. すみませんが、本を (私に) 貸してください。
   미안합니다만, 책을 (나에게) 빌려주세요.

3. コウさんはリンさんにテープを借りました。
   고씨는 린씨에게 테이프를 빌렸습니다.

4. このペンを借りてもいいですか。
   이 펜을 빌려도 좋습니까.

5. 友だちに借りた物は早く返したほうがいいです。
   친구에게 빌린 물건은 빨리 돌려주는 것이 좋습니다.

• 図書館から本を借りました。
  도서관으로부터 책을 빌렸습니다.   (동작이 행하여지는 대상)

• 図書館で本を借りました。
  도서관에서 책을 빌렸습니다.   (동작이 행하여지는 장소)

8.

その本は私が借りています。　　그 책은 내가 빌려 보고 있습니다.

▸ 借りる : 빌리다. 꾸다. (내가 남에게 빌리다)

▸ は : ～은. ～는. (주어를 나타내며 근거가 확실한 경우에 사용한다)

▸ が : ～이. ～가. (주어를 나타내며 근거가 불확실한 경우에 사용한다)
　私がその本を借りています。　내가 그 책을 빌려 보고 있습니다.
　その本は私が借りています。　그 책은 내가 빌려 보고 있습니다.

1.　A : そのパンは誰が買いましたか。

　　　그 빵은 누가 샀습니까.

　　B : このパンはパクさんが買いました。

　　　이 빵은 박씨가 샀습니다.

・　A : 誰がそのパンを買いましたか。

　　　누가 그 빵을 샀습니까.

　　B : パクさんがこのパンを買いました。

　　　박씨가 이 빵을 샀습니다.

2.　この手紙はパクさんが書きました。

　　이 편지는 박씨가 썼습니다.

3.　料理はパクさんがしました。でも、買い物は私がしました。

　　요리는 박씨가 했습니다. 그러나, 쇼핑은 제가 했습니다.

4.　そのケーキはチンさんが作りました。

　　그 케이크는 진씨가 만들었습니다.

9.

宿題は、今日出来るはずです。　　숙제는, 오늘 완성합니다.

▶ はず : 당연히 ～일 것이다. 당연하다.
　용법 : 동사・い형용사・な형용사・명사(기본체) + はず。

・예외	기본체(긍정・현재)	はずの 形
な형용사	賑やかだ	賑やかなはずだ
명 사	休みだ	休みのはずだ

▶ 어떠한 상황에서의 사물이, 당연히 그래야 할 것임을 나타내는 말.

これでいいはずだ。	이것으로 좋다.
これでは彼女も怒るはずだ。	이것으로는 그녀도 화낸다.

▶ 예정되어져 있는 내용 또는, 事情(사정)・予定(예정).

確か今日のはずだ。	틀림없이(확실히) 오늘이다.

▶ はずだ의 부정형. 그러나 가능성은 다소 있다.

今日は土曜日だから、彼は会社に行かないはずだ。
오늘은 토요일이기 때문에, 그는 회사에 가지 않을 것이다.

▶ 가능성은 없다. ～일리가 없다, 회화체로는 はずない로도 사용된다.

こんな難しいことが子供にわかるはずがない。
이렇게 어려운 것을 아이가 이해할 리가 없다.

商店街にあるアパートが静かなはずはない。
상점가에 있는 아파트가 조용할 리는 없다.

そんなはずありません。もう一度調べて下さい。
그런 일이 있을 리가 없습니다. 다시 한번 조사해 주세요.

▶ 실현하지 못한 예정. (はずだった)
(はず뒤에는 반드시 과거형이 동반되고 과거형 뒤에는 반드시 역접이 온다)

今年卒業できるはずだったんだけど……。
올해 졸업하기로 되어 있었지만…….

部長は会議に出るはずだったが、急用で出張した。
부장은 회의에 나가기로 되어 있었지만, 급한 용무로 출장 갔다.

天気予報では降らないはずだったのに、雨が降って来た。
일기예보에서는 내리지 않는다고 했지만, 비가 내렸다.

1. 九時八分ですから、もうすぐ先生が来るはずです。
   9시 8분이기 때문에, 곧 선생님이 올 것입니다.

2. A: 食堂は混んでいるでしょうか。
      식당은 혼잡합니까.
   B: 混んでいないはずです。まだ十一時半ですから。
      혼잡하지 않습니다. 아직 11시 반이기 때문에.

3. あのレストランはおいしいはずです。大変有名ですから。
   저 레스토랑은 맛있습니다. 대단히 유명하기 때문에.

4. 山本さんは、あした仕事がないから、暇なはずです。
   야마모또씨는, 내일 일이 없기 때문에, 한가합니다.

5. 田中さんは、きのう暇だったはずです。一日中家にいたと言っていましたから。
   다나까씨는, 어제 한가했습니다. 하루종일 집에 있었다고 말했기 때문입니다.

6. 八月は、この学校は休みのはずです。
   8월은, 이 학교는 방학입니다.

10.

山本さんのアパートは、学校の近くにあります。
야마모또씨의 아파트는, 학교 가까운 곳에 있습니다.

▸ 近くに : 가까운 곳에. (장소를 나타낸다)
　용법　: 형용사가 동사를 수식할 때는 기본형의 い가 く로 바뀌지만, 近い · 遠い가 장소를 나타낼
　　　　　때는 반드시 近くに · 遠くに로 바뀌고, 명사를 수식할 때는 近くの · 遠くの로 바뀐다.

1.　うちの近くに銀行があります。
　　집 가까운 곳에 은행이 있습니다.

2.　学校の近くの食堂で食べました。
　　학교 근처 식당에서 먹었습니다.

3.　遠くに船が見えます。
　　멀리 배가 보입니다.

4.　遠くの学校へ通っています。
　　멀리 있는 학교에 다니고 있습니다. (통학하고 있습니다)

11.

沢山は食べられません。　　　많이는 먹을 수 없습니다.

▸ は 　：〜은. 〜는. (실현 불가능한 한정의 의미를 나타낸다)

　의미 : 그 범위에 한정해서, 그 이상도 그 이하도 아니다 라고 하는 의미를 나타낸다.

▸ は 〜ません : 〜하지는 못합니다.

1.　お酒は、少しなら飲めますが、たくさんは飲めません。

　　술은, 조금이라면 마실 수 있습니다만, 많이는 마실 수 없습니다.

2.　全部は食べられません。

　　전부는 먹을 수 없습니다.

3.　A: ピアノが弾けますか。

　　　피아노를 칠 수 있습니까.

　　B: 少しなら弾けますが、上手には弾けません。

　　　조금이라면 칠 수 있습니다만, 능숙하게는 치지 못합니다.

4.　近くへ行く時間ならありますが、遠くへは行けません。

　　가까운 곳에 갈 시간은 있습니다만, 멀리는 갈 수 없습니다.

5.　走るのはあまり速くはありませんが、遅くもありません。

　　달리는 것은 그다지 빠르지는 않습니다만, 늦지도 않습니다.

12.

その他に質問がありますか。　　그 밖에(외에) 질문이 있습니까.

▸ その : 그, 그것.

의미 : 상대가 지금 행하고 있는 또는, 지금 막 말이 끝난 내용을 자기 자신도 이해한, 그것을 가리킨다.

1.　A: 昨日、テニスやバレーボールをしました。

어제, 테니스하고 배구를 했습니다.

B: そのほかに、なにかしましたか。

그 외에, 무엇인가 했습니까.

A: はい、バスケットボールもしました。

예, 농구도 했습니다.

2.　A: これから食堂へ行きます。

지금부터 식당에 갑니다.

B: その前に、この仕事をしてください。

그전에, 이 일을 해주세요.

3.　A: 一週間旅行しました。

일주일 동안 여행했습니다.

B: その間、天気はどうでしたか。

그 동안, 날씨는 어땠습니까.

4.　家へ帰ってご飯を食べました。その後勉強しました。

집에 돌아가서 밥을 먹었습니다. 그 후 공부했습니다.

5. A: 頭が痛いんですが。

     머리가 아픕니다만.

     B: それなら早く帰ったほうがいいですね。

     그렇다면 빨리 돌아가는 것이 좋습니다.

13.

> 8時に書き始めました。　　8시에 쓰기 시작했습니다.
>
> 雨が降り出しました。　　비가 내리기 시작했습니다.

▶ 始める : ～하기 시작하다. (かける・出す)

용법 　: 동사(ます形)＋始めました。　～하기 시작했습니다.

동사(ます形)＋出しました。　～하기 시작했습니다.

書きます＋始めます　→　書き始めます。　쓰기 시작합니다.

書きます＋終わります　→　書き終わります。　다 썼습니다.

• 어떤 동작이 일어나는 것을 나타낸다.

歩き始める。	걷기 시작하다.
喋り始める。	잡담하기(말하기) 시작하다

▶ 出す

• 동작(動作)이나 작용(作用)이 시작하는 것을 나타낸다.

雪が降り出す。	눈이 내리기 시작하다.
日記を書き出す。	일기를 쓰기 시작하다.

• 감추어져 있었다거나, 지금까지 없었던 것을 만들어 내거나 창조하는 의미를 나타낸다.

新製品を作り出す。	신제품을 만들어 내다.

• 바깥으로 끌어내다.

友人を呼び出す。	친구를 불러내다

1.　やっと桜の花が咲き始めました。

드디어 벚꽃이 피기 시작했습니다.

2. 今年の四月から日本語を習い始めました。

올 4월부터 일본어를 배우기 시작했습니다.

3. いつ眼鏡をかけ始めましたか。

언제 안경을 쓰기 시작했습니까.

4. 十時に書き終わりました。

10시에 다 썼습니다.

5. 食べ終わった時は、「ごちそうさま。」と言います。

다 먹었을 때는, 「잘 먹었습니다」라고 말합니다.

• 降ります＋出します → 降り出します → 내리기 시작합니다.

6. 急に雨が降り出しました。

갑자기 비가 내리기 시작했습니다.

7. 赤ちゃんが泣き出して困りました。

아기가 울기 시작해서 곤란했습니다.

14.

みかんやりんご<u>など</u> / <u>なんか</u>を買いました。　　귤이나 사과등(같은 것) 을 샀습니다.

▸ など　　: ~등. ~따위.
　의미　　: 동류 중에서 예시적으로 하나를 예로 들어 다른 것을 암시하는 것을 나타낸다.
　なんか: など와는 뜻이 같다. ~등. ~따위.
　　　　　 단, 그 제시하는 것을 업신여긴다거나 또는, 가볍게 말하는 기분을 나타낸다.

1.　京都や奈良などは有名な観光地です。

　　교또나 나라 등은 유명한 관광지입니다

2.　韓国や中国などの学生がいます。

　　한국이나 중국 등의 학생이 있습니다.

3.　A: きのうのパーティーにだれが来たの。

　　　어제 파티에 누가 왔었니.

　　B: 田中さんや山本さんなんかが来たよ。

　　　다나까씨하고 야마모또씨 등이 왔어.

4.　A: どんな食べ物が好きですか。

　　　어떤 음식을 좋아합니까.

　　B: お寿司やてんぷらなんかが好きです。

　　　초밥이나 튀김 같은 것을 좋아합니다.

会話

かい わ

1.

鈴木: どうしたんですか。
すずき

　왜 그렇습니까. (무슨 일 있습니까)

中島: 頭が痛いんです。それにのどもちょっと…。
なかじま　あたま　いた

　머리가 아픕니다. 게다가 목도 조금.

鈴木: 風邪ですね。お医者さんに行きましたか。
すずき　か　ぜ　　　　　い　しゃ

　감기군요. 의사선생님한테 갔었습니까.

中島: いいえ。でも、あまりひどくないから、薬を飲めば治ると思います。
なかじま　　　　　　　　　　　　　　　　　　　　くすり　の　　　なお

　아니오. 그러나 그다지 심하지 않기 때문에, 약을 먹으면 나을 거라고 생각합
니다.

2.

コウ: このカメラはいくらですか。

　이 카메라는 얼마입니까.

キム: 二十万円です。
　　にじゅうまんえん

　20만 엔입니다.

コウ: 高いですね。もうちょっと安いのがいいんですが。
　　たか　　　　　　　　　　　　　　やす

　비싸군요. 좀 더 싼 것이 좋습니다만.

キム: いくらぐらいのなら、いいですか。

얼마정도라면, 좋겠습니까.

コウ: 十万円ぐらいのなら、いいです。

10만 엔 정도라면, 좋겠습니다.

3.

原 : 大きいかばんが欲しいんですが。

큰 가방을 원합니다만.

店員: これが一番大きいんですが、いかがですか。

이것이 제일 큽니다만, 어떻습니까.

原 : 赤ですか。ほかの色はありませんか。

빨상입니끼. 다른 색은 없습니까.

店員: はい、これだけなんです。

예, 이것뿐입니다.

原 : じゃ、これでいいです。

그러면, 이것으로 좋습니다.

4.

キム: もしもし、木村先生のお宅ですか。

여보세요, 기무라 선생님 댁입니까.

木村: えっ、もしもし、何ですか。よく聞こえません。もっと大きい声で話してください。

예, 여보세요, 무엇입니까. 잘 들리지 않습니다. 좀 더 큰소리로 말해주세요.

キム: もしもし、木村先生、キムです。聞こえますか。

여보세요, 기무라 선생님, 김입니다. 들립니까.

木村: ああ、キムさんですか。

아, 김씨입니까.

5.

キム: どうしたんですか。

왜 그렇습니까. (무슨 일 있습니까)

リン: ゆうべお酒を飲みすぎて、頭が痛いんです。

어젯밤 과음을 해서, 머리가 아픕니다.

キム: へえ、リンさんもお酒を飲むことがあるんですか。

아니, 린씨도 술을 마실 때가 있습니까.

リン: ええ、たまにありますよ。

예, 가끔 있습니다.

6.

リン: すみませんが、ボールペンを貸してください。

미안합니다만, 볼펜을 빌려주세요.

パク: これでいいですか。

이것으로 좋습니까.

リン: どうもありがとうございます。

대단히 고맙습니다.

コウ: ボールペンありますか。

볼펜 있습니까.

パク: リンさんに貸しました。

린씨에게 빌려주었습니다.

リン: ああ、ボールペンは私が借りています。

예, 볼펜은 내가 빌렸습니다.

7.

中島: 今晩コウさんのうちへ行きませんか。

오늘밤 고씨 집에 가지 않겠습니까.

田中: コウさんは今晩いないはずです。友だちと映画を見に行くと言っていました から。

고씨는 오늘밤 없습니다. 친구하고 영화를 보러간다고 말했기 때문에.

中島: そうですか。じゃ、この次にしましょう。

그렇습니까. 그러면, 다음에 갑시다.

8.

チン: 先生、あしたのテストは難しいですか。

선생님, 내일 테스트는 어렵습니까.

先生: 難しくはありませんが、勉強しなければできませんよ。

어렵지는 않습니다만, 공부하지 않으면 풀 수 없습니다.

チン: ひらがななら、読めますが、漢字はまだよく読めないんです。
漢字も沢山出ますか。

히라가나라면, 읽을 수 있습니다만, 한자는 아직 잘 읽지 못합니다.
한자도 많이 나옵니까.

先生: たくさんは出ません。十個ぐらいです。

많이는 나오지 않습니다. 10개정도 입니다.

チン: そうですか。

그렇습니까.

9.

中島: お茶を飲みに行きませんか。近くにいい喫茶店があるんですよ。

　　　차를 마시러 가지 않겠습니까. 가까운 곳에 좋은 찻집이 있습니다.

田中: いいですね。でも、その前にちょっとあそこの本屋に寄ってもいい

　　　ですか。

　　　좋습니다. 그러나, 그전에 잠깐 저 책방에 들려도 좋습니까.

中島: いいですよ。行きましょう。

　　　좋습니다. 갑시다.

10.

中島: お花見に行きませんか。

　　　꽃구경하러 가지 않겠습니까.

田中: まだ早いでしょう。

　　　テレビのニュースで昨日咲き始めたと言っていましたよ。

　　　아직은 이르지요. 어제 텔레비전뉴스에서 피기 시작했다고 말했습니다.

中島: じゃ、今度の日曜日にしましょうか。

　　　그러면, 다음 일요일날 갈까요.

田中: ええ、そうしましょう。

　　　예, 그렇게 합시다.

11.

中島: おいしそうなケーキですね。だれが作ったんですか。

　　　맛있어 보이는 케이크이군요. 누가 만들었습니까.

田中: このケーキは私が作ったんですよ。

　　　이 케이크는 내가 만들었습니다.

中島: 上手ですね。ほかにどんなケーキが作れますか。

　　잘 만드는군요. 그 외에 어떤 케이크를 만들 수 있습니까.

田中: チーズケーキやショートケーキなんかをよく作ります。

　　치즈케이크랑 숏케이크 등을 잘 만듭니다.

中島: いいですね。私はケーキが大好きなんです。

　　좋겠습니다(부럽습니다). 나는 케이크를 대단히 좋아합니다.

1.

原 ：波の音が聞こえますね。もうすぐ海ですよ。

파도소리가 들리는군요. 이제 곧 바다입니다.

キム：いい天気でよかったですね。チンさんとパクさんは来るでしょうか。

날씨가 좋아서 좋군요. 진씨와 박씨는 옵니까.

原 ：来るはずですよ。後で電車で来ると言っていたから。

올 것입니다. 나중에 전차로 온다고 말했기 때문에.

キム：あっ、海が見えます。遠くにヨットも見えますね。

아(감탄사), 바다가 보입니다. 멀리 요트도 보이는군요.

原 ：この辺はきれいなヨットがたくさん見られるんですよ。

이 주위는 아름다운 요트를 많이 볼 수 있습니다.

原 ：泳ぐのはどこにしましょうか。

수영은 어디에서 할까요.

キム：この辺はどうでしょう。

이 근처는 어떻겠습니까.

原 ：そうですね。この辺でいいでしょう。駅から近いし。

그렇군요. 이 근처가 좋겠네요. 역에서 가깝고.

パク： 遅くなってすみません。昨日、嬉しくてよく眠れなかったんです。

늦어서 미안합니다. 어제, 기뻐서 잠들 수가 없었습니다.

キム： チンさんは?

진씨는?

パク： 忙しすぎてだめだそうです。

暇なら一緒に行きたいと言っていましたが。

너무나 바빠서 못 온다고 합니다.

한가하다면 같이 가고 싶다고 말했습니다만,

原 ： 残念ですね。

유감이군요.

キム： パクさんは泳げる?

박씨는 수영할 수 있니?

パク： 海の近くで育ったんだけど、あまりよくは泳げないの。

바다 가까운 곳에서 자랐지만은, 그다지 잘은 수영을 못해.

キム： ぼくの田舎は山の中だけど、学校のプールで練習したから、かなり泳

げるよ。

내가 자란 시골은 산속이었지만, 학교 풀장에서 연습했기 때문에, 꽤 수영할

수 있어.

原 ： おもしろいですね。

재미있군요.

キム： あそこでいろいろ貸していますよ。何か借りましょうか。

저기에서 여러 가지 빌려주고 있습니다. 무엇인가 빌릴까요.

パク： 私は、うきわを借ります。

나는, 튜브를 빌리겠습니다.

キム： ぼくのを使ってもいいですよ。

내 것을 사용해도 좋아요.

パク： ありがとう。でも、ちょっと大きすぎるわ。

　　　고마워. 그러나, 좀 크네.

原　： そのほかには? 料金は私が払いますよ。

　　　그 외에 필요한 것은? 요금은 내가 지불할게요.

キム： ボートもあったほうがいいですね。ボートはぼくが借りて来ます。

　　　보트도 있는 것이 좋겠네요. 보트는 내가 빌려올게요.

原　： ちょっと疲れましたね。

　　　좀 피곤하군요.

パク： 上がって何か飲みましょうか。

　　　들어가서 뭔가 마실까요.

キム： あの店にジュースやコーラなんかがありますよ。

　　　저 가게에 주스나 콜라 등이 있습니다.

パク： あれ、雨が降り出しましたね。

　　　아니, 비가 내리기 시작했습니다.

原　： 大変だ。車まで走りましょう。

　　　큰일 났다. 차까지 뛰어갑시다.

キム・パク： はい。

　　　　　　예.

キム： ああ、びっくりしましたね。

　　　와, 깜짝 놀랐습니다.

原　： 夏は、夕方急に雨が降り出すことがあるんです。

　　　これを夕立と言うんですよ。

　　　여름에는, 저녁에 갑자기 비가 내릴 때가 있습니다.
　　　이것을 소나기라고 합니다.

キム： あれ、ほかの人達は帰り始めましたね。

　　　아니, 다른 사람들은 돌아가기 시작했습니다.

パク： 私たちも帰りましょうか。

　　　우리들도 돌아갈까요.

キム： でも、ちょっと待てば、止むかもしれませんよ。

　　　그러나, 조금 기다리면, 그칠지도 모릅니다.

原　　： そうですね。少し待ってみましょうか。

　　　그렇군요. 조금 기다려 볼까요.

キム·パク： はい。

　　　예.

第十八課

<ruby>第<rt>だい</rt></ruby><ruby>十<rt>じゅう</rt></ruby><ruby>八<rt>はち</rt></ruby><ruby>課<rt>か</rt></ruby>

ドアが<ruby>開<rt>あ</rt></ruby>いています。
문이 열려 있습니다.

語句 (어구. 말)

단 어	한자 읽는 법	의 미
こういう・このような・こんな		이런. (앞에서 지시한 것을 설명할 때)
そういう・そのような・そんな		그런. (앞에서 지시한 것을 설명할 때)
ああいう・あのような・あんな		저런. (앞에서 지시한 것을 설명할 때)
ごみ		쓰레기. 휴지.
しいたけ		표고버섯.
しゃぶしゃぶ		샤브샤브. (칭기즈칸 요리)
玉ねぎ	たまねぎ	양파.
ふた		뚜껑.
鍋	なべ	냄비.
駅員	えきいん	역무원.
皮	かわ	가죽.
考え	かんがえ	생각.
学友会	がくゆうかい	학우회.
牛乳 ・	ぎゅうにゅう	우유. (ミルク)
月給 ・	げっきゅう	월급.
参考書	さんこうしょ	참고서.
自動詞	じどうし	자동사.
他動詞	たどうし	타동사.
台所 ・	だいどころ	부엌.
~箱	~はこ	~상자.
発表	はっぴょう	발표.
文房具 ・	ぶんぼうぐ	문방구.
(御)湯 ・	(お)ゆ	뜨거운 물.
(御)冷や ・	(お)ひや	찬물. 찬밥
夕食	ゆうしょく	저녁
用意	ようい	준비

支度	・	したく	준비
仕度	・	したく	준비
値段	・	ねだん	가격
両替		りょうがえ	환전 (돈을 바꿈)
忘れ物		わすれもの	잊어버린 물건. (落とし物 : 유실물)
三省堂		さんせいどう	삼성당. (출판사 이름)
蘭		らん	난. (가게 이름)
掲示板	・	けいじばん	게시판.
神田		かんだ	서점(書店)으로 유명한곳.
東急ハンズ			가게 이름.
カレー粉		カレーこ	카레가루.
ミーティング	・	meeting	미팅.
ハイチ			가게 이름.
ポリバケツ			플라스틱 양동이.
ボタン		botão	버튼.
フライパン		fry pan	프라이팬.

● 動詞 (동사)

기본형·사전형	한자 읽는 법	동사 구분	의 미
開く	あく	動Ⅰ	열리다. (닫힌 것이)
開ける	あける	動Ⅱ	열다.　(닫힌 것을)
閉まる	しまる	動Ⅰ	닫히다
閉める	しめる	動Ⅱ	닫다
集まる	あつまる	動Ⅰ	모이다
集める	あつめる	動Ⅱ	모으다
置く	おく	動Ⅰ	놓다. 두다
押す	おす	動Ⅰ	밀다
変わる	かわる	動Ⅰ	바뀌다
変える	かえる	動Ⅱ	바꾸다
消える	きえる	動Ⅱ	꺼지다
消す	けす	動Ⅰ	끄다

炒める	いためる	動Ⅱ	볶다. (기름에)
決まる	きまる	動Ⅰ	결정되다
決める	きめる	動Ⅱ	결정하다
掛かる	かかる	動Ⅰ	걸리다. (전화가)
掛ける	かける	動Ⅱ	걸다. (전화를)
捨てる	すてる	動Ⅱ	버리다
出す	だす	動Ⅰ	내다. 제출하다. (숙제를)
出る	でる	動Ⅱ	나가다. (방을)
点く	つく	動Ⅰ	켜지다. (전기가)
点ける	つける	動Ⅱ	켜다. (전기를)
煮る	にる	動Ⅱ	삶다. 조림하다.
始まる	はじまる	動Ⅰ	시작되다.
始める	はじめる	動Ⅱ	시작하다.
張る	はる	動Ⅰ	뻗다. (뿌리가)
冷やす	ひやす	動Ⅰ	식히다. (차게 하다)
冷える	ひえる	動Ⅱ	식다. (차가워지다)
沸く	わく	動Ⅰ	물이 끓다.
沸かす	わかす	動Ⅰ	물을 끓이다.
渡る	わたる	動Ⅰ	횡단하다. 건너다. 남의 손에 넘어가다.
渡す	わたす	動Ⅰ	건네주다. 걸치다. 넘겨주다.
探す・捜す		動Ⅰ	찾다. (자신이 구하는 물건·사람을)
剥く	むく	動Ⅰ	벗기다. (가죽·껍질을)
予約(を)する		動Ⅲ	예약을 하다.

• い形容詞 (い형용사)

단 어	한자 읽는 법	의 미
柔らかい	やわらかい	부드럽다.
固い 堅い 硬い	かたい	딱딱하다. 단단하다. 굳다. 견실하다. 착실하다. 엄하다. 완고하다.

• フレーズ (문구, 관용구, phrase)

단 어	의 미
あら。	놀라거나 감탄했을 때. (주로 여성이 사용함)
仕方がない。　　•	방법이나 수단이 없다. 어쩔 수 없다.
仕様がない。　　•	어찌할 방법이 없다. ~할 수 없다.
そうでもありません。	그렇지도 않습니다.
~に立つ。	~에 서다.
まだまだです。	아직 멀었습니다.

例文・説明 (예문・설명)

1. 自動詞・他動詞 (자동사・타동사)

자동사(自動詞)	타동사(他動詞)
(窓 が) 閉まる。 (닫히다)	(~が窓 を) 閉める。 (닫다)
(予定 が) 決まる。 (결정되다)	(~が予定 を) 決める。 (결정하다)
(天気 が) 変わる。 (바뀌다)	(~が天気 を) 変える。 (바꾸다)
(電話 が) 掛かる。 (걸리다)	(~が電話 を) 掛ける。 (걸다)
(人 が) 集まる。 (모이다)	(~が人 を) 集める。 (모으다)
(授業 が) 始まる。 (시작되다)	(~が授業 を) 始める。 (시작하다)
(ビール が) 冷える。 (식다)	(~がビール を) 冷やす。 (식히다)
(電気 が) 消える。 (꺼지다)	(~が電気 を) 消す。 (끄다)
(電気 が) つく。 (켜지다)	(~が電気 を) つける。 (켜다)
(水 が) 入る。 (들어가다)	(~が水 を) 入れる。 (넣다)
(ごみ が) 出る。 (나오다)	(~がごみ を) 出す。 (내다)
(ドア が) 開く。 (열리다)	(~がドア を) 開ける。 (열다)
(お湯 が) 沸く。 (끓다)	(~がお湯 を) 沸かす。 (끓이다)
歩く。걷다.　行く。가다. 遊ぶ。놀다.　来る。오다.	する。하다.　買う。사다. 置く。놓다.　洗う。씻다. 食べる。먹다.　捨てる。버리다. 張る。뻗다. 펼치다. 굳다.

▶ 자동사. (自動詞)

- 주어 자체의 동작 상태를 나타내고, 동작이 다른 것에 미치지 않고 목적어를 취하지 않는 동사.
- 동사 I 은 거의 다 자동사가 된다. 단 기본형이 す로 끝나는 것은 타동사이다.
- 같은 한자에 같은 의미의 동사가 두개가 있을 때 기본형이 す로 끝나는 동사는 타동사이고 동사 II 는 자동사가 된다.

자동사		타동사	
集まる	(모이다)	集める	(모으다)
続く	(계속되다)	続ける	(계속하다)
建つ	(서다)	建てる	(세우다)
回る	(돌다)	回す	(돌리다)
生きる	(살다)	生かす	(살리다)
つながる	(연결되다)	つなぐ	(연결하다)
生まれる	(태어나다)	生む	(낳다)
溶ける	(녹다)	溶く	(녹이다)

▶ 타동사(他動詞)

- 다른 것에 작용하는, 동작을 나타내는 동사.
- 그 작용이 미치는 대상을 목적어로 갖는다.
- 목적어에는 대표적으로 격조사 を를 사용하기 때문에, 동사의 자동사 · 타동사를 구별하는 표시가 된다. 특별한 경우를 제외하고는 자동사는 조사 が를 사용하고 타동사는 を를 사용한다.
- 동사의 기본형이 す로 끝나는 동사는 타동사이다.
- 같은 한자에 같은 의미의 동사가 두개가 있을 때 動詞 I 은 자동사가 되고, 動詞 II 는 타동사가 된다. 단 자동사가 動詞 II 일 경우, 타동사는 거의 다 기본형이 す로 끝난다.

자동사		타동사	
が集まる	(모이다)	を集める	(모으다)
が続く	(계속되다)	を続ける	(계속하다)
が建つ	(서다)	を建てる	(세우다)
が回る	(돌다)	を回す	(돌리다)
が生きる	(살다)	を生かす	(살리다)

がつながる	(연결되다)	をつなぐ	(연결하다)
が生まれる	(태어나다)	を生む	(낳다)
が溶ける	(녹다)	を溶く	(녹이다)

▸ 다음과 같은 경우는 동사Ⅱ이면서도 자동사이다.

자동사		타동사	
が売れる	(팔리다)	を売る	(팔다)
が焼ける	(타다)	を焼く	(굽다)
が折れる	(부러지다)	を折る	(부러트리다)
が切れる	(잘라지다)	を切る	(자르다)
が砕ける	(부서지다)	を砕く	(부수다)
が取れる	(풀리다)	を取る	(풀다)
が溶ける	(녹다)	を溶く	(녹이다)
が溶ける	(녹다)	を溶く	(녹이다)

• 목적의 を를 취하는 동사는 대개 타동사이지만, 그 중에는 を를 취하는 자동사도 있다. 이 경우는,
  대상에 대한 동작이나 활동뿐만이 아니고 통과하는 장소 · 출발점(기점)을 나타낸다.

▸ 통과점

橋を渡る。	空を飛ぶ。	川を泳ぐ。	山を登る。
다리를 건너다.	하늘을 날다.	강을 헤엄치다.	산을 오르다.
野原を走る。	学校の前を通る。	公園を散歩する。	
들판을 달리다.	학교 앞을 통과하다.	공원을 산보하다.	

▸ 기점

家を出る。	国を去る。	陸を離れる。
집을 나오다.	본국(고향)을 떠나다.	육지를 떠나다.
学校を卒業する。	会社を辞める。	門を入る。
학교를 졸업하다.	회사를 그만두다.	문으로 들어가다.
電車を降りる。 전차에서 내리다.		

2.

ドアが開いています。　　　문이 열려 있습니다.　　　(자동사의 상태)

ドアが開けてあります。　　문을 열어 놓았습니다. (타동사의 상태)

▶ 자동사(て形+いる) : ~하고 있다. ~해져 있다. (현재진행과 상태를 나타낸다)
　 타동사(て形+ある) : ~해 놓다. (상태를 나타낸다)

* 동작 · 작용이 진행하면서 지속하고 있는 것을 나타낸다.

川を泳いでいます。	강을 헤엄치고 있습니다.
山を登っています。	산을 오르고 있습니다.
野原を走っています。	들판(넓은 평지)를 달리고 있습니다.

* 동작 · 작용이 행하여진 뒤의 상태가 계속하고 있는 것을 나타낸다.

犬が死んでいます。	개가 죽어있습니다.
二人は結婚しています。	두 사람은 결혼했습니다.
子供が寝ています。	아이가 자고 있습니다.
花が咲いています。	꽃이 피어있습니다.
雨が止んでいます。	비가 그쳤습니다.

* 원래부터의 상태가 현재에도 그 상태로 계속하고 있는 것을 나타낸다.

顔が似ています。	얼굴이 닮았습니다.
山がそびえています。	산이 솟아 있습니다.
言葉が有り触れています。	말(내용)이 흔합니다.
技術が優れています。	기술이 뛰어납니다. (우수합니다)

* 하나의 동사가, 동작 · 작용의 진행과 결과의 모두를 나타낸다.

雨が降っています。	비가 내리고 있습니다.
葉が落ちています。	잎이 떨어지고 있습니다.

• 반복을 나타낸다.

| 火山が爆発しています。 | 화산이 폭발하고 있습니다. |

• 습관을 나타낸다.

| 毎朝、散歩しています。 | 매일 아침, 산보하고 있습니다. |

• 경험을 나타낸다.

| 台湾には去年行っています。 | 타이완에는 작년에 갔었습니다. |

▸ 타동사(て形＋ある) : ～해져 있다. ～해 놓다. 동작·작용의 결과나 상태를 나타낸다.

• 동작의 결과를 나타낸다

花が植えてあります。	꽃이 심어져 있습니다.
壁に絵がかけてあります。	벽에 그림이 걸려 있습니다.
字が書いてあります。	글씨가 써져 있습니다.

• 준비·동작의 완료를 나타낸다.

すでに頼んであります。	이미 부탁해 놓았습니다.
ご飯は炊いてあります。	밥은 해 놓았습니다.
そのことは前もって約束してあります。	그 일은 사전에 약속해 놓았습니다.

• 같은 동작 · 결과를 나타내는 경우의 ている와 てある。

자동사 (て形) + いる。	타동사 (て形) + ある。
ドアが開いています。	ドアが開けてあります。
자연적으로 행하여진 동작·결과. (사람에 의해 열렸다든지, 바람에 의해 열렸다든지 확실하지 않은 경우 의지의 동작이 보이지 않는다)	행위적으로 행하여진 동작·결과. (누군가의 의지로 창문을 열어서, 지금도 열려져 있다)
電灯が点いている。 전등이 켜져 있다. 仕事が残っている。 일이 남아 있다. 水が流れている。 물이 흐르고 있다.	電灯が点けてある。 전등을 켜 놓았다. 仕事を残してある。 일을 남겨 놓았다. 水を流してある。 물을 흐르게 했다.

▶ 타동사 (て形 + いる) : ~하고 있다. (현재진행과 상태를 나타낸다)

• 현재 그 동작이 진행 중이거나 지속하고 있는 것을 나타낸다.

りんごを食べています。	사과를 먹고 있습니다.
絵を描いています。	그림을 그리고 있습니다.
食器を洗っています。	식기를 닦고 있습니다.

• 동작이 행하여진 결과의 상태가 계속하고 있는 것을 나타낸다.

荷物を持っています。	짐을 들고 있습니다.
学校を卒業しています。	학교를 졸업했습니다.
日本語を習っています。	일본어를 배우고 있습니다.

▶ 窓が開いている。 → 창문이 열려 있다.　(자연히 열림)

窓が開けてある。 → 창문이 열려져 있다.　(일부러 열어 놓음)

窓を開けている。 → 창문을 열고 있다.　(동작이 진행 중)

• 자동사 · 타동사의 상태의 문장.

자동사 (自動詞)	타동사 (他動詞)
ドアが開いています。 문이 열려 있습니다.	ドアが開けてあります。 문이 열려져 있습니다.
窓が閉まっています。 창문이 닫혀 있습니다.	窓が閉めてあります。 창문이 닫혀져 있습니다.
電気が消えています。 전기가 꺼져 있습니다.	電気が消してあります。 전기가 꺼져 있습니다.
電気がついています。 전기가 켜 있습니다.	電気がつけてあります。 전기가 켜져 있습니다.
水が入っています。 물이 들어 있습니다.	水が入れてあります。 물이 넣어져 있습니다.
ごみが出ています。 쓰레기가 나와 있습니다.	ごみが出してあります。 쓰레기를 내 놓았습니다.

1. A: あれ、さっき閉めたのに、またドアが開いていますね。
    아니, 조금 전에 닫았는데도, 또 문이 열려 있군요.
    B: 風で開いたんでしょう。
    바람에 열렸겠지요.

2. 消すのを忘れたんでしょうか。まだ電気がついていますね。
    끄는 것을 잊어버렸습니까. 아직 전기가 켜져 있습니다.

3. このビールは、よく冷えていて美味しいです。
    이 맥주는, 시원해서 맛이 있습니다.

4. 食事の用意がしてあります。
   식사 준비가 되어 있습니다.

5. A: この水、捨ててもいいですか。
      이 물, 버려도 좋습니까.
   B: あ、捨てないでください。これからお湯を沸かそうと思ってそこに入れ
      てあるんです。
      아, 버리지 말아 주세요. 지금부터 물을 끓이려고 생각해서 거기에 넣어 놓았습니다.

6. A: あれ、中島さんの本がありますね。忘れ物でしょうか。
      아니, 나까지마씨의 책이 있군요. 잊어버린 물건입니까.
   B: いいえ、それは置いてあるんだと思います。

      中島さんは後で戻ってくると言っていましたから。
      아니오, 그것은 놓아둔 것이라고 생각합니다.
      나까지마씨는 후에 돌아온다고 말했기 때문입니다.

7. 再試の人の名前が掲示板に張ってありますから、見てください。
   재시험 보는 사람의 이름이 게시판에 붙어 있으니까, 봐주세요.

8. A: ドアが開いていますね。閉めましょうか。
      문이 열려 있군요. 닫을까요.
   B: あ、それは開けてあるんです。閉めないでください。
      아니오, 그것은 열어 놓았습니다. 닫지 말아 주세요.

3.

ビールを買っておきました。　　맥주를 사 놓았습니다.

▶ て書きました : ～해 놓았습니다. ～해 두었습니다.
　용법 : 동사(て形) + おく。

● 동작이나 상태를 계속시킨다.

現在の関係をそのままにしておきます。	현재의 관계를 그 상태로 두겠습니다.
夜遅くまで遊ばせておきます。	밤늦게까지 놀게 했습니다.

● 미리, 사전에 어떤 행위를 준비해 두다.

試合に備えて練習しておきます。	시합을 대비해서 연습해두겠습니다.

1. 明日までに予習しておいてください。
   내일까지는 예습해 놓으세요.

2. あしたは雨かもしれないから、今日洗濯をしておきましょう。
   내일은 비가 올지도 모르기 때문에, 오늘 빨래를 해 놓읍시다.

3. 専門の言葉を勉強しておいたので、大学に入った時、困りませんでした。
   전공어를 공부해 놓았기 때문에, 대학에 들어갔을 때, 곤란하지 않았습니다.

4. A: 土曜日の夜、レストランで食事をしませんか。
   　토요일 밤, 레스토랑에서 식사를 하지 않겠습니까.

   B: ええ。じゃ、予約しておいたほうがいいですね。
   　좋아요. 그러면, 예약해 두는 것이 좋겠군요.

   A: そうですね。どこにしましょうか。
   　그렇네요. 어디로 할까요.

   B: 新宿にしましょう。
   　신쥬꾸로 합시다.

4.

> 春になると、花が咲きます。　　**봄이 되면, 꽃이 핍니다.**

▶ と　：～하면.
　용법 : 동사(기본형) + と。(동사 과거형은 사용할 수 없음)
　　　• 3・4・5번은 동사에만 접속된다.
　의미 : 당연한 귀결의 문장에 사용된다.

1. 앞 문장의 조건을 충족시킬 때는, 언제나 자동적으로 바로 조건이 성립한다(항상조건). 자연현상・진리・습
　관 등을 나타내며, 당연한 것의 관계를 나타낸다. (가정형 ば를 사용할 수도 있다). (17과 예문설명 1번
　참조)

暑いと汗が出る。	더우면 땀이 나온다.
水の中だと体が軽くなる。	수중에서는 몸이 가벼워진다.
おなかが一杯になると眠くなる。	배가 부르면 졸리다.

2. (もし(혹시) ～だったら(～라면). ～になると(～되면)의 의미 (가정조건)・(ば・たら) 와 틀려, 조건
　에 말하는 상대의 희망・의지・명령・유혹・권유 등은 사용할 수 없다.

平日だと映画館は空いていますよ。	평일이라면 영화관은 비어 있습니다.
漢字が読めないと困ることが多い。	한자를 읽지 못하면 곤란한 일이 많다.
子供を無理に勉強させると勉強嫌いになる。	
아이들을 무리하게 공부시키면 공부를 싫어하게 된다.	
天気が悪いと山へ行くのは無理でしょう。	날씨가 나쁘면 산에 가는 것은 무리이겠지요.

3. 우연적인 공존의 관계를 나타낸다. 하나의 동작・작용이 성립하는 동시에, 우연, 또는 하나의 동작,
　작용이 성립, 또는 상태가 출현한다고 하는 관계. (その時・그때) 또는 (～してすぐ・～하자마자)
　의 의미를 나타낸다.

朝起きるとすぐシャワーを浴びた。	아침에 일어나자마자 샤워를 했다.
朝起きると、雪が降っていた。	아침에 일어나니, 눈이 내리고 있었다.
彼は本を手に取ると読み始めた。	그는 책을 손에 잡자마자 읽기 시작했다.

彼女は部屋に入ると窓を開けた。	그녀는 방에 들어가자마자 창문을 열었다.
部屋にいると外で車の止まる音がしました。	방에 있을 때 밖에서 차 멈추는 소리가 났습니다.
出ようとすると、人が来た。	외출하려고 하자, 사람이 왔다.
電話をかけていると、ドアにノックが聞こえた。	전화를 걸고 있는데, 문 노크 소리가 들렸다.

4. 이유나 동기를 나타낸다. (문장 끝에는 과거형이 온다)
   (• 21과 예문7의, たら2번과 같다)

窓を開けると寒い風が入った。	창문을 열었더니 차가운 바람이 들어왔다.
その話を聞くと悲しくなった。	그 이야기를 들었더니 슬퍼졌다.
一杯飲むと、元気になった。	한잔 마셨더니, 힘이 났다.
先生に注意されると、学生はおしゃべりをやめた。	
선생님에게 주의를 받자, 학생은 잡담을 그만두었다.	

5. 어떤 행동의 결과를 알고 있었던 것을 나타낸다. (발견)
   뒷문장은 상태를 나타내는 표현의 과거형. (문장 끝에는 과거형이 온다)
   (• 21과 예문 7의 たら4번과 거의 비슷합니다만 たら보다 의외성은 없다)

デパートへ買い物に行くと定休日だった。	백화점에 쇼핑하러 갔더니 정기휴일이었다.
駅に着くと電車はもう出た後だった。	역에 도착했더니 전차는 이미 출발한 뒤였다.
友達を見舞いに病院へ行くともう退院していました。	
친구를 병문안하러 병원에 갔더니 벌써 퇴원했습니다.	

1. このボタンを押すと、切符が出ます。
   이 버튼을 누르면, 표가 나옵니다.

2. 夜、お腹が空くと、ラーメンを作ります。
   밤에, 배가 고프면, 라면을 끓입니다.

3. 私は、お酒を飲むと、気分が悪くなります。

   나는, 술을 마시면, 기분이 나빠집니다.

4. A: 内の子どもは、私が言わないと、勉強しません。

   우리 집 아이는, 내가 말하지 않으면, 공부하지 않습니다.

   B: 内の子供も言わないと、何もしませんよ。

   우리 애도 말하지 않으면, 아무것도 하지 않습니다.

5. 辞書がないと、新聞が読めません。

   사전이 없으면, 신문을 읽을 수 없습니다.

6. 入口に立つと、ドアが開きます。(開く : 열리다. 개최하다.)

   입구에 서면, 문이 열립니다.

5.

今から食べるところです。	지금부터 먹을 생각입니다.
今食べているところです。	지금 먹고 있는 중입니다.
たった今食べたところです。	지금 막 먹었습니다.
車に引かれるところでした。	차에 치일 뻔 했습니다.

▸ 용법 : 동사(기본형) + ところです。
　용법 : 동작의 개시 직전. (지금부터 ~할 생각입니다)
　　　　今からケーキを作るところです。
　　　　지금부터 케이크를 만들 생각입니다.

▸ 용법 : 동사(현재진행형) + ところです。
　의미 : 동작의 진행 중. (지금 ~하고 있는 중입니다)
　　　　今ケーキを作っているところです。
　　　　지금 케이크를 만드는 중입니다.

▸ 용법 : 동사(과거형) + ところです。
　의미 : 동작의 완료. (지금 막 ~동작이 끝났습니다)
　　　　たった今ケーキを作ったところです。
　　　　지금 막 케이크를 만들었습니다.

▸ 용법 : 동사(기본형) + ところでした。
　의미 : ~일 뻔했습니다. (동작은 하지 않은 상태가 됨)
　　　　転ぶところでした。
　　　　넘어질 뻔했습니다.

1.　A: もうご飯を食べましたか。

　　　벌써 밥을 먹었습니까.

　　B: いいえ。これから食べるところです。

　　　아니오. 지금부터 먹을 생각입니다.

2. A: 今、お暇ですか。

　　지금, 한가하십니까.

　　B: いいえ、ちょっと今から出掛けるところなんです。

　　아니오, 지금부터 외출할 생각입니다.

3. A: もうご飯を食べましたか。

　　벌써 밥을 먹었습니까.

　　B: いいえ。今、食べているところです。

　　아니오. 지금, 먹고 있는 중입니다.

4. A : 宿題はもう出来ましたか。

　　숙제는 다 했습니까?

　　B: いいえ。今、書いているところです。

　　아니오. 지금, 쓰고 있는 중입니다.

5. A: 仕事は終わりましたか。

　　일은 끝났습니까.

　　B: はい。今、終わったところです。

　　예. 지금 막 끝났습니다.

6. 掃除をしたところですから、私の部屋は今とてもきれいです。

　　청소를 막 끝냈기 때문에, 내 방은 지금 매우 깨끗합니다.

7. 昨日階段で落ちるところでした。

　　어제 계단에서 떨어질 뻔했습니다.

8. 昨日の事故で死ぬところでした。

　　어제 사고로 죽을 뻔했습니다.

6.

私もこういうのが欲しいんです.　　나도 이런 것을 원합니다.

▸ こういう: 어떠한 것을 설명할 때.
  ほしい　: 원하다. 갖고 싶다.
  　　　　　(ほしい앞에서의 조사는 반드시 が를 사용한다)
  こういう: 이런. (このような・こんな)
  そういう: 그런. (そのような・そんな)
  ああいう: 저런. (あのような・あんな)
▸ こんな・そんな・あんな는 주로 부정문에 많이 사용되지만, 물건을 가리킬 때와 문장 자체가 부정이
  아닐 때는 부정적인 의미는 아니다.

1.　A: それは日本語の参考書ですか。
　　　그것은 일본어 참고서입니까.
　　B: はい。
　　　예.
　　A: そういう本はどこで売っているんですか。
　　　그런 책은 어디에서 팔고 있습니까.

2.　A: 暑いですね。
　　　덥군요.
　　B: ええ。こういう日は仕事を辞めて、泳ぎに行きたいですね。
　　　예. 이런 날은 일을 그만두고, 수영하러 가고 싶군요.

3.　A: あのセーター、きれいですねえ。
　　　저 스웨터, 예쁘군요.
　　B: ええ、私もああいうのが欲しいんです。
　　　예, 나도 저런 것을 갖고 싶습니다.
　　•　私もこんなのが欲しいんです。
　　　나도 이런 것을 갖고 싶습니다.

7.

> 日本へ来てから、日本語の勉強を始めました。
>
> 일본에 오고 나서, 일본어 공부를 시작했습니다.

▶ てから : ~하고 나서.

용법 : 동사(て形) + から。

의미 : 어떤 동작·행위를 먼저 하고 나서, 그 뒤의 동작을 행하는 것을 나타낸다.

1. 宿題をしてから、遊びに行きましょう。

   숙제를 하고 나서, 놀러 갑시다.

2. 公園の入口の売店でフィルムを買ってから、中に入りました。

   공원 입구 매점에서 필름을 사고 나서, 안으로 들어갔습니다.

3. 野菜は皮を剥いてから、切ってください。

   야채는 껍질을 벗기고 나서, 잘라 주세요.

4. A: あなたは、毎朝、何時に起きますか。

   당신은, 매일 아침, 몇 시에 일어납니까.

   B: 私は、毎朝、七時に起きます。

   나는, 매일 아침, 7시에 일어납니다.

   A: 七時に起きて、何をしますか。

   7시에 일어나서, 무엇을 합니까.

   B: 七時に起きて、歯を磨いて、顔を洗います。

   7시에 일어나서, 이빨을 닦고, 얼굴을 씻습니다.

   A: 顔を洗ってから、何をしますか。

   얼굴을 씻고 나서, 무엇을 합니까.

B: 顔を洗ってから、朝ご飯を食べます。

얼굴을 씻고 나서, 아침을 먹습니다.

A: 朝御飯を食べてから、何をしますか。

아침을 먹고 나서, 무엇을 합니까.

B: 朝御飯を食べてから、お茶を飲みながら新聞を読みます。

아침을 먹고 나서, 차를 마시면서 신문을 읽습니다.

A: 新聞を読んでから、何をしますか。

신문을 읽고 나서, 무엇을 합니까.

B: 新聞を読んでから、着替えます。

신문을 읽고 나서, 옷을 갈아입습니다.

A: 着替えてから、何をしますか。

옷을 갈아입고 나서, 무엇을 합니까.

B: 着替えてから、学校へ来ます。

옷을 갈아입고 나서, 학교에 옵니다

8.

> <ruby>十分<rt>じゅっぷん</rt></ruby>ぐらいしてから、もう<ruby>一度<rt>いちど</rt></ruby> <ruby>電話<rt>でんわ</rt></ruby>してください。
>
> 10분 정도 지나고 나서, 다시 한 번 전화해 주세요.

▶ ぐらいしてから : 어느 정도 시간이 지나고 나서.

　ぐらい : ~정도.

　의미 　 : 시간이나 기간, 또는 조수사에 붙어서 대개의 수량을 나타낸다.

1. しいたけは、<ruby>水<rt>みず</rt></ruby>の<ruby>中<rt>なか</rt></ruby>に<ruby>入<rt>い</rt></ruby>れて<ruby>十五分<rt>じゅうごふん</rt></ruby>ぐらいすると、<ruby>柔<rt>やわ</rt></ruby>らかくなります。

   표고버섯은, 물 안에 넣고 15분 정도 지나면, 부드러워집니다.

2. あなたが<ruby>帰<rt>かえ</rt></ruby>ってから<ruby>五分<rt>ごふん</rt></ruby>ぐらいして、山本さんが<ruby>来<rt>き</rt></ruby>ましたよ。

   당신이 돌아가고 5분 정도 지나서, 야마모또씨가 왔습니다.

3. 田中さんがアメリカへ<ruby>行<rt></rt></ruby>って 1 か<ruby>月<rt>げつ</rt></ruby>して、<ruby>始<rt>はじ</rt></ruby>めて田中さんから<ruby>手紙<rt>てがみ</rt></ruby>が来ました。

   다나까씨가 미국으로 간 지 한 달이 지나서, 처음으로 다나까씨로부터 편지가 왔습니다.

9.

私には難しいです。　　　나에게는 어렵습니다.

▶ には : ~에게는. (にとっては : ~로서는)
　의미 : 마음적으로 생각하는 상대편의 입장이나 자기의 입장을 나타낸다.
　　　　(다른 사람은 어떨지 모르겠지만 본인에게는)

1. この本は私には難しいです。
　　이 책은 나에게는 어렵습니다.

2. このセーターは田中さんには少し小さいです。
　　이 스웨터는 다나까씨에게는 조금 작습니다.

3. 日本の漢字は中国人には易しいですが、アメリカ人には難しいです。
　　일본의 한자는 중국인에게는 쉽습니다만, 미국인에게는 어렵습니다.

10.

きのう欄というレストランへ行きました。
어제 난이라고 하는 레스토랑에 갔었습니다.
その店は中華料理店ですか。
그 가게는 중국요리점입니까.

きのう欄というレストランへ行きました。
어제 난이라고 하는 레스토랑에 갔었습니다.
ああ、あの店は私も行ったことがあります。
예, 그 가게는 나도 가본 적이 있습니다.

▶ という : ~라고 하는. (앞문장을 설명할 때)
　その・あの : 화제 중에서 기출의 내용을 가리킨다.
　その　 : 두 사람 중 한 사람은 모르는 것을 가리킬 때. (장소는 そこ. 물건은 それ)
　あの　 : 서로가 알고 있는 것을 가리킬 때. (장소는 あそこ. 물건은 あれ)

1.　A: しゃぶしゃぶを食べたことがありますか。
　　　　샤브샤브를 먹어 본적이 있습니까.
　　B: いいえ。それはどんな料理ですか。
　　　　아니오. 그것은 어떤 요리입니까.

2.　A: この間食べたしゃぶしゃぶは美味しかったですね。
　　　　요전에 먹었던 샤브샤브는 맛있었습니다.
　　B: ええ。あれは本当に美味しかったですね。
　　　　예. 그것은 정말로 맛있었습니다.

3. 私のうちのそばに公園があります。その中に図書館があります。

    우리 집 근처에 공원이 있습니다. 그 안에 도서관이 있습니다.

4. A: ハワイへ行ったことがありますか。

    하와이에 가본 적이 있습니까.

    B: ええ。あそこはいい所ですね。

    예. 그곳은 좋은 곳입니다.

5. 昨日友だちと一緒にハイチという喫茶店へ行きました。そこのカレーは
    美味しかったです。

    어제 친구와 같이 하이치라고 하는 찻집에 갔었습니다. 거기 카레는 맛있었습니다.

11.

学校（がっこう）の前（まえ）に集（あつ）まってください。　　学교 앞에 모여 주세요.

▶ に　　：～에. ～로. (장소・목적을 나타낸다)
　용법 : 장소＋に。
　に集まる : ～에 모이다.

1.　旅行（りょこう）に行（い）く時（とき）、新宿駅（しんじゅくえき）の南口（みなみぐち）に集（あつ）まりました。

　　여행 갈 때, 신쥬꾸역 남쪽 입구로 모였습니다.

2.　学友会（がくゆうかい）のミーティングがあるので、学生（がくせい）はみんな六四〇五（ろくよんぜろご）の教室（きょうしつ）に集（あつ）まってください。

　　학우회 미팅이 있기 때문에, 학생은 모두 6405 교실로 모여 주세요.

3.　友（とも）だちのうちに集（あつ）まって、皆（みんな）で料理（りょうり）を作（つく）りました。

　　친구 집에 모여서, 모두(같이) 요리를 만들었습니다.

1.

鈴木: 隣の部屋に電気がついていますね。

옆방에 전기가 켜져 있습니다.

中島: はい、7時から隣の部屋でミーティングがあるので、つけてあるんです。

예, 7시부터 옆방에서 미팅이 있기 때문에, 켜놓았습니다.

鈴木: ああ、そうですか。学生が消すのを忘れて帰ったと思いました。

아, 그렇습니까. 학생이 끄는 것을 잊어버리고 돌아갔다고 생각했습니다.

2.

中島: こんな所にゴミが出してありますねえ。

이런 곳에 쓰레기를 내 놓았군요.

鈴木: そうですねえ。誰が出したんでしょう。

그렇군요. 누가 내놓았을까요.

中島: ポリバケツのふたも開いていますよ。

플라스틱 양동이 뚜껑도 열려있습니다.

鈴木: 本当に困りますねえ。

정말로 곤란하군요.

コウ: あ、すみません。そのゴミは私が出したんです。

今日はゴミの日だと思ったので。

저, 미안합니다. 그 쓰레기는 제가 내놓았습니다.

오늘은 쓰레기 버리는 날이라고 생각했기 때문에.

中島: ゴミの日は今日じゃありませんよ。

쓰레기 버리는 날은 오늘이 아닙니다.

コウ: すみません。

미안합니다.

3.

コウ: 何を探しているの?

무엇을 찾고 있니?

キム: ぼくの財布がないんだ。

내 지갑이 없어.

コウ: テーブルの上に出してあるわよ。

테이블 위에 나와 있어. (놓여져 있어).

キム: どこ?

어디?

コウ: そこよ。台所のテーブルの上よ。

거기. 부엌 테이블 위에.

キム: 本当だ。ありがとう。あ、テーブルの上に牛乳が出ているよ。

정말이다. 고맙다. 아니, 테이블 위에 우유가 나와 있네.

コウ: あら、昨日冷蔵庫に入れるのを忘れたんだわ。

아니, 어제 냉장고에 넣는 것을 잊어버렸어.

キム: 大丈夫<ruby>だいじょうぶ</ruby>だろうか。

괜찮을까.

コウ: 捨てたほうがいいと思うわ。

버리는 것이 좋을 것 같아.

4.

学生: あしたは新<ruby>あたら</ruby>しいところを勉強するんですか。

내일은 새로운 곳을 공부합니까.

先生: はい。新<ruby>あたら</ruby>しい言葉<ruby>ことば</ruby>もたくさん勉強<ruby>べんきょう</ruby>しますから、予習<ruby>よしゅう</ruby>しておいてください。

예. 새로운 말(언어)도 많이 공부하기 때문에, 예습해주세요.

学生: 先生、あした作文<ruby>さくぶん</ruby>のノートを使<ruby>つか</ruby>いますか。

선생님, 내일 작문 노트를 사용합니까.

先生: はい、使<ruby>つか</ruby>います。まだ買っていない人は、あしたまでに買っておいてください。

예, 사용합니다. 아직 사지 않은 사람은, 내일까지는 사놓아 주세요.

学生: はい。

예.

5.

原 : 100円玉<ruby>えんだま</ruby>はありますか。

100엔짜리 동전은 있습니까.

サイ: はい、さっき両替<ruby>りょうがえ</ruby>をしておいたので、たくさんありますよ。貸<ruby>か</ruby>しましょうか。

예, 조금 전에 바꿔놓았기 때문에, 많이 있습니다. 빌려줄까요.

原 : はい、すみません。

예, 고맙습니다.

サイ: どうぞ。

자 어서.

原 : あれっ。

　　아니.

サイ: どうしたんですか。

　　왜 그렇습니까.

原 : 切符が出ないんです。

　　표가 나오지 않습니다.

サイ: このボタンを押すと、入れたお金が出てきますよ。

　　이 버튼을 누르면, 넣은 돈이 나옵니다.

原 : あれ、駄目ですね。

　　아니, 안되는군요.

サイ: じゃ、こちらのボタンを押すと、駅員さんが来ますよ。

　　그러면, 이쪽 버튼을 누르면, 역원이 나옵니다.

原 : あ、そうですか。どうも。

　　아, 그렇습니까. 고맙습니다.

6.

山本: またテストね。勉強している?

　　또 시험이다. 공부하고 있니?

ユン: うん、まあ。でも、このごろ教科書を見ると頭が痛くなるんだよ。

　　어, 그래. 그러나, 요즈음 교과서를 보면은 머리가 아파온다.

山本: 本当にテストはいやね。

　　정말로 시험은 싫다.

ユン: いやだね。でも、ぼくはテストがないと、勉強しないんだよ。

　　싫다. 그러나, 나는 시험이 없으면, 공부하지 않아.

山本: それは、私もそうよ。

　　그것은 나도 그래.

ユン: じゃ、仕方がないね。

　　그러면, 방법이 없네.

7.

中村: もう夕食を作りましたか。

벌써 저녁밥을 지었습니까.

田中: いいえ、今から作るところです。

아니오, 지금부터 밥을 할 생각입니다.

中村: じゃ、私と一緒に作って食べませんか。

그러면, 나하고 같이 해서 먹지 않겠습니까.

田中: いいですね。そうしましょう。

좋습니다. 그렇게 합시다.

中村: どっちの部屋へ行きましょうか。

어느 방에 갈까요.

田中: 私の部屋へ来てください。

掃除をしたところですから、今日はきれいですよ。

내방으로 와 주세요.
청소를 막 끝냈기 때문에, 오늘은 깨끗합니다.

8.

山本: フィルムは公園の中でも売っているでしょうか。

필름은 공원 안에서도 팔고 있을까요.

ユン: そうですね。ちょっと分かりません。

買っておいたほうがいいと思いますよ。

그렇군요. 잘 모르겠습니다.
사 두는 것이 좋다고 생각합니다.

山本: じゃ、外の店で買ってから、中に入りましょう。

그러면, 바깥가게에서 사고 나서, 안으로 들어갑시다.

ユン: すみません。フィルムをください。

미안합니다. 필름을 주세요.

店員: どんなフィルムですか。

어떤 필름입니까.

ユン: こういうのをひとつください。

이러한 것을 하나 주세요.

店員: はい。

예.

9.

コウ: あのセーターきれいね。

저 스웨터 예쁘네.

キム: どれ?

어디?

コウ: あれよ。前からああいうのがほしいと思っていたの。

저거. 전부터 저런 것을 갖고 싶다고 생각하고 있었어.

キム: 買うの?

살거니?

コウ: そうね。店の人に値段を聞いてから考えるわ。

글쎄, 점원에게 가격을 물어보고 나서 생각해 볼래.

キム: そう。私も服を買いたいけど。

그래. 나도 옷을 사고 싶지만.

コウ: 買わないの?

사지 않을 거니?

キム: ええ。月給をもらってから、もう一度見にくるわ。後一週間ぐらいして。

응. 월급을 받고 나서, 다시 한 번 보러 올 거야. 일주일 정도 지나고 나서.

10.

チン: パクさん、漢字の勉強をしているんですか。

　　박씨, 한자 공부를 하고 있습니까.

パク: はい。日本の漢字は私には本当に難しいんです。

　　チンさんには易しいと思いますが。

　　예. 일본 한자는 나한테는 정말로 어렵습니다.
　　진씨에게는 쉽다고 생각합니다만.

チン: そんなことはありませんよ。私にも難しいですよ。

　　그럴 리는 없습니다. 나한테도 어렵습니다.

パク: そうですか。

　　그렇습니까.

チン: 日本の漢字の参考書がほしいですね。

　　일본 한자 참고서를 갖고 싶군요.

パク: はい。

　　예.

11.

チン: 今度一緒に漢字の本を探しに行きませんか。

　　다음에 같이 한자책을 구하러 가지 않겠습니까.

パク: はい。

　　예.

チン: 三省堂へ行ってみましょうか。

　　삼성당에 가보지 않겠습니까.

パク: 三省堂? それは本屋ですか。

　　삼성당? 그것은 책방입니까.

チン: はい、大きい本屋です。

そこへ行けば、いろいろな本が買えますよ。

예, 큰 책방입니다.

거기에 가면, 여러 가지 책을 살 수 있습니다.

パク: その店はどこにあるんですか。

그 책방은 어디에 있습니까.

チン: 神田です。

간다입니다.

パク: ああ、神田ですか。一度行ったことがあります。

あそこには本屋がとてもたくさんありますね。

아예, 간다입니까? 한번 가본 적이 있습니다.

거기에는 책방이 대단히 많이 있습니다.

チン: はい。

예.

12.

中村: みんな掲示板の前に集まっていますね。

모두 게시판 앞에 모여 있군요.

山本: はい。もうすぐテストの発表があるんですよ。

예. 이제 곧 테스트 발표가 있습니다.

中村: 私たちも行きましょうか。

우리들도 갈까요.

山本: まだ早いから、あと5分ぐらいしてから、行ってみましょう。

아직 이르기 때문에, 5분정도 지나고 나서, 가봅시다.

本文

1.

中村: いらっしゃい。一緒に来たんですか。

어서 오십시오. 같이 왔습니까.

山本: はい。駅の前で会って、一緒に買い物をしてから来たんです。

예. 역 앞에서 만나, 같이 쇼핑을 하고나서 왔습니다.

中村: あれっ。肉も買って来たんですか。もう買ってあるんですけど。

아니. 고기도 사왔습니까. 이미 사놓았습니다만.

キム: 大丈夫ですよ。たくさん入れたほうがおいしいでしょう。

괜찮습니다. 많이 넣는 것이 맛있겠지요.

中村: はい。そうですね。ま、どうぞ上がってください。

예. 그렇군요. 자, 어서 들어오십시오.

山本: この野菜は洗ってありますか。

이 야채는 씻어놓았습니까.

中村: いえ、今から洗うところです。

아니오, 지금부터 씻을 생각입니다.

山本: じゃ、私が洗いましょう。

그러면, 내가 씻지요.

キム: このたまねぎはもう切ってもいいですか。

　　　이 양파는 이제 잘라도 좋습니까.

中村: はい。あっ、ちょっと待ってください。皮をむいてから切ってください。

　　　예. 저, 잠깐만 기다려주세요. 껍질을 벗기고 나서 잘라주세요.

キム: あ、そうですか。

　　　아, 그렇습니까.

中村: 皮をむきましたか。

　　　껍질을 벗겼습니까.

キム: はい。

　　　예.

中村: じゃ、こういう形に切ってください。

　　　그러면, 이러한 형태로 잘라주세요.

山本: 中村さん、上手ですね。

　　　나까무라씨, 능숙하군요.

中村: そうでもありませんよ。

　　　그렇지도 않습니다.

キム: これを煮るんですか。

　　　이것을 끓입니까.

山本: いえ。肉とたまねぎは、いためてから煮ないと、おいしくないんです。

　　　아니오. 고기와 양파는, 볶고 나서 끓이지 않으면, 맛이 없습니다.

キム: 今、カレー粉を入れますか。

　　　지금, 카레 가루를 넣습니까.

中村: いえ。今水を入れたところだから、まだまだです。

　　　아니오. 지금 물을 막 넣었기 때문에, 아직 멀었습니다.

キム: 時間が掛かるんですか。

　　　시간이 걸립니까.

中村: 三十分ぐらいすると、野菜が柔らかくなるから、その時に入れるんです。

    30분 정도 지나면, 부드러워지기 때문에, 그때에 넣습니다.

キム: ああ、そうですか。

    아, 그렇습니까.

山本: このなべは便利ですね。

    이 냄비는 편리하군요.

中村: はい、なべにもフライパンにもなりますから。

    예, 냄비도 프라이팬도 되기 때문에.

山本: 私もこういうのが欲しくなりました。どこで買ったんですか。

    나도 이런 것이 갖고 싶어졌습니다. 어디에서 샀습니까.

中村: 東急ハンズという店で買いました。

    도큐한즈라고 하는 가게에서 샀습니다.

山本: ああ、東急ハンズは私もよく行きますよ。

    아, 도큐한즈는 나도 자주 갑니다.

中村: あそこには、本当にいろいろな物がありますね。

    거기에는, 정말로 여러 가지 물건이 있습니다.

山本: はい、私はあの店へ行くと、いつも面白い文房具を買うんですよ。

    예, 나는 그 가게에 가면, 언제나 재미있는 문구를 삽니다.

キム: その店はどこにあるんですか。

    그 가게는 어디에 있습니까.

山本: 新宿です。

    신쥬꾸입니다.

キム: 今度私もそこへ連れて行ってください。

    다음에 나도 거기에 데리고 가 주세요.

山本: はい、いいですよ。

    예, 좋습니다.

2.

キム: あのう、なべのふたが開いているんですけど。

저, 냄비 뚜껑이 열려있습니다만.

中村: ああ、それは開けてあるんです。さっき見た時、水が多かったので。

아, 그것은 열어놓았습니다. 조금 전에 보았을 때, 물이 많았기 때문에.

キム: もう少なくなっていますよ。

이제 줄어들었습니다.

中村: じゃ、カレー粉を入れましょう。

그러면, 카레가루를 넣읍시다.

山本: カレー粉が足りませんね。買いに行きましょうか。

카레가루가 부족하군요. 사러 갈까요.

中村: 大丈夫ですよ。足りないかもしれないと思って、もう一箱買っておいたんです。

괜찮습니다. 부족할지도 모른다고 생각해서, 또 한 박스 사두었습니다.

山本: ああ、よかった。

아, 잘되었다.

中村: さあ、あと五分で出来ますよ。

자, 5분만 있으면 완성이 됩니다.

山本: 簡単ですね。これならキムさんも、ひとりで作れるでしょう。

간단하군요. 이것이라면 김씨도, 혼자서 만들 수 있겠지요.

キム: いえ、私にはちょっと難しいと思います。

아니오, 나에게는 좀 어렵다고 생각합니다.

中村: これからも、時々うちに集まって、一緒に料理をしませんか。

앞으로도, 가끔 집에 모여서, 같이 요리를 만들지 않겠습니까.

山本: いいですね。

좋습니다.

キム: お願いします。

부탁합니다.

第十九課

<ruby>第<rt></rt>十<rt>じゅう</rt>九<rt>きゅう</rt>課<rt>か</rt></ruby>

尊敬語。
존경어.

語句 (어구. 말)

단 어	한자 읽는 법	의 미
大使館	たいしかん	대사관.
以下	いか	이하.
以上	いじょう	이상.
朝日新聞	あさひしんぶん	아사히신문.
生け花	いけばな	꽃꽂이.
会場 ・	かいじょう	회의장.
書き方	かきかた	쓰는 방법.
敬語	けいご	경어. (높임말)
謙譲語	けんじょうご	겸양어. (낮춤말)
交通費	こうつうひ	교통비.
~章	~しょう	~장. (1장, 2장)
人口 ・	じんこう	인구.
だから		~이기 때문에.
ですから		~이기 때문에.
都合 ・	つごう	형편. (돈 · 시간)
日本銀行	にっぽんぎんこう	일본은행.
荷物 ・	にもつ	하물. 짐.
補習	ほしゅう	보충수업.
貿易会社 ・	ぼうえきがいしゃ	무역회사.
雪祭り	ゆきまつり	눈 축제.
勿論	もちろん	물론. (もとより · むろん)
重要	じゅうよう	중요.
坊ちゃん	ぼっちゃん	남의 자식을 친하게 부르는 말.
坊っちゃん	ぼっちゃん	夏目漱石의 소설.
お祖父さん	おじいさん	할아버님. (높임말)

祖父	そふ	할아버지.	(낮춤말)
お祖母さん	おばあさん	할머님.	(높임말)
祖母	そぼ	할머니.	(낮춤말)
お父さん	おとうさん	아버님.	(높임말)
父	ちち	아버지.	(낮춤말)
お母さん	おかあさん	어머님.	(높임말)
母	はは	어머니.	(낮춤말)
ご両親	ごりょうしん	부모님.	(높임말)
両親	りょうしん	양친, 부모.	(낮춤말)
親	おや	부모.	(낮춤말)
ご主人	ごしゅじん	남편분.	(높임말)
主人・夫	しゅじん・おっと	남편.	(낮춤말)
奥さん	おくさん	부인.	(높임말)
家内・妻	かない・つま	처, 아내.	(낮춤말)
お兄さん	おにいさん	형님.	(높임말)
兄	あに	형.	(낮춤말)
弟さん	おとうとさん	남동생분.	(높임말)
弟	おとうと	남동생.	(낮춤말)
お姉さん	おねえさん	누님.	(높임말)
姉	あね	누나.	(낮춤말)
妹さん	いもうとさん	여동생분.	(높임말)
妹	いもうと	여동생.	(낮춤말)
ご兄弟	ごきょうだい	형제분.	(높임말)
兄弟	きょうだい	형제.	(낮춤말)
伯父さん・叔父さん	おじさん	백부님. 큰아버님. 숙부님. 작은아버님. (높임말)	
小父さん	おじさん	아저씨. (다른 집의 중년남성을 부르는 말)	
小父	おじ	아저씨.	(낮춤말)
おばさん	おばさん	아주머님.	(높임말)
叔母さん・伯母さん	おばさん	백모님. 큰어머님. 숙모님. 작은어머님. (높임말)	

伯母 · 叔母 · 小母	おば	백모. 큰어머니. 숙모. 작은어머니. (낮춤말)
お嬢さん	おじょうさん	아가씨. 따님. (딸의 높임말)
息子さん	むすこさん	아드님. (높임말)
息子 •	むすこ	아들. (낮춤말)
娘 •	むすめ	딸. (낮춤말)
お子さん	おこさん	아이. 자제분. (높임말)
子供	こども	아이. (낮춤말)
従兄弟	いとこ	사촌. (낮춤말)
従兄弟の方	いとこのかた	사촌분. (높임말)
甥ごさん	おいごさん	남자조카분. (높임말)
甥	おい	남자조카. (낮춤말)
姪ごさん	めいごさん	여자조카분. (높임말)
姪	めい	여자조카. (낮춤말)
御親戚	ごしんせき	친척분. (높임말)
親戚	しんせき	친척. (낮춤말)
御親類	ごしんるい	친척분. (높임말)
親類	しんるい	친척. (낮춤말)
タイプ	type	타자기.
ハンカチ	handkerchief	손수건.
ボーイフレンド	boyfriend	남자 친구.
マレーシア	Malaysia	말레이시아.

• 動詞 (동사)

기본형 · 사전형	한자 읽는 법	동사 구분	의 미
伺う	うかがう	動 I	방문하다. 묻다. 질문하다. 의 겸양어.
頂く	いただく	動 I	받다. 먹다의 겸양어.
打つ	うつ	動 I	치다, 때리다, 두드리다.
申す	もうす	動 I	말하다의 겸양어.
間に合う	まにあう	動 I	시간에 맞다. 도움이 되다. 충분하다. 늦지 않다.

おいでになる		動Ⅰ	오다. 있다. 가다의 존경어.
参る	まいる	動Ⅰ	오다. 가다의 겸양어.
おっしゃる		動Ⅰ	말하다의 존경어.
居る	おる	動Ⅰ	있다의 겸양어.
致す	いたす	動Ⅰ	하다의 겸양어.
なさる		動Ⅰ	하다의 존경어.
送る	おくる	動Ⅰ	보내다. (편지를)
贈る	おくる	動Ⅰ	보내다. (선물을)
御覧になる	ごらんになる	動Ⅰ	보다의 존경어.
召し上がる	めしあがる	動Ⅰ	먹다의 존경어.
あげる		動Ⅱ	주다. (남에게)
貯める	ためる	動Ⅱ	모으다. (돈을)
晴れる	はれる	動Ⅱ	맑다. (날씨가)
伝える	つたえる	動Ⅱ	전해 주다.
教える	おしえる	動Ⅱ	가르치다.
拝見する	はいけんする	動Ⅲ	보다의 겸양어.
遠慮する	えんりょする	動Ⅲ	사양하다.

• い形容詞 (い형용사)

단 어	한자 읽는 법	의 미
寂しい	さびしい	쓸쓸하다. 적적하다.
淋しい	さびしい	쓸쓸하다. 적적하다.
寂しい	さみしい	쓸쓸하다. 적적하다.
淋しい	さみしい	쓸쓸하다. 적적하다.
甲斐甲斐しい	かいがいしい	보람이 있다. 바지런하다. 헌신하다. 몸을 아끼지 않고 충실하다. 생동감이 있다. 활발하다.

• フレーズ (문구, 관용구, phrase)

단 어	의 미
都合がいい。 •	형편이 좋다. 알맞다. 괜찮다. (시간 · 돈 · 상황)
何度か。	몇 번씩이나.
そう言えば。	그렇게 이야기하면.
よろしくお伝えください。 •	안부 좀 전해 주십시오.

例文 せつめい・ 説明 (예문·설명)

1. 家族の言葉。(가족의 언어)

▶ 일본어의 존경어는 가족이나 자기가 속해있는 집단을 남에게 말하거나 소개할 때는 겸양어를 사용하지만, 본인이 자기가족을 부를 때는 존경어를 사용할 수 있다.

自分の家族。(자기 가족)		他の人の家族。(남의 가족)	
家族	(가족)	御家族	(가족분)
両親	(부모)	御両親	(부모님)
親	(부모)	親御さん	(부모님)
父	(아버지)	お父さん	(아버님)
母	(어머니)	お母さん	(어머님)
主人・夫	(남편)	御主人	(남편분)
家内・妻	(아내/처)	奥さん	(부인)
子供	(아이)	お子さん	(자제분)
息子	(아들)	息子さん	(아드님)
娘	(딸)	お嬢さん	(따님)
兄弟	(형제)	ご兄弟	(형제분)
兄	(형)	お兄さん	(형님)
弟	(남동생)	弟さん	(남동생분)
姉	(누나)	お姉さん	(누님)
妹	(여동생)	妹さん	(여동생분)
従兄弟・従姉妹	(사촌)	従兄弟の方	(사촌분)
祖父	(할아버지)	お祖父さん	(할아버님)
祖母	(할머니)	お祖母さん	(할머님)

伯父 · 叔父	(백부 · 숙부)	伯父さん · 叔父さん	(백부님 · 숙부님)
伯母 · 叔母	(백모 · 숙모)	伯母さん · 叔母さん	(백모님 · 숙모님)
甥	(남자 조카)	甥ごさん	(남자 조카분)
姪	(여자 조카)	姪ごさん	(여자 조카분)
親戚	(친척)	御親戚	(친척분)
親類	(친척)	御親類	(친척분)

▶ 존경어.

경어는 친하지 않은 사람(잘 모르는 사람 · 자기그룹에 속하지 않은 사람) 이나, 윗사람 · 존경해야 되는 사람(지위 · 신분 · 연상) 을 상대로서, 그 사람들이나 이야기하는 사람 등 에 대해서 이야기할 때 사용한다. 단 보통 때는 존경해야 될 사람이라고 생각되어지는 경 우에도, 친한 상대라면 경어를 사용하지 않을 수도 있다.

▶ 겸양어.

자신이나 자신 측에 있는 것은 낮춰서 말하고 상대에 대해서는 경의를 나타낼 때 사용할 수 있다.

▶ 정중어.

정중어는 듣는 사람에 대한 경의를 나타내는 형이다. 따라서 친하지 않은 사람이나 다른 사람과 이야기할 때 사용한다. 또 정중체를 존경어나 겸양어와 같이 사용함에 따라서 더 욱더 경의를 높이는 것이 가능하다.

▶ 보통어.

보통체는 경의를 나타내지 않는 형태로 친한 사람(가족이나 친구 등) 과 이야기할 때 사용 한다.

▶ 指示語(지시어) · 副詞(부사) · 名詞(명사) · 挨拶表現(인사표현).

普通の言葉。(일반어)		改まった言葉。(예의바른 말)
こっち	(이곳)	こちら
そっち	(그곳)	そちら
あっち	(저곳)	あちら
どっち	(어디)	どちら
どっち	(어느 것)	どちら
今日	(오늘)	本日
明日	(내일)	明日
次の日	(다음날)	翌日
次の次の日	(다다음날)	翌々日
あさって	(모레)	明後日
きのう	(어제)	昨日
おととい	(그저께)	一昨日
去年	(작년)	去年
おととし	(재작년)	一昨年
ゆうべ	(어젯밤)	昨夜 · 昨夜
今朝	(오늘 아침)	今朝 · 今朝ほど
あしたの朝	(내일 아침)	明朝
今日の夜	(오늘 밤)	今夜
今	(지금)	ただいま
この間	(요전에)	先日
(10分)ぐらい	(10분) 정도	(10分)ほど
今度	(이번 · 다음)	この度 · この程 · 今回
後で	(후에 · 나중에)	後程
先	(조금 전에)	先程
これから	(지금부터)	今度 · これより

すごく・とても (대단히・굉장히)	大変_{たいへん}・非常_{ひじょう}に
ちょっと・少_{すこ}し (잠깐・조금)	少々_{しょうしょう}
早_{はや}く (빨리)	早_{はや}めに
本当_{ほんとう}に (정말로)	誠_{まこと}に・真_{まこと}に・実_{まこと}に
すぐ (곧)	早速_{さっそく}・早急_{さっきゅう}に
とても〜ない (도저히 〜않다)	とうてい〜ない
どうですか。 (어떻습니까)	いかがですか。
いくら (얼마)	いかほど・おいくら
いい (좋다)	よろしい・結構_{けっこう}
冷_{つめ}たい水_{みず} (찬물)	お冷_ひや
すみません。 (미안합니다)	恐_{おそ}れ入_いります。申_{もう}し訳_{わけ}ありません。
さようなら。 (헤어질 때 인사)	失礼_{しつれい}します。失礼致_{しつれいいた}します。
ありがとう。 (고맙습니다)	ありがとうございます。

普通_{ふつう}の言葉_{ことば}。(일반어)	丁寧_{ていねい}ではない男性言葉_{だんせいことば}。 (정중하지 않은 남성말)
上手_{じょうず}・おいしい	うまい (잘한다. 맛있다. 좋다. 일이 잘되다)
よくない	まずい (맛없다. 좋지 않다)
お中_{なか}・お腹_{なか}	腹_{はら} (배)
ご飯_{はん}	飯_{めし} (밥)
私_{わたし}	僕_{ぼく}・俺_{おれ} (나)
あなた	お前_{まえ} (너)
家内_{かない}・妻_{つま}	女房_{にょうぼう} (여보)

▶ 인칭대명사.

普通の言葉。(일반어)	丁寧な言葉。(정중한 말)
私(私・僕・俺)　　(나)	わたくし
私達　　　　　　(우리)	わたくしども
あなた(君・お前)　(너・자네)	あなた(さま)・お宅(さま)
人　　　　　　　(사람)	この方・こちらの方
人達　　　　　　(사람들)	この方々・こちらの方々
先生達　　　　　(선생님들)	先生の方

2.

御兄弟はいらっしゃいますか。　　형제분은 계십니까.
はい、おります。　　　　　　　예, 있습니다.

▸ いらっしゃる : 계시다. 오시다. 가시다. (居る · 来る · 行く의 존경어)

居る : 있다. (いる의 겸양어)

• いる : 있다. (사람이나 동물, 움직이는 것이 존재할 때는 <u>いる</u>를 사용하고, 그 외의 물건 등에는 <u>ある</u>를
사용한다)

• ある : 있다. (사람의 소유물로서 또는, 어떤 사물에 소속한 것으로서 존재할 때)

弟があります。	남동생이 있습니다.
彼には恋人があります。	그에게는 애인이 있습니다.
才能があります。	재능이 있습니다.
責任があります。	책임이 있습니다.

어떤 특정의 성질을 갖는 사람이 존재할 때.

支持者があります。	지지자가 있습니다.
欠席者があります。	결석한 사람이 있습니다.

1. A: お兄さんがいますか。

오빠가 있습니까?

B: はい、います。

예, 있습니다.

• 私は子供が二人あります。

저는 자식이 두 명 있습니다.

2. A: ご兄弟はいらっしゃいますか。

   형제분은 계십니까.

   B: はい、姉がふたりおります。

   예, 누나가 두 명 있습니다.

3. 山本: 田中さんのお姉さんは結婚していらっしゃいますか。

   다나까씨의 누님은 결혼하셨습니까.

   田中: ええ、(姉は) 結婚しております。

   예, 누나는 결혼했습니다.

   いいえ、(姉は) まだ結婚しておりません。

   아니오, 누나는 아직 미혼입니다.

4. 山本: 田中さんのお父さんはどこに勤めていらっしゃいますか。

   다나까씨의 아버님은 어디에 근무하고 계십니까.

   田中: 父は貿易会社に勤めております。

   아버지는 무역회사에 근무하고 있습니다.

5. 学生 A: 木村先生はどこに住んでいらっしゃいますか。

   기무라선생님은 어디에 살고 계십니까.

   学生 B: 大塚に住んでいらっしゃるそうですよ。

   오오츠까에 살고 계신다고 합니다.

3. 敬語。(존경어)

尊敬語(존경어)		丁寧語(정중어)	謙讓語(겸양어)
先生が (선생님이)		ます (입니다)	私が (제가)
하시다.	なさる。	する。(하다)	致す。 申し上げる。
계시다.	いらっしゃる。 おいでになる。	居る。(있다)	居る。
가시다.	いらっしゃる。 おいでになる。	行く。(가다)	参る。 伺う。 上がる。
오시다.	いらっしゃる。 おいでになる。 お見えになる。 お越しになる。	来る。(오다)	参る。 伺う。 上がる。
말씀 하시다.	おっしゃる。	言う。(말하다)	申す。(말하다) 申し上げる。(말씀드리다)
드시다.	召し上がる。 あがる。	食べる・飲む。 (먹다. 마시다)	頂く。
보시다.	ご覧になる。	見る。(보다)	拝見する。
물으시다.	お聞きになる。 お耳に入る。	聞く・質問する。 (묻다. 질문하다)	お聞きする。 伺う。
방문 하시다.	お訪ねになる。	訪ねる。(방문하다)	伺う。 上がる
아시다.	ご存じ。	知る。(알다)	存じる。(알다) 存じ上げる。(알다).

생각하시다.		思^{おも}う。(생각하다)	存^{ぞん}じる。

생각하시다.		思う。(생각하다)	存じる。
입으시다.	召^めす。 お召^めしになる。	着^きる。(입다)	
감기 걸리시다.	お風邪^{かぜ}を召^めす。	風邪^{かぜ}を引^ひく。 (감기 걸리다)	
나이를 드시다.	お年^{とし}を召^めす。	年^{とし}を取^とる。 (나이를 먹다)	
마음에 들다.	お気^きに召^めす。	気^きに入^いる。 (마음에 들다)	
		会^あう。(만나다)	お目^めにかかる。 お会^あいする。
보여주다.		見^みせる。(보여주다)	お目^めにかける。 御覧^{ごらん}に入^いれる。
빌리다. 꾸다.		借^かりる。(빌리다)	拝借^{はいしゃく}する。
알다. 받아들이다.		分^わかる・引^ひき受^うける。	承知^{しょうち}する。 かしこまる。
お＋ます形＋になる。 お＋ます形＋なさる。 (선생님이 하시다)		他^{ほか}の動詞^{どうし} (존경어가 없는 동사)	お＋ます形＋する。 お＋ます形＋致^{いた}す。 (제가하다)

- 存じ上げる。 알다. (사람에게만 사용)

  상대방에 대해 '存じ上げません。(모르겠습니다)'를 사용하면, 상대방의 입장을 낮추는 것이 되기 때문에 실례되는 표현이므로 사용할 수 없습니다.

(○) 私は社長の居場所^{いばしょ}を存じ上げません。　　　　저는 사장이 있는 곳을 모릅니다.

(○) 僕^{ぼく}は営業課^{えいぎょうか}の課長^{かちょう}の名前^{なまえ}は存じ上げません。　　나는 영업과의 과장 이름은 모릅니다.

尊敬語 (선생님이)		丁寧語	謙讓語 (내가)
가시다. 오시다.	て いらっしゃる。	て行く。　(가다) て来る。　(오다)	て参る。　て上がる。
갖고 가시다. 갖고 오시다.	持って いらっしゃる。	持って行く。 持って来る。	持って参る。　持参する。 持って上がる。
~하고 계시다.	て いらっしゃる。	ている。　(~하고 있다)	ておる。
보시다.	て御覧になる。	てみる。　(~해보다)	
		上げる。　(주다)	差し上げる。(드리다)
		て上げる。(~해 주다)	て差し上げる。 (~해 드리다)
		もらう。　(받다)	頂く。　賜る。 ちょうだいする。
		てもらう。(~해 받다)	て頂く。
주시다.	下さる。	くれる。　(주다)	
~해주시다.	て下さる。	てくれる。(~해 주다)	

▶ 기본형은 <u>る</u>로 끝나지만 ます形은 <u>います</u>가 된다.

기 본 형		ます形
いらっしゃる　(行く・来る・居るの 존경어)		いらっしゃ<u>い</u>ます。
なさる　　　(する의 존경어)		なさ<u>い</u>ます。
おっしゃる　(言う의 존경어)		おっしゃ<u>い</u>ます。
くださる　　(くれる의 존경어)		ください<u>い</u>ます。
ござる　　　(です・ある의 겸양어)		ござ<u>い</u>ます。

1. 先生はテニスをなさいますか。

   선생님은 테니스를 하십니까.

2. 山本さんのお父さんは、来月アメリカへおいでになるそうです。

   야마모또씨의 아버님은, 다음 달 미국에 가신다고 합니다.

3. 先生は明日学校へいらっしゃらないとおっしゃいました。

   선생님은 내일 학교에 못 오신다고 말씀하셨습니다.

4. 私はチンと申します。

   저는 진이라고 합니다.

5. 私はチンでございます。

   저는 진이라고 합니다.

6. A: 何もありませんが、どうぞ召し上がってください。

   아무것도 없습니다만, 어서 드십시오.

   B: いただきます。

   잘 먹겠습니다.

   • 私は田中でございます。 (私は田中です。)   저는 다나까입니다.
   • 鉛筆はございません。   (鉛筆はありません。) 연필은 없습니다.

▶ い형용사 · な형용사의 존경표현.

  い형용사(て形) + いらっしゃる。

  な형용사(で形) + いらっしゃる。의 두 개가 있다.

  い형용사의 て形은(기본형에서 い만 빼고) + <u>くて</u>。

  な형용사 · 명사의 で形은(단어) + <u>で</u>。

	존경어 (て形+いらっしゃる)	정중어 (です)	겸양어 (て形 + ござる)
い형용사	忙しくていらっしゃいます。	忙しいです。	忙しゅうございます。
な형용사	元気でいらっしゃいます。	元気です。	元気でございます。
명 사	金さんでいらっしゃいます。	金です。	金でございます。

• い형용사는 て形 + いらっしゃる。

1. 社長さんは今お忙しくていらっしゃいますか。
   사장님은 지금 바쁘십니까.

2. お宅のお子さんはとても賢くていらっしゃいますね。
   댁의 자제분은 대단히 똑똑하시군요.

3. あの方の看護ぶりは、なかなか甲斐甲斐しくていらっしゃいました。
   저분의 간호하는 모습은, 꽤 헌신적이셨습니다.

• な형용사 + でいらっしゃる。(で形 + いらっしゃる)

4. 佐藤先生は新しい御研究に意欲的でいらっしゃいます。
   사또오 선생님은 새로운 연구에 의욕적이십니다.

5. 高橋さんのお父さんは御高齢なのにお丈夫でいらっしゃいますね。
   다까하시씨의 아버님은 연세가 많은데도 건강하십니다.

6. お久し振りです。お元気でいらっしゃいますか。

   오래간만입니다. 건강하십니까.

7. 校長先生はいつも穏やかでいらっしゃいます。

   교장 선생님은 언제나 온화하십니다.

▸ い형용사 · な형용사의 겸양표현.

  い형용사(감정 · 감각 형용사 및 자신과 그 주위의 것에 대해서 언급하는 경우는 겸양 표현이 된다).
  다음의 3종류의 형이 있지만 사용하는 빈도는 적다.

  • 기본형(い자 앞의 글자가)이 あ段(あかい) · お段(あおい) 으로 끝나는 것은
    お段 + うございます。
    (예를 들어 あおい처럼 い자 앞의 글자가 お단일 경우는 그대로 사용한다)

    赤いです → あこうございます。빨갛습니다. (お단 + う)

    近いです → ちこうございます。가깝습니다. (お단 + う)

    青いです → あおうございます。파랗습니다. (お단 + う)

    強いです → つようございます。강합니다.   (お단 + う)

  • 기본형의 끝 글자가 しい로 끝나는 것은 しい만 빼고 しゅうございます。

    美しいです → 美しゅうございます。아름답습니다.

  • 기본형(い자 앞의 글자가) 이 う段 (あつい) 로 끝나는 것은 うございます。
    (기본형에서 い만 빼고 うございます)

    熱いです → あつうございます。   뜨겁습니다.

• 良い · 大きい · 可愛いは 겸양어를 사용하지 않는다.

• 과거를 나타낼 때는 赤かったです。가 あこうございました。로 된다.

▸ な형용사(감정 · 감각 형용사 및 자신과 그 주위의 것에 대해서 언급하는 경우는 겸양표현이 된다).
  용법 : な형용사 · 명사(단어) + でございます。

1. 円満でございます。
   원만합니다.

2. 厳かでございます。
   엄숙합니다.

3. 簡単でございます。
   간단합니다.

4. 出たら目でございます。
   엉터리(멋대로) 입니다.

5. 不愉快でございます。
   불유쾌합니다.

- 挨拶表現。(인사표현)

  정중표현의 형태를 취하고 있지만 정중표현은 아니고 인사표현으로서 정착하고 있는 것도 있다.

ありがとうございます。	감사합니다.
おはようございます。	안녕하세요. (아침인사)
おめでとうございます。	축하합니다.
おあつうございます。	덥습니다.
おさむうございます。	춥습니다.

4.

何時ごろお帰りになりますか。　　몇 시경에 돌아오십니까.

タクシーをお呼びしましょう。　　택시를 불러 드리겠습니다.

▶ 존경어가 없는 동사는 お＋ます만 빼고 になる・なさる로 고치면 존경어가 된다.
　동사 : お　　＋ ます形 ＋ になる・なさる・です。
　명사 : お・ご ＋ 단어　＋ になる・なさる・です。

	정중어	존경어 (선생님이)
동사	持ちます。 듣니다.	お持ちになります。 들으셨습니다.
		お持ちなさいます。 들으셨습니다.
	歩きます。 걷습니다.	お歩きになります。 걸으셨습니다.
		お歩きなさいます。 걸으셨습니다.
	飲みます。 마십니다.	お飲みになります。 드십니다.
		お飲みなさいます。 드십니다.
명사	訪問。　　방문.	御訪問になります。 방문하십니다.
		ご訪問なさいます。 방문하십니다.
	連絡。　　연락.	御連絡になります。 연락하십니다.
		ご連絡なさいます。 연락하십니다.
	迷惑。 폐. 귀찮음. 성가심.	御迷惑になります。 폐가됩니다.
		ご迷惑なさいます。 폐가됩니다.

▶ お・ご ～ になる・なさる。

동사의 ます形과 같이 사용하는 경어의 形은 거의 다 동사에만 사용할 수 있다.

단 동사의 ます形이 일음절인 것에는 사용하기 불가능하다.

(주의 : お見になる라고는 말하지 않는다)

式典には先生がご出席になりました。

식전에는 선생님이 출석하셨습니다.

この本をお読みなさるのでしたら、お貸しいたします。

이 책을 읽으신다면, 빌려 드리겠습니다.

▶ 겸양어가 없는 동사는 お＋ます만 빼고 します로 고치면 겸양어가 된다.

동사 : お　　　＋ ます形 ＋ します・致します。

명사 : お・ご ＋ 단어　＋ します・致します。

정중어			겸양어 (제가)	
동사	持ちます。　듭니다.		お持ちします。	들겠습니다.
			お持ち致します。	들겠습니다.
	歩きます。　걷습니다.		お歩きします。	걷겠습니다.
			お歩き致します。	걷겠습니다.
	帰ります。　돌아갑니다.		お帰りします。	돌아가겠습니다.
			お帰り致します。	돌아가겠습니다.
명사	連絡。　연락.		御連絡します。	연락하겠습니다.
			ご連絡致します。	연락하겠습니다.
	迷惑。		御迷惑します。	폐 끼치겠습니다.
	폐. 귀찮음.성가심.		ご迷惑致します。	폐 끼치겠습니다.

▶ お ＋ ます形・단어 ＋ する・いたす。

(동사의 경우는 이러한 형식이 일반적으로 사용되는 형태다)

重そうですね。お持ちしましょうか。

무거운 것 같군요. 들어 드릴까요.

▸ お ＋ ます形・단어 ＋ 申し上げる。

(위의 문장보다는 경도(敬度)가 높다)

営業の田村でございます。よろしくお願い申し上げます。

영업하는 다무라입니다. 잘 부탁드리겠습니다.

▸ お・ご ＋ ます形・단어 ＋ いただく。

(상대로부터 은혜를 받은 경우에 사용된다)

ちょっとお待ちいただければ、すぐお直しいたします。

잠깐만 기다려주신다면, 곧 고쳐드리겠습니다.

▸ お・ご ＋ ます形・단어 ＋ 願う。

(윗사람에게 부탁할 때 사용한다)

間違いはないと思いますが、念のためお調べ願います。

틀림없다고 생각합니다만, 만약을 위해 조사해 주시기 바랍니다.

▸ お・ご ＋ ます形・단어 ＋ にあずかる。

(윗사람에게 호의나 은혜 등을 받은 경우에 사용한다)

毎度お引き立てにあずかりまして、ありがとうございます。

매번 보살펴주셔서(돌봐주셔서), 고맙습니다.

(引き立てる。일으켜 세우다. 문을 닫다. 북돋우다. 돌보다. 돋보이게 하다)

(引き立て役。들러리)

▸ お・ご ＋ ます形・단어 ＋ を仰ぐ。

(윗사람으로부터 가르침이나 지시, 원조 등을 받고 싶을 때에 사용한다)

これを達成するには、皆様方の温かいご援助を仰がなければなりません。

이것을 달성하기 위해서는, 여러분들의 따뜻한 지원을 받지 않으면 안 됩니다.

▸ お・ご + ます形・단어 + を賜る。

(고귀한 사람이나 윗사람으로부터 무엇인가 받은 경우 대단히 경도가 높다)

毎度ご愛顧を賜りまして、ありがとうございます

매번 보살펴(돌보아) 주셔서, 고맙습니다.

▸ お・ご + ます形・단어 + を差し上げる。

(윗사람에 대해서 무엇인가를 해주는 경우 사용한다)

この人を捜しています。情報を寄せられた方にはお礼を差し上げます。

이 사람을 찾고 있습니다. 정보를 제공한 분에게는 답례를 해 드리겠습니다.

(寄る : 접근하다. 한곳에 모이다. 증가하다. 들르다. 의탁하다.)

お手紙をいただきながら、長いことお返事も差し上げず、大変失礼いたしました。

편지를 주셨는데도, 긴 시간 답장도 드리지 못해서, 대단히 실례했습니다.

▸ ている에 대해서는 일반적으로 ておられる를 사용한다.

来ている。오고 있다   →   来ておられる。오고 계시다

1. 木村先生はよくコーヒーをお飲みになります。

   기무라 선생님은 자주 커피를 드십니다.

2. 学生: 先生、今朝の新聞をお読みになりましたか。

   선생님, 오늘 아침 신문을 읽으셨습니까.

   先生: はい、読みましたよ。

   예, 읽었습니다.

3. 林先生の奥さんは、英語がよくお出来になります。

   하야시 선생님의 부인은, 영어를 잘하십니다.

4. 先生は八時ごろお帰りになりました。

   선생님은 8시경에 돌아가셨습니다.

5. 田中さんのお父さんは仕事をお止めになったそうです。

   다나까씨의 아버님은 일을 그만두셨다고 합니다.

6. 先生、荷物をお持ちしましょう。

   선생님, 짐을 들어 드리겠습니다.

7. 暗いですから、駅までお送りします。

   어둡기 때문에, 역까지 배웅하겠습니다. (모셔다드리겠습니다)

8. A: 傘をお貸ししましょうか。

   우산을 빌려 드릴까요.

   B: すみません。

   감사합니다.

5.

お入^{はい}りください。	들어오십시오.

お入^{はい}りください。　　들어오십시오.

お上^あがりください。　　들어오십시오.

▶ 존경어가 없는 동사나 명사일 경우의 존경 명령형은 다음과 같다.

용법 : 동사 お + ます形 + になってください。

　　　　　お + ます形 + なさってください。

　　　　　お + ます形 + ください。

　　명사 お + 단어　 + ください。

　　　　ご + 단어　 + ください。

(명사는 단어에 따라 お · ご를 사용할 수 있다)

의미 : 상대에게 ~해주십시오.

	정중어 (상대에게)	존경 명령형 (선생님에게)
명사	電話^{でん わ}してください。 전화해 주세요.	御電話^{お でん わ}ください。 전화 주십시오.
	連絡^{れん らく}してください。 연락해 주세요.	御連絡^{ご れん らく}ください。 연락 주십시오.
동사	持^もってください。 들어주세요. 가져가세요.	お持ちになってください。 들어주십시오. 가져가주십시오.
		お持ちなさってください。 들어주십시오. 가져가주십시오.
		お持ちください。 들어주십시오. 가져가주십시오.
	歩^{ある}いてください。 걸어 주세요.	お歩きになってください。 걸어 주십시오.
		お歩きなさってください。 걸어 주십시오.
		お歩きください。 걸어 주십시오.

▶ 존경어 뒤에 명령형(ください)·존경어(くださる)·의문문(か)은 동반할 수 있지만 겸양어 뒤에는 절대로 올 수 없다.
(올바르지 않은 문장) お話ししてください。 お待ちしてください。
(올바른 문장) お話しください。 お待ちください。

▶ 존경어 명령형은 다음과 같다.
존경어(て形) + ください。 お + (ます形) + ください。
(• 존경어는 お + ます形 + になってください를 사용할 수 없다)

올바르지 않은 문장	美味しいですから、お召し上がりになってください。
올바른 문장	おいしいですから、召し上がってください。 맛있기 때문에, 드십시오. おいしいですから、お召し上がりください。 맛있기 때문에, 드십시오.
올바르지 않은 문장	おいしいからお食いになってください。
올바른 문장	おいしいですから、食えよ。 맛있기 때문에, 먹어라.

▶ 존경어
お・ご + 단어 + です。
待っている (기다리고 있다) → お待ちです。(기다리고 계십니다)
待っている方 (기다리고 있는 분) → お待ちの方。(기다리고 계시는 분)

▶ お・ご + ます形 + くださる・ください。
書いてくれる (써주다) → お書きくださる。(써 주시다)
書いてください (써주세요) → お書きください。(써 주십시오)

▶ れる・られる는 가능·수동·존경·자발(남에게 영향을 받지 않고 스스로 느끼는 것)의 형태가 있지만, 문장변형은 똑같다.

가능	一人で東京まで行かれる。	혼자서 도쿄까지 갈 수 있다.
수동	人にお酒を飲まれる。	남이 술을 먹이다.
존경	先生は先日新しい本を書き終えられた。	선생님은 지난번에 새 책을 다 쓰셨다.
자발	古里にいる母のことが案じられる。	고향에 있는 어머니가 걱정된다.

1. どうぞ、お掛け下さい。

   자, 어서 앉으십시오. (소파나 방일 경우는 お座りください)

2. ここでお待ちください。

   여기서 기다려 주십시오.

3. ご家族の方によろしくお伝えください。

   가족 분에게도 안부 전해 주십시오.

4. よかったら、この傘をお使いください。

   괜찮다면, 이 우산을 사용하십시오.

6.

日本にいる<u>うちに</u>、生け花を習いたいです。
일본에 있을 동안에, 꽃꽂이를 배우고 싶습니다.

暗くなら<u>ないうちに</u>、帰りましょう。
어두워지기 전에, 돌아갑시다.

▸ うちに : ~하는 동안에. ~하기 전에.
  용법 : い형용사 · な형용사 · 명사(기본형) + うち(に)。
      동작동사(진행형) + うち(に)。
      동작동사가 아닌 것(기본형) + うち(に)。
      명사(の) · な형용사(な) + うち(に)。
  의미 : 일정의 시간, 또는 수량의 범위를 나타낸다.

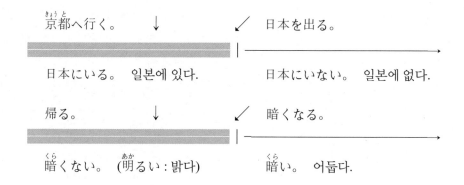

京都へ行く。   ↓   ╱   日本を出る。

日本にいる。 일본에 있다.   日本にいない。 일본에 없다.

帰る。   ↓   ╱   暗くなる。

暗くない。 (明るい : 밝다)   暗い。 어둡다.

1. 日本にいるうちに、京都へ行きたいです。
    일본에 있을 동안에, 교또에 가고 싶습니다.

2. A: 日本にいるうちに、何がしたいですか。
       일본에 있을 동안에, 무엇을 하고 싶습니까.
    B: 日本の文化について勉強したいです。
       일본 문화에 대해서 공부하고 싶습니다.

3. 若いうちに、好きなことをしたほうがいいですよ。

   젊었을 동안에, 좋아하는 일을 하는 것이 좋습니다.

4. 料理が冷たくならないうちに、召し上がってください。

   요리가 식기 전에, 드십시오. (잡수세요)

5. お客さんが来ないうちに、掃除をします。

   손님이 오기 전에, 청소를 합니다.

6. 林さんを待っているうちに寝てしまいました。

   하야시씨를 기다리고 있는 동안에 잠자고 말았습니다.

7.

料理(りょうり)を作(つく)るのは母(はは)です。　　요리를 만드는 사람은 어머니입니다.

▶ のは : 것은. (の는 사람・사물・물건・장소를 가리킨다)
　용법 : 동사(기본체) + のは。 な형용사・명사(단어) + なのは。
　의미 : 앞에서 말한 화제나 내용을 가리킨다. (활용형의 기본체에 접속하여 그것을 체언화한다)
　　　• 料理(りょうり)を作(つく)る人(ひと)は母(はは)です。　요리를 만드는 사람은 어머니입니다.
　　　　料理(りょうり)を作(つく)るのは母(はは)です。　요리를 만드는 사람은 어머니입니다.

1. A: 今日(きょう)パーティーに行(い)くのは誰(だれ)ですか。
　　오늘 파티에 가는 사람은 누구입니까.
　B: 田中(たなか)さんと山本(やまもと)さんです。
　　다나까씨와 야마모또씨입니다.

2. 今日(きょう)遅刻(ちこく)したのはチンさんです。
　오늘 지각한 사람은 진씨입니다.

3. あそこにいるのは山本(やまもと)さんです。
　저기에 있는 사람은 야마모또씨입니다.

4. 私(わたし)が買(か)ったのは赤(あか)いペンです。これじゃありません。
　내가 산 것은 빨간 펜입니다. 이것이 아닙니다.

5. チンさんが行(い)ったのはタイとマレーシアです。
　진씨가 갔던 곳은 타일랜드와 말레이시아입니다.

6. A: 吉田(よしだ)さんの好(す)きなのはどの人形(にんぎょう)ですか。
　　요시다씨가 좋아하는 것은 어느 인형입니까.
　B: 私(わたし)の好(す)きなのはこの人形(にんぎょう)です。
　　내가 좋아하는 것은 이 인형입니다.

8.

あした晴れるといいですね。　　内일 맑으면 좋겠습니다.

▸ といいです : ~하면 좋겠습니다. (からりと晴れる : 날씨가 활짝 개다)
　용법 : 기본형 + といいです.
　의미 : 당연한 바람이나 희망의 기분을 나타낸다.

1. (病気の人に) 早く元気になるといいですね。

   (병든 사람에게) 빨리 건강해지면 (회복되면) 좋겠습니다.

2. (財布を無くした人に) 早くみつかるといいですね。

   (지갑을 잃어버린 사람에게) 빨리 찾으면 좋겠습니다.

3. A: あした旅行に行くんですよ。

   　내일 여행을 갑니다.

   B: そうですか。晴れるといいですね。

   　그렇습니까. 맑으면 좋겠습니다.

   A: ええ、晴れるといいんですが、天気予報によると、雨が降るそうなんです。

   　예, 맑으면 좋겠습니다만, 일기예보에 의하면, 비가 온다고 합니다.

4. 早く涼しくなるといいと思います。

   빨리 시원해지면 좋겠다고 생각합니다.

9.

外へ出た時、もう暗くなっ**ていました**。　　バ깥에 나갔을 때, 이미 어두워져 있었습니다.

▸ ています : ~하고 있습니다.
　의미 : 지금 그 동작·행동이 행하여지고 있는 동작의 진행을 나타낸다.
▸ ていました : ~해져 있었습니다.
　용법 : 동사(て形) + いました。
　의미 : 과거의 어느 시간·순간동안, 그 동작·행동이 행하여지고 있던 것을 본인이 직접 보고 들었을
　　　　때 사용한다.

1.　今日は朝寝坊をしたので、学校へ着いた時、もう授業が始まっていました。
　오늘은 늦잠을 잤기 때문에, 학교에 도착했을 때, 이미 수업이 시작되어 있었습니다.

2.　急いだんですが、駅に着いた時、電車はもう出ていました。
　서둘렀습니다만, 역에 도착했을 때, 전차는 이미 떠나고 말았습니다.

3.　教室に入った時、もう先生が来ていました。
　교실에 들어왔을 때, 이미 선생님이 와 있었습니다.

4.　今日はよく晴れています。
　오늘은 날씨가 맑게 개어 있습니다.
　昨日もよく晴れていました。
　어제도 날씨가 맑게 개어 있었습니다.
　あしたも、たぶん、晴れるでしょう。
　내일도, 아마, 맑게 개겠지요.

5. A: 金さん、あなたは地震のとき、何をしていましたか。

   김씨, 당신은 지진이 일어났을 때, 무엇을 하고 있었습니까.

   B: 私は地震のとき、勉強をしていました。

   나는 지진이 일어났을 때, 공부를 하고 있었습니다.

6. 今日は雨が降っています。

   오늘은 비가 내리고 있습니다.

   昨日も雨が降っていました。

   어제도 비가 내리고 있었습니다.

   あしたも、たぶん、雨が降るでしょう。

   내일도, 아마, 비가 내리겠지요.

7. 今日は風が強く吹いています。

   오늘은 바람이 강하게 불고 있습니다.

   昨日も風が強く吹いていました。

   어제도 바람이 강하게 불고 있었습니다.

   あしたも、たぶん、風が強く吹くでしょう。

   내일도, 아마, 바람이 강하게 불겠지요.

8. 今日はいい天気です。

   오늘은 좋은 날씨입니다.

   昨日もいい天気でした。

   어제도 좋은 날씨였습니다.

   あしたも、たぶん、いい天気でしょう。

   내일도, 아마, 좋은 날씨겠지요.

9. 今日は天気がいいです。

오늘은 날씨가 좋습니다.

昨日も天気がよかったです。

어제도 날씨가 좋았습니다.

あしたも、たぶん、天気がいいでしょう。

내일도, 아마, 날씨가 좋겠지요.

10.

この漢字の書き方が分かりません。　　　이 한자 쓰는 법을 모르겠습니다.

▸ 書き方 : ~하는 방법. ~하는 법.
　용법 : 동사(ます形) + 方。
　의미 : ~하는 법.

　　　(吸い方 : 피는 법.　　食べ方 : 먹는 법.　　教え方 : 가르치는 법.)

1. 漢字の読み方が分かりません。
   한자 읽는 방법을 모르겠습니다.

2. 手紙の書き方を教えてください。
   편지 쓰는 법을 가르쳐 주세요.

3. タイプの打ち方を知っていますか。
   타이프 치는 방법을 알고 있습니까.

4. 日本料理の作り方が分からないので、教えてください。
   일본 요리 만드는 법을 모르기 때문에, 가르쳐 주세요.

5. 勉強の仕方が分からない時は、先生に聞けばいいですよ。
   공부하는 방법을 모를 때는, 선생님에게 물어 보면 좋습니다.

6. 大使館への行き方を教えてください。
   대사관에 가는 방법을 가르쳐 주세요.

11.

少しずつ覚えます。　　조금씩 외웁니다.

▶ ずつ : ～씩.

용법 : 数詞(수사 · 조수사) + ずつ。

(一人ずつ : 한 사람씩.　　一枚ずつ : 한 장씩.　　千円札 : 천 엔짜리 지폐)

1. プリントを二枚ずつ取ってください。
   프린트를 2장씩 집어 주세요(가져가세요).

2. 一週間に二課ずつ勉強します。
   1주일에 2과씩 공부합니다.

3. 毎日漢字を五つずつ覚えます。
   매일 한자를 다섯 개씩 외웁니다.

4. 面接の時は、一人ずつ教室に入ってください。
   면접 때는, 한 사람씩 교실에 들어와 주세요.

5. チンさんはお姉さんとお兄さんが一人ずついます。
   진씨는 누님과 형님이 한 사람씩 있습니다.

6. シャープペンとボールペンを二本ずつください。
   샤프펜과 볼펜을 2자루씩 주세요.

• おきに : 시간 · 거리 · 수량이 규칙적인 것.
   この薬は六時間おきに飲んでください。
   이 약은 6시간마다 마셔 주세요.

12.

夏休みが終わって、学校が始まりました。だから / ですから、今日は食堂が混んでいるでしょう。
여름방학이 끝나고, 학교가 시작되었습니다. 그렇기 때문에, 오늘은 식당이 혼잡하겠지요.

▸ だから　　：〜이기 때문에.
▸ ですから：〜이기 때문에.
　용법 : 앞 문장이 끝나고 다음 문장으로 이어질 때.
　의미 : 먼저 진술한 것이 원인·이유가 되어 다음 문장이 일어나는 것을 나타낸다. (이유나 원인의
　　　　문장에 사용되며 뒷문장은 의외의 문장이 올 수 없다)

1. 日本へ来てから、日本語の勉強を始めました。だから、まだ漢字がよく読めません。
　일본에 오고 나서, 일본어 공부를 시작했습니다. 그렇기 때문에, 아직 한자를 잘 읽을 수 없습니다.

2. 国へ帰ると、日本語を忘れそうだし、日本にいるうちにいろいろな所へ行きたいです。だから、国へ帰るのは諦めました。
　귀국하면, 일본어를 잊어버릴 것 같아서, 일본에 있을 동안에 많은 곳에 가보고 싶습니다. 그렇기 때문에, 본국으로 돌아가는 것은 단념했습니다.

13.

何か面白い本はありませんか。　　　무엇인가 재미있는 책은 없습니까.

▸ なにか : 무언가. 무엇인가.
　의미　: 의문사 또는 의문사 + だ의 형에 접속하여 특정의 사물에 한하지 않은 것, 또는 불확실한
　　　　　것을 나타낸다.

なにか : 무엇인가. (사물)	どれか　 : 어느 것인가. (3개 이상의 물건)
だれか : 누군가.　(사람)	どちらか : 어느 쪽인가. 어느 곳인가. (선택)
どこか : 어딘가.　(장소)	いつか　 : 언젠가. (시간)

1. 何か質問はありませんか。
   무언가 질문은 없습니까.

2. だれか車を持っている人はいませんか。
   누군가 차를 갖고 있는 사람은 없습니까.

3. どこか行きたい所がありますか。
   어딘가 가고 싶은 곳이 있습니까.

4. どれか好きなケーキを一つ取ってください。
   어느 것인가 좋아하는 케이크를 한 개 집어 주세요.

5. どちらかいいのを取ってください。
   어느 쪽인가 좋은 것을 집어 주세요.

6. いつか都合がいい時、電話をください。
   언젠가 형편 (시간) 이 좋을 때, 전화 주세요.

7. いつか来た道。

   언젠가 왔던 길.

8. なぜか涙が流れて止まぬ。

   왠지 모르게 눈물이 그치지 않는다.

9. なんだかわからない。

   왠지 모르게(뭐가 뭔지) 모르겠다.

10. 今日はなんだか気分が優れない。

    오늘은 왠지 모르게 기분이 좋지 않다.

14.

誰_{だれ}かが 持_もって行_いきました。　누군가가 가지고 갔습니다.

▶ だれかが : 누군가가.
　의미 : 행동을 하는 사람이 누구인지 불확실할 때 사용한다.
　　　　持って行く : 가지고 가다.　持って来る : 가지고 오다.

1.　A: あれ、掃除機_{そうじき}がありませんね。

　　　　아니, 청소기가 없군요.

　　B: はい、だれかが使_{つか}っているんでしょう。

　　　　예, 누군가가 사용하고 있겠지요.

2.　A: この傘_{かさ}はだれのですか。

　　　　이 우산은 누구 것입니까.

　　B: さあ、分かりません。誰_{だれ}かが忘_{わす}れたんでしょう。

　　　　글쎄, 모르겠습니다. 누군가가 잊어버렸겠지요.

15.

あした<u>来る</u><u>でしょう</u>?　　内일 오겠지요?

▸ でしょう : ~이지요.
용법 : 동사・い형용사・な형용사・명사(기본체) + でしょう。
　　　단 현재형은 な형용사・명사(단어) + でしょう。
의미 : 의문의 인토네이션(억양) 을 동반하여 표현할 때는 상대에게 확인을 요하는 의미를 나타낸다.
　　　(의문문일 때는 상향의 인토네이션을 취한다)
　　　하나의 내용을 추량, 상상하는 의미를 나타낼 때는 하향의 인토네이션을 취한다. (추량의 조동사
　　　だろう의 정중체)

1.　A: あしたパーティーをします。あなたも来るでしょう?
　　　　내일 파티를 합니다. 당신도 오지요.
　　B: はい、勿論行きますよ。
　　　　예, 물론 갑니다.

2.　A: 昨日は重要なテストがあったから、大変だったでしょう?
　　　　어제는 중요한 시험이 있었기 때문에, 힘들었지요.
　　B: はい、とても大変でした。
　　　　예, 매우 힘들었습니다.

3.　学生: 先生、十九課のプリントがありません。
　　　　　선생님, 19과의 프린트가 없습니다.
　　先生: きのうあげたでしょう?
　　　　　어제 줬잖아요.
　　学生: いいえ、まだもらっていません。
　　　　　아니오, 아직 받지 못했습니다.

• 4 · 5 · 6 · 7번은 추측문장.

4. 昨日はいい天気でした。
어제는 좋은 날씨였습니다.
今日もいい天気です。
오늘도 좋은 날씨입니다.
あしたも、たぶん、いい天気でしょう。
내일도, 아마, 좋은 날씨겠지요.

5. A: あの人は何歳ぐらいでしょうか。
저 사람은 몇 살 정도 될까요.
B: あの人は、たぶん、40歳ぐらいでしょう。
저 사람은, 아마, 40살 정도 되겠지요.

6. A: あの川は深いでしょうか。
저 강은 깊습니까.
B: ええ、たぶん、深いでしょう。
예, 아마 깊겠지요.

7. あの人は、たぶん、まだ寝ているでしょう。
그 사람은, 아마, 아직 자고 있겠지요.

16.

タイの学生は二人（ふたり）だけです。　　太国 학생은 두 명뿐입니다.

▸ だけ : ~뿐. ~만. (제한 · 한정을 나타낸다)
  의미 : 한정의 의미를 나타내며 뒷문장은 긍정문이 온다.
▸ しか : ~밖에.
  의미 : 한정의 의미를 나타내며 뒷문장은 반드시 부정문이 온다.
  • だけ도 しか도 부정문에는 사용할 수 있지만 だけ는 한정된 사물이나 내용이 실현할 수 없는
    경우에 사용하고, しか는 한정된 사물이나 내용이 최소한 실현할 수 있는 경우에 사용한다.
    예를 들면 (ノートだけ買ってない) (ノートだけ買わなかった)로 だけ로 한정해서 부정하
    면, 노트를 사지 않은 상태가 되고 しか를 사용하면 다른 것은 사지 않았지만 노트만은 산 것을
    나타낸다.
  (O) ノートだけ買った。　　노트만 샀다.
  (X) ノートしか買った。　　노트밖에 샀다.
  (O) ノートだけ買ってない。　노트만 사지 않았다.
  (X) ノートしか買ってない。　노트밖에 사지 않았다.

1. 兄弟（きょうだい）は二人（ふたり）だけです。

    형제는 두 명뿐입니다.

2. 私の家族（かぞく）は皆（みんな）ソウルにいます。日本にいるのは私だけです。

    우리 가족은 모두 서울에 있습니다. 일본에 있는 것은 저 혼자입니다.

3. A: フランス語（ご）がわかりますか。

    프랑스어를 알고 있습니까.

    B: 少（すこ）しだけわかります。

    조금은(만) 압니다.

4. A: 今日の宿題はこれだけですか。

   오늘의 숙제는 이것뿐입니까.

   B: ええ、それだけです。

   예, 그것뿐입니다.

5. 宿題を忘れた人だけ残ってください。

   숙제를 잊어버린(안 해온) 사람만 남아 주세요.

6. 私は学校で勉強するだけで、家ではしません。

   나는 학교에서 공부하는 것만으로, 집에서는 하지 않습니다.

会話 (かいわ)

1.

チン: 田中さんはご兄弟(きょうだい)がいらっしゃいますか。

다나까씨는 형제분이 계십니까.

田中(たなか): はい、おります。弟(おとうと)が一人(ひとり)おります。チンさんは?

예, 있습니다. 남동생이 한명 있습니다. 진씨는?

チン: 私(わたし)は、兄(あに)が二人(ふたり)と姉(あね)が一人(ひとり)と弟(おとうと)が二人(ふたり)おります。

나는, 형이 두 명 누나가 한명 남동생이 두 명 있습니다.

田中: ご兄弟(きょうだい)が沢山(たくさん)いらっしゃっていいですね。

형제분이 많이 계셔서 좋겠습니다.

2.

田中(たなか): 失礼(しつれい)ですが、お仕事(しごと)は?

실례입니다만, 직업은 무엇입니까.

山本(やまもと): 日本銀行(にほんぎんこう)に勤(つと)めております。

일본은행에 근무하고 있습니다.

田中: 結婚(けっこん)していらっしゃいますか。

결혼하셨습니까.

山本: いいえ。まだ一人(ひとり)です。田中さんは?

아니오. 아직 혼자입니다. 다나까씨는?

田中: 私は結婚しております。

　　　저는 결혼했습니다.

山本: お子さんはいらっしゃいますか。

　　　자제분은 계십니까.

田中: はい、男の子が一人おります。

　　　예, 남자아이가 한명 있습니다.

3.

キム: 先生は韓国語を勉強していらっしゃるそうですね。

　　　선생님은 한국어를 공부하신다고 하더군요.

先生: はい。

　　　예.

キム: 韓国の本を国から沢山持って来ているのですが、お読みになりますか。

　　　한국 책을 본국으로부터 많이 갖고 왔습니다만, 읽으시겠습니까.

先生: ああ、ぜひ読みたいですね。

　　　예, 꼭 읽고 싶습니다.

キム: じゃあ、あしたお持ちします。

　　　그러면, 내일 갖고 오겠습니다.

4.

パク　: 御免下さい。

　　　계십니까.

原の妻: はい。

　　　예.

パク　: 私、パクと申しますが、原先生はいらっしゃいますか。

　　　저는, 박이라고 합니다만, 하라선생님은 계십니까.

原の妻: 主人は今ちょっと出掛けておりますが…。

　　　　남편은 지금 잠깐 외출했습니다만…,

パク　: 先生にうかがいたいことがあるのですが、何時ごろお帰りになりま

　　　　す。

　　　　선생님에게 여쭤보고 싶은 것이 있습니다만, 몇 시경에 돌아오십니까.

原の妻: すぐ帰ると思います。どうぞお上がりになって、お待ちください。

　　　　곧 돌아온다고 생각합니다. 자 어서 들어오셔서, 기다려 주십시오.

パク　: じゃ、ちょっと失礼します。

　　　　그럼, 잠시 실례하겠습니다.

5.

キム: あした友だちと鎌倉へ行きますが、リンさんも一緒に行きませんか。

　　　내일 친구하고 가마꾸라에 갑니다만, 린씨도 같이 가지 않겠습니까.

リン: はい、いいですよ。ほかに行くのは誰ですか。

　　　예, 좋아요. 그 외에 가는 사람은 누구입니까.

キム: チンさんとパクさんです。

　　　진씨하고 박씨입니다.

リン: 何時ごろ帰りますか。

　　　몇 시경에 돌아옵니까.

キム: チンさんがあさってテストがあるそうだから、あまり遅くならないう

　　　ちに、帰るつもりです。

　　　진씨가 모레 테스트가 있다고 했기 때문에, 그다지 늦지 않은 시간에, 돌아올

　　　생각입니다.

リン: そうですか。あした晴れるといいですね。

　　　그렇습니까. 내일 맑으면 좋겠습니다.

キム: そうですね。

　　　그러네요.

6.

リン: 昨日のパーティーに行きましたか。

　　　어제 파티에 갔었습니까.

キム: はい。でも、遅れてしまって、私が着いた時、パーティーはもう始まっ

　　　ていました。

　　　예. 그러나, 지각을 해서, 내가 도착했을 때, 파티는 이미 시작되었습니다.

リン: どうして遅れたんですか。

　　　왜 지각을 했습니까.

キム: パーティー会場への行き方がよくわからなかったんです。

　　　파티 회의장으로 가는 방법을 잘 몰랐습니다.

7.

サイ: 先生、この漢字の読み方がわかりません。

　　　「ひとくち」ですか。

　　　선생님, 이 한자 읽는 방법을 모르겠습니다. 히또구치입니까.

先生: いいえ、これは「じんこう」と読みます。

　　　아니오, 이것은 진꼬(人口)라고 읽습니다.

サイ: 日本の漢字の読み方はたくさんあって難しいです。

　　　일본한자 읽는 방법은 많이 있어서 어렵습니다.

先生: そうですね。一度にたくさん覚えるのは大変だから、毎日少しずつ覚

　　　えたほうがいいですよ。

　　　그러네요, 한 번에 많이 외우는 것은 어렵기 때문에, 매일 조금씩 외우는 것이

　　　좋습니다.

8.

ユン: 何か面白い本はありませんか。

　　　무엇인가 재미있는 책은 없습니까.

山本: 面白い本ですか。

재미있는 책입니까.

ユン: はい。

예.

山本: ああ、そういえば、だれかが「坊っちゃん」が面白いと言っていましたよ。

아, 그러고 보니, 누군가가 「도련님」이 재미있다고 말했습니다.

9.

中島: 最近遅くまで残って勉強している人が多いですね。

최근 늦게까지 남아서 공부하고 있는 사람이 많군요.

田中: ああ、夏休みの前に試験がありますからね。

예, 여름방학 전에 시험이 있기 때문입니다.

中島: だから、みんな残って勉強しているんですか。

그렇기 때문에, 모두남아서 공부하고 있습니까.

田中: はい、今から少しずつ勉強しておかないと、間に合いませんからね。

예, 지금부터 조금씩 공부해두지 않으면, 시간에 맞출 수 없기 때문입니다.

中島: そうですね。七十点以下の人は補習を受けるんでしょう?

그렇네요. 70점 이하인 사람은 보충수업을 받지요.

田中: はい、そうですよ。

예, 그렇습니다.

10.

山本: あの本、面白いですよ。

저책, 재미있습니다.

キム: もう読んだんですか。

이미 읽었습니까.

山本: はい、でも第一章だけですよ。キムさんも読みませんか。

　　　예, 그러나 제1장뿐입니다. 김씨도 읽지 않겠습니까.

キム: でも、日本語の本でしょう？ 読めるでしょうか。

　　　그러나, 일본책이지요. 읽을 수 있을까요.

山本: 大丈夫ですよ。

　　　괜찮습니다.

本文
<ruby>本<rt>ほん</rt></ruby><ruby>文<rt>ぶん</rt></ruby>

1.

アン: <ruby>来週<rt>らいしゅう</rt></ruby>、<ruby>両親<rt>りょうしん</rt></ruby>が<ruby>来<rt>く</rt></ruby>るんです。

　　　다음 주, 부모님이 오십니다.

山本: どのぐらいいらっしゃる<ruby>予定<rt>よてい</rt></ruby>ですか。
<ruby>山本<rt>やまもと</rt></ruby>

　　　어느 정도 계실 예정입니까.

アン: <ruby>一週間<rt>いっしゅうかん</rt></ruby>ぐらいいるそうです。

　　　1주일 정도 있는다고 합니다.

山本: <ruby>短<rt>みじか</rt></ruby>いですね。もう<ruby>少<rt>すこ</rt></ruby>し<ruby>長<rt>なが</rt></ruby>くいらっしゃれるといいですね。

　　　짧군요. 좀 더 오래 계실 수 있었으면 좋겠습니다.

アン: ええ、<ruby>学校<rt>がっこう</rt></ruby>が<ruby>始<rt>はじ</rt></ruby>まらないうちに、どこかへ<ruby>旅行<rt>りょこう</rt></ruby>しようと思っています。

　　　どこかいい<ruby>所<rt>ところ</rt></ruby>を<ruby>知<rt>し</rt></ruby>りませんか。

　　　예. 학교가 시작되기 전에, 어딘가에 여행하려고 생각하고 있습니다.
　　　어딘가 좋은 곳을 모릅니까.

山本: ご<ruby>両親<rt>りょうしん</rt></ruby>は<ruby>日本<rt>にほん</rt></ruby>は<ruby>初<rt>はじ</rt></ruby>めてですか。

　　　부모님은 일본은 처음입니까.

アン: <ruby>母<rt>はは</rt></ruby>は<ruby>初<rt>はじ</rt></ruby>めてですが、<ruby>父<rt>ちち</rt></ruby>は<ruby>仕事<rt>しごと</rt></ruby>で<ruby>何度<rt>なんど</rt></ruby>か<ruby>来<rt>き</rt></ruby>たことがあります。

　　　어머니는 처음입니다만, 아버지는 일로 몇 번인가 왔던 적이 있습니다.

山本: じゃ、お<ruby>父<rt>とう</rt></ruby>さんは、いろいろな<ruby>所<rt>ところ</rt></ruby>へいらっしゃったんでしょう。

　　　그러면, 아버님은, 많은 곳에 가셨겠군요.

アン： いいえ、父が行ったのは、京都と大阪だけだそうです。

北海道へも行きたかったそうですが、もう雪祭りが終わっていたので、行かなかったそうです。

아니오, 아버지가 갔던 곳은, 교토하고 오오사까뿐이라고 합니다.

홋까이도에도 가고 싶었다고 합니다만, 이미 눈 축제가 끝났기 때문에, 가지 않았다고 합니다.

山本： そうですか。それは残念でしたね。

그렇습니까. 그것은 안타깝군요.

アン： 両親がお土産をたくさん持って来るといっていましたから、今度うちへ来てください。日本のことをいろいろ聞きたがっていました。

부모님이 선물을 많이 갖고 온다고 말했기 때문에, 다음에 집에 와주세요. 일본에 대해서 많은 것을 듣고 싶어 했습니다.

2. アンさんのうちで。 안씨 집에서.

山本 ： こんにちは。

안녕하세요.

アンの父： こんにちは。どうぞお上がりください。

안녕하세요. 자, 어서 들어오십시오.

パク ： お邪魔します。

폐 좀 끼치겠습니다. (실례하겠습니다)

山本 ： いつお着きになったんですか。

언제 도착하셨습니까.

アンの父： 昨夜です。

어제 저녁입니다.

山本　　　: そうですか。お疲れになったでしょう。

그렇습니까. 피곤하시겠군요.

アンの父: ええ、少し。どうぞ遠慮しないで、召し上がってください。

예, 조금. 자어서 사양하지 말고, 드십시오.

山本　　　: じゃあ、いただきます。

그러면, 잘 먹겠습니다.

アンの父: 山本さんはよく旅行をしますか。

야마모또씨는 자주 여행을 합니까.

山本　　　: ええ、一年に三回ぐらい旅行をします。

예, 1년에 3번 정도 여행을 합니다.

アンの父: でも、交通費が高いから、大変でしょう？

그러나, 교통비가 비싸기 때문에, 힘들겠군요.

山本　　　: ええ、だから毎日少しずつお金を貯めているんです。

예, 그렇기 때문에 매일 조금씩 돈을 저금하고 있습니다.

アンの父: 私たちも旅行が好きで、よく行くんですよ。日本でもいろいろな
所へ行きたいんですが、行き方がよくわからなくて。

우리 가족도 여행을 좋아하기 때문에, 자주 갑니다. 일본에서도 많은 곳에
가고 싶습니다만, 가는 방법을 잘 몰라서.

山本　　　: じゃ、今度お教えしますよ。

그러면, 다음에 가르쳐드리겠습니다.

第二十課

<ruby>第<rt>だい</rt></ruby><ruby>二<rt>に</rt></ruby><ruby>十<rt>じゅっ</rt></ruby><ruby>課<rt>か</rt></ruby>

私は友達に本を送ってあげました。
나는 친구에게 책을 보내 주었습니다.

語句 (어구. 말)

단 어	한자 읽는 법	의 미
以上	いじょう	이상.
腕時計	うでどけい	손목시계.
餌	えさ	먹이. (동물)
お祝い	おいわい	축하.
思い出	おもいで	기억. 추억.
想い出	おもいで	기억. 추억.
お礼	おれい	답례.
花瓶 •	かびん	화병. 꽃병.
彼	かれ	그. (남자를 가리키는 말). 남자친구.
彼女	かのじょ	그녀. (여자를 가리키는 말). 여자친구
代りに	かわりに	대신해서.
記念	きねん	기념.
~君	~くん	군. (김군. 박군)
(お)小遣い •	(お)こづかい	용돈.
小鳥	ことり	작은 새.
鶏	にわとり	닭. (地鳥 : 토종닭)
再試験	さいしけん	재시험.
社長	しゃちょう	사장.
就職	しゅうしょく	취직.
新婚旅行	しんこんりょこう	신혼여행.
~製	~せい	~제. (韓国製)
世話 •	せわ	돌보아줌. 신세.
ただ		공짜. 무료.
葉書 •	はがき	엽서.
鳥	とり	새. (小鳥 : 작은새)

文集 •	ぶんしゅう	문집. (작문집 · 시집등)
(お)見舞い •	(お)みまい	병문안.
(お)見合い •	(お)みあい	맞선.
可愛い	かわいい	귀엽다.
インドネシア	Indonesia	인도네시아.
パンフレット	pamphlet	팸플릿.
ブランデー	brandy	브랜디. (포도주)
ブランディー	brandy	브랜디. (포도주)
~ルピア	rupee	인도의 화폐단위.
レポート	report	리포트.

● 動詞 (동사)

기본형 · 사전형	한자 읽는 법	동사 구분	의 미
浴びる	あびる	動 II	하다. (샤워를)
あげる		動 II	주다. (내가 남에게)
差し上げる	さしあげる	動 II	드리다. (존경어)
やる		動 I	주다.
貰う	もらう	動 I	받다. (남에게)
頂く	いただく	動 I	받다의 겸양어.
くれる		動 II	주다. (남이 나에게)
下さる	くださる	動 I	주시다.

● フレーズ (문구, 관용구, phrase)

단 어	의 미
いろいろと。 •	여러 가지로.
気を遣う •	신경을 써주다. 마음을 배려하다. (気を使う)
(お)世話になる •	신세를 지다. (世話をする : 돌보아주다, 시중들다)
仲がいい •	사이가 좋다.
喜んで •	기꺼이. 기쁘게.
役に立つ •	도움이 되다. 유용한 역할을 하다.

例文 ‧ 説明 (예문‧설명)

1.

私は友だちに誕生日のプレゼントをあげました。
나는 친구에게 생일 선물을 주었습니다.

私は田中さんに日本語の本をもらいました。
나는 다나까씨에게 일본어 책을 받았습니다.

田中さんが (私に) 日本語の本をくれました。
다나까씨가 (나에게) 일본어 책을 주었습니다.

▸ に   : ~에, ~에게. (동작이 행하여지는 대상을 나타낸다)
   あげる : 주다.
   의미   : 내가 남에게 물건을 주다.
   용법   : 명사(물건) + あげる。

       私は金さんに (物) をあげました。
       나는 김씨에게 물건을 주었습니다.

▸ もらう : 받다.
   의미   : 내가 남에게 물건을 받다. (조사는 に 또는 から를 사용할 수 있다)
   용법   : 명사(물건) + もらう。

       私は金さんに / から (物) をもらいました。
       나는 김씨에게 물건을 받았습니다.

▸ くれる : 주다.
   의미   : 남(주로 알고 있는 사람)이 나에게 물건을 주다. (관계가 없는 사람이면 もらう를 사용하는
             것이 좋다)
   용법   : 명사(물건) + くれる。

       金さんは私に (物) をくれました。
       김씨는 나에게 물건을 주었습니다.

▶ 여기에서는 수급(受給 : 받다)의 표현 중, 물건의 수급에 대해 생각해 보자. (· 행위의 수급은 21과 참조)

▶ 물건의 수급.

물건의 수급은 누가 누구에게 물건을 주었느냐에 따라서, 다음과 같이 나뉜다. (내가 주체일 경우 あげる 와 もらう는 상응될 수 없고, もらう와 くれる는 상응될 수 있다)

• 내가 상대에게 물건을 준 경우.

私は、Aさんに本をあげました。　　　　　　(私 → 他人)

나는, A씨에게 책을 주었습니다.

• 내가 상대에게 물건을 받은 경우.

私は、Aさん**に / から**本をもらいました。　　(私 ← 他人)

나는, A씨에게 책을 받았습니다.

Aさんは、私**に / から**本をもらいました。　　(존재하지 않음)

A씨는, 나에게 책을 받았습니다.

• 상대가 나에게 물건을 준 경우. (문장은 다르지만 의미는 같다)

Aさんは、私に本をくれました。　　　　　　(他人 → 私)

A씨는, 나에게 책을 주었습니다.

私は、Aさん**に / から**本をもらいました。　　(私 ← 他人)

나는, A씨에게 책을 받았습니다.

1. 私は父にネクタイをあげようと思っています。

   나는 아버지에게 넥타이를 주려고 생각하고 있습니다.

2. パク: 田中さんはキムさんに何をあげましたか。

   　　　다나까씨는 김씨에게 무엇을 주었습니까.

   田中: 私はキムさんに花をあげました。

   　　　나는 김씨에게 꽃을 주었습니다.

3. 私はキムさんに花をもらいました。
   나는 김씨에게 꽃을 받았습니다.

4. パンフレットはどこでもらえますか。
   팸플릿은 어디에서 받을 수 있습니까.

5. 母が (私に) セーターをくれました。
   어머니가 (나에게) 스웨터를 주었습니다.

6. アメリカの友だちが葉書をくれました。
   미국 친구가 엽서를 주었습니다.

7. だれがあなたにその本をくれたんですか。
   누가 당신에게 그 책을 주었습니까.

- 비생물일 경우 もらう의 조사는 から밖에 사용할 수 없다.
- 私は国から奨学金をもらっています。
  나는 본국으로부터 장학금을 받고 있습니다.

2.

私は先生にお菓子をさしあげました。
나는 선생님에게 과자를 드렸습니다.

私は先生に日本の切手をいただきました。
나는 선생님에게 일본우표를 받았습니다.

先生が (私に) 日本の切手をくださいました。
선생님이 (나에게) 일본우표를 주셨습니다.

▸ さしあげる : 드리다. (あげる의 겸양어)
  의미 : 내가 윗사람에게 물건을 드리다.
  용법 : 명사(물건)＋さしあげる。

▸ いただく : 받다. (もらう의 겸양어)
  의미 : 내가 윗사람에게 물건을 받다. (조사는 に또는 から를 사용할 수 있다)
  용법 : 명사(물건) ＋ いただく。

▸ くださる : 주시다. (くれる의 존경어)
  의미 : 윗사람이 나에게 물건을 주시다.
  용법 : 명사(물건) ＋ くださる。

- 내가 선생님에게 물건을 드린 경우.

  私は、先生に本を差し上げました。   (私 → 先生)
  나는, 선생님에게 책을 드렸습니다.

- 내가 선생님에게 물건을 받은 경우.

  私は、先生に ／ から本をいただきました。   (私 ← 先生)
  나는, 선생님에게 책을 받았습니다.

  先生は、私に ／ から本をいただきました。   (존재하지 않는 문장)
  선생님은, 나에게 책을 받았습니다.

- 선생님이 나에게 물건을 주신 경우. (문장은 다르지만 의미는 같다)

  先生は、私に本をくださいました。   (先生 → 私)
  선생님은, 나에게 책을 주셨습니다.

  私は、先生に ／ から本をいただきました。   (私 ← 先生)
  나는, 선생님에게 책을 받았습니다.

1. 私は先生の奥さんにお土産をさしあげました。
   나는 선생님 부인(사모님) 에게 선물(토산품)을 드렸습니다.

2. 何をさしあげましょうか。
   무엇을 드릴까요. (점원이 손님에게)

3. 私は先生にブランデーをいただきました。
   나는 선생님에게 브랜디를 받았습니다.

4. リンさんのお母さんが (私に) お菓子をくださいました。
   린씨 어머님이 (나에게) 과자를 주셨습니다.

3.

山本さんは鈴木さんに花をあげました。
야마모또씨는 스즈끼씨에게 꽃을 주었습니다.

鈴木さんは山本さんに花をもらいました。
스즈끼씨는 야마모또씨에게 꽃을 받았습니다.

▶ あげる : 주다.
　의미　: 제3자가 제 3자에게 물건을 주다. (제 3자와 제 3자일 경우, あげる와 상응되는 것은 もらう이고 もらう와 상응되는 것은 あげる이다)

• A씨가 B씨에게 물건을 준 경우와, B씨가 A씨에게 받은 경우.	
Aさんは、Bさんに本をあげました。 A씨는, B씨에게 책을 주었습니다.	(A → B)
Bさんは、Aさんに ／ から本をもらいました。 B씨는, A씨에게 책을 받았습니다.	(B ← A)
• B씨가 A씨에게 물건을 받은 경우와, A씨가 B씨에게 준 경우.	
Bさんは、Aさんに ／ から本をもらいました。 B씨는, A씨에게 책을 받았습니다.	(B ← A)
Aさんは、Bさんに本をあげました。 A씨는, B씨에게 책을 주었습니다.	(A → B)

▶ もらう : 받다.
　의미　: 제3자가 제3자에게 물건을 받다. (조사는 に또는 から를 사용할 수 있다).
　　　　(제3자와 제3자일 경우 もらう와 상응되는 것은 くれる이고, くれる와 상응되는 것은 もらう이다)

• B씨가 A씨에게 물건을 받은 경우와 상응되는 문장.	
Bさんは、Aさんに ／ から本をもらいました。 B씨는, A씨에게 책을 받았습니다.	(B ← A)
Aさんは、Bさんに本をくれました。 A씨는, B씨에게 책을 주었습니다.	(A → B)
• A씨가 B씨에게 물건을 준 경우와 상응되는 문장.	
Aさんは、Bさんに本をくれました。 A씨는, B씨에게 책을 주었습니다.	(A → B)
Bさんは、Aさんに ／ から本をもらいました。 B씨는, A씨에게 책을 받았습니다.	(B ← A)

▶ 내가 주체일 경우 あげる와 もらう는 상응될 수 없지만, もらう와 くれる는 상응될 수 있다. 제3자와 제3자일 경우 あげる의 상응되는 말은 もらう이고 もらう의 상응되는 말은 くれる이다.

> **• 내가 상대에게 물건을 준 경우.**

私は、Aさんに本をあげました。　　　　　　　　(私 → 他人)
나는, A씨에게 책을 주었습니다.

> **• 내가 상대에게 물건을 받은 경우.**

私は、Aさんに / から本をもらいました。　　　(私 ← 他人)
나는, A씨에게 책을 받았습니다.

> **• A씨가 B씨에게 물건을 준 경우와, B씨가 A씨에게 물건을 받은 경우.**

Aさんは、Bさんに本をあげました。　　　　　(A → B)
A씨는, B씨에게 책을 주었습니다.

Bさんは、Aさんに / から本をもらいました。　(B ← A)
B씨는, A씨에게 책을 받았습니다.

> **• B씨가 A씨에게 물건을 받은 경우와, A씨가 B씨에게 물건을 준 경우.**

Bさんは、Aさんに / から本をもらいました。　(B ← A)
B씨는, A씨에게 책을 받았습니다.

Aさんは、Bさんに本をあげました。　　　　　(A → B)
A씨는, B씨에게 책을 주었습니다.

> **• A씨가 나에게 물건을 준 경우와, 내가 A씨한테 물건을 받은 경우.**

Aさんは、私に本をくれました。　　　　　　　(A → 私)
A씨는, 나에게 책을 주었습니다.

私は、Aさんに / から本をもらいました。　　　(私 ← A)
나는, A씨에게 책을 받았습니다.

> **• A씨가 B씨에게 물건을 준 경우와, B씨가 A씨에게 물건을 받은 경우.**

Aさんは、Bさんに本をくれました。　　　　　(A → B)
A씨는, B씨에게 책을 주었습니다.

Bさんは、Aさんに / から本をもらいました。　(B ← A)
B씨는, A씨에게 책을 받았습니다.

• B씨가 A씨에게 물건을 받은 경우, A씨가 B씨에게 물건을 준 경우.	
Bさんは、Aさんに / から本をもらいました。	(B ← A)
B씨는, A씨에게 책을 받았습니다.	
Aさんは、Bさんに本をくれました。	(A → B)
A씨는, B씨에게 책을 주었습니다.	
• 상대가 나에게 물건을 준 경우. (문장은 다르지만 의미는 같다)	
Aさんは、私に本をくれました。	(A → 私)
A씨는, 나에게 책을 주었습니다.	
私は、Aさんに / から本をもらいました。	(私 ← 他人)
나는, A씨에게 책을 받았습니다.	

1. キムさんはパクさんにプレゼントをあげました。
    김씨는 박씨에게 선물을 주었습니다.

2. A: パクさんはキムさんに何をもらったんですか。
       박씨는 김씨에게 무엇을 받았습니까.
    B: 人形をもらったそうです。
       인형을 받았다고 합니다.

3. A: 珍しいネクタイですね。誰にもらったんですか。
       보기 드문 (진귀한) 넥타이군요. 누구한테 받았습니까.
    B: ユンさんにもらったんです。韓国のネクタイなんです。
       윤씨한테 받았습니다. 한국 넥타이입니다.

4. A: パクさんは崔さんの誕生日に何をあげましたか。

    박씨는 최씨 생일날 무엇을 주었습니까.

    B: 財布をあげました。

    지갑을 주었습니다.

5. A: パクさんは崔さんに何をもらいましたか。

    박씨는 최씨에게 무엇을 받았습니까.

    B: 財布をもらいました。

    지갑을 받았습니다.

4.

毎日花に水をやります。 **매일 꽃에 물을 줍니다.**

▶ やる : 주다.
意味 : 내가 친구・동생・동물・식물에게, 물건이나 먹이・물 등을 줄때.
用法 : 명사(물건) + やる。

私は、弟に本をやりました。　　　　　(私 → 年下)
나는, 남동생에게 책을 주었습니다.

私は、鳥にえさをやりました。　　　　(私 → 동・식물)
나는, 새에게 먹이를 주었습니다.

---

1. 鳥にえさをやってください。
   새에게 먹이를 주세요.

2. 木に水をやります。
   나무에 물을 줍니다.

3. 弟にお小遣いをやりました。
   남동생에게 용돈을 주었습니다.

• 다음과 같은 경우는 소유물을 가리키기 때문에 もらう・くれる만 사용할 수 있다.
　(あげる는 사용할 수 없음)

これは山田さん に/から もらいました。
이것은 야마다씨에게 받았습니다.

この指輪は山田さんにもらいました。
이 반지는 야마다씨에게 받았습니다.

<u>これは</u>山田さんが<u>くれました</u>。

이것은 야마다씨가 주었습니다.

<u>この指輪は</u>山田さんが<u>くれました</u>。

이 반지는 야마다씨가 주었습니다.

▶ 문제를 풀며 외워 봅시다. (문제를 풀기 전에 다음의 4가지를 꼭 기억했으면 한다)

1. 문장에 내가 들어가 있는지, 남이 있는지를 생각할 것.

2. 대상 뒤에 조사는 무엇이 있는지를 생각할 것.

   (대상 뒤에 조사 に / から가 올 경우에는 もらう・いただく 밖에 사용 할 수밖에 없고, 대상 뒤에 조사 が/は가 올 경우에는 くれる・くださる가 올 수 있다)

3. 내가 들어갔을 때 상응되는 것과 제3자와 제3자일경우 상응되는 것을 생각할 것.

   (내가 주체일 경우 あげる와 もらう는 상응될 수 없지만, もらう와 くれる・くれる와 もらう는 상응될 수 있다. 제3자와 제3자일 경우 あげる의 상응되는 말은 もらう이고 もらう의 상응되는 말은 くれる이다)

4. 소유물이나 물건을 가리켰을 경우 あげる・さしあげる는 사용할 수 없다.

---

1. あげる : 주다. (내가 남에게 주다. 남이 남에게 주다)

   / 君。彼 / が私に本をあげる。 （✕）

   / 君。彼 / が弟に本をあげる。 （○）

   A : これは私が山本さんに(　　)た本です。

   B : これは山本さんが私に(　　)た本です。

---

2. もらう : 받다. (내가 남에게 받다. 남이 남에게 받다)

   / 君。彼 / が私に本をもらう。 （✕）

   / 君。彼 / が妹に本をもらう。 （○）

   A : 君は中山さんにセーターを(　　)ましたね。

   B : 中山さんは君にセーターを(　　)ましたね。

3. くれる : 주다. (남이 나에게 주다. 남이 남에게 주다)

私が /君。彼 / に本をくれる。 (X)

君が / 彼。私 / に本をくれる。 (○)

A : 木村さんが林さんにケーキを(　)ました。

B : 林さんは木村さんにケーキを(　)ました。

4. /君。彼 / が弟に本をあげる。 (○)

A : あなたが弟にカメラを(　)たのですか。

B : 弟はあなたにカメラを(　)たのですか。

5. /君。彼 / が妹に本をもらう。 (○)

A : 私は弟に自転車を(　)ました。

B : 弟は私に自転車を(　)ました。

▶ 兄が / 君。彼 / に本をくれる。 (○)

私が / 君。彼 / に本をもらう。 (○)

君が / 彼。私 / に本をくれる。 (○)

• 答え。(답)

1. A : もらっ　　B : くれ

2. A : あげ　　B : もらい　or　A : もらい　B : くれ

3. A : あげ　　B : もらい　or　A : もらい　B : あげ

4. A : くれ　　B : もらっ

5. A : もらい　　B : くれ

5.

漢字で書かなくてはいけません。　/　なくてはなりません。
한자로 쓰지 않으면 안 됩니다.　　　않으면 안 됩니다.

▸ なくてはいけません : ～하지 않으면 안 됩니다. ～해야만 됩니다.
　용법 : 동사 I (あ段) + ない。　　　동사 II (ます形) + ない。
　　　　　동사III (する) → しない。　　동사III (くる) → こない。
　　　　　(단 동사 기본형의 끝 글자가 う로 끝나는 것은 あ가 아닌 わ로 바뀐다). (買う→買わない)
　　　　　문장접속은 동사 · い형용사 · な형용사 · 명사(부정형 ない) 에서 い를 빼고 + くてはいけ
　　　　　ません · くてはなりません。

• 예문. ～하지 않으면 안 됩니다. (～해야만 됩니다)		
動 I (あ段)	行く →	行かなくてはいけません。
		行かなくてはなりません。
		(가지 않으면 안 됩니다)
動 II (ます形)	食べる →	食べなくてはいけません。
		食べなくてはなりません。
		(먹지 않으면 안 됩니다)
動III (する)	する →	しなくてはいけません。
		しなくてはなりません。
		(하지 않으면 안 됩니다)
動III (くる)	来る →	来なくてはいけません。
		来なくてはなりません。
		(오지 않으면 안 됩니다)

▸ 다음의 두 개를 세부적으로 구분하면 다음과 같다.

1. なくてはなりません。(なければなりません)은 객관적 표현이다.

규칙이나 법률로 결정되어 있는 것, 명령이나 약속에 기초를 두고 있는 것, 사회의 습관에
의한 것, 그렇게 하지 않으면 도움이 되지 않는 것, 그렇게 하는 것이 보통이라고 하는 것
등을 말하는 경우에 사용되어진다.

2. なくてはいけません。(なければいけません)은 주관적 표현이다.

말하는 상대의 의견이나 생각을 말할 때 사용한다.
규칙이나 약속으로 결정된 것을 말할 때와, 말하는 상대가 자신도 그렇게 생각한다고 하는 입장에서 말할 때 사용되어진다.

---

1. 学生は勉強しなくてはいけません。

   학생은 공부하지 않으면 안 됩니다.

2. 電車に乗る時は、切符を買わなくてはなりません。

   전차를 탈 때는, 표를 사지 않으면 안 됩니다.

3. 今日買い物に行かなくてはいけません。

   오늘 쇼핑하러 가지 않으면 안 됩니다.

4. あした早く起きなくてはならないから、早く寝ます。

   내일 일찍 일어나지 않으면 안 되기 때문에, 빨리 잡니다.

5. 毎日六時間は寝なくてはいけませんよ。

   매일 6시간은 잠자지 않으면 안 됩니다.

6.

漢字で書かなくてもいいです。 / なくてもかまいません。
한자로 쓰지 않아도 좋습니다.　하지 않아도 상관없습니다.

▸ なくてもいいです。　　～하지 않아도 좋습니다.
なくてもかまいません。 ～하지 않아도 상관없습니다.
용법 : 동사(부정형 ない에서 い를 빼고)＋なくてもいいです · なくてもかまいません。
　　　(단, 동사 기본형의 끝 글자가 う로 끝나는 것은 <u>あ</u>가 아닌 <u>わ</u>로 바뀐다). (<u>買う</u> → <u>買わ</u>ない)
의미 : 대상이 되는 내용이나 특정의 상대를 의식하지 않고 상대에게 허가(허락)를 할 때 사용한다.

• 예문. (~하지 않아도 좋습니다. ~하지 않아도 상관없습니다)	
動Ⅰ (あ段)	行く　→　行かなくてもいいです。 (가지 않아도 좋습니다) 行かなくてもかまいません。 (가지 않아도 상관없습니다)
動Ⅱ (ます形)	食べる → 食べなくてもいいです。 (먹지 않아도 좋습니다) 食べなくてもかまいません。 (먹지 않아도 상관없습니다)
動Ⅲ (する)	する　→　しなくてもいいです。 (하지 않아도 좋습니다) しなくてもかまいません。 (하지 않아도 상관없습니다)
動Ⅲ (くる)	来る　→　来なくてもいいです。 (오지 않아도 좋습니다) 来なくてもかまいません。 (오지 않아도 상관없습니다)

1. A: 漢字で書かなくてはいけませんか。

   한자로 쓰지 않으면 안 됩니까.

   B: いいえ、漢字で書かなくてもいいです。

   아니오, 한자로 쓰지 않아도 좋습니다.

2. 六十点以上の人は再試験を受けなくてもいいですが、五十九点以下の人

   は受けなくてはいけません。

   60점 이상인 사람은 재시험을 보지 않아도 좋습니다만, 59점 이하인 사람은 보지
   않으면 안 됩니다.

3. 行きたくなければ、行かなくてもかまいません。

   가고 싶지 않으면, 가지 않아도 상관없습니다.

4. あまり安くなくてもかまいません。お金はありますから。

   그다지 싸지 않아도 상관없습니다. 돈은 있기 때문에.

5. 字が上手じゃなくてもかまいません。

   글씨를 잘 쓰지 못해도 상관없습니다.

6. A: あした宿題を出さなくてはいけませんか。

   내일 숙제를 제출하지 않으면 안 됩니까.

   B: あしたじゃなくてもいいです。

   내일이 아니어도 좋습니다.

7. A: 食べてもいいですか。　　　　/　　　食べてもかまいませんか。

   먹어도 좋습니까.　　　　　　　　　먹어도 상관없습니까.

   B: はい、食べてもいいです。　　/　　はい、食べてもかまいません。

   예, 먹어도 좋습니다.　　　　　　　예, 먹어도 상관없습니다.

   B: いいえ、食べてはいけません。

   아니오, 먹어서는 안 됩니다.

8.　A: 食べてはいけませんか。

　　　먹으면 안 됩니까.

　　B: はい、食べてはいけません。

　　　예, 먹으면 안 됩니다.

　　B: いいえ、食べてもいいです。

　　　아니오, 먹어도 좋습니다.

　　　いいえ、食べてもかまいません。

　　　아니오, 먹어도 상관없습니다.

9.　A: 食べなくてもいいですか。　　/　　食べなくてもかまいませんか。

　　　먹지 않아도 됩니까.　　　　　　　먹지 않아도 상관없습니까.

　　B: はい、食べなくてもいいです。

　　　예, 먹지 않아도 좋습니다. (됩니다)

　　　はい、食べなくてもかまいません。

　　　예, 먹지 않아도 상관없습니다.

　　B: いいえ、食べなくてはいけません。

　　　아니오, 먹지 않으면 안 됩니다.

　　　いいえ、食べなければいけません。

　　　아니오, 먹지 않으면 안 됩니다.

10.　A: 食べなくてはいけませんか。　　/　　食べなければいけませんか。

　　　먹지 않으면 안 됩니까.　　　　　　　먹지 않으면 안 됩니까.

　　B: はい、食べなくてはいけません。

　　　예, 먹지 않으면 안 됩니다.

　　　はい、食べなければいけません。

　　　예, 먹지 않으면 안 됩니다.

　　B: いいえ、食べなくてもいいです。

　　　아니오, 먹지 않아도 좋습니다. (됩니다)

　　　いいえ、食べなくてもかまいません。

　　　아니오, 먹지 않아도 상관없습니다.

11. A: 食べなければなりませんか。

   먹지 않으면 안 됩니까.

   B: はい、食べなければなりません。

   예, 먹지 않으면 안 됩니다.

   B: いいえ、食べなくてもかまいません。

   아니오, 먹지 않아도 상관없습니다.

7.

百円で買いました。　　100엔에 샀습니다.

▸ で　：～에.
　의미 : 수(数)의 한정이나 기준을 나타낸다.
　　　　百円で買う。 100엔에 사다.　　三つで百円。 세 개에 100엔.

1. この服は一万円で買いました。
　　이 옷은 만 엔에 샀습니다.

2. この切符はただであげます。
　　이 표는 공짜 (그냥) 로 주겠습니다.

3. この時計を五万円で売りたいんですが。
　　이 시계를 5만 엔에 팔고 싶습니다만.

4. A: この絵はいくらで売れるでしょうか。
　　　이 그림은 얼마에 팔릴까요.
　　B: 百万円ぐらいで売れるでしょう。
　　　백만 엔 정도에 팔리겠지요.

8.

賞ったんじゃないんです。　　산 것이 아닙니다.

▶ んじゃないんです : ～인 것은 (인 것이) 아닙니다.
　용법 : 동사(기본체) + んじゃないんです。
　의미 : 강한 의지의 부정을 나타낸다. (んじゃない 앞문장에 긍정이 오면 의미는 부정이 되고, 부정이
　　　　 오면 의미는 긍정이 된다)

긍정	<u>行く</u>んじゃないんです。	(가지 않는다)
	가는 것이 아닙니다.	
	<u>行った</u>んじゃないんです。	(가지 않는다)
	갔던 것이 아닙니다.	
부정	<u>行かない</u>んじゃないんです。	(간다)
	가지 않는 것이 아닙니다.	
	<u>行かなかった</u>んじゃないんです。	(간다)
	가지 않았던 것이 아닙니다.	

1.　これは賞ったんじゃないんです。もらったんです。
　　이것은 산 것이 아닙니다. 받은 것입니다.

2.　私がしたんじゃないんです。田中さんがしたんです。
　　내가 한 것이 아닙니다. 다나까씨가 했습니다.

3.　A: これはどうしたんですか。自分で作ったんですか。
　　　이것은 어떤 것입니까. 자신이 만든 것입니까.
　　B: いいえ、私が作ったんじゃないんです。母が作ったんです。
　　　아니오, 내가 만든 것이 아닙니다. 어머니가 만든 것입니다.

4. A: 漢字が読めないんですか。

한자를 읽을 수 없습니까.

B: 読めないんじゃないんです。

読めるんですが、意味がよくわからないんです。

읽지 못하는 것은 아닙니다.
읽을 수 있습니다만, 의미를 잘 모릅니다.

9.

私の代わりに行ってください。　　저를 대신해서 가 주세요.

▶ かわりに : ~를 대신해서. 그 대신에.

1. 父の代わりに母が来ました。

   아버지를 대신해서 어머니가 왔습니다.

2. 用事が出来たので、代りに行ってください。

   용무가 생겼기 때문에, 대신 가 주세요.

3. 財布を忘れて来たので、代わりに払ってください。

   지갑을 잊어버리고 왔기 때문에, 대신 지불해 주세요.

4. それはあげません。その代りに、これをあげます。

   그것은 줄 수 없습니다. 그 대신, 이것을 주겠습니다.

5. 日曜日に会社に出る代わりに、月曜日は休みます。

   일요일에 회사에 나가는 대신, 월요일은 쉽니다.

10.

結婚のお祝いに時計をあげます.　　결혼 축하선물로 시계를 줍니다.

▶ に　：〜로.

　의미 : 목적을 나타낸다. (お祝いに : 〜축하선물로.)

1. 就職のお祝いにカメラをもらいました。

   취직 축하선물로 카메라를 받았습니다.

2. お世話になったお礼に、ウイスキーをさしあげました。

   신세 진 답례로, 위스키를 드렸습니다. (世話をする : 돌보아주다)

3. お土産に日本人形を買いました。

   선물(토산품)로 일본 인형을 샀습니다.

4. 病気のお見舞いに、果物を持って行きました。

   병문안으로, 과일을 가지고 갔습니다. (お見合い : 맞선)

5. 旅行の思い出に写真を撮りました。

   여행의 추억으로 사진을 찍었습니다.

6. 卒業の記念に文集を作りました。

   졸업 기념으로 문집(시집 · 작문집) 을 만들었습니다.

会話

1.

アリ: もうすぐチンさんのお誕生日ですね。

　　　이제 곧 진씨 생일이군요.

ハン: そうですね。何かあげるつもりですか。

　　　그렇군요. 무엇인가 줄 생각입니까.

アリ: ええ。チンさんも私の誕生日にプレゼントをくれたので。

　　　예. 진씨도 내 생일날 선물을 주었기 때문에.

ハン: 何をもらったんですか。

　　　무엇을 받았습니까.

アリ: とても可愛い韓国の人形をもらいました。

　　　매우 귀여운 한국 인형을 받았습니다.

2.

チン: 友だちがコンサートの切符をくれたんですけど、私は用があって行け

　　　ないので、パクさん、行きませんか。

　　　친구가 콘서트 티켓을 주었습니다만, 나는 용무가 있어 갈 수 없기 때문에, 박씨,
　　　가지 않겠습니까.

パク: 実は、私も友だちにもらったんですが、行けないので、コウさんにあげ

　　　たんです。

　　　실은, 나도 친구에게 받았습니다만, 갈 수 없기 때문에, 고씨에게 주었습니다.

3.

コウ: よさそうな辞書ですね。使いやすですか。

좋아 보이는 사전이군요. 사용하기 쉽습니까.

キム: はい、とても役に立ちますよ。

예, 대단히 도움이 됩니다.

コウ: どこで買ったんですか。

어디에서 샀습니까.

キム: 先生にいただいたんです。

선생님이 주셨습니다.

コウ: その参考書は。

그 참고서는.

キム: これも先生がくださったんです。

이것도 선생님이 주셨습니다.

4.

原 : いちろうさんとさちこさんは最近とても仲がいいですね。

이치로씨와 사찌꼬씨는 최근 대단히 사이가 좋군요.

サイ: そうですね。いちろうさんはさちこさんの誕生日に指輪をあげたそうですよ。

그렇군요. 이치로씨는 사찌꼬씨 생일날 반지를 주었다고 하네요.

原 : そうですか。あのふたりは結婚するんですか。

그렇습니까. 저 두 사람은 결혼합니까.

サイ: するかもしれませんね。

할지도 모르겠습니다.

5.

山本: 小鳥にえさをやった?

새에게 먹이를 주었니.

ユン: あっ、忘れてた。

아, 잊어버렸다. (깜빡했다)

山本: 毎朝やらなくてはいけませんよ。

매일 아침 주지 않으면 안돼요.

6.

学生: 先生、私は六十五点でしたが、再試験を受けなくてもいいですか。

선생님, 저는 65점입니다만, 재시험을 보지 않아도 좋습니까.

先生: 七十点以上の人は再試を受けなくてもいいですが、六十五点以下の人

は再試を受けなくてはいけませんよ。

70점 이상인 사람은 재시험을 보지 않아도 좋습니다만, 69점 이하인 사람은 재시험을 보지 않으면 안 됩니다.

学生: じゃ、私も受けなくてはいけませんですね。

그러면, 저도 보지 않으면 안 되겠네요.

先生: はい、そうです。

예, 그렇습니다.

7.

コウ: チンさん、これ、要りませんか。

진씨, 이거, 필요 없습니까.

チン: えっ、いいんですか。ただでいただいてもいいんですか。

예, 좋습니까. 공짜로 받아도 괜찮겠습니까.

コウ: はい、どうぞ。新しいのを買ったから、もう要らないんですよ。

예, 자 어서. 새것을 샀기 때문에, 이제는 필요 없습니다.

チン: じゃ、喜んでいただきます。

그렇다면, 기쁘게 (기꺼이) 받겠습니다.

8.

山本: 素敵なスカートですね。どこで買ったんですか。

　멋있는 스커트이군요. 어디에서 샀습니까.

原　: これは買ったんじゃないんです。自分で作ったんです。

　이것은 산 것이 아닙니다. 내가 만든 것입니다.

山本: えっ、自分で作ったんですか。そのシャツもそうですか。

　아니, 본인이 만들었습니까. 그 셔츠도 그렇습니까.

原　: ええ、そうです。

　예, 그렇습니다.

山本: 上手ですねえ。

　잘 만드네요.

9.

マリ: 卒業おめでとうございます。

　これ、つまらない物ですが、お祝いです。

　졸업 축하합니다. 이거, 변변치 못한 것입니다만, 축하선물입니다.

サイ: どうもありがとう。

　대단히 고맙습니다.

マリ: これは、キムさんからです。キムさんは今日来られないので、代りに持っ

て来ました。

　이것은, 김씨가 준 것입니다. 김씨는 오늘 올 수 없기 때문에, 대신 가지고 왔습니다.

サイ: キムさんは来られないんですか。残念ですね。

　よろしく伝えてください。

　김씨는 올 수 없습니까. 안타깝군요. 안부 좀 전해주십시오.

10.

アリ: ハンさんの入学のお祝いに何をあげましょうか。

한씨 입학선물로 무엇을 줄까요.

サイ: そうだねえ。ペンはどう?

글쎄. 펜은 어떨까.

アリ: ハンさんは、もういいのを持っていると思うわ。

お誕生日にお父さんにもらったと言っていたから。

한씨는, 이미 좋은 것을 갖고 있다고 생각한다.

생일날 아버님에게 받았다고 말했기 때문에.

サイ: そうか。じゃ、日本語の辞書は?

그래. 그러면, 일본어 사전은?

アリ: それがいいわね。

그것이 좋겠다.

本文
<ruby>本<rt>ほん</rt></ruby><ruby>文<rt>ぶん</rt></ruby>

1.

よしえ: <ruby>林先生<rt>はやしせんせい</rt></ruby>が<ruby>時計<rt>とけい</rt></ruby>をくださったでしょう。

하야시선생님이 시계를 주셨지요.

けんじ: そうだね。<ruby>何<rt>なに</rt></ruby>かお<ruby>土産<rt>みやげ</rt></ruby>を<ruby>買<rt>か</rt></ruby>って<ruby>帰<rt>かえ</rt></ruby>らなくてはいけないね。

何をさしあげようか。

예. 무엇인가 선물을 사서 돌아가지 않으면 안 되겠구나. 무엇을 드릴까요.

よしえ: どんな<ruby>物<rt>もの</rt></ruby>がいいかしら。

어떤 물건이 좋을까.

けんじ: <ruby>何<rt>なに</rt></ruby>か<ruby>記念<rt>きねん</rt></ruby>になる<ruby>物<rt>もの</rt></ruby>がいいと<ruby>思<rt>おも</rt></ruby>うよ。

뭔가 기념이 되는 것이 좋다고 생각한다.

よしえ: そうねえ。このハンカチはどうかしら。

그렇구나. 이 손수건은 어떨까.

けんじ: これはいいね。これにしよう。

이것이 좋겠네. 이것으로 하자.

けんじ: あれ、この<ruby>人形<rt>にんぎょう</rt></ruby>、<ruby>五千<rt>ごせん</rt></ruby>ルピアって<ruby>書<rt>か</rt></ruby>いてあるよ。

아니, 이 인형, 5,000루피아라고 쓰여 있네.

よしえ: あら、ほんと。さっきの<ruby>店<rt>みせ</rt></ruby>で<ruby>見<rt>み</rt></ruby>た<ruby>人形<rt>にんぎょう</rt></ruby>より<ruby>安<rt>やす</rt></ruby>いわ。

それに、さっきのよりよさそうよ。

아니, 정말이네(구어체). 조금 전 가게에서 본 인형보다 싸네.

게다가, 조금 전거보다 좋아 보이네.

けんじ: あの人形を妹のお土産にやろうと思ったけど、代りにこの人形にし
　　　　ようか。
　　　　저 인형을 여동생 선물로 주려고 생각했지만, 대신 이 인형으로 할까.
よしえ: ええ、そうしましょうよ。
　　　　응, 그렇게 하자.
けんじ: 今、お金ある?
　　　　지금, 돈 있니?
よしえ: ちょっと足りないわ。けんじさんは?
　　　　조금 부족해. 겐지씨는?
けんじ: ぼくもあまりないんだ。
　　　　나도 별로 없어.
よしえ: じゃ、あしたまた買いに来ましょうよ。
　　　　그러면, 내일 다시 사러오자.
けんじ: そうしよう。
　　　　그렇게 하자.

2.

よしえ: 先生、これインドネシアのお土産です。
　　　　선생님, 이거 인도네시아에서 갖고 온 선물입니다.
先生　: どうもありがとう。
　　　　これはいいハンカチだね。高かっただろう。
　　　　대단히 고맙습니다. 이것은 좋은 손수건이군요. 비쌌지요.
よしえ: 先生には時計をいただきましたし、いろいろと大変お世話になりま
　　　　したので、そのお礼に買ってきたんです。
　　　　선생님은 시계를 주셨고, 여러가지로 대단히 신세를 많이 졌기 때문에, 그
　　　　답례로 사가지고 왔습니다.
先生　: そんなに気を使わなくてもいいんだよ。
　　　　그렇게 신경 써주지 않아도 괜찮습니다.

3.

田中: それは珍しいハンカチですね。どこで買ったんですか。

그것은 진귀한 손수건이군요. 어디에서 샀습니까.

林 : これですか。これは買ったんじゃないんです。

이거입니까. 이것은 산 것이 아닙니다.

高橋君の新婚旅行のお土産にもらったインドネシア製のハンカチな
んです。

다까하시씨 신혼여행 선물로 받은 인도네시아제 손수건입니다.

田中: へえ、高橋君が結婚したんですか。それは知りませんでした。

何かお祝いをあげたんですか。

아니, 다까하시씨가 결혼했습니까. 그것은 몰랐습니다.

무엇인가 선물을 주었습니까.

林 : 彼には時計をあげました。

그 사람에게는 시계를 주었습니다.

だい に じゅういっ か
第二十一課

田中さんは部屋を出たり入ったりしています。
다나까씨는 방을 나왔다 들어갔다 하고 있습니다.

語句 (어구. 말)

단 어	한자 읽는 법	의 미
一郎		이찌로우. (이름)
一浪 ・	いちろう	재수생. (浪人)
一杯	いっぱい	가득하다. 많다.
それで		그래서. 그 때문에.
それに		게다가.
つぼはち		가게 이름.
わざわざ ・		일부러.
わざと ・		일부러. 고의로.
せっかく		모처럼.
明かり	あかり	밝은 빛.
安心	あんしん	안심.
池	いけ	연못.
運送屋さん	うんそうやさん	운송회사. 이삿짐센터.
大家さん ・	おおやさん	집주인.
お名前	おなまえ	이름. 성함.
登山 ・	とざん	등산.
山登り	やまのぼり	등산.
下山 ・	げざん	하산.
帰り	かえり	귀가길. 돌아가는 길.
気候 ・	きこう	기후. (날씨)
ご住所	ごじゅうしょ	주소.
絶対に	ぜったいに	절대로.
発音	はつおん	발음.
半分	はんぶん	반쪽. 반.

東口	ひがしぐち	역의 동쪽문. (西口、南口、北口)
不動産屋	ふどうさんや	부동산 중개소.
文法	ぶんぽう	문법.
友人 　　　　•	ゆうじん	친한 친구.
頭痛 　　　　•	ずつう	두통.
贈り物	おくりもの	선물.
遊泳禁止	ゆうえいきんし	수영금지.
ドライブ	drive	드라이브.
ハンドバッグ	handbag	핸드백.
ピクニック	picnic	피크닉. 소풍. (遠足 : 소풍)

• 動詞 (동사)

기본형 · 사전형	한자 읽는 법	동사 구분	의 미
迷う	まよう	動Ⅰ	망설이다. 헤매다.
手伝う	てつだう	動Ⅰ	도와주다. (일을)
直す	なおす	動Ⅰ	고치다. (잘못된 것을)
治す	なおす	動Ⅰ	병을 치료하다.
進む	すすむ	動Ⅰ	나아가다. 진전되다.
預かる	あずかる	動Ⅰ	맡기다. (물건을)
踊る	おどる	動Ⅰ	춤추다.
見付かる	みつかる	動Ⅰ	발견되다.
助かる	たすかる	動Ⅰ	돕다.
喜ぶ	よろこぶ	動Ⅰ	기뻐하다. 즐거워하다.
教わる	おそわる	動Ⅰ	배우다.
治まる	おさまる	動Ⅰ	해결하다. 납득하다. 아픔이 가라앉다. 세상이 평온해지다.
納まる	おさまる	動Ⅰ	정확히 들어가다. 어떤 지위에 앉아 일단은 안정하다. 납입되다.

収まる	おさまる	動Ⅰ	어떤 것에 어울리다. 수습되다
修まる	おさまる	動Ⅰ	수습하다. (분쟁을)
治める	おさめる	動Ⅱ	병을 치료하다. 억누르다. (생리적인 것을) 통치하다.
修める	おさめる	動Ⅱ	습득하다.
収める	おさめる	動Ⅱ	어떤 것에 집어넣다. 수습하다. 효과를 거두다.
納める	おさめる	動Ⅱ	내다. (수업료를) 받아서 내 것으로 하다.
教える	おしえる	動Ⅱ	가르치다.
詰める	つめる	動Ⅱ	간격을 좁히다. 채우다.
席を詰める		動Ⅱ	의자를 좁히다. 자리를 채우다.
引っ越しをする		動Ⅲ	이사를 하다.
説明する		動Ⅲ	설명하다.
サインをする		動Ⅲ	사인하다.
プレゼントする		動Ⅲ	선물하다.
紹介する		動Ⅲ	소개하다.

• い形容詞 (い형용사)

단 어	한자 읽는 법	의 미
おかしい		이상하다.
寂しい	さびしい	쓸쓸하다. 적적하다.
淋しい	さびしい	쓸쓸하다. 적적하다.

• フレーズ (문구, 관용구, phrase)

단 어	의 미
只今。	다녀왔습니다.　(외출하고 다녀와서)
お帰りなさい。	어서 오세요.　(외출하고 돌아왔을 때)
行って来ます	다녀오겠습니다.　(외출할 때)

行って参ります	다녀오겠습니다. (겸양어)
行っていらっしゃい	다녀오십시오.
お休みなさい。	안녕히 주무세요.
これで失礼します。	이만 실례하겠습니다.
すみませんが。	말을 걸때나. 부탁할 때.
助かりました。	도움이 되었습니다. 도와주셔서 고맙습니다.
どうしていますか、このごろ。	어떻게 지내십니까, 요즈음.
~に紹介する。	~에게 소개하다.
道に迷う。 •	길을 헤매다.
悪いけど。	미안하지만.
波が高い。	파도가 높다.
是非お願いしたいです。	꼭 부탁드립니다.

- **わざわざ : 일부러.**

다른 일과 더불어 하는 것이 아니고 어떤 일을 위해서만 특별히 하는 것, 또는 하지 않아도 좋은데 굳이 어떤 의도를 갖고 하는 것.

- **わざと : 고의로. 일부러. (부정적인 문장에 사용한다)**

어떤 의도를 갖고, 또는 의식적으로 · 고의로 · 일부러 남에게 피해를 줄때.

- **せっかく : 모처럼. (기회를 만들어)**

• 노력했는데도 되지 않아 안타깝다고 하는 기분을 나타낸다.

　　せっかく用意したのに使われなかった。　　모처럼 준비했는데도 사용되지 않았다.

• 상대의 노력에 보답하려고 하는 일이 되지 않아 미안하다고 하는 기분을 나타낸다.

　　せっかくの好意を無にする。　　　　　모처럼의 호의를 헛되게 하다

• 좀처럼 얻을 수 없는 것의 의미를 나타낸다. (작지만은 귀중한)

　　せっかくの機会だから。　　　　　　모처럼의 기회이기 때문에.

1.

私わたしは友ともだちに本ほんを送おくってあげました。
나는 친구에게 책을 보내 주었습니다.

私わたしはキムさんに韓国語かんこくごを教おしえてもらいました。
나는 김씨에게 한국어를 배웠습니다.

キムさんが (私わたしに) 韓国語かんこくごを教おしえてくれました。
김씨가 (나에게) 한국어를 가르쳐 주었습니다.

▶ てあげる : ~해 주다.
　 용법 : 동사(て形) + あげる。
　 의미 : 내가 누군가에게 어떤 행위를 해주다.

▶ てもらう : ~해 받다. (직역 : ~해 받다. 의역 : ~해 주다)
　 용법 : 동사(て形) + もらう。
　 의미 : 내가 누군가에게 어떤 행위를 해 받다. 조사는 に 또는 から를 사용할 수 있다.

▶ てくれる : ~해 주다.
　 용법 : 동사(て形) + くれる。
　 의미 : 상대(주로 관계가 있는 사람)가 나에게 어떤 행위를 해주다. 관계가 없는 사람이면 もらう를
　　　　 사용하는 것이 좋다.

• 여기에서는 受給じゅきゅう(받다) 의 표현 중, 행위의 수급에 대해 생각해 보자. (물건의 수급은 20과 참조)

▶ 행위의 수급.
　 행위의 수급도, 누가 누구에게 행위를 행하였느냐에 따라서, 다음의 3개의 장면으로 나뉜다.

私は、Bさんに花を買ってあげました。　　　　(私 → 他人)
나는, B씨에게 꽃을 사주었습니다.

私は、Bさんに / から 花を買ってもらいました。　(私 ← 他人)
나는, B씨에게 꽃을 사 받았습니다.

Bさんは、私に花を買ってくれました。　　　　(他人 → 私)
B씨는, 나에게 꽃을 사주었습니다.

私は、Bさんに / から 花を買ってもらいました。　(私 ← 他人)
나는, B씨에게 꽃을 사 받았습니다.

私は、Bに花を買ってやりました。
나는, B에게 꽃을 사주었습니다.

1. 私はコウさんに歌を教えてあげました。
   나는 고씨에게 노래를 가르쳐 주었습니다.

2. 私はコウさんの宿題を見てあげました。
   나는 고씨의 숙제를 봐주었습니다.

3. 私はコウさんを病院へ連れて行ってあげました。
   나는 고씨를 병원에 데리고 가 주었습니다.

4. 私はかおりさんに歌を教えてもらいました。
   나는 가오리씨에게 노래를 가르쳐 받았습니다.

• 　かおりさんが (私に) 歌を教えてくれました。
   가오리씨가 (나에게) 노래를 가르쳐 주었습니다.

5. 私はかおりさんに作文を直してもらいました。

    나는 가오리씨에게 작문을 고쳐 받았습니다.

•   かおりさんが (私の) 宿題を見てくれました。

    가오리씨가 (내) 숙제를 봐주었습니다.

6. 私はかおりさんに病院へ連れて行ってもらいました。

    가오리씨가 나를 병원에 데리고 가 주었습니다.

•   かおりさんが (私を) 病院へ連れて行ってくれました。

    가오리씨가 (나를) 병원에 데리고 가 주었습니다.

7. かおりさんが私の弟に本を送ってくれました。

    가오리씨가 (내) 동생에게 책을 보내 주었습니다.

8. 誰があなたにこの本を送ってくれたんですか。

    누가 당신에게 이 책을 보내 주었습니까.

• (   )안에 알맞은 말을 넣으시오.
누가 주어인가를 잘 생각하면 쉽게 이해할 수 있다.

• 내가 주체일 경우 あげる와 もらう는 상응될 수 없지만, もらう와 くれる는 상응될 수 있다. 제 3자와 제 3자일 경우 あげる의 상응되는 말은 もらう이고 もらう의 상응되는 말은 くれる이다.

---

1. A : 田中が山田に本を書いて　(   )。

　　B : 山田は田中に本を書いて　(   )。

---

2. A : あなたが私に手紙を書いて (   )。

　　B : 私はあなたに手紙を書いて (   )。

---

3. A : 私があなたに手紙を書いて (   )。

　　B : あなたが私に手紙を書いて (   )。

• 答え。(답)

1. A (あげる)　　　B (もらう)　　　or　　　A (もらう)　　　B (くれる)

2. A (くれる)　　　B (もらう)

3. A (もらう)　　　B (くれる)

• (   ) 안에는 모든 것이 다 들어갈 수 있다. 단 앞문장에 주어가 있으면 주어에 따라 문장은 달라진다.

1.　買って(   )た本です。　　2.　編んで(   )ましたね。

3.　作って(   )ました。　　　4.　打って(   )たのですか。

5.　貸して(   )ました。

2.

私は原先生に漢字の書き方を教えていただきました。
저는 하라선생님에게 한자 쓰는 법을 배웠습니다.

原先生が (私に) 漢字の書き方を教えてくださいました。
하라선생님이 (저에게) 한자 쓰는 법을 가르쳐 주셨습니다.

▸ 위의 두 문장은 주어가 다를 뿐 의미는 같다.

▸ ていただく : ～해 받았습니다. (てもらう의 겸양어)
용법 : 동사(て形) + いただく。
의미 : 내가 상대에게 ～해 받았습니다. (행위의 주체가 자신일 때는 겸양어를 사용한다)
직역 : ～해 받았습니다.
의역 : ～해 주셨습니다. 조사는 に또는 から를 사용할 수 있다.

▸ てくださる : ～해 주셨습니다. (てくれる의 존경어)
용법 : 동사(て形) + くださる。
의미 : 상대가 나에게 ～해 주셨습니다. (행위의 주체가 상대일 때는 존경어를 사용한다).

1. 私は先生に本を貸していただきました。
   선생님이 저에게 책을 빌려주셨습니다.　(의역)

• 先生が (私に) 本を貸してくださいました。
  선생님이 (저에게) 책을 빌려주셨습니다.

2. 私は先生に荷物を持っていただきました。
   선생님이 제 짐을 들어주셨습니다.　(의역)

• 先生が (私の) 荷物を持ってくださいました。
  선생님이 (제) 짐을 들어주셨습니다.

3. 私は先生に発音を直していただきました。

  선생님이 저에게 발음을 고쳐 주셨습니다.   (의역)

• 先生が (私の) 作文を直してくださいました。

  선생님이 (제) 작문을 고쳐 주셨습니다.

4. 私は先生に車で送っていただきました。

  선생님이 저를 차로 배웅해 주셨습니다.   (의역)

• 先生が (私を) 車で送ってくださいました。

  선생님이 (저를) 차로 배웅해 주셨습니다.

3.

山本さんは鈴木さんに本を貸してあげました。
야마모또씨는 스즈끼씨에게 책을 빌려주었습니다.

鈴木さんは山本さんに本を貸してもらいました。
스즈끼씨는 야마모또씨에게 책을 빌려 받았습니다.

▸ てあげる : ~해 주다. (누가 누구에게 무엇을 해주다)
▸ てもらう : ~해 받다. (누가 누구에게 무엇을 해 받다)

제3자와 제3자일 경우 あげる의 상응되는 말은 もらう이고, もらう의 상응되는 말은 くれる이다.

> ▸ A씨가 B씨에게 행위를 한 경우와, 상반되는 경우.

Aさんは、Bさんに花を買ってあげました。(A → B)
A씨는, B씨에게 꽃을 사주었습니다.

Bさんは、Aさんに/から花を買ってもらいました。
B씨는, A씨에게 꽃을 사 받았습니다.

1. かおりさんはコウさんに歌を教えてあげました。
   가오리씨는 고씨에게 노래를 가르쳐 주었습니다.

• コウさんはかおりさんに歌を教えてもらいました。
  고씨는 가오리씨에게 노래를 가르쳐 받았습니다.

2. かおりさんはコウさんの宿題を見てあげました。
   가오리씨는 고씨의 숙제를 봐주었습니다.

• コウさんはかおりさんに宿題を見てもらいました。
  고씨는 가오리씨에게 숙제를 봐 받았습니다.

3. かおりさんはコウさんを病院へ連れて行ってあげました。
   가오리씨는 고씨를 병원에 데리고 가 주었습니다.

• コウさんはかおりさんに病院へ連れて行ってもらいました。
  고씨는 가오리씨에게 병원에 데리고 가 받았습니다.

4. A: 李さんは山田さんに指輪を買ってあげました。

　　이씨는 야마다씨에게 반지를 사주었습니다.

　　B: 山田さんは李さんに指輪を買ってもらいました。

　　야마다씨는 이씨에게 반지를 사 받았습니다.

　　B: 山田さんが李さんに指輪を買ってくれました。

　　야마다씨가 이씨에게 반지를 사 주었습니다.

5. A: 私は山田さんに指輪を買ってもらいました。

　　나는 야마다씨에게 반지를 사 받았습니다.

　　B: 山田さんは私に指輪を買ってくれました。

　　야마다씨는 나에게 반지를 사주었습니다.

6. A: 私は山田さんに指輪を買ってあげました。

　　나는 야마다씨에게 반지를 사 주었습니다.

　　B: 私は山田さんに指輪を買ってもらいました。

　　나는 야마다씨에게 반지를 사 받았습니다.

▶ 다음과 같은 경우는 소유물을 가리키기 때문에 もらう・くれる만 사용할 수 있다. (やる、あげる、差し上げる。는 사용할 수 없음)

A : これは山田さんに買ってもらいました。　　이것은 야마다씨에게 사 받았습니다.

B : この指輪は山田さんに買ってもらいました。이 반지는 야마다씨에게 사 받았습니다.

A : これは山田さんが買ってくれました。　　이것은 야마다씨가 사 주었습니다.

B : この指輪は山田さんが買ってくれました。　이 반지는 야마다씨가 사 주었습니다.

4.

教えてくれませんか。	가르쳐 주지 않겠습니까.
教えてくださいませんか。	가르쳐 주시지 않겠습니까.
教えてもらえませんか。	가르쳐 주지 않겠습니까.
教えていただけませんか。	가르쳐 주시지 않겠습니까.

▶ てくれませんか : ~해 주지 않겠습니까. ~해 주시지 않겠습니까.

　용법 : 동사(て形) ＋ くれませんか。　くださいませんか。
　　　　　　　　　もらえませんか。いただけませんか。

　의미 : 내가 상대에게 무엇인가를 정중히 부탁할 때 사용한다.

　　　てくれませんか。　　~해 주지 않겠습니까.　(정중어)
　　　てくださいませんか。~해 주시지 않겠습니까.　(くれる의 존경어)
　　　てもらえませんか。　~해 주지 않겠습니까.　(정중어)
　　　ていただけませんか。~해 주시지 않겠습니까.　(もらう의 겸양어)

▶ 주의 : もらう・いただく는 기본형에서 え단으로 바꿔 사용한다.

1. すみませんが、ここにご住所とお名前を書いていただけませんか。
   미안합니다만, 여기에 주소와 성함을 써 주시지 않겠습니까.

2. 先生、作文を書いたんですが、見てくださいませんか。
   선생님, 작문을 썼습니다만, 봐주시지 않겠습니까.

3. すみませんが、これをあっちへ持って行ってもらえませんか。
   미안합니다만, 이것을 저쪽으로 가지고 가주지 않겠습니까.

4. すみませんが、後でもう一度電話してくれませんか。
   미안합니다만, 후에 다시 한 번 전화 해주지 않겠습니까.

5. A: 悪^{わる}いけど、その新聞^{しんぶん}、ちょっと見^みせてくれない?

    미안하지만, 그 신문, 잠깐 보여주지 않겠니?

    B: うん、いいよ。

    응, 좋아.

	문장은 다르지만 의미는 같다.
정중어	すみませんが、窓^{まど}を開^あけてくれませんか。 미안하지만, 창문을 열어 주지 않겠습니까.
존경어	すみませんが、窓を開けてくださいませんか。 미안하지만, 창문을 열어 주시지 않겠습니까.
일반어	すみませんが、窓を開けてもらえませんか。 미안하지만, 창문을 열어 주지 않겠습니까.
겸양어	すみませんが、窓^{まど}を開^あけて<u>いただけ</u>ませんか。 미안하지만, 창문을 열어 주시지 않겠습니까.
겸양어	すみませんが、窓を開けて<u>いただけ</u>ないでしょうか。 미안하지만, 창문을 열어 주실 수 없겠습니까.
겸양어	すみませんが、窓^{まど}を開^あけていただきたいんですが。 미안하지만, 창문 열어 주시는 것을 해 받고 싶습니다만.
일반어	すみませんが、窓を開けてもらいたいんですが。 미안하지만, 창문 여는 것을 해 받고 싶습니다만.
일반어	すみませんが、窓^{まど}を開^あけてほしいんですが。 미안하지만, 창문 여는 것을 원합니다만.

5.

手伝ってくださって、ありがとうございました。
도와주셔서, 감사합니다.

手伝っていただいて、すみませんでした。
도와주셔서, 감사합니다.

▶ てくださって : ～해 주셔서. (くれる의 존경어)
▶ ていただいて : ～해 주셔서. (もらう의 겸양어)

1. 役に立つ本を貸してくださって、どうもありがとうございました。
   도움이 되는 책을 빌려주셔서, 대단히 고맙습니다.

2. この間はわざわざ来てくださって、ありがとうございました。
   요전에는 일부러 와 주셔서, 고맙습니다.

3. わざわざうちまで送ってくださって、ありがとうございました。
   일부러 집까지 배웅해 주셔서, 고맙습니다.

4. わざわざうちまで送っていただいて、すみませんでした。
   일부러 집까지 배웅해 주셔서, 고맙습니다.

5. 先日は重い物を遠い所から持って来ていただいて、すみませんでした。
   지난번에는 무거운 물건을 먼 곳으로부터 가지고 와 주셔서, 고맙습니다.

6.

> 皆で歌ったり踊ったりしました。
> 모두같이 노래 부르기도 하고 춤추기도 했습니다.

> 田中さんは、部屋を出たり入ったりしています。
> 다나까씨는, 방을 나왔다 들어갔다 하고 있습니다.

▶ 동류(同類)의 동작이나, 상태를 병렬한다. 반대의 의미의 말을 열거하거나, 교대로 반복되어지는 것을
  나타낸다.
▶ ~たり ~たりします。   ~하기도 하고 ~하기도 합니다.
▶ ~たり ~たりしています。   ~하기도 하고 ~하고 있습니다.
▶ ~たり ~たりしました。   ~하기도 하고 ~하기도 했습니다.
  용법 : 동사 · い형용사 · な형용사 · 명사 + 과거형 + リ。
  의미 : 주어가 행하는 몇 개의 행동 중에서, 시간적인 순서의 관계에 상관없이, 두개나 세 개의 중요한
        행동을 예로 들어, 주어(주체) 가 그것을 포함하는 복수의 행동을 행하는 것을 열거하고자 할
        경우에, 이(~たり ~たり) 의 표현형식이 사용된다.
        그것은 마침 어느 곳에 여러 가지 물건이 있는(존재한다) 것을 열거하려고 할 때에, 거기에
        있는 물건 안에서 두 개나 세 개를 예로 들어 (AやBや Cなどが あります) 라고 하는 것과
        동류의 표현 형식이다.
        그렇기 때문에(料理をする) (洗濯をする) (掃除をする) 라고 하는 것처럼 (~する) 형의 동사
        에 대해서는,
        料理をしたり洗濯をしたり掃除をしたりします。로 바꾸고,
        料理や洗濯や掃除などをします。로 사용하는 것도 가능하다.

1. 休みの日はいつも本を読んだりテレビを見たりしています。
   쉬는 날은 언제나 책을 읽기도 하고 텔레비전을 보고 있습니다.

2. 図書館で大きい声で話したりタバコを吸ったりしてはいけません。
   도서관에서 큰 소리로 이야기하거나 담배를 피워서는 안됩니다.

• 동류(同類)의 동작이나, 상태를 병렬한다. 반대의 의미의 말을 열거하거나, 교대로 반복되어지는 것을 나타낸다.

3. 昨日は風邪で気分が悪かったので、寝たり起きたりしていました。
   어제는 감기로 기분이 나빴기 때문에, 자다가 깨다가 했습니다.

4. 私は毎日文法の勉強をしますが、漢字の勉強はしたりしなかったりします。
   나는 매일 문법공부를 합니다만, 한자 공부는 하기도 하고 하지 않기도 합니다.

5. 最近の気候はおかしくて、暑かったり寒かったりします。
   최근의 기후는 이상해서, 덥기도 하고 춥기도 합니다.

6. 学校は、静かだったり賑やかだったりします。
   학교는, 조용하기도 하고 시끄럽기도 합니다.

7. 朝ご飯は、パンだったりご飯だったりします。
   아침밥은, 빵이기도 하고 밥이기도 합니다.

8. 三月は暖かかったり、寒かったりです。
   3월은 따뜻하기도 하고, 춥기도 합니다.

9. 早かったり遅かったりで、帰りの時間が決まっていません。
   빠르기도 하고 늦기도 하고, 귀가시간이 결정되어 있지 않습니다.

• 사역형의 표현도 있다.

10. 日本語を聞かせたり、話させたりします。

   일본어를 듣게 하기도 하고, 이야기를 시키기도 합니다.

11. 絵を描かせたり、歌を歌わせたりします。

   그림을 그리게 하기도 하고, 노래를 부르게 하기도 합니다.

• 문제를 풀며 외워 봅시다.

   1. 편지를 쓰기도 하고 타이프를 치기도 했습니다.

     → 　　　　　　　　　　　　　　　　　　　　　　　　　　　。

   2. 오늘은 비가 내렸다 그쳤다 하고 있습니다.

     → 　　　　　　　　　　　　　　　　　　　　　　　　　　　。

   3. 집 앞을 많은 차가 왔다 갔다 하고 있습니다.

     → 　　　　　　　　　　　　　　　　　　　　　　　　　　　。

   4. あなたは、毎日、学校 (会社) で何をしますか。

     → 　　　　　　　　　　　　　　　　　　　　　　　　　　　。

   5. あなたは日曜日に何をしましたか。

     → 　　　　　　　　　　　　　　　　　　　　　　　　　　　。

答え。 답.

1. 手紙を書いたりタイプを打ったりしました。

2. 今日は雨が降ったり止んだりしています。

3. うちの前をたくさんの車が行ったり来たりしています。

7.

雨が降っ<u>たら</u>、行きません。	비가 온다면, 가지 않겠습니다.
安かっ<u>たら</u>、買います。	싸다면, 사겠습니다.
大変だっ<u>たら</u>、手伝います。	힘이 든다면, 돕겠습니다.
雨だっ<u>たら</u>、行きません。	비라면, 가지 않겠습니다.

▶ たら : ~한다면. ~이라면. (가정형)

　용법 : 동사 · い형용사 · な형용사 · 명사 + 과거형 + ら。 たらば로도 사용한다.

　의미 : 미래가정형을 취한다. (동작은 행하지 않았지만 동작을 했다는 가정 하에서 사용되는 가정문이다)
　　　　과거가정형을 취한다. (동작을 했다는 가정 하에서 사용되는 가정문이고 뒷문장은 반드시 과거
　　　　형이 온다)

1. 앞문장의 조건이 성립한 시점에서 굳이 뒷문장을 진술한다.
　앞문장의 조건(ば) 와 같고 뒷문장에서는 상대의 희망 · 의지 · 명령 · 추량 등이 나타난다.

> あしたの朝早く起きられたらジョギングをしよう。
>
> 내일 아침 일찍 일어날 수 있다면 조깅을 하자.
>
> 日曜日の午前中だったらばうちにいるかもしれません。
>
> 일요일 오전 중이라면 집에 있을지도 모릅니다.
>
> 荷物が重かったら持ってあげますよ。
>
> 짐이 무겁다면 들어주겠습니다.

2. 이유(理由)나 동기를 나타낸다. (과거가정형이며 문장 끝에는 과거형이 온다)

> 薬を飲んだら頭痛が治まりました。
>
> 약을 마셨더니 두통이 가라앉았습니다.
>
> 母の日に贈り物をしたら、母はとても喜んだ。
>
> 어머니날에 선물을 했더니, 어머니는 대단히 기뻐했다.
>
> お湯で洗ったらきれいになった。
>
> 더운물로 씻었더니 깨끗해졌다.

3. 마침 그때 또는, 그 후에 라고 하는 의미를 나타낸다.
   앞문장과 뒷문장에는 위의 2와 같은 인과관계(원인과 결과) 는 없다.

   父が帰って来たら相談しよう。

   아버지가 돌아오면 상담하자.

   散歩をしていたら、急に雨が降ってきた。

   산보하고 있었는데, 갑자기 비가 내렸다.

   十五分ほど待ったらバスが来ました。

   15분 정도 기다리고 있었는데 버스가 왔습니다.

4. 어떤 행동의 결과를 알고 있었던 것을 나타낸다. (발견)
   뒷문장은 말하는 상대의 의지하고는 관계없는 사실이 계속된다. (문장 끝에는 과거형이 온다)

   海へ泳ぎに行ったら、波が高くて遊泳禁止だった。

   바다에 수영하러 갔었지만, 파도가 높아서 수영 금지였다.

   友だちの家を訪ねたら、留守でした。

   친구 집을 방문했었지만, 외출하고 없었습니다.

   食べてみたら、思ったより美味しかったです。

   먹어 보았더니, 생각보다 맛있었습니다.

5. (たら)의 문장은 (そうしたら・そしたら) 로 바꿔 사용할 수 있다.
   したらどうですか。(~한다면 어떻겠습니까) 는 상대에게 어떤 행동을 권할 때 사용한다.

   食べて見たらどうですか。 먹어 본다면 어떻겠습니까.

   1. 授業が早く終わったら、銀行へ行くつもりです。

      수업이 일찍 끝난다면, 은행에 갈 생각입니다.

   2. 答えがわかったら、教えてください。

      답을 안다면, 가르쳐 주세요.

3. お母さんが病気になったら、子供たちは困ります。

   어머니가 병에 걸린다면, 아이들은 곤란합니다.

4. お金があったら、買います。

   돈이 있다면, 삽니다.

5. 自分で出来なかったら、先生に手伝っていただこうと思っています。

   스스로 할 수 없다면, 선생님에게 도움을 받으려고 생각하고 있습니다.

6. あした暑かったら、プールへ行きましょう。

   내일 덥다면, 풀장에 갑시다.

7. 一人で寂しかったら、電話してください。

   혼자서 쓸쓸하다면(적적하다면), 전화해 주세요.

8. 今度の土曜日、暇だったら、一緒に登山に行きませんか。

   이번 토요일, 한가하다면, 같이 등산하러 가지 않겠습니까.

9. 京王デパートが休みだったら、ロッテデパートへ行きましょう。

   게오백화점이 휴일이라면, 롯데백화점에 갑시다.

1.

キム: このテープは国から持って来たんですか。
　　　　이 테이프는 본국으로부터 가지고 왔습니까.

チン: いいえ、これは姉に送ってもらったんです。
　　　　아니오, 이것은 누나가 보내 주었습니다.

キム: そうですか。お姉さんはよくいろいろな物を送ってくれるんですか。
　　　　그렇습니까. 누님은 자주 여러 가지 물건을 보내 줍니까.

チン: はい、送ってくれます。それに手紙や電話で家族や私の友だちのこと
　　　　を教えてくれます。
　　　　예, 보내 줍니다. 게다가 편지나 전화로 가족이나 내 친구에 대해서도 가르쳐
　　　　줍니다.

キム: いいお姉さんですね。
　　　　좋은 누님이군요.

チン: はい。ですから、私も時々日本の物を姉に送ってあげるんです。
　　　　예. 그렇기 때문에, 나도 가끔 일본 물건을 누나에게 보내 줍니다.

2.

学生: 先生、日本の歌を教えてくださいませんか。
　　　　선생님, 일본노래를 가르쳐 주시지 않겠습니까.

先生: そうですね。どんな歌がいいですか。

그렇군요. 어떤 노래가 좋겠습니까.

学生: 何でもいいです。

뭐든지 좋습니다.

先生: じゃ、「バラが咲いた」という歌を歌いましょうか。

그러면, 「장미가 피었다」라고 하는 노래를 부를까요.

学生: あ、その歌はキャンプに行った時、木村先生が教えてくださいました。

저, 그 노래는 캠프에 갔을 때, 기무라 선생님이 가르쳐 주셨습니다.

先生: そうですか。じゃ、「赤とんぼ」はどうですか。

그렇습니까. 그러면, 「고추잠자리」는 어떻겠습니까.

学生: 「赤とんぼ」は、子供の時、祖父に教えてもらいました。

「고추잠자리」는, 어렸을 때, 할아버지가 가르쳐 주었습니다.

先生: おじいさんは日本の歌を知っていらっしゃるんですか。

할아버님은 일본노래를 알고 계십니까.

学生: はい、祖父は古い日本の歌を沢山知っていて、よく教えてくれました。

예, 할아버지는 옛날 일본노래를 많이 알고 있어서, 자주 가르쳐 주었습니다.

3.

アリ: ちょっとその作文を見せてもらえませんか。

잠깐 그 작문을 보여주지 않겠습니까.

キム: どうぞ。これは私のじゃなくて、コウさんのですけど。

자 어서. 이것은 내 것이 아니고, 고씨 것입니다만.

アリ: コウさんは、これを自分で書いたんでしょうか。

고씨는, 이것을 혼자서 썼습니까.

キム: 日本人の友達に直してもらったと言っていました。

일본인 친구가 고쳐 주었다고 말했습니다.

アリ: それで、よく出来ているんですね。

그래서, 잘 썼네요.

キム: 私の友達も、いつもお姉さんに宿題を手伝ってもらいますよ。

내 친구도, 언제나 누님에게 숙제를 도움 받습니다.

アリ: 私は絶対に誰にも手伝ってもらいません。

自分でやって、後で先生に聞きます。

나는 절대로 누구에게도 도움을 받지 않습니다.

혼자 해서, 나중에 선생님에게 묻습니다.

キム: 私もいつもそうしますよ。

나도 언제나 그렇게 합니다.

4. 電車の中で。(전철 안에서)

サイ: あのう、すみませんが、もう少し詰めていただけませんか。

저, 미안합니다만, 조금만 좁혀 주시지 않겠습니까.

人 : あ、すみません。

아, 미안합니다.

サイ: それに、窓も閉めていただけませんか。

게다가, 창문도 닫아 주시지 않겠습니까.

人 : はい。

예.

5.

さちこ　 : わざわざ送ってくださって、ありがとうございました。

일부러 보내 주셔서, 고맙습니다.

いちろう: いいえ、またいつでも送ってあげますよ。

아니오, 또 언제든지 보내 주겠습니다.

さちこ　：今日は素敵な所へ連れて行ってもらって、とても楽しかったです。

　　　　　오늘은 멋있는 곳에 데리고 가 주셔서, 대단히 즐거웠습니다.

いちろう：また一緒に行きましょう。

　　　　　또 같이 갑시다.

さちこ　：ええ。

　　　　　예.

いちろう：じゃ、お休みなさい。

　　　　　그러면, 안녕히 주무세요.(안녕히 계세요)

さちこ　：お休みなさい。

　　　　　안녕히 주무세요. (안녕히 계세요)

6.

さちこ　　　：ただいま。

　　　　　　　다녀왔습니다.

さちこの母：タクシーで帰ったの?

　　　　　　　택시로 왔니?

さちこ　　　：いいえ、一郎さんが車で送ってくれたの。

　　　　　　　아니오, 이찌로우씨가 차로 배웅해 주었어요.

さちこの母：そう。一郎さんは、もう帰ってしまったの。

　　　　　　　그래. 이찌로우씨는, 벌써 돌아갔니.

さちこ　　　：ええ、そうだけど…。何か?

　　　　　　　예, 그렇습니다만, 용건이라도 있어요.

さちこの母：一度会っておきたいから、ちょっと上がってもらおうと思って

　　　　　　　いたのよ。

　　　　　　　한 번 만나고 싶었기 때문에, 잠깐 들어왔으면 하고 생각하고 있었어.

さちこ　　　：まあ。

　　　　　　　아 그랬어요.

7.

一郎 : ただいま。

다녀왔습니다.

一郎の母: お帰りなさい。遅かったわね。

어서 와라. 늦었구나.

一郎 : うん。幸子さんをうちまで送ってあげたんだ。

예. 사찌꼬씨를 집까지 배웅해 주었어요.

一郎の母: 幸子さん? その人、あなたにセーターをプレゼントしてくれた人ね。

사찌꼬씨? 그 사람, 너에게 스웨터를 선물해 준 사람이지.

一郎 : うん。

예.

一郎の母: 一度うちへ来てもらいたいと思っているんだけど、どうかしら。

한 번 집에 왔으면 하고 생각하고 있었는데, 어떻겠니.

一郎 : うん。

예.

8.

山本: じゃ、これで失礼します。

그러면, 이제 실례하겠습니다.

ユン: 今日は本当にありがとうございました。

それにわざわざ持って来ていただいて、すみませんでした。

오늘은 정말로 고마웠습니다.
게다가 일부러 가지고 와 주셔서, 미안합니다.

山本: いいえ。うちでは置く所がなくて、困っていたんですよ。

こちらこそ、もらってくださって、ありがとうございました。

아니오. 집에는 놓아둘 곳이 없어서, 곤란했었습니다. 저야말로, 받아 주셔서,
고맙습니다.

9.

中島: ピクニックは楽しかったですか。

　　　피크닉은 즐거웠습니까.

田中: はい、山の上でお弁当を食べたりゲームをしたりして、とても楽しかっ

　　　たですよ。

　　　예, 산 위에서 도시락을 먹기도 하고 게임을 하기도 해서, 대단히 즐거웠습니다.

中島: それはよかったですね。

　　　그것은 잘됐군요.

田中: はい、でも、帰りに道に迷って大変だったんです。

　　　예, 그러나, 돌아오는 길에 길을 헤매서 대단히 힘들었습니다.

中島: 本当ですか。

　　　정말입니까.

田中: はい、それで行ったり来たりしているうちに、暗くなってきたんです。

　　　예, 그래서 왔다 갔다 하고 있는 동안에, 어두워졌습니다.

中島: それからどうしたんですか。

　　　그리고 나서 어떻게 했습니까.

田中: 近くに家の明かりが見えたので、行って道を教えてもらいました。

　　　가까운 곳에 집의 불빛이 보였기 때문에, 가서 길을 가르쳐 받았습니다.

中島: それはよかったんですね。

　　　그것은 정말 잘됐군요.

10.

山本: 今晩、暇だったら、飲みに行きませんか。

　　　오늘밤, 한가하다면, 한잔하러 가지 않겠습니까.

木村: 今日は、まだちょっと仕事が残っているんですよ。

　　　오늘은, 아직 좀 일이 남아 있습니다.

山本: 大変だったら、手伝いますよ。

　　　힘들다면, 도와주겠습니다.

木村: そうですか。

그렇습니까.

山本: はい。私が半分やりますから、早くやって、行きましょう。

예. 내가 반 할 테니까, 빨리 끝내고, 갑시다.

木村: どこへ行きますか。

어디에 갑니까.

山本: 東口の「つぼはち」はどうですか。

동쪽 문에 있는 「쯔보하치」는 어떻겠습니까. (つぼ : 항아리)

木村: あそこは金曜日は混みますよ。

거기는 금요일은 혼잡합니다.

山本: 行ってみて、一杯だったら、他の店を探しましょう。

가서, 사람이 많으면, 다른 가게를 찾아봅시다.

本文
<ruby>本<rt>ほん</rt></ruby><ruby>文<rt>ぶん</rt></ruby>

1.

コウ　：もしもし、<ruby>鈴木<rt>すずき</rt></ruby>さんのお<ruby>宅<rt>たく</rt></ruby>ですか。

　　　　여보세요, 스즈끼씨댁입니까.

かおり：あ、コウさんですか。私です。

　　　　아, 고씨입니까. 접니다.

コウ　：ああ、かおりさん。こんばんは。

　　　　아, 가오리씨. 안녕하세요.

かおり：どうしていますか、このごろ。

　　　　어떻게 지내세요. 요즘.

コウ　：私、<ruby>引<rt>ひ</rt></ruby>っ<ruby>越<rt>こ</rt></ruby>しをするつもりなんです。

　　　　それでちょっとかおりさんに<ruby>お願<rt>ねが</rt></ruby>いがあるんです。

　　　　나는, 이사를 할 생각입니다.

　　　　그래서 좀 가오리씨에게 부탁이 있습니다.

かおり：どんなことですか。

　　　　어떤 것입니까.

コウ　：あした<ruby>不動産屋<rt>ふどうさんや</rt></ruby>へ行こうと思うんですが、<ruby>一緒<rt>いっしょ</rt></ruby>に行ってもらえませ
　　　　んか。

　　　　내일 부동산 중개소에 가려고 생각합니다만, 같이 가주지 않겠습니까

かおり：<ruby>不動産屋<rt>ふどうさんや</rt></ruby>ですか。

　　　　부동산 중개소입니까.

コウ　：ええ。いろいろなことを<ruby>決<rt>き</rt></ruby>めたりサインをしたりする<ruby>時<rt>とき</rt></ruby>、ちょっと
　　　　<ruby>心配<rt>しんぱい</rt></ruby>なんです。

　　　　예. 여러 가지 일을 결정하기도 하고 사인을 할 때, 조금은 걱정이 됩니다.

かおり: いいですけど、私もそういうことはよくわからないので…。

あの、ちょっと待ってくれませんか。

그것은 이해가 됩니다만(좋습니다만), 나도 그러한 것은 잘 모르기 때문에.
저기, 잠깐만 기다려 주지 않겠습니까.

コウ ： はい。

예.

かおり: もしもし。

여보세요.

コウ ： はい。

예.

かおり: 今、ちょっと父に話してみたんです。

지금, 잠깐 아버지에게 이야기해 보았습니다.

コウ ： ええ。

예.

かおり: 父が一緒に行ってあげると言っていますけど、どうですか。

아버지가 같이 가 준다고 말했습니다만, 어떻겠습니까.

コウ ： まあ、かおりさんのお父さんが一緒に行ってくださったら、本当に
安心です。

예, 가오리씨 아버님이 같이 가 주신다면, 정말로 안심이 됩니다.

かおり: 父はあしたの午後だったら、暇だそうです。

아버지는 내일 오후라면, 한가하다고 합니다.

コウ ： ぜひお願いしたいです。

꼭 부탁드립니다.

2.

コウ　　　：この前は一緒に行ってくれて、ありがとうございました。

　　　　　　요전(지난번)에 같이 가주어서, 고맙습니다.

かおり　　：いいえ。もう引っ越しの用意を始めましたか。

　　　　　　아니오. 이미(벌써) 이사준비를 시작했습니까.

コウ　　　：ええ。要らないものを捨てたり本を箱へ入れたりしています。

　　　　　　예. 필요 없는 것을 버리기도 하고 책을 상자에 넣고 있습니다.

かおり　　：進んでいますか。

　　　　　　잘 진행되고 있습니까.

コウ　　　：いいえ。同じものを出したり入れたりして、なかなか終わらなん

　　　　　　です。

　　　　　　아니오. 같은 것을 꺼냈다 넣었다 해서, 좀처럼 끝나지 않습니다.

かおり　　：大変だったら、手伝いますよ。

　　　　　　힘들다면, 돕겠습니다.

コウ　　　：ええ。またお願いします。

　　　　　　あのう、お父さんにもうひとつ教えていただきたいことがある
　　　　　　んですけど。

　　　　　　예. 또 부탁합니다.

　　　　　　저, 아버님에게 다시(또) 하나 가르쳐 주셨으면 하는 것이 있습니다만.

かおり　　：はい、じゃ、ちょっと待ってください。

　　　　　　예, 그러면, 잠깐만 기다려 주세요.

かおりの父: もしもし。こんばんは。

　　　　　　여보세요. 안녕하세요.

コウ　　　：あ、こんばんは。先月は一緒に行ってくださって、どうもありが
　　　　　　とうございました。

　　　　　　아, 안녕하세요. 지난달에는 같이 가 주셔서, 대단히 고맙습니다.

かおりの父: いいえ、どういたしまして。

　　　　　　아니오, 천만에요.

コウ　　　: それにタクシー代まで払っていただいて、すみませんでした。

　　　　　　게다가 택시비까지 내주셔서, 고맙습니다.

かおりの父: いいえ。いい所が見つかってよかったですね。

　　　　　　아니오. 좋은 곳을 찾아서 참 잘되었습니다.

コウ　　　: はい。おかげさまで、助かりました。

　　　　　　あのう、実は、もうひとつ教えていただきたいことがあるんですが。

　　　　　　예. 덕분에, 도움이 되었습니다.

　　　　　　저, 사실은, 다시(또) 하나 가르쳐 주셨으면 하는 것이 있습니다만.

かおりの父: はいはい、何でも聞いてください。

　　　　　　예, 뭐든지 물어 봐주세요.

コウ　　　: いい運送屋さんを知っていらっしゃったら、教えていただきたいんです。

　　　　　　좋은 이삿짐센터를 알고 계시면, 가르쳐 주셨으면 합니다.

かおりの父: ああ、私の友人の中に一人運送屋がいるから、連絡してみましょう。

　　　　　　安くしてくれると思いますよ。

　　　　　　예, 내 친한 친구 중에 한 명 이삿짐센터 하는 사람이 있기 때문에, 연락해 봅시다. 싸게 해 줄 거라고 생각합니다.

コウ　　　: そうですか。いつもどうもすみません。

　　　　　　그렇습니까. 언제나 고맙습니다.

第二十二課

だいにじゅうにか

来るかどうか分かりません。

くわ

올지 안 올지 모릅니다.

語句 (어구. 말)

단 어	한자 읽는 법	의 미
いつまでも　　・		언제까지나.
ぎょうざ		중국식 만두.
しかし		그러나. (역접)
赤	あか	빨간. 빨강.
彼女	かのじょ	그녀. 여자친구.
観光客	かんこうきゃく	관광객.
木	き	나무.
川	かわ	강.
黄色	きいろ	황색.
急行	きゅうこう	급행. (급행열차)
牛肉	ぎゅうにく	쇠고기.
行事　　・	ぎょうじ	행사.
計画　　・	けいかく	계획.
郊外	こうがい	교외.
交通	こうつう	교통.
国際電話	こくさいでんわ	국제전화.
国内	こくない	국내.
国費	こくひ	국비. (국비유학생)
自費	じひ	자비. (자비유학생)
留学生	りゅうがくせい	유학생.
日程　　・	にってい	일정.
自然	しぜん	자연.
(お)正月　　・	(お)しょうがつ	정월. (한국의 설날에 해당함)
(お)盆	(お)ぼん	오봉. (한국의 추석에 해당함)

食欲		しょくよく	식욕.
自信		じしん	자기 자신.
鋤焼き		すきやき	일본 전골요리.
生活		せいかつ	생활.
洗濯物		せんたくもの	빨랫감.
台風		たいふう	태풍.
追試		ついし	추가시험.
(お)寺		(お)てら	절.
電気製品		でんきせいひん	전기제품.
人気	•	にんき	인기.
人参	•	にんじん	빨간 무. 인삼. 당근.
母親	•	ははおや	어머니.
迷惑	•	めいわく	귀찮다. 성가심. 폐
番組	•	ばんぐみ	프로그램.
日陰	•	ひかげ	응달. 음지.
服装		ふくそう	복장.
普通		ふつう	보통.
別に		べつに	별로. 특별히.
先方	•	せんぽう	상대편. 앞쪽. 건너편.
満員		まんいん	만원. (만원 지하철)
文句	•	もんく	불평. (남으로 인해)
不満		ふまん	불만. (스스로)
旅行センター		りょこうセンター	여행센터.
本物	•	ほんもの	진짜물건.
オリジナル		original	진짜물건.
偽物	•	にせもの	가짜물건. 모조품.
イミーテション		imitation	가짜물건. 모조품.
原宿		はらじゅく	하라쥬꾸. (지명)
埼玉		さいたま	사이따마. (지명)
四国		しこく	시꼬꾸. (지명)
千葉		ちば	찌바. (지명)
ダイヤモンド		diamond	다이아몬드.
ピンポン		ping pong	탁구.

プラスチック	plastic	플라스틱.
ノック	knock	노크.
ロック	rock	바위. 암벽.
ロック	lock	잠그다.
ジャズ	jazz	재즈음악.
サラリーマン	salary man	샐러리맨.
キムチ		김치.
オーストラリア	Australia	오스트레일리아. 호주.

• 動詞 (동사)

기본형 · 사전형	한자 읽는 법	동사 구분	의 미
驚く	おどろく	動Ⅰ	놀라다.
履く	はく	動Ⅰ	신다. 입다.(하의, 속옷)
騒ぐ	さわぐ	動Ⅰ	떠들다. 허둥대다.
寄る	よる	動Ⅰ	들르다. (집 · 학교에)
頑張る	がんばる	動Ⅰ	힘내다. 노력하다.
壊れる	こわれる	動Ⅱ	깨지다. 파괴되다.
通じる	つうじる	動Ⅱ	통하다. (마음이)
出席する	しゅっせきする	動Ⅲ	출석하다.
旅行する	りょこうする	動Ⅲ	여행하다.

• い形容詞 (い형용사)

단 어	한자 읽는 법	의 미
危ない	あぶない	위험하다.
素晴らしい	すばらしい	훌륭하다. 멋있다.
弱い	よわい	약하다.
蒼い	あおい	얼굴색이 창백하다.
辛い	からい	맵다. 짜다.
甘い	あまい	달다. 싱겁다. 깔보다. 얕보다.
甘い 旨い	うまい	잘한다(上手). 맛있다(おいしい). 일이 순조롭게 되다. (↔ まずい)

• フレーズ (문구, 관용구, phrase)

단 어	한자 읽는 법	의 미
いや		싫어. 싫다.
体が弱い	からだがよわい	몸이 약하다.
~に出席する	~にしゅっせきする	~에 출석하다.
~に人気がある	~ににんきがある	~에 인기가 있다.
休みを取る　　　•	やすみをとる	휴가를 얻다.
横になる　　　　•	よこになる	기대다. 옆으로 눕다.
寄ってみる　　　•	よってみる	들르다. (가게 · 집)
迷惑を掛ける　　•	めいわくをかける	폐를 끼치다.

1.

毎晩、寝られなくて、困っています。
매일 밤, 잠을 잘 수가 없어서, 곤란합니다.

これは本じゃなくて、雑誌です。
이것은 책이 아니고, 잡지입니다.

▶ なくて：〜하지 않아서. ないで：〜하지 않아서.
용법 : 동사・い형용사・な형용사・명사. (부정형에서 い를 빼고) + くて.
의미 : 이유나 원인을 나타내고, 부정형의 문장 연결에 사용된다.

> 毎晩、寝られません。だから、困っています。
> 매일 밤, 잠을 잘 수가 없습니다. 그렇기 때문에, 곤란합니다.
> → 毎晩、寝られなくて、困っています。
> 매일 밤, 잠을 잘 수가 없어서, 곤란합니다.

▶ なくて와 ないで.
부정형의 て形으로서는, 형용사의 なくて와 조동사의 ないで가 있지만, 형용사 문과 명사 문에 대해서는 なくて만 사용하고 동사 문에 대해서는 なくて와 ないで를 사용할 수 있다.
(• 표는 존재하지 않음과 동시에 사용할 수 없음)

い형용사	くなくて	• くないで
な형용사	ではなくて	• ではないで
명사	ではなくて	• ではないで
동사	なくて	ないで

▶ 형용사(い형용사 · な형용사 · 명사)일 경우.

三浦大根はあまり辛くなくて、味がいいです。

미우라 무는 그다지 맵지 않아서, 맛이 좋습니다.

去年の夏は、あまり暑くなくて、凌ぎやすかったです。

작년 여름은, 그다지 덥지 않아서, 견디기 쉬웠습니다.

その作家は日本ではあまり有名ではなくて、人気もなかったです。

그 작가는 일본에서는 그다지 유명하지 않아서, 인기도 없었습니다.

必要なのは才能ではなくて、熱意と努力である。

필요한 것은 재능이 아니고, 열의와 노력이다.

▶ 動詞일 경우.

辞書を使わないで書いてみてください。

사전을 사용하지 않고 써 봐주세요.

明日は試験なので、今晩は寝ないで勉強するつもりです。

내일은 시험이기 때문에, 오늘밤은 잠자지 않고 공부할 생각입니다.

▶ 동작 · 작용이 계속해서 일어날 때나, 동사가 부정형이 될 때는 ないで만 사용한다.

魚は焼かないで食べます。　　생선은 굽지 않고 먹습니다.

一晩中寝ないで本を読みます。　밤새도록 자지 않고 책을 읽습니다.

歩かないで車に乗りました。　　걷지 않고 차를 탔습니다.

▶ 어떤 상태 및 원인 · 이유를 나타낼 때는 なくて · ないで를 모두 사용할 수 있다.

海へ行ったのに、泳げなくて (泳げないで) 残念だった。

바다에 갔는데도, 수영을 할 수 없어서 안타까웠다.

言うことを聞かなくて (聞かないで) 困る。

말하는 것을 듣지 않아서 곤란하다.

雨が降らなくて (降らないで) 助かる。

비가 내리지 않아서 도움이 되다.

▶ 동사 て形의 부분과 뒷부분의 주어가 같고, 게다가 두개의 동사가 같이 의지 동사이고, 주어에 의해서 직접 컨트롤되어져 있다고 의식될 때는, (なくて)는 사용하지 않고, (ないで)만 가능하다. 특히 이 조건은, (〜ないで〜ください) 라고 하는 명령문이나(〜ないで〜ましょう) 라고 하는 권유문등에 적용된다.

朝は何も食べないで、九時までに病院の受付に来てください。

아침은 아무것도 먹지 말고, 9시까지는 병원 접수하는 곳으로 와 주세요.

教科書を見ないで答えてください。

교과서를 보지 말고 대답해 주세요.

あの人はきっと来ますよ。心配しないで待っていましょう。

저 사람은 틀림없이 (꼭) 옵니다. 걱정하지 말고 기다립시다.

授業の後、すぐ帰ってしまわないで、ちょっと相談しましょう。

수업 후, 곧바로 돌아가지 말고, 잠깐 상담합시다.

健康のため、エレベーターやエスカレーターに乗らないで、階段を使おう。

건강을 위해서는, 엘리베이터나 에스컬레이터를 타지 말고, 계단을 이용하자.

1. 旅行に行けなくて、残念です。
   여행에 갈 수 없어서, 안타깝습니다.

2. 日本に着いた時、日本語が全然わからなくて、困りました。
   일본에 도착했을 때, 일본어를 전혀 몰라서, 곤란했습니다.

3. 日本語がなかなか上手にならなくて、心配です。
   일본어가 좀처럼 능숙하게 되지 않아서, 걱정입니다.

4. あの人のことが忘れなくて、困ります。
   그 사람 일이 잊혀지지 않아서, 곤란합니다.

5. あまり大きくなくて、持ちやすいです。
   그다지 크지 않아서, 들기 쉽습니다.

6. 再試じゃなくて、よかったですね。

   재시험이 아니어서, 잘되었습니다.

あの人は学生じゃありません。あの人は先生です。

저 사람은 학생이 아닙니다. 저 사람은 선생님입니다.

→ あの人は学生じゃ<u>なくて</u>、先生です。

저 사람은 학생이 아니고, 선생님입니다.

7. 急行じゃなくて普通に乗ってください。
   급행이 아니고 보통(완행)을 타 주세요.

8. 私の住んでいる所は、新宿じゃなくて原宿です。
   내가 살고 있는 곳은, 신쥬꾸가 아니고 하라쥬꾸입니다.

9. この消しゴムはあなたのじゃなくて、私のです。
   이 지우개는 당신 것이 아니고, 내 것입니다.

10. A: このダイヤモンドは本物ですか。
    이 다이아몬드는 진짜입니까.
    B: いいえ、本物じゃなくて、偽物です。
    아니오, 진짜가 아니고, 가짜입니다.

11. この時計は買ったんじゃなくて、もらったんです。
    이 시계는 산 것이 아니고, 받은 것입니다.

12. 壊したんじゃなくて、壊れたんです。
    망가트린 것이 아니고, 망가진 것입니다.

2.

いつ来るかわかりません。　　　언제 올지 모릅니다.

▶ いつ ～か : 언제 ～일지.

　용법 : 동사 · い형용사 · な형용사 · 명사 (기본체) ＋ か。

　의미 : 불확실하거나 단정할 수 없을 때 사용한다.

・예외	基本体 (肯定・現在)	かの形
な형용사	好きだ	好き＋か
명사	本だ	本　＋か

1. あの人が今どこにいるかわかりません。
   저 사람이 지금 어디에 있는지 모릅니다.

2. いつテストをするか早く決めてください。
   언제 테스트를 할지 빨리 결정해 주세요.

3. 誰にもらったか忘れてしまいました。
   누구에게 받았는지 잊어버리고 말았습니다.

4. どれが一番高いかわかりません。
   어느 것이 제일 비싼지 모릅니다.

5. あの人がどんな食べ物が好きか聞いておいてください。
   저 사람이 어떤 음식을 좋아하는지 물어 봐주세요.

6. A: これは誰の本ですか。
   　 이것은 누구 책입니까.
   　B: 誰の本かわかりません。
   　 누구 책인지 모릅니다.

3.

来るか来ないか分かりません。	올지 못 올지 모릅니다.
来るかどうか分かりません。	올지 못 올지 모릅니다.

▸ か ～ないか : ～일지 ～아닐지. ～할지 ～안할지.
　か ～どうか : ～일지 ～아닐지. ～할지 ～안할지.
용법 : 동사 · い형용사 · な형용사 · 명사 (기본체) + かどうか。
의미 : 불확실하거나 단정할 수 없을 때 사용한다.

・例外 (예외)	基本体 (肯定 · 現在)	かの形
な형용사	好きだ	好き+か
명사	本だ	本　+か

1. あの人が行くか行かないか分かりません。
   저 사람이 갈지 안 갈지 모르겠습니다.

2. 大きいか小さいかわからなかったので、履いてみました。
   큰지 작은지 몰랐기 때문에, 신어 보았습니다.

3. 静かか静かじゃないか分かりませんが、家賃はとても安いです。
   조용한지 조용하지 않은지 모릅니다만, 집세는 매우 쌉니다.

4. 千葉か埼玉か忘れましたが、あの人は郊外に住んでいます。
   찌바인지 사이따마인지 잊어버렸습니다만, 저 사람은 교외에 살고 있습니다.

5. 休みが取れるかどう分わかりません。
   휴가를 얻을 수 있을지 못 얻을지 모릅니다.

4.

私は国費留学生として日本へ来ました。
나는 국비 유학생으로서 일본에 왔습니다.

▶ として : ～으로서.
　용법 : 명사 + として。
　의미 : 자격(資格)・입장(立場)・역할(役割)을 나타낸다.

• 역할이나 자격을 나타낸다.
　명사를 수식할 때는, (としての ～로서의) 형으로 사용한다.

校長として着任する。
교장으로서 부임하다.

親として許せない。
부모로서 용서할 수 없다.

徳川家康は将軍として日本を支配した。
도꾸가와 이에야스는 장군으로서 일본을 지배했다.

• 입장을 나타낸다. (としては ～로서의)의 형으로 사용한다.
　특히 정중하게 말할 때는, (としましては)로 사용한다.

私としてはこちらの案の方がいいと思います。
저로서는 이쪽의 안이 좋다고 생각합니다.

• 가정의 의미를 나타낸다. (にして ～에 비해)의 비교.
　(として)는 (とすると)와 같은 의미를 나타낸다.

一本二十円として、一ダースで四百円だ。
하나에 이십엔 하면, 한 타스에 사백엔이다.

1. 中村さんは日本語の先生としてオーストラリアへ行きました。

   나까무라씨는 일본어 선생님으로서 오스트레일리아에 갔었습니다.

2. 三年前には観光客として日本へ来ましたが、今度は留学生として来ました。

   삼 년 전에는 관광객으로서 일본에 왔었습니다만, 이번에는 유학생으로서 왔습니다.

3. あの人は友達としては好きですが、結婚したいとは思いません。

   저 사람은 친구로서는 좋아합니다만, 결혼하고 싶다고는 생각하지 않습니다.

4. 彼は医者としては立派ですが、夫としては駄目です。

   그는 의사로서는 훌륭합니다만, 남편으로서는 좋지 않습니다.

5. 彼女は会社の社長としても母親としても素晴らしい人です。

   그녀는 회사의 사장으로서도 어머니로서도 훌륭한 사람입니다.

6. ロッテはデパートとして有名です。

   롯데는 백화점으로서 유명합니다.

7. ハワイは観光地として人気があります。

   하와이는 관광지로서 인기가 있습니다.

8. サムソンはコンピューターとして有名です。

   삼성(三星)은 컴퓨터로서 유명합니다.

5.

漢字(かんじ)はアメリカ人(じん)にとって難(むずか)しいです。　　한자는 미국인으로서는 어렵습니다.

▶ にとって : ~있어서. ~로서는. ~의 입장으로서는. (には)

　용법 : 명사 + にとって.

　의미 : 기분(気持ち)이나 마음(心)적으로 생각해주는 상대의 입장이나 자기의 입장을 나타낼 때 사용된다.

• 주체에 대한 영향이나 그 평가를 나타낸다.

　私にとっては迷惑(めいわく)だ。

　나한테는 (나에게 있어서는) 폐다.

• 주어로서 篤(たか)い(높다)・役(やく)に立(た)つ(유용한 역할을 하다. 도움이 되다) 등 평가를 나타내는 형용표현이
접속된다.

　この車(くるま)は私にとっては高(たか)いです。

　이 차는 나에게 있어서는 비쌉니다.

　私にとって日本語(にほんご)ワークショップは日本語を勉強(べんきょう)するのに役(やく)に立(た)ちます。

　나에게 있어 일본어 workshop은 일본어를 공부하는데 도움이 됩니다.

1.　日本人にとって正月(しょうがつ)は大切(たいせつ)な行事(ぎょうじ)です。

　　일본인에 있어서 설날은 중요한 행사입니다.

2.　体(からだ)が弱(よわ)い人にとってこの仕事(しごと)は大変(たいへん)です。

　　몸이 약한 사람으로서 이 일은 힘듭니다.

3.　母親(ははおや)にとって子どもはいつまでも子供(こども)です。

　　어머니에게 있어서 자식은 언제까지나 아이입니다.

4. このアパートの家賃はあなたにとっては安いかもしれませんが、普通の
   サラリーマンにとっては高いです。
   이 아파트의 집세는 당신에게 있어서는 쌀지도 모릅니다만, 보통의 샐러리맨으로
   서는 비쌉니다.

5. A: 私にとってはこの本は難しいです。
      나에게 있어서 이 책은 어렵습니다.
      私にはこの本は難しいです。
      나에게 이 책은 어렵습니다.
   B: 私にとっても難しいです。
      저한테도 어렵습니다.
      私にも難しいです。
      저도 어렵습니다.

6.

家へ帰ったら、友だちが来ていました。　　집에 돌아왔더니, 친구가 와 있었습니다.

▶ たら : ~했더니. (と와 같이 사용할 수 있다)
용법 : 동사(과거형) + ら。
의미 : 이유나 동기를 나타내는 과거 가정형이다.

• 이유나 동기를 나타낸다. (과거 가정형이며 문장 끝에는 과거형이 온다)

薬を飲んだら頭通が治まりました。

약을 마셨더니 두통이 가라앉았습니다.

母の日に贈り物をしたら、母はとても喜んだ。

어머니날에 선물을 했더니, 어머니는 대단히 기뻐했다.

お湯で洗ったらきれいになった。

더운물로 씻었더니 깨끗해졌다.

• 이유나 동기를 나타낸다. (문장 끝에는 과거형이 온다)
용법 : 동사(기본형) + と。(たら와 같이 사용할 수 있다)

窓を開けると寒い風が入った。

창을 열었더니 차가운 바람이 들어왔다.

その話を聞くと悲しくなった。

그 이야기를 들었더니 슬퍼졌다.

先生に注意されると、学生はおしゃべりをやめた。

선생님에게 주의를 받자, 학생은 잡담을 그만두었다.

一杯飲むと、元気になった。

한잔 마셨더니, 힘이 났다.

1. 日曜日にデパートへ行ったら、原先生に会いました。

   일요일에 백화점에 갔더니, 하라 선생님을 만났습니다.

2. 箱を開けたら、指輪が入っていました。

   상자를 열었더니, 반지가 들어 있었습니다.

3. 新聞を読んでいたら、友だちの名前が出ていました。

   신문을 읽고 있었더니, 친구의 이름이 나와 있었습니다.

4. 窓を開けたら、雪が降っていて驚きました。

   창문을 열었더니, 눈이 내리고 있어서 놀랐습니다.

5. お刺身を食べたら、お腹が痛くなりました。

   생선회를 먹었더니, 배가 아파 왔습니다.

7.

薬を飲むといいです。　　약을 마시면 좋습니다.

▶ といいです : ~하면 좋습니다.
　용법 : 동사(현재형) + と。
　의미 : 앞문장의 조건을 충족시킬 때는, 언제나 자동적으로 바로 조건이 성립한다. (항상 조건).
　　　　자연현상·진리·습관 등을 나타낸다. 가정조건의 의미도 포함하고 있다.

1.　A: どうしたんですか。
　　　　왜 그러십니까.
　　　B: お中が痛いんです。
　　　　배가 아픕니다.
　　　A: じゃ、この薬を飲むといいですよ。
　　　　그러면, 이 약을 마시면 좋습니다.

2.　熱がある時は、頭を冷やすといいです。
　　　열이 있을 때는, 머리를 식히면 좋습니다.

3.　田中さん達はみんなでスキーに行くそうです。
　　　あなたも一緒に行くといいですよ。
　　　다나까씨들은 모두같이 스키 타러 간다고 합니다.
　　　당신도 같이 가면 좋겠습니다.

•　薬を飲んだらいいですよ。
　　약을 마신다면 좋습니다.

•　薬を飲めばいいですよ。
　　약을 마시면 좋습니다.

8.

別に用はないんですが、ちょっと寄ってみました。
특별히 볼일은 없습니다만, 잠깐 들러 봤습니다.

▶ べつに : ～별로. ～특별히.
의미 : 특별히 이것이라고 정해진 것이 없을 때 사용한다.
부정의 말을 동반하여. ～별로. ～특별히 할 일이 없습니다.

1. 別に病気じゃないんですが、あまり気分がよくありません。
   특별히 병은 아닙니다만, 그다지 기분이 좋지 않습니다.

2. あの人は別に悪い人じゃないんですが、あまり好きになれません。
   저 사람은 특히 나쁜 사람은 아닙니다만, 그다지 좋아지지 않습니다.

3. さちこさんは別にきれいじゃないんですが、男の人に人気があります。
   사찌꼬씨는 특별히 예쁘지는 않습니다만, 남자에게 인기가 있습니다.

4. 別にどこも悪くないんですが、食欲がありません。
   특별히 어디도 나쁘지 않습니다만, 식욕이 없습니다.

5. A: あした何か予定がありますか。
   내일 무엇인가 예정이 있습니까.
   B: いいえ、別に。
   아니오, 별로 (없습니다).

6. A: 田中さんは本当に歌が下手なんですか。
   다나까씨는 정말로 노래를 못합니까.
   B: 別に下手じゃないんですが、自信がないんだと思いますよ。
   특별히 못하지는 않습니다만, 자신이 없다고 생각합니다.

9.

靴下（くつした）とかネクタイとかを買（か）いました。　　양말이라든지 넥타이 같은 것을 샀습니다.

▶ とか : ～라든지. ～든지. (だの)
　용법 : 동사 · い형용사 · な형용사 · 명사. (기본형) + とか。(だの).
　　　　 단 명사는(단어) + とか。(だの)

• A라든지 B라든지의 형으로 몇 개인가의 사물을 예로서 늘어놓는다.

休日（きゅうじつ）には映画（えいが）を見（み）るとか音楽（おんがく）を聞（き）くとかたいていのんびりしている。

휴일에는 영화를 본다든지 음악을 듣는다든지 대개는 한가롭게 지낸다.

• 명사를 열거할 경우는 A나 B로 바꾸어 말할 수 있다.

• 긍정과 부정, 또는 대립적인 2개를 열거하는 형으로 그것이 未定（みてい）(미정)에 있는 것을 나타낸다.

来（く）るとか来（こ）ないとか、迷（まよ）っているようです。

오려고 그러는지 안 오려고 그러는지, 망설이고 있는 것 같습니다.

生（い）きるとか死（し）ぬとか騒（さわ）いでいる。

살려고 그러는지 죽으려고 그러는지(죽네 사네) 떠들고 있다.

人々（ひとびと）は、近（ちか）いうちに大地震（だいじしん）があるとかないとか言（い）って騒（さわ）いでいる。

사람들은 조만간에 큰 지진이 있을까 없을까를 말하면서 소란스럽게 떠들고 있다.

• 불확실함을 나타낸다. (言（い）う · 聞（き）く 의 밑에 동반하여 불확실한 내용, 또는 완곡한 말투를 표현한다)

山本（やまもと）とか言（い）う人（ひと）。　　　야마모또라고 하는 사람.

先方（せんぽう）から来（く）るとか言（い）う話（はなし）です。　상대편으로부터 올 것이라고 하는 이야기입니다.

• 수량을 나타내는 말에 접속한다.

日程（にってい）二週間（にしゅうかん）とかで旅行（りょこう）する。　　일정 2주일 정도로 여행하다.

• だの : ～라든지. ～이랑. ～하느니. ～하며. とか의 속된말로 비난하는 의미가 들어 있을 때가 많다.

彼（かれ）は部屋代（へやだい）が高（たか）いだの食事（しょくじ）が不味（まず）いだのといつも文句（もんく）を言（い）っている。

그는 방세가 비싸니 식사가 맛이 없다느니 언제나 불평을 말하고 있다.

1. 日本の歌とかゲームとかを教えてください。

   일본의 노래나 게임 같은 것을 가르쳐 주세요.

• 日本の歌やゲームなどを教えてください。

   일본 노래나 게임 등을 가르쳐 주세요.

2. 私は赤とか黄色いとか、明るい色が好きです。

   나는 빨강이나 노란색 같은, 밝은 색을 좋아합니다.

3. さちこさんはケーキとかアイスクリームとか、甘い物が大好きです。

   사찌꼬씨는 케이크나 아이스크림 같은, 단것을 매우 좋아합니다.

4. 私は奈良とか京都とか、古い町に興味があります。

   나는 나라나 교또 같은, 옛날 도시에 흥미가 있습니다.

5. あの人は、今度の仕事は難しいとか、大変だとか言っていました。

   저 사람은, 이번 일은 어렵다든지, 힘들다든지 말하고 있습니다.

6. あの学生は頭が痛いとか、熱があるとか言って、よく学校を休みます。

   저 학생은 머리가 아프다든지, 열이 있다든지 말하면서, 자주 학교를 결석합니다.

会話(かいわ)

1.

チン： 東京(とうきょう)の夏(なつ)は暑(あつ)いですね。毎晩(まいばん)、寝(ね)られなくて、困(こま)ります。

도꾜 여름은 덥습니다. 매일 밤, 잠을 못자서, 곤란합니다.

コウ： そうですね。でも、窓(まど)を開(あ)けたまま寝(ね)ればいいですよ。

私(わたし)はいつもそうしています。

그렇군요. 그러나, 창문을 열어 논 상태로 잠자면 좋습니다.

나는 언제나 그렇게 하고 있습니다.

チン： コウさんは五階(ごかい)に住(す)んでいるから、いいですよ。

私(わたし)五階(ごかい)じゃなくて、二階(にかい)に住(す)んでいるんです。

だから、窓(まど)を開(あ)けたまま寝(ね)るのは危(あぶ)ないんです。

고씨는 5층에 살고 있기 때문에, 괜찮습니다.

나는 5층이 아니고, 2층에 살고 있습니다.

그렇기 때문에, 창문을 열어 논 상태로 잠자는 것은 위험합니다.

2.

コウ： テストは何点(なんてん)でしたか。

테스트는 몇 점이었습니까.

リン： 六十九点(ろくじゅうきゅうてん)でした。また再試(さいし)です。

一点(いってん)足(た)りなくて、残念(ざんねん)です。コウさんは。

69점이었습니다. 또 재시험입니다.

1점 부족해서, 안타깝습니다. 고씨는.

コウ: 私はテストの日に休んでしまったんです。

나는 시험 보는 날 결석했습니다.

リン: じゃ、再試じゃなくて追試を受けなくてはなりませんね。

그러면, 재시험이 아니고 추가시험을 보지 않으면 안 되겠네요.

3.

田中: 夏休みにどこかへ行きますか。

여름 방학에 어딘가에 갑니까.

林 : ええ。まだどこへ行くか決めていませんが、行くつもりです。

田中さんは?

예. 아직 어디에 갈지 결정하지 못했습니다만, 갈 생각입니다.

다나까씨는?

田中: 私は忙しくて、休みが取れるかどうかわからないんです。

나는 바빠서, 휴가를 얻을지 못 얻을지 모르겠습니다.

4.

よしえ: 山本さんが来るのはあしたでしょう?

야마모또씨가 오는 것은 내일이지?

けんじ: うん、そうだよ。

응(어), 맞아.

よしえ: 山本さんは牛肉が好きかしら。

야마모또씨는 소고기를 좋아하니.

けんじ: さあ、好きかどうかわからないよ。

글쎄, 좋아하는지 안 좋아하는지 몰라.

よしえ: 困ったな。山本さんに何が好きか聞いておいて。

곤란하네. 야마모또씨에게 무엇을 좋아하는지 물어 보아라.

5.

山本: ユンさん、よく勉強しますね。

　　　윤씨, 열심히 공부하는군요.

ユン: はい。私は国費留学生として日本へ来たから、頑張らなくてはならない
んです。

　　　예. 나는 국비유학생으로서 일본에 왔기 때문에, 열심히 하지 않으면 안 됩니다.

山本: そうですか。日本語の勉強はどうですか。

　　　그렇습니까. 일본어 공부는 어떻습니까.

ユン: 私にとって文法は易しいんですが、漢字はとても難しいです。

　　　나에게 있어 문법은 쉽습니다만, 한자는 대단히 어렵습니다.

6.

林: 原さんはハワイに住んでいたことがあるそうですね。

　　하라씨는 하와이에 살았던 적이 있다고 하는군요.

原: ええ。日本語の先生として二年間いました。

　　예. 일본어 선생님으로서 2년간 있었습니다.

林: ハワイはどうでしたか。

　　하와이는 어떻습니까.

原: そうですね。日本人にとっては住みやすい所ですよ。

　　日本料理は何でもあるし、日本語も少しは通じるし…。

　　그렇습니다. 일본인에게 있어서는 살기 쉬운 곳입니다.

　　일본요리는 뭐든지 있고, 일본어도 조금은 통하고.

7.

中島: どうしたんですか。顔が蒼いですよ。

　　　왜 그렇습니까. 얼굴이 창백합니다.

田中: テニスをしていたら、気持ちが悪くなったんです。

　　　테니스를 하고 있었는데, 기분이 나빠졌습니다.

中島: 日陰に入って横になるといいですよ。

　　　그늘에 들어가 기대고 있으면 좋습니다.

8.

先生: キムさん、昨日はどうして学校を休んだんですか。

　　　김씨, 어제는 왜 학교를 결석했습니까.

キム: 頭が痛かったんです。

　　　머리가 아팠습니다.

先生: このごろ頭が痛いとか熱があるとか言って、 よく学校を休みますね。
どこか悪いんですか。

　　　요즈음 머리가 아프다든지 열이 있다고 해서, 자주 학교를 결석하는군요. 어딘
가 나쁩니까.

キム: 別にどこも悪くないんです。

　　　東京の気候があまりよくないからだと思います。

　　　특별히 어디도 나쁘지 않습니다.
　　　도꾜 날씨가 그다지 좋지 않기 때문이라고 생각합니다.

9.

よしえ: どこかへ行きましょうよ。

　　　어딘가에 갑시다.

けんじ: うん、あしたね。

　　　그래, 내일.

よしえ: いつもあしたとかあさってとか言って、どこへも連れて行ってくれ
ないじゃない。今日は忙しいの?

　　　언제나 내일 아니면 모레라고 해서, 어디에도 데리고 가주지 않지 않냐. 오늘
은 바쁜 거야?

けんじ: いや、別に忙しくないけど…。

　　　아니, 특별히 바쁘지는 않지만.

よしえ: じゃ、今日にしましょうよ。

　　　그러면, 오늘 갑시다.

本文
<ruby>本<rt>ほん</rt></ruby><ruby>文<rt>ぶん</rt></ruby>

1.

<ruby>山本<rt>やまもと</rt></ruby>: キムさん、<ruby>夏休<rt>なつやす</rt></ruby>みはどこへ行くんですか。

김씨, 여름방학은 어디에 갑니까.

キム: どこへ行くかまだ<ruby>決<rt>き</rt></ruby>めていませんが、<ruby>日本国内<rt>にほんこくない</rt></ruby>を<ruby>旅行<rt>りょこう</rt></ruby>したいと思っています。

어디에 갈까 아직 결정하지 못했습니다만, 일본 국내를 여행하고 싶다고 생각하고 있습니다.

山本: いいですね。でも、<ruby>早<rt>はや</rt></ruby>く<ruby>決<rt>き</rt></ruby>めたほうがいいですよ。

すぐ<ruby>満員<rt>まんいん</rt></ruby>になってしまうから。

좋겠습니다. 그러나, 빨리 결정하는 것이 좋습니다.

곧 만원이 되기 때문에.

キム: ええ、<ruby>山<rt>やま</rt></ruby>とか<ruby>川<rt>かわ</rt></ruby>とか<ruby>自然<rt>しぜん</rt></ruby>のきれいな<ruby>所<rt>ところ</rt></ruby>へ行きたいんです。

<ruby>別<rt>べつ</rt></ruby>にどこでもいいんですが、日本のことがよくわからなくて<ruby>決<rt>き</rt></ruby>められないんです。

예, 산이라든지 강이라든지 자연이 아름다운 곳에 가고 싶습니다.

특별히 어디라도 좋습니다만, 일본에 대해서 잘 몰라서 결정할 수 없습니다.

山本: そうですか。私は<ruby>去年<rt>きょねん</rt></ruby>の<ruby>夏<rt>なつ</rt></ruby>、<ruby>四国<rt>しこく</rt></ruby>へ行きましたが、よかったですよ。

<ruby>今度写真<rt>こんどしゃしん</rt></ruby>を<ruby>見<rt>み</rt></ruby>せてあげますよ。

그렇습니까. 나는 작년 여름, 시꼬꾸에 갔습니다만, 좋았습니다.

다음에 사진을 보여주겠습니다.

キム: 四国ですか。いいですね。まだ飛行機の予約が出来るでしょうか。

시꼬꾸입니까. 좋겠네요. 아직 비행기 예약이 가능하겠습니까.

山本: 旅行センターへ行って聞いてみるといいですよ。

여행센터에 가서 물어 보면 됩니다.

キム: ええ、そうします。山本さんは今年はどこへ行くんですか。

예, 그렇게 하겠습니다. 야마모또씨는 올해는 어디에 갑니까.

山本: どこかへ行きたいんですが、今年は忙しくて、休みが取れるかどうか
わからないんですよ。

それに、私の友人がオーストラリアから来るんです。

어딘가에 가고 싶습니다만, 올해는 바빠서, 휴가를 낼 수 있을지 어떨지 모르겠
습니다.

게다가, 내 친구가 오스트레일리아에서 옵니다.

キム: オーストラリアですか。

あ、山本さんはオーストラリアに住んでいたことがあるそうですね。

오스트레일리아입니까.

아, 야마모또씨는 오스트레일리아에 살았던 적이 있다고 하더군요.

山本: はい。日本語の先生として二年間いたんです。

今度来る人もその時の友だちなんです。

昨日、うちへ帰ったら、手紙が来ていたんです。

예. 일본어 선생님으로서 2년간 있었습니다.

이번에 오는 사람도 그때 친구입니다.

어제, 집에 돌아갔더니, 편지가 와 있었습니다.

キム: 日本語はオーストラリア人にとって難しいでしょうね。

일본어는 오스트레일리아 사람에게는 어렵겠지요.

山本: そうですね。でも、今度来る友だちはオーストラリア人じゃなくて日
本人なんです。オーストラリアで働いている日本人なんです。

그렇습니다. 그러나, 이번에 오는 친구는 오스트레일리아 사람이 아니고 일본
인입니다. 오스트레일리아에서 일하고 있는 일본인입니다.

2. キムさんの日記。7月五日。 김씨의 일기. 7월 5일.

もうすぐ夏休みだ。

ある学校では、もう夏休みが始まっているそうだが、私の学校では、7月20日

ごろまで授業がある。もう少しだ。頑張ろう。

今日は、旅行のことを聞きに、山本さんのアパートへ行った。

そして、山本さんが去年四国でとった写真を見せてもらった。

四国はとてもきれいな所で、見る所もたくさんあるそうだ。

しかし、交通が不便だから、上手に計画をたてなければならないと山本さん

は言っていた。

あした、旅行センターへ行って、パンフレットをもらってよく考えようと思う。

이제 곧 여름방학이다.

다른 학교에서는, 벌써 여름방학이 시작되었다고 하지만, 우리 학교에서는, 7월 20일

경까지 수업이 있다. 이제 조금 남았다. 힘내자.

오늘은, 여행에 대한 것을 물어 보러, 야마모또씨의 아파트에 갔었다.

그리고, 야마모또씨가 작년 시꼬꾸에서 찍은 사진을 보여주었다.

시꼬꾸는 대단히 아름다운 곳으로, 볼 곳도 많다고 한다.

그러나, 교통이 불편하기 때문에, 계획을 잘 세우지 않으면 안 된다고 야마모또씨는

말했다.

내일, 여행센터에 가서, 팸플릿을 받아서 잘 생각해 보려고 한다.

だいにじゅうさんか
第二十三課

使役。
し えき
사역형.

語句 (어구. 말)

단 어		한자 읽는 법	의 미
相手	•	あいて	상대.
顔色		かおいろ	얼굴색.
楽器	•	がっき	악기.
着物	•	きもの	옷. (일본 전통의상)
金魚	•	きんぎょ	금붕어. (人魚 : 인어)
黒		くろ	검정.
恋人		こいびと	애인. 연인.
再試願い		さいしねがい	재시험원서.
追試願い		ついしねがい	추가시험원서.
使役形		しえきけい	사역형.
手術	•	しゅじゅつ	수술.
趣味	•	しゅみ	취미.
書類		しょるい	서류.
自動車		じどうしゃ	자동차.
自由時間		じゆうじかん	자유 시간.
体操服		たいそうふく	체조복.
楽しみ		たのしみ	즐거움.
再入国手続き		さいにゅうこくてつづき	재입국수속.
続き		つづき	계속. 연속.
届け		とどけ	신고서.
陰口	•	かげぐち	험담.
芝生	•	しばふ	잔디밭.
昔		むかし	옛날.
日本航空		にほんこうくう	일본항공.

願書		がんしょ	원서.
入学願書		にゅうがくがんしょ	입학원서.
更新		こうしん	갱신.
音楽		おんがく	음악.
小遣い	•	こづかい	용돈.
飲み物		のみもの	음료수.
助言	•	じょげん	조언.
秘密	•	ひみつ	비밀.
包丁		ほうちょう	식칼.
漫画		まんが	만화.
(お)見合い	•	(お)みあい	맞선.
すきっと			시원하다. 개운하다.
文部省	•	もんぶしょう	문부성. (교육부)
清水寺		きよみずでら	교또에 있는 절.
立教大学		りっきょうだいがく	릿꾜대학.
慶応大学		けいおうだいがく	게이오우대학.
早稲田大学		わせだだいがく	와세다대학.
東京大学		とうきょうだいがく	도꾜대학.
京都大学		きょうとだいがく	교또대학.
青山学院大学		あおやまがくいんだいがく	아오야마대학.
専門学校		せんもんがっこう	전문학교.
ラジオ体操		ラジオたいそう	라디오 체조.
クラシック音楽		classicおんがく	클래식 음악.
ポスター		poster	포스터.
ビザ		visa	비자.
ライター		lighter	라이터.
スキッド		skid	스키드마크.
デート		date	데이트.

• 動詞 (동사)

단 어	한자 읽는 법	동사 구분	의 미
知り合う	しりあう	動 I	알고 지내다.
越す	こす	動 I	초과하다. 넘다.
引っ越す	ひっこす	動 I	이사하다.
悲しむ	かなしむ	動 I	슬프다.
哀しむ	かなしむ	動 I	슬프다.
編む	あむ	動 I	엮다(그물). 짜다(스웨터)
頼む	たのむ	動 I	부탁하다.
喜ぶ	よろこぶ	動 I	기뻐하다.
貼る	はる	動 I	붙이다. (풀로)
片付ける	かたづける	動 II	치우다. 정돈하다.
受ける	うける	動 II	시험보다. 영향을 받다.
帰国する	きこくする	動 III	귀국하다.
早退する	そうたいする	動 III	조퇴하다.
更新する	こうしんする	動 III	갱신하다.
合格する	ごうかくする	動 III	합격하다.
賛成する	さんせいする	動 III	찬성하다.
留学する	りゅうがくする	動 III	유학하다.
運転する	うんてんする	動 III	운전하다.
コピーする	copyする	動 III	복사하다.

• い形容詞 (い형용사)

단 어	한자 읽는 법	의 미
正しい	ただしい	옳다. 바르다. 맞다.
眠い	ねむい	졸리다.

• な形容詞 (な형용사)

단 어	한자 읽는 법	의 미
地味　•	じみ	수수하다. 검소하다.
派手　•	はで	화려하다. 야하다.
正確	せいかく	정확.
大切	たいせつ	소중하다. 중요하다.

• フレーズ (문구, 관용구, phrase)

단 어	의 미
えっ。	깜짝 놀라면서.
楽しみにする。	기대하다. 즐겁게 하다. 재미있게 하다.
~と知り合う。	~하고 알다. ~하고 알게 되다.
~に合格する。	~에 합격하다.
病気が重い。	병이 무겁다. 병이 위중하다.
ついでに。　　　•	~하는 김에. ~하는 기회에.
~たらどうですか。	~한다면 어떻겠습니까.

1. 使役刑。(사역형)

▶ 일본어에서는 조동사(せる · させる) 를 사용해서, 누군가에게 무엇인가를 시키는 것을 사역이라고 한다. 사역(使役)의 사(使)는 시키다의 의미이고, 역(役)은 역할 · 동작 · 행동이라고 하는 의미이다. 따라서 사역이라고 하는 것은, 어떤 행동이나 역할을 시킨다고 하는 의미이다.

▶ 동사 사역형 만드는 법.

• 동사 I . (あ단 + せる)
(단 기본형이 う로 끝나는 동사는 あ가 아닌 わ로 바뀐다)

기본형 · 사전형	사 역 형	기본형에서 あ단＋せる
買う (사다)	買わせる (사게 하다)	わ　い　う　え　お
書く (쓰다)	書かせる (쓰게 하다)	か　き　く　け　こ
読む (읽다)	読ませる (읽게 하다)	ま　み　む　め　も
帰る (돌아가다)	帰らせる (돌아가게 하다)	ら　り　る　れ　ろ

• 동사 II . 기본형에서 る만 빼고 させる

기 본 형	사 역 형
食べる (먹다)	食べさせる (먹게 하다)
見 る (보다)	見 させる (보게 하다)

• 동사 III .

기본형	사 역 형
する (하다)	させる (시키다)
来る (오다)	来させる (오게 하다)

• 모든 사역형은 동사 II 가 되고, 따라서 활용도 동사 II 와 같다.

2. 사역의 표현에는 2개의 문장 형태가 있다.

他動詞 (타동사)	先生は学生に本を読ませました。 선생님은 학생에게 책을 읽혔습니다.
自動詞 (자동사)	先生は学生を立たせました。 선생님은 학생을 일어서게 했습니다.

▸ 타동사의 사역의 문형.
  S (주어) は (누구에게) に (무엇을) を (타동사의 사역형)
  先生は学生に本を読ませました。 선생님은 학생에게 책을 읽혔습니다.

▸ 자동사의 사역의 문형.
  S (주어) は (누구를) を (자동사의 사역형)
  先生は学生を立たせました。   선생님은 학생을 일으켜 세웠습니다.

• 사역형은 타동사가 되기 때문에 조사는 を를 사용한다.
  단, 방향 · 목적 · 장소 항상 사용되는 조사는 제외된다. (へ · で · に)

1. 先生は学生にホワイトボードを消させました。
   선생님은 학생에게 화이트보드를 지우게 했습니다.

2. お母さんは子供にお皿を洗わせます。でも、包丁は使わせません。
   어머니는 아이에게 접시를 닦게 합니다. 그러나, 칼은 사용하지 못하게 합니다.

3. 毎日、子供にクラシック音楽を聞かせています。
   매일, 아이에게 클래식 음악을 들려주고 있습니다.

4. 友だちが辞書を使わせてくれました。
   친구가 사전을 사용하게 해주었습니다.

5. お母さんは子どもに部屋を片付けさせます。
   어머니는 아이에게 방을 치우게 했습니다.

6. 運転したければ、運転させてあげますよ。
    운전하고 싶으면, 운전하게 해주겠습니다.

7. あなたのノートをコピーさせてくれたら、私のテープを貸してあげます。
    당신의 노트를 카피하게 해 준다면, 내 테이프를 빌려주겠습니다.

8. この部屋の掃除は、私にやらせてください。
    이 방 청소는, 나에게 시켜 주세요.

9. 両親に帰国する日を電話で知らせておくつもりです。
    부모님에게 귀국하는 날을 전화로 알려줄 생각입니다.

• 자동사의 사역의 문형.

10. 先生は学生を教務へ行かせました。
    선생님은 학생을 교무실에 보냈습니다.

11. 田中さんのおじょうさんをお見合いの相手に会わせました。
    다나까씨의 따님을 맞선볼 상대에게 만나게 했습니다.

12. 隣の家の赤ちゃんを泣かせてしまいました。
    옆집의 아기를 울리고 말았습니다.

13. 今度の母の誕生日に何かいい物を買って、母を喜ばせようと思います。
    이번 어머니 생일날 무엇인가좋은 것을 사서, 어머니를 기쁘게 해주려고 생각합니다.

14. 親を悲しませるのはよくありません。
    부모를 슬프게 하는 것은 좋지 않습니다.

• 例外 : 先生は学生に質問に答えさせました。
        선생님은 학생에게 질문에 대답하게 했습니다.
        (質問に答える。: 질문에 대답하다는 항상 조사 に를 사용한다)

動詞(て形) + いただく・もらう의 행위자는 상대가 된다. 따라서 술을 마시는 사람은 상대가 된다.

この酒を飲んでいただきます。

이 술을 마시십시오. (상대가 술을 마심)

この酒を飲んでください。
이 술을 마셔 주세요. (상대가 술을 마심)

この酒を飲んでいただけませんか。
이 술을 마셔주시지 않겠습니까. (상대가 술을 마심)

この酒を飲んでくださいませんか。
이 술을 마셔주시지 않겠습니까. (상대가 술을 마심)

動詞(사역て형) + いただく・もらう의 행위자는 내가된다. 따라서 술을 마시는 사람은 내가된다.

この酒を飲ませていただきます。

이 술을 마시겠습니다. (내가 술을 마심)

この酒を飲ませてください。
이 술을 마시게 해주세요. (내가 술을 마심)

この酒を飲ませていただけませんか。
이 술을 마시게 해주시지 않겠습니까. (내가 술을 마심)

この酒を飲ませてくださいませんか。
이 술을 마시게 해주시지 않겠습니까. (내가 술을 마심)

頭が痛いです。帰らせていただきます。

머리가 아픕니다. 돌아가겠습니다. (내가 집에 돌아감)

頭が痛いです。帰らせてください。
머리가 아픕니다. 돌아가게 해주세요. (내가 집에 돌아감)

頭が痛いです。帰らせていただけませんか。
머리가 아픕니다. 돌아가게 해주시지 않겠습니까. (내가 집에 돌아감)

頭が痛いです。帰らせてくださいませんか。
머리가 아픕니다. 돌아가게 해주시지 않겠습니까. (내가 집에 돌아감)

3.

夏休みに国へ帰ることにしました。
여름방학에 본국으로 돌아가(귀국하)기로 했습니다.

来週、校外学習に行くことになりました。
다음주, 교외학습에 가기로 되어 있습니다.

▶ ことにする : ～하기로 하다. (의지에 의한 결정)
　용법 : 동사(현재·과거형) + ことにする。
　의미 : 주체의 의지에 의해 결정되어진 것을 나타낸다.
● 규칙·습관. (～하기로 하다.)
　용법 : 동사(현재형) + ことにしている。
　의미 : 규칙·습관을 나타낸다. (ことにしている는 부정형으로는 사용할 수 없다)

▶ ことになる : ～하기로 되다. (사물의 결정의 결과)
　용법 : 동사(현재형·과거형) + ことになる。
　의미 : 주체의 의지 이외의 것으로 결정되어 진다. 또는 결정되어 진 결과를 나타낸다.
● 예정. (～하기로 되어 있다)
　용법 : 동사(현재형) + ことになっている。
　의미 : 예정을 나타낸다.

1. 日本語を忘れると困るので、国へ帰らないことにしました。
   일본어를 잊어버리면 곤란하기 때문에, 귀국하지 않기로 했습니다.

2. 難しい大学ですが、立教大学を受けてみることにしました。
   어려운 대학입니다만, 릿꾜 대학을 시험 보기로 했습니다.

3. 父が賛成してくれたから、日本へ留学することにしました。
   아버지가 찬성해 주었기 때문에, 일본에 유학 하기로 했습니다.

4. 早稲田大学と立教大学に合格しましたが、私は立教大学に入ることにし
   ました。
   와세다대학하고 릿꾜대학에 합격했습니다만, 나는 릿꾜대학에 들어(입학) 가기
   로 했습니다.

5. 八月１日に帰りたかったのですが、切符がなかったので、8月５日に帰
   ることにしました。
   8월 1일에 돌아가고 싶었습니다만, 티켓이 없었기 때문에, 8월 5일에 돌아 가기로
   했습니다.

6. A: 来年はどうすることにしましたか。
   내년은 어떻게 하기로 했습니까.
   B: 国へ帰ることにしました。
   본국으로 돌아가기로 (귀국하기로) 했습니다.

7. 小遣いは毎月三万円を越さないことにしています。
   용돈은 매월 삼만 엔을 초과하지 않도록 하고 있습니다.

8. 道子さんは自分で夕飯を作ることにしています。
   미찌꼬씨는 자신이 저녁밥을 만들기로 하고 있습니다.

9. 来年は六月３日から７日までキャンプに行くことになりました。
   내년은 6월 3일부터 7일까지 캠프 하러 가기로 되어 있습니다.

10. 日本の文部省の奨学金がもらえることになりました。
    일본 문부성의 장학금을 받을 수 있게 되었습니다.

11. ビザが取れたので、帰国しなくてもいいことになりました。

비자를 받았기 때문에, 귀국하지 않아도 좋게 되었습니다.

12. 毎週水曜日に教室の掃除をすることになりました。

매주 수요일에 교실 청소를 하게 되었습니다.

13. 日本にいることになったので、ビザを更新しなくてはいけません。

일본에 있기로 되었기 때문에, 비자를 갱신하지 않으면 안 됩니다.

14. A: 郊外学習はどうなりましたか。

　　교외학습은 어떻게 되었습니까.

　 B: 鎌倉へ行くことになりました。

　　가마꾸라에 가기로 되었습니다.

15. 授業は九時十分に始まることになっています。

수업은 9시 10분에 시작되기로 되어 있습니다.

16. 再試を受ける時は、再試願いを出さなくてはいけないことになっています。

재시험을 볼 때는, 재시험 원서를 제출하지 않으면 안 되게 되어 있습니다.

17. 教室ではタバコを吸ってはいけないことになっています。

교실에서는 담배를 피우면 안 되게 되어 있습니다.

4.

京都へ行く**なら**、新幹線のほうがいいです。
교또에 가는 것이라면, 신깐센이 좋습니다.

▸ なら(ば) : ~하려면. ~이라면.
   용법 : 동사 · い형용사(기본형) + なら。
   　　　 な형용사 · 명사(단어) 　 + なら。
   　　　 동사 · い형용사는 (のなら)의 형으로도 사용하는 일이 많다.

1. 「もし(혹시) ~だったら(~이라면)」의 의미를 나타낸다.
   명사 · な형용사에 접속하는 일이 많다. (가정조건)

   そのアパート、学校に近くて安いんならぜひ借りたいですね。

   그 아파트, 학교에서 가깝고 싸다면 꼭 빌리고 싶습니다.

   必要でないのなら、返してください。

   필요하지 않다면, 돌려주세요.

   もし郵便局に行くのならついでに切手を買って来てください。

   혹시 우체국에 가는 거라면 가는 김에 우표를 사 가지고 오세요.

   もし生まれ変わることが出来るなら、また男に生まれたいですか。

   혹시 다시 태어나는 일이 가능하다면, 또 남자로 태어나고 싶습니까.

2. 동사에 붙여서, 어떤 내용이 일어나고, 또는 일어나고 있는 것을 인정하고, 거기에 대한 말하는 상대의
   의미 · 의견을 나타낸다. 「혹시 ~할 생각이라면, 나는 당신에게 지금, 다음과 같은 조언을 한다」라고
   하는 의미이다.

   京都に行くなら新幹線が便利ですよ。

   교또에 가는 거라면 신깐센이 편리합니다.

   日本語を習うのなら、ひらがなから始めたほうがいい。

   일본어를 배우는 거라면, 히라가나부터 시작하는 것이 좋다.

3. 명사에 접속해서, 화제제시(話題提示) 를 나타낸다.

そのことならもういいんです。	그 일이라면 이제 됐습니다.
ひらがななら読める。	히라가나라면 읽을 수 있다.
寿司ならあの店が安くておいしい。	초밥이라면 저 가게가 싸고 맛있다.

1. 本を買うなら、購買が安いです。

   책을 사는 것이라면, 매점(구매)이 쌉니다.

2. カレーを食べるなら、あの店が美味しいですよ。

   카레를 먹는 것이라면, 저 가게가 맛있습니다.

3. 早退するなら、届けを出しておいてください。

   조퇴하려면, 신고서를 제출해 놓아주세요.

• 京都へ行ったら、清水寺を見たほうがいいです。

   교또에 간다면, 기요미즈데라를 보는 것이 좋습니다.

5.

日本語を勉強するために日本へ来ました。

일본어를 공부하기 위해서 일본에 왔습니다.

父のためにライターを買いました。

아버지를 위해서 라이터를 샀습니다.

病気のために学校を休んでしまいました。

병 때문에 학교를 결석하고 말았습니다.

▶ ため · ために : ~를 위해. ~위해서. ~이기 때문에. 受益 (이익을 받는 것) 의 대상. ~를 위해.

용법 : 명사(の) + ために。

의미 : 이익을 받는 대상을 나타낸다.

息子のために働く。

아들을 위해서 일한다.

私のために掛け替えのない人です。

나를 위해서(한테는) 는 둘도 없는(소중한) 사람입니다.

● 목적(目的). ~를 위해. ~위해서.

용법 : 명사(の)　　 + ために。　な형용사(な) + ために。

동사(현재형) + ために。

의미 : 목적을 나타낸다.

電車に乗り遅れないためには、早めにうちを出た方がいいですよ。

전차를 놓치지 않기 위해서는, 일찍 집을 나가는 것이 좋습니다.

● 이유(理由) · 원인(原因). ~이기 때문에.

용법 : 동사 · い형용사 · な형용사 · 명사(기본체)　　　 + ため(に)。

단 명사 · な형용사 현재형은, 명사 (の) · な형용사(な) + ため(に)。

명사(단어)　　 + の + ため(に)。　(雨のために 　　 : 비 때문에)

な형용사(단어) + な + ため(に)。　(きれいなために 　: 예쁘기 때문에)

의미 : 좋은 결과, 나쁜 결과의 원인 · 이유를 나타낸다.

「ため」의 경우 그 책임을 타인(他人) · 다른 일(他事)에 전가하는 기분은 「せい」처럼 강하지는 않다.

停電のために電車が止まりました。

정전 때문에 전철이 멈추었습니다.

愛する人を失ったために、死ぬことまで考えているのだろうか。

사랑하는 사람을 잃었기 때문에, 죽는 것까지 생각하고 있는 것일까.

あの子が悪いことをするようになったのは友達が悪いせいです。

그 아이가 나쁜 짓을 하게 된 것은 친구가 나쁜 탓입니다.

私が先生に叱られたのはあなたのせいです。

제가 선생님에게 혼난 것은 당신 탓입니다.

1. 経済を勉強するために大学に入ります。

   경제를 공부하기 위해서 대학에 들어갑니다.

2. 試験を受けるために願書を出します。

   시험을 보기 위해서 원서를 제출합니다.

3. アルバイトをするために日本へ来たんじゃありません。

   勉強するために来たんです。

   아르바이트를 하기 위해서 일본에 온 것이 아닙니다.

   공부하기 위해서 왔습니다.

4. 日本のテレビは、まだよくわかりませんが、日本語の勉強のために毎日、

   見ています。

   일본 텔레비전은, 아직 잘 모릅니다만, 일본어 공부 때문에(공부를 위해서) 매일,
   보고 있습니다.

5. 入学試験のために勉強しています。

   입학 시험 때문에(을 위해서) 공부하고 있습니다.

6. 恋人のためにセーターを編んでいます。

   애인을 위해서 스웨터를 짜고 있습니다.

7. 親のために勉強しているんじゃありません。自分のために勉強しているんです。

   부모님 때문에 공부하고 있는 것은 아닙니다. 자신을 위해서 공부하고 있는 것입니다.

8. 大学の前には桜並木があり、そのためかなりの人に知られている。

   대학교 앞에는 벚꽃 가로수가 있어서, 그것 때문에 상당히 많은 사람에게 알려져 있다.

9. 大型台風接近のために、学校は休校になりました。

   대형태풍 접근 때문에, 학교는 휴교가 되었습니다.

10. 夫が大酒飲みのために苦労する妻が多いそうだ。

    남편이 많은 술을 마시기 때문에 고생하는 아내가 많다고 한다.

11. 石油ショックのために物価が二倍に跳ね上がってしまった。

    석유쇼크(파동) 때문에 물가가 두 배로 뛰어오르고 말았다.

6.

お忙しいんじゃありませんか。　／　んじゃないですか。
바쁘신 것은 아닙니까. (바쁘십니까)

▶ んじゃありませんか : ～인 것은 아닙니까.
　용법 : 동사 · い형용사(기본체) ＋ んじゃないですか。
　　　　 な형용사 · 명사(단어) ＋ な ＋ んじゃないですか。
　의미 : 혹시 ～하려고 하는 것은 아닙니까.
　　　　 (부정형 뒷문장에 의문문이 오면, 문장은 긍정의 의미가 된다)

1. 眠そうですね。昨日寝られなかったんじゃありませんか。
　졸린 것 같군요. 어제 잠을 못 잔 것은 아닙니까.

2. どうしたんですか。
　元気がありませんね。国へ帰りたいんじゃありませんか。
　왜 그러십니까. 힘이 없어 보입니다. 귀국하고 싶은 것은 아닙니까.

3. 今日はずいぶん可愛い洋服を着ていますね。
　デートがあるんじゃないですか。
　오늘은 상당히 귀여운 양복을 입고 있네요.
　데이트가 있는 것은 아닙니까.

4. これは地味ですが、それはちょっと派手なんじゃありませんか。
　이것은 수수합니다만, 그것은 좀 야하지 않습니까.

5. A: じゃ、この練習の続きはあしたにしましょう。
　　그러면, 이 연습을 계속하는 것은 내일로 합시다.
　B: えっ、明日は休みなんじゃありませんか。
　　예, 내일은 휴일이 아닙니까.

7.

私の趣味はスポーツをする<u>こと</u>です。　　　내 취미는 스포츠를 하는 것입니다.

▶ こと : ~것. (앞문장을 설명할 때 사용한다)
• 자기의 취미를 나타낼 때 명사가 없는 경우에는 동사(현재형) + こと로 나타낸다.
　登山(등산) · ゴルフ(골프) · 映画を見ること(영화를 보는 것) · 音楽を聞くこと(음악을 듣는 것)

1.　一番いい思い出は、みんなでキャンプに行ったことです。

　　제일 좋은 추억은, 모두같이 캠프 하러 갔던 것입니다.

2.　一番好きなのは、映画を見ることです。

　　제일 좋아하는 것은, 영화를 보는 것입니다.

3.　A: 作文を書く時、大切なのはどんなことですか。

　　　작문을 쓸 때, 중요한 것은 어떤 것입니까.

　　B: よく考えて書くことです。

　　　잘 생각해서 쓰는 것입니다.

4.　テストの時、してはいけないのは他の人のテストを見ることです。

　　시험 볼 때, 해서는 안 되는 것은 다른 사람 시험을 보는 것입니다.

8.

あしたまでに作文を出さなければなりません。
内일까지는 작문을 제출하지 않으면 안 됩니다.

▸ なければなりません : ~하지 않으면 안 됩니다. (ないといけません)
　　　　　　　　　　ねばならない는 주로 문어체에 사용됨.
　용법 : 동사 · い형용사 · な형용사 · 명사(부정형) + なければなりません。(ないといけません)
　　　　부정형 ない에서 い만 빼고 なければなりません。
　　　　부정형 ない에서 ない + といけません。

가지 않으면 됩니다.	行かなければなりません。	行かなければいけません。
	行かねばなりません。	行かないといけません。
	行かなくてはなりません。	行かなくてはいけません。

▸ 다음의 두 개를 세부적으로 구분한다면 다음과 같다.

● なければなりません · なくてはなりません은 객관적 표현이다.
　규칙이나 법률로 결정되어 있는 것, 명령이나 약속에 기초를 두고 있는 것, 사회의 습관에 의한 것,
　그렇게 하지 않으면 도움이 되지 않는 것, 그렇게 하는 것이 보통이라고 하는 것 등을 말하는 경우에
　사용되어진다.

● なければいけません · なくてはいけません은 주관적 표현이다.
　말하는 상대의 의견이나 생각을 말할 때 사용한다. 규칙이나 약속으로 결정된 것을 말할 때와, 말하는
　상대가 자신도 그렇게 생각한다고 하는 입장에서 말할 때 사용되어진다.

1. 授業があるので、毎日、朝早く起きなければなりません。
　　수업이 있기 때문에, 매일, 아침 일찍 일어나지 않으면 안 됩니다.

2. 手術をしに国へ帰らなければならないかもしれません。
　　수술을 하러 귀국하지 않으면 안 될지도 모릅니다.

3. A: どうして休んだんですか。
　　왜 결석했습니까.
　　B: 入管へ行かなければならなかったんです。
　　입국관리국에 가지 않으면 안 되었기 때문입니다.

4. 体操服は動きやすくなければなりません。

   체조복은 행동하기 쉽지 않으면 안 됩니다.

5. テストの字は、きれいじゃなければなりません。

   시험 볼 때의 글자는, 깨끗하지 않으면 안 됩니다.

6. 作文の日本語は、正確な日本語じゃなければなりません。

   작문 일본어는, 정확한 일본어가 아니면 안 됩니다.

   • 作文の日本語は、正確な日本語じゃないといけません。

   작문 일본어는, 정확한 일본어가 아니면 안 됩니다.

7. あしたまでに作文を出さなくてはいけません。

   내일까지는 작문을 제출하지 않으면 안 됩니다.

   • あしたまでに作文を出さなくてはなりません。

   내일까지는 작문을 제출하지 않으면 안 됩니다.

8. 早く食べないといけません。

   빨리 먹지 않으면 안 됩니다.

   • 문어체. (なければ → ねば)

   早く食べなければなりません。

   早く食べねばなりません。

   빨리 먹지 않으면 안 됩니다.

1.

鈴木: あれ、金魚はどうしたんですか。

　　　아니, 금붕어는 어떻게 된 겁니까.

中島: 死なせてしまったんです。

　　　죽이고 말았습니다.

鈴木: どうして死んだんですか。

　　　왜 죽었습니까.

中島: えさをやるのを二三日忘れていたら、死んでしまったんです。

　　　먹이 주는 것을 2, 3일 잊어버렸더니, 죽고 말았습니다.

鈴木: かわいそうですね。

　　　불쌍하군요.

2.

コウ: 昔の日本の音楽ですね。聞かせてください。

　　　옛날 일본음악이군요, 들려주세요.

キム: どうぞ。楽器の写真もありますよ。見ますか。

　　　자 어서. 악기 사진도 있습니다. 보겠습니까.

コウ: はい、見せてください。いいテープですね。コピーさせてくれませんか。

　　　예, 보여주세요. 좋은 테이프이군요. 복사하게 해주지 않겠습니까.

キム: どうぞ。山本さんがいいテープレコーダを持っています。

　　　頼めば、使わせてくれると思います。

　　　자 어서, 야마모또씨가 좋은 테이프레코더를 갖고 있습니다.

　　　부탁하면, 사용하게 해줄 거라고 생각합니다.

3.

原　：冬休みに国へ帰りますか。

　　겨울방학에 본국으로 돌아갑니까.

サイ：いいえ、帰らないことにしました。日本のお正月が見たいので。

　　아니오, 돌아가지 않기로 했습니다. 일본의 설날을 보고 싶기 때문에.

原　：ご両親はそのことを知っていますか。

　　부모님은 그것을 알고 있습니까.

サイ：手紙で知らせるつもりです。

　　편지로 알릴 생각입니다.

4.

山本：コウさんは今日も欠席ですか。

　　고씨는 오늘도 결석입니까.

ハン：はい。最近、体の具合がよくないと言っていました。

　　예. 최근, 몸 상태가 좋지 않다고 말했습니다.

山本：そうですか。コウさんは横浜に住んでいるんですよね。
　　アパートが遠いから、疲れるんでしょう。

　　그렇습니까. 고씨는 요꼬하마에 살고 있지요.
　　아파트가 멀기 때문에, 피곤하겠네요.

ハン：はい。それで、来月、学校の近くに引っ越すことにしたそうですよ。

　　예. 그래서, 다음 달, 학교 가까운 곳으로 이사하기로 했다고 합니다.

5.

山本：夏休みはどうしますか。国へ帰りますか。

　　여름방학은 어떻게 보낼 겁니까. 본국으로 돌아갑니까.

ユン：いろいろ考えたんですけど、帰らないで日本にいることにしました。

　　여러 가지 생각했습니다만, 돌아가지 않고 일본에 있기로 했습니다.

山本: 何をするんですか。

무엇을 합니까.

ユン: 京都へ行ってみようと思っています。

교또에 가 보려고 생각하고 있습니다.

山本: そうですか。京都へ行くなら、新幹線が便利ですよ。

그렇습니까. 교또에 간다면, 신깐센이 편리합니다.

山本: 私も新幹線で行こうと思っていました。

나도 신깐센으로 가려고 생각하고 있었습니다.

ユン: 京都へ行ったら、お土産を買って来てくださいね。

교또에 간다면, 선물(토산품)을 사 가지고 오세요.

山本: はい。楽しみにしていてください。

예, 기대해 주십시오.

6.

中島: 昨日はどこかへ出掛けましたか。

어제는 어딘가에 외출했습니까.

田中: はい、銀座へ行きました。

예, 긴자에 갔었습니다.

中島: 銀座へ行って何をしたんですか。

긴자에 가서 무엇을 했습니까.

田中: コーヒーを飲みました。

커피를 마셨습니다.

中島: それで?

그리고 나서.

田中: うちへ帰りました。

집으로 돌아왔습니다.

中島: コーヒーを飲んだだけですか。

　　　커피를 마신 것뿐입니까.

田中: はい、そうです。

　　　예, 그렇습니다.

中島: コーヒーを飲むために、わざわざ銀座へ行ったんですか。

　　　커피를 마시기 위해서, 일부러 긴자에 갔습니까.

田中: はい、美味しい喫茶店があるんです。

　　　예, 맛있는 찻집이 있습니다.

7. ある秋の日。　어느 가을날.

コウ: パクさん、何を編んでいるんですか。

　　　박씨, 무엇을 짜고 있습니까.

パク: セーターです。

　　　스웨터입니다.

コウ: 誰のために編んでいるんですか。

　　　누구를 위해서 짜고 있습니까.

パク: それは秘密です。

　　　그것은 비밀입니다.

8.

中島: 買い物に行ってきたんですか。何を買いました?

　　　쇼핑을 하고 왔습니까, 무엇을 샀습니까.

田中: ライターです。

　　　라이터입니다.

中島: ライター?

　　　라이터?

田中: ええ、父のために買ったんです。

예, 아버지를 위해서(주려고) 샀습니다.

9.

先生: リンさん、顔色がよくないですよ。気分が悪いんじゃないですか。

린씨, 안색이 좋지 않군요. 기분(몸 상태)이 나쁜 것은 아닙니까.

リン: ええ、ちょっと熱があるんです。

예, 조금 열이 있습니다.

先生: 帰って休んだほうがいいんじゃないですか。

돌아가서 쉬는 것이 좋지 않습니까.

リン: そうしたいんですが、授業が後一時間あるので、その後、帰ります。

그렇게 하고 싶습니다만, 수업이 1시간 남았기 때문에, 그 후에, 돌아가겠습니다.

先生: 無理をしないほうがいいですよ。

무리를 하지 않는 것이 좋습니다.

リン: ええ、ありがとうございます。

예, 고맙습니다.

10.

チン: 明日ロッテホテルでモーターショーがあるのを知っていますか。

내일 롯데호텔에서 모터쇼(자동차 전시회)가 있는 것을 알고 있습니까.

パク: はい、ポスターが貼ってありますね。見ましたよ。

예, 포스터가 붙어 있지요. 보았습니다.

チン: パクさんも行ってみませんか。きっと面白いと思いますよ。

박씨도 가보지 않겠습니까. 틀림없이 재미있을 거라고 생각합니다.

パク: 高いんじゃありませんか。

비싸지 않습니까.

チン: 学生は 二千円です。行きませんか。

학생은 2,000엔입니다. 가지 않겠습니까.

11.

山本: 趣味は何ですか。

취미는 무엇입니까.

田中: いろいろありますが、一番好きなのはスポーツをすることです。

여러 가지 있습니다만, 제일 좋아하는 것은 스포츠를 하는 것입니다.

山本: どんなスポーツですか。

어떤 스포츠입니까.

田中: テニスやバスケットです。

테니스랑 농구입니다.

12.

山本: 昨日はどうして休んだんですか。

어제는 왜 결석했습니까.

田中: 入管へ行かなければならなかったんです。

입국관리국에 가지 않으면 안 되었기 때문입니다.

13.

パク: チンさんは最近、学校へ来ませんね。

진씨는 요즈음, 학교에 오지 않는군요.

リン: はい、病気だそうです。

예, 병에 걸렸다고 합니다.

パク: 重いんですか。

중병입니까.

リン: はい、手術をしに国へ帰らなければならないかもしれないそうです。

　　　예, 수술하러 귀국하지 않으면 안 될지도 모른다고 합니다.

パク: それは大変ですね。

　　　그것은 큰일이군요.

ほん ぶん
本 文

1.

チン: 23課のプリントを無くしてしまったんです。コピーさせてくれませんか。

　　23과 프린트를 잃어버렸습니다. 복사해주지 않겠습니까.

コウ: 研究室へ行って、もらって来たらどうですか。

　　연구실에 가서, 받아 온다면 어떻겠습니까.

チン: 前はくれたけど、今週からくれないことになったそうですよ。

　　전에는 주었지만, 이번 주부터 주지 않게 되었다고 합니다.

コウ: そうですか。でも、コピーするなら、パクさんのプリントのほうがいい
　　と思いますよ。

　　あの人のプリントはみんなきれいだし、頼めば、コピーさせてくれる
　　と思いますよ。

　　그렇습니까. 그러나, 복사한다면, 박씨 프린트가 좋다고 생각합니다.

　　그 사람 프린트는 모두 깨끗하고, 부탁한다면, 복사해 줄 거라고 생각합니다.

チン: パクさん、悪いけど、プリントを無くしてしまったので二十課のプリ
　　ントをコピーさせてくれませんか。

　　박씨, 미안하지만, 프린트를 잃어버렸기 때문에 23과 프린트를 복사해 주지 않
　　겠습니까.

パク: 私のでよかったら、どうぞ。

　　でも、全部コピーすると、高いんじゃありませんか。

　　내 것으로 괜찮다면, 자 어서 하세요.

　　그러나, 전부 복사하면, 비싸지 않습니까.

チン: そう思いますが、あしたまでに宿題を出さなければならないので、仕方がないんです。

그렇게 생각합니다만, 내일까지는 숙제를 제출하지 않으면 안 되기 때문에, 어쩔 수(방법이) 없습니다.

パク: よかったら、宿題のプリントだけ今日持って帰ってもいいですよ。

今日の私のクラスの宿題は自分の家族について作文を書くことだけですから。

괜찮다면, 숙제 프린트만 오늘 가지고 돌아가도 좋습니다.

오늘 우리 클래스의 숙제는 자신의 가족에 대해서 작문을 쓰는 것뿐이기 때문에.

チン: でも、作文を書くために、プリントを見るかもしれないでしょう?

だから、やっぱりコピーすることにします。

그러나, 작문을 쓰기 위해서, 프린트를 볼지도 모르잖아요.

그렇기 때문에, 역시 복사하기로 하겠습니다.

パク: そうですか。

그렇습니까.

第二十四課
だい に じゅう よん か

受け身。(受動)
う   み
수동형.

語句 (어구. 말)

단 어	한자 읽는 법	의 미
きっと •		꼭. 반드시.
こちら		이쪽.
受身形	うけみけい	수동형.
お使い	おつかい	심부름.
必ず	かならず	반드시.
監視員	かんしいん	감시원.
北国 •	きたぐに・ほっこく	북쪽지방.
試合	しあい	시합.
使役受身形	しえきうけみけい	사역 수동형.
~世紀	~せいき	~세기. (21세기)
世界	せかい	세계.
世界中	せかいじゅう	세계 중.
山手線	やまのてせん	일본의 순환선. (전철)
大仏	だいぶつ	대불. (큰 불상)
途中	とちゅう	도중.
日本一	にっぽんいち	일본제일.
連休	れんきゅう	연휴.
白鳥 •	はくちょう・しらとり	백조.
~晩	~ばん	~밤. (夜)
一晩中	ひとばんじゅう	하룻밤, 밤새도록. (夜通し)
夜更かし	よふかし	밤을 새다. 날밤 새우다.
虫歯 •	むしば	충치.
星	ほし	별.

文句	•	もんく	불평. (남으로 인해 생기는 불평)
不満		ふまん	불만. (스스로 불만이 생기는 것)
お巡り		おまわり	순경.
交番	•	こうばん	파출소.
単純受身		たんじゅんうけみ	단순한 수동.
迷惑受身		めいわくうけみ	피해를 주는 수동.
シャワー室		shower しつ	샤워실. (シャワーを浴びる : 샤워하다)
プロ野球		pro やきゅう	프로야구.
インド		Indonesia	인도.
カップル		couple	커플.
スピーチ	•	speech	연설.
セールスマン		salesman	세일즈맨.
チャンネル		channel	채널.
バレエ		ballet	발레.
プールサイド		pool side	풀장사이드.
ジーパン		jeans pants	진. 청바지.

• 動詞 (동사)

기본형 · 사전형	한자 읽는 법	동사 구분	의 미
酔っ払う	よっぱらう	動Ⅰ	술에 취하다.
零す	こぼす	動Ⅰ	물을 엎지르다. 불평하다.
押す	おす	動Ⅰ	밀다. 누르다.
転ぶ	ころぶ	動Ⅰ	넘어지다. 자빠지다.
飛ぶ	とぶ	動Ⅰ	날다.
盗む	ぬすむ	動Ⅰ	훔치다.
踏む	ふむ	動Ⅰ	밟다. (발을)
叱る	しかる	動Ⅰ	꾸중 듣다. 혼나다.
登る	のぼる	動Ⅰ	올라가다. 오르다.
蹴る •	ける	動Ⅰ	차다. (공을 · 다리를)
走る •	はしる	動Ⅰ	달리다.

誉める	ほめる	動Ⅱ	칭찬하다.
続ける	つづける	動Ⅱ	계속하다.
慣れる	なれる	動Ⅱ	익숙하다.
練習する	れんしゅうする	動Ⅲ	연습하다.
発見する	はっけんする	動Ⅲ	발견하다.
発明する	はつめいする	動Ⅲ	발명하다.
発音する	はつおんする	動Ⅲ	발음하다.
愛する	あいする	動Ⅲ	사랑하다.
尊敬する	そんけいする	動Ⅲ	존경하다.
注意する	ちゅういする	動Ⅲ	주의하다.

● い形容詞

단 어	한자 읽는 법	의 미
深い	ふかい	깊다. 속이 깊다.
浅い	あさい	얕다.

● な形容詞 (な형용사)

단 어	의 미
真面目 ●	성실하다. 착실하다.
大事	소중하다. 중요하다.
残念	안타깝다. 유감이다.
迷惑 ●	폐다. 귀찮다. 성가심.
幸せ ●	행복하다.
幸い ●	다행. 행복. (不幸中の幸い : 불행 중 다행)
適当	적당하다.
駄目	안 된다. (금지를 나타낼 때 사용하는 말)
明らか ●	밝음. 환함. 분명함. 확실함. 뚜렷함. 명백함.
勝手	멋대로. 함부로.

• フレーズ (문구, 관용구, phrase)

단 어	의 미
だらけ	명사에 접속하여 ~투성이.
	借金_{しゃっきん}だらけ。　　빚투성이
	血_ちだらけ。　　피범벅, 피투성이.
	泥_{どろ}だらけ。　　흙투성이.
塗_{まみ}れ	명사에 접속하여 ~투성이, ~범벅.
	血_ちまみれ。　　피범벅, 피투성이.
	泥_{どろ}まみれ。　　흙투성이.
	汗_{あせ}まみれ。　　땀투성이.
転_{ころ}びそうになる。	넘어질 뻔하다.
そんなことはありません。	그런 일은 없습니다.
掏_すりに掏_すられる。	소매치기한테 소매치기 당하다.

例文_{れいぶん}・説明_{せつめい} (예문·설명)

1. 受身刑_{うけみけい}。(수동형)

▸ 일본어에서는 조동사(れる・られる) 를 사용해서, 누군가에게 무엇인가를 당하는 것을 수동이라고 한다.

▸ 모든 수동형은 동사 Ⅱ 의 활용이 된다.

	• れる・られる는 가능・수동・존경・자발의 형태가 있지만, 문장 변형은 똑같다. (자발은 남에게 영향을 받지 않고 스스로 느끼는 것)
가 능 (可能_{かのう})	一人_{ひとり}で東京_{とうきょう}まで行_いかれる。 혼자서 도쿄까지 갈 수 있다. 一人_{ひとり}で東京_{とうきょう}まで行_いける。 혼자서 도쿄까지 갈 수 있다. 一人_{ひとり}で東京_{とうきょう}まで行_いくことが出_できる。 혼자서 도쿄까지 갈 수 있다. (가는 것이 가능하다)
수 동 (受_うけ身_み)	人_{ひと}にお酒_{さけ}を飲_のまれる。 남이 술을 먹이다.
존 경 (尊敬_{そんけい})	先生_{せんせい}は先日_{せんじつ}新_{あたら}しい本_{ほん}を書_かき終_おえられた。 선생님은 지난번에 새 책을 다 쓰셨다.
자 발 (自発_{じはつ})	古里_{ふるさと}にいる母_{はは}のことが案_{あん}じられる。 고향에 있는 어머니가 걱정이 된다. 자발의 대표적인 동사들은 다음과 같다. 案_{あん}じられる (걱정이 되다)・感_{かん}じられる (느껴지다)・忍_{しの}ばれる (그리워지다)・ 待_またれる (기다려지다)・思_{おも}い出_だされる (기억이 나다).

▶ 동사 수동형 만드는 법.

• 동사 I. (あ단 + れる)
　(단 기본형이 <u>う</u>로 끝나는 동사는 <u>あ</u>가 아닌 <u>わ</u>로 바뀐다)

기 본 형		수 동 형		기본형에서(あ단 + れる)				
言<u>う</u> (말하다)		言<u>われる</u>	(말을 듣다)	<u>わ</u>	い	<u>う</u>	え	お
泣<u>く</u> (울다)		泣<u>かれる</u>	(울리다)	<u>か</u>	き	<u>く</u>	け	こ
消<u>す</u> (끄다)		消<u>される</u>	(끄다)	<u>さ</u>	し	<u>す</u>	せ	そ
死<u>ぬ</u> (죽다)		死<u>なれる</u>	(죽다)	<u>な</u>	に	<u>ぬ</u>	ね	の
踏<u>む</u> (밟다)		踏<u>まれる</u>	(밟히다)	<u>ま</u>	み	<u>む</u>	め	も
降<u>る</u> (내리다)		降<u>られる</u>	(내리다)	<u>ら</u>	り	<u>る</u>	れ	ろ

• 동사 II. (기본형에서 る만 빼고 られる)

기 본 형		수 동 형(기본형에서 る만 빼고 られる)	
見<u>る</u> (보다)		み <u>られる</u>	(보이다)
起き<u>る</u> (일어나다)		おき<u>られる</u>	(일으켜지다)
食べ<u>る</u> (먹다)		たべ<u>られる</u>	(먹히다)
誉め<u>る</u> (칭찬하다)		ほめ<u>られる</u>	(칭찬 받다)

• 동사 III.

기 본 형	수 동 형
する (하다)	される (당하다)
来る (오다)	来られる (오다)

2. 単純受身。 (단순한 수동)

チンさんは先生にほめられました。

진씨는 선생님에게 칭찬 받았습니다.

田中さんは山本さんに道を聞かれました。

다나까씨는 야마모또씨에게 길을 묻는 것을 당했습니다.
야마모또씨는 다나까씨에게 길을 물었습니다.

この歌は若い人によく歌われています。

이 노래는 젊은 사람에게 자주 불리고 있습니다.

▶ 수동은 「A는 B에게 (C를) 동사＋れる·られる」 라고 하는 형으로 일어나서, A는 「B에게 (C를) 동사」에 의해서, 직접 또는 간접의 영향을 받는 것을 나타낸다. 간접 영향의 경우에는, A는 무엇인가의 의미로 피해자라고 하는 느낌이 든다.

수동은 통상, 직접수동과 간접수동의 2개의 타입으로 나뉘어져 있다.

직접수동은 능동태의 「B가 A를 동사」에 대응하는 「A가 B에 동사 ＋ れる·られる」 라고 하는 수동의 경우를 나타낸다. (이러한 경우에는 C는 나타나지 않는다).

간접수동은 「B가 (C를) 동사」에 대해서 「A가 B에 (C를) 동사 ＋ れる·られる」라고 하는 수동의 경우를 나타낸다. (이러한 경우에는 A는 원래부터 능동태는 아니다).

일반적으로 말해서, 수동형의 주어에는 비생물(非生物) 명사는 일어나기 어렵다. 간접수동의 경우는 특히 더 그렇다. (비·바람·눈 같은 것은 예외이다)

직접수동	ブルータスがシーザーを殺した。	부루터스가 시저를 죽였다.
	シーザーがブルータスに殺された。	시저가 부루터스에게 살해당했다.
간접수동	子供が泣いた。	아이가 울었다.
	私はゆうべ子供に泣かれて困った。	나는 어젯밤 아이가 울어서 곤란했다.

▶ 수동은 항상 앞에 나오는 사람이 당하는 사람이 되고, 조사 に·から를 받는 대상은 그 행위를 한사람이 된다.

学生は先生に叱られました。　　　　　　학생은 선생님에게 혼났습니다.

따라서 혼난 사람은 학생이고 혼낸 사람은 선생님이 된다.

▶ 수동은 대상이 있으면 반드시 조사는 に・から를 사용한다.
단, 방향・목적・장소 항상 사용되는 조사는 제외된다.(ヘ・で・に)
일반 문장과 수동형은 주어가 바뀌게 된다.

일반문장	先生<ruby>せんせい</ruby>はチンさん<u>を</u>ほめました。 선생님은 진씨를 칭찬했습니다.
수동형	チンさんは先生<ruby>せんせい</ruby><u>に</u>ほめられました。 진씨는 선생님에게 칭찬 받았습니다.

1. 私は先生に呼ばれました。

   나는 선생님에게 불렸습니다.

2. 子供はお母さんに叱られました。

   아이는 어머니에게 혼났습니다.

3. チンさんはお巡りさんに調べられました。

   진씨는 순경(경찰)에게 조사 받았습니다.

4. 私は母に起こされました。

   나는 어머니에게 깨워졌습니다.

5. あの人はみんなに尊敬されています。

   저 사람은 모두에게 존경받고 있습니다.

일반문장	山本さんは田中さんに道を聞きました。 야마모또씨는 다나까씨에게 길을 물었습니다.
수동형	田中さんは山本さんに道を聞かれました。 다나까씨는 야마모또씨에게 길을 묻는 것을 당했습니다. 야마모또씨는 다나까씨에게 길을 물었습니다.

6. 林さんは社長に仕事を頼まれました。

   하야시씨는 사장에게 일을 부탁 받았습니다.

7. 私は母にいろいろなことを教えられました。

   나는 어머니에게 여러 가지 일을 배웠습니다.

8. あなたは昨日先生にどんなことを言われましたか。

   당신은 어제 선생님에게 어떤 것을 들었습니까.

9. さちこさんは一郎さんに花をプレゼントされました。

   사찌꼬씨는 이찌로우씨에게 꽃을 선물 받았습니다.

일반문장	若い人はよく漫画を読んでいます。 젊은 사람은 자주 만화를 읽고 있습니다.
수동형	漫画は若い人によく読まれています。 만화는 젊은 사람에게 자주 읽혀지고 있습니다.

10. コンピューターはいろいろな所に使われています。

    컴퓨터는 많은 곳에서 사용되어지고 있습니다.

11. この歌は世界中の人に愛されています。

    이 노래는 세상 사람들에게 사랑 받고 있습니다.

12. この絵は１５世紀ごろ描かれました。

    이 그림은 15세기경 그려졌습니다.

13. 新しい星が発見されたそうです。

    새로운 별이 발견되었다고 합니다.

14. インドではいろいろな言葉が話されています。

    인도에서는 여러 가지 (많은) 언어가 사용되어지고 있습니다.

15. ナンデムンはいつごろ作られましたか。

    남대문(南大門)은 언제쯤 만들어졌습니까.

3. 迷惑受け身。(피해를 받는 수동)

私は泥棒にお金を盗まれました。　나는 도둑에게 돈을 도둑맞았습니다.

私は雨に降られました。　　　　나는 비를 맞았습니다.

▶ 남에게 피해를 주는 수동.

일반문장	泥棒は私のお金を盗みました。
	도둑은 내 돈을 훔쳤습니다.
수동형	私は泥棒にお金を盗まれました。
	나는 도둑에게 돈을 도둑맞았습니다.

1. 私は母に日記を読まれました。
   나는 어머니에게 일기를 읽혔습니다.

2. パクさんは電車の中で隣の人に足を踏まれました。
   박씨는 전철 안에서 옆 사람에게 다리를 밟혔습니다.

3. キムさんは友達に恋人の写真を見られました。
   김씨는 친구에게 애인의 사진을 보였습니다.

4. 私は兄にケーキを食べられてしまいました。
   나는 형에게 케이크를 먹히고 말았습니다.

5. 鈴木さんは誰かに傘を持って行かれてしまいました。
   스즈끼씨는 누군가에게 우산을 가지고 가는 것을 당했습니다.

6. 幸子さんは妹さんに一番いい服を着られてしまいました。
   사찌꼬씨는 여동생에게 제일 좋은 옷을 입히고 말았습니다.

일반문장	雨が降りました。(私は困りました)
	비가 내렸습니다. (나는 곤란했습니다)
수동형	私は雨に降られました。 ·
	나는 비를 맞았습니다.

7. 私は昨日一晩中赤ちゃんに泣かれました。

   나는 어제 밤새 아기에게 울음을 당했습니다.

8. キムさんは試験の勉強をしている時、友達に来られました。

   김씨는 시험공부를 하고 있을 때, 친구가 왔습니다.

9. 小さい時、母に死なれました。

   어렸을 때, 어머니가 돌아가셨습니다.

10. 私は隣の部屋の学生に歌を歌われて、寝られませんでした。

   나는 옆방 학생이 노래를 불러서, 잘 수가 없었습니다.

11. 今日、急にテストをされて、全然出来ませんでした。

   오늘, 갑자기 테스트를 당해서, 전혀 못했습니다.

▶ 다음 문장을 수동형으로 바꾸세요.

1. 先生が生徒をほめました。

   → _____ 。

2. 先生が子供の絵をほめた。

   → _____ 。

3. 田中さんが私の悪口を言った。

   → _____ 。

4. その人が私の父に古い手紙を渡した。

   → ＿＿＿＿＿＿＿＿＿＿＿＿＿＿＿＿＿＿＿＿＿＿＿＿＿＿＿＿＿＿＿。

5. 日本人は昔からお茶を飲んできた。

   → ＿＿＿＿＿＿＿＿＿＿＿＿＿＿＿＿＿＿＿＿＿＿＿＿＿＿＿＿＿＿＿。

6. 大勢の人がこの本を読んでいます。

   → ＿＿＿＿＿＿＿＿＿＿＿＿＿＿＿＿＿＿＿＿＿＿＿＿＿＿＿＿＿＿＿。

7. 若い人たちがこの歌を歌っています。

   → ＿＿＿＿＿＿＿＿＿＿＿＿＿＿＿＿＿＿＿＿＿＿＿＿＿＿＿＿＿＿＿。

8. 日本人も外国人も富士山を知っています。

   → ＿＿＿＿＿＿＿＿＿＿＿＿＿＿＿＿＿＿＿＿＿＿＿＿＿＿＿＿＿＿＿。

• 答え。(답)

1. 生徒は先生にほめられました。

2. 子供は絵を先生にほめられた。

3. 私は田中さんに悪口を言われた。

4. 私の父はその人に古い手紙を渡された。

5. お茶は昔から日本人に飲まれてきた。

6. この本は大勢の人に読まれています。

7. この歌は若い人たちに歌われています。

8. 富士山は日本人にも外国人にも知られています。

4. 使役受身刑。(사역수동형)

私は子供の時、毎によく野菜を食べさせられました。
나는 어릴 때, 어머니에게 자주 야채 먹임을 당했습니다.

▸ 사역수동형. (사역수동형은 동사 II 의 활용이 된다)
용법 : 사역형으로 만든 다음에 수동형(られる)을 접속하면 된다.
의미 : 본인의 의지와는 상관없이 상대방이 시켜서 나는 당했습니다 라고 하는 강제의 의미를 나타낸다.

▸ 동사 I 에 한정되어 せら가 さ로 축약되며, 주로 축약형으로 사용된다)
(단 기본형이 う로 끝나는 동사는 あ가 아닌 わ로 바뀐다)

기 본 형	사 역 형 (あ단 + せる)	수 동 형 (あ단 + れる)
行く (가다)	行かせる (보내다)	行かれる (보내지다)
立つ (서다)	立たせる (세우다)	立たれる (세워지다)
読む (읽다)	読ませる (읽게 하다)	読まれる (읽혀지다)
帰る (돌아가다)	帰らせる (돌아가게 하다)	帰られる (돌아가지다)

사역수동형	축약형
行かせられる (강제로 보내지다)	行かされる (강제로 보내지다)
立たせられる (강제로 세워지다)	立たされる (강제로 세워지다)
読ませられる (강제로 읽혀지다)	読まされる (강제로 읽혀지다)
帰らせられる (강제로 돌아가지다)	帰らされる (강제로 돌아가지다)

• 동사 II 사역형, 수동형.

기 본 형	사 역 형 (기본형에서 る만 빼고 させる)	수 동 형 (기본형에서 る만 빼고 られる)
食べる (먹다)	食べさせる (먹이다)	食べられる (먹히다)
見る (보다)	見させる (보게 하다)	見られる (보이다)

• 동사III 사역형, 수동형.

기 본 형	사 역 형 (기본형에서 る만 빼고 させる)		수 동 형 (기본형에서 る만 빼고 られる)	
する (하다)	させる	(시키다)	される	(당하다)
来る (오다)	来させる	(오게 하다)	来られる	(오게 하다)

▶ 동사II 는 축약되지 않는다.

기 본 형	사역수동형
食べる (먹다)	食べさせられる (강제로 먹이다)
見る (보다)	見させられる (강제로 보게 하다)

▶ 동사III 은 축약되지 않는다.

기 본 형	사역수동형
する (하다)	させられる (강제로 시키다)
来る (오다)	来させられる (강제로 오게 하다)

1. 私は子供の時、よく宿題を忘れて、先生に立たせられました。

   나는 어릴 때, 자주 숙제를 잊어버려서, 선생님에게 벌을 받았습니다.

2. パクさんは子供のころ、お母さんにピアノを習わせられたそうです。

   박씨는 어릴 때, 어머니에게 피아노를 배우는 것을 당했다고 합니다.

3. 欲しくない物をセールスマンに買わせられてしまいました。

   원하지 않는 물건을 외판원에게 사는 것을 당하고 말았습니다.

4. 今日みんなの前で歌を歌わせられて、恥ずかしかったです。

   오늘 모든 사람 앞에서 노래를 불러서, 창피했습니다.

5. チンさんは、子供のころよくお母さんにお使いに行かせられたそうです。

진씨는, 어릴 때 자주 어머님에게 심부름에 보내어졌다고 합니다.

6. かおりさんはご両親にお見合いをさせられました。

가오리씨는 부모님에게 맞선보는 것을 당했습니다.

7. 私は酒が好きなのに、医者に酒を止めさせられました。

나는 술을 좋아하는데도, 의사에게 술을 끊겼습니다.

8. 私は子供のころ体が弱かったので、毎朝、父に運動をさせられました。

나는 어릴 때 몸이 약했기 때문에, 매일 아침, 아버지가 운동을 시켰습니다.

9. 昨日、病院へ行きましたが、患者が多くて一時間ぐらい待たされました。

어제, 병원에 갔었습니다만, 환자가 많아서 1시간 정도 기다렸습니다.

10. 私は、昨日、パーティーのときに、あまりお酒が飲みたくなかったのに、
みんなにお酒を飲まされました。

나는, 어제, 파티 때, 그다지 술을 마시고 싶지 않았는데, 모두에게 술 마심을 당했습
니다.

11. 私は、昨日、パーティーのときに、歌が下手なのにみんなに歌を歌わさ
れました。

나는, 어제, 파티 때, 노래를 못하는데도 모두 앞에서 노래를 불려졌습니다.

1. 私は授業に遅れました。

   先生はあなたを廊下に立たせました。

   → _____。

2. 私は授業中に騒ぎました。

   先生はあなたを教室の外へ行かせました。

   → _____。

3. 私は教科書がよく読めませんでした。

   先生はあなたに何回も教科書を読ませました。

   → _____。

4. 私は正しい発音ができませんでした。

   先生はあなたに何回も発音を言わせました。

   → _____。

5. 私は正しく答えられませんでした。

   先生はあなたに何回も答えさせました。

   → _____。

6. 私は、子供のころ、野菜がきらいでした。

   お母さんはあなたに、毎日、野菜を食べさせました。

   → _____。

7. 私は、今日、教科書を持ってきませんでした。

   先生はあなたに教科書を取ってこさせました。

   → _____。

• 答え。(답)

1. 私は先生に廊下に立たされました。

2. 私は先生に教室の外へ行かされました。

3. 私は先生に何回も教科書を読まされました。

4. 私は先生に何回も発音を言わされました。

5. 私は先生に何回も答えさせられました。

6. 私は、母に、毎日、野菜を食べさせられました。

7. 私は、今日、先生に教科書を取ってこさせられました。

5.

練習しても上手になりません。	연습해도 능숙하게 되지 않습니다.
いくら練習しても上手になりません。	아무리 연습해도 능숙하게 되지 않습니다.

▶ いくら(どんなに) ～ても(でも) : 아무리 ～하더라도 (해도).
  용법 : 동사 · い형용사 · な형용사 · 명사 て形 + も。
  의미 : 아무리 ～해도 소용없다. 아무리 ～해도 하겠다.

▶ ところで : ～해 봤자. ～해 본들. 뒷문장은 ～해 봤자 소용없다 같은 부정적인 문장이 온다.
  용법 : 동사(과거형) + ところで。
  의미 : 앞문장의 내용을 한다고 하더라도 좋은 결과가 되지 않는다는 것을 나타낸다.

   今からどんなに走ったところで、絶対に間に合いませんよ。

   지금부터 아무리 뛰어 봤자, 절대로 시간에 도착할 수 없다.

1. 説明しても分かりません。

   설명해도 모릅니다. (이해가 되지 않습니다)

2. 手術しても治らないでしょう。

   수술해도 낫지 않겠지요.

3. 待っても来ないでしょう。

   기다려도 오지 않겠지요.

4. うちへ帰っても休めません。

   집에 돌아가도 쉴 수 없습니다.

5. 高くても買うつもりです。

   비싸도 살 생각입니다.

6. 連休は、どこへ行っても混んでいます。

   연휴는, 어디에 가도 혼잡합니다.

7. キムさんは何を食べても、「おいしくない」と言います。

   김씨는 무엇을 먹어도, 「맛없다」라고 말합니다.

8. いつ電話してもアリさんは家にいません。

   언제 전화해도 아리씨는 집에 없습니다.

9. いくら難しくても試験を受けるつもりです。

   아무리 어려워도 시험을 볼 생각입니다.

10. どんなに大変でも勉強を続けようと思っています。

    아무리 힘들어도 공부를 계속하려고 생각하고 있습니다.

11. 何度聞いても分かりません。

    몇 번이나 들어도 이해가 되지 않습니다.

6.

テープを何度も聞けば、きっと分かります。
테이프를 반복해서 듣는다면, 틀림없이 이해할 수 있습니다.

▶ 何度も : 몇 번이나. 계속해서. 반복해서.
　きっと : 틀림없이. 꼭. 반드시. (상대에게의 요망)

1. 日本に何年も住めば、日本語が上手になるでしょう。
   일본에서 몇 년씩이나 살면, 일본어가 능숙하게 되겠지요.

2. ジーパンは何度も洗えば、柔らかくなります。
   진은(jeans) 반복해서 빨면 부드러워집니다.

3. いくら美味しい料理でも同じ料理を何日も食べれば、おいしくなくなり
   ます。
   아무리 맛있는 요리라도 똑같은 요리를 며칠 먹으면 맛이 없어집니다.

4. ビールを何本も飲んだので、酔っ払ってしまいました。
   맥주를 몇 병이나 마셨기 때문에, 취하고 말았습니다.

5. 何度もやれば、慣れますよ。
   반복해서 하면, 익숙해집니다.

7.

テレビ<u>ばかり</u>見ています。	텔레비전만 보고 있습니다.
テレビを見て<u>ばかり</u>います。	텔레비전을 보고만 있습니다.

▶ ばかり : ~만.
용법 : 명사 + ばかり。(だけ・のみ)
　　　　동사(현재진행형)＋ばかり。
의미 : 동작의 한정이나 지속적으로 계속하고 있는 상태를 나타낸다. (テレビばかり見ている)
　　　　현재진행형 가운데 ばかり가 오는 경우는 그 동작만 계속하고 있다는 의미를 나타낸다.
　　　　(見てばかりいる)

1. 昨日はいやなことばかりありましたよ。
   어제는 좋지 않은 일만 있었습니다.

2. このごろ家族の夢ばかり見ます。
   요즈음은 가족 꿈만 꿉니다.

3. この部屋にいるのは日本人ばかりです。
   이 방에 있는 사람은 일본 사람뿐입니다.

4. 甘い物ばかり食べていると虫歯になりますよ。
   단것만 먹고 있으면 충치가 됩니다.

5. どのチャンネルもプロ野球の試合ばかりです。
   어느 채널도 프로야구 시합뿐입니다.

6. 文句ばかり言わないで、自分ですればいいでしょう。

불평만 말하지 말고, 스스로 하면 좋잖아요.

7. 働いてばかりいないで、少し休んだらどうですか。

일만 하지 말고, 조금 휴식한다면 어떻겠습니까.

8. 遊んでばかりいないで、真面目に勉強したらどうですか。

놀고 있지만 말고, 성실하게 공부한다면 어떻겠습니까.

9. お金を使ってばかりいないで、少し貯金をしたらどうですか。

돈을 쓰지만 말고, 조금 저금을 한다면 어떻겠습니까.

10. 泣いてばかりいないで、説明してください。

울고 있지만 말고, 설명해 주세요.

8.

学校まで走って来ました。　　　学교까지 달려 왔습니다.

▶ て形＋くる : ～해 오다.

　용법 : 자동사(て形) ＋ 来る。

　의미 : 상태가 점점 변화하다. 접근해 오다.
　　　　동사를 나타내는 내용이, 말하는 상대 또는 화제에 오른 사람을 중심으로 점점 가까워질 때 사용한다.

1.　A: 毎日何で学校へ来ますか。

　　　매일 무엇으로 학교에 옵니까.

　　B: 歩いて来ます。

　　　걸어서 옵니다.

2.　今日は遅く起きたので、タクシーに乗って来ました。

　　오늘은 늦게 일어났기 때문에, 택시를 타고 왔습니다.

3.　冬になると、北国から白鳥が飛んで来ます。

　　겨울이 되면, 북쪽 지방으로부터 백조가 날아옵니다.

4.　こちらへ泳いで来る人は誰ですか。

　　이쪽으로 헤엄쳐 오는 사람은 누구입니까.

会話

1.

鈴木: 山手線はいつも混んでいますね。

야마노떼센은 언제나 혼잡하군요.

中島: そうですね。

그렇군요.

鈴木: 今朝も隣の人に足を踏まれたり、後ろの人に押されて転びそうになったりして大変でした。

오늘 아침에도 옆 사람에게 다리를 밟히기도 하고, 뒷사람에게 밀려 넘어질 뻔해서 힘들었습니다.

中島: それは大変でしたね。私の友達は先週、電車の中で財布を盗まれたそうですよ。

그것은 힘들었겠네요. 내 친구는 지난주, 전차 안에서 지갑을 도둑맞았다고 합니다. (すりにすられる : 소매치기한테 소매치기 당하다)

鈴木: 満員電車はいやですね。

만원 전차는 싫습니다.

2.

コウ: この前、富士山へ行きましたよ。

요전에, 후지산에 갔었습니다.

キム: 上まで登ったんですか。

　　　정상까지 올라갔습니까. (登山 ・ 山登り : 등산)

コウ: 登りたかったのですが、途中で雨に降られたので、帰って来たんです。

　　　올라가고 싶었습니다만, 도중에 비가 내렸기 때문에, 귀가했습니다.

キム: それは残念でしたね。

　　　그것은 안타깝군요.

コウ: ええ、富士山は日本一の山と言われていますから、ぜひ一度登ってみ

　　　たかったんですが。

　　　예. 후지산은 일본 제일의 산이라고 말하고 있기 때문에, 꼭 한번 올라가고 싶었

　　　습니다만.

3.

原　: ずいぶん沢山漢字を覚えましたね。

　　　상당히 많은 한자를 외웠군요(알고 있군요).

サイ: はい、毎日、学校で十字ずつ覚えさせられるので、もうだいぶ覚えました。

　　　예, 매일, 학교에서 10자씩 외우게 하기 때문에, 이제는 많이 외웠습니다.

原　: 何でも、止めないで毎日続けるといいですね。

　　　무엇이든지, 그만두지 말고 매일 계속하면 좋습니다.

サイ: はい。

　　　예.

4.

チン: パクさんはダンスが上手ですね。

　　　박씨는 춤을 잘 추는군요.

パク: いえ、そんなに上手じゃありませんよ。

아니오, 그렇게 잘하지 못합니다.

チン: 上手ですよ。先生もほめていましたよ。

잘해요. 선생님도 칭찬했습니다.

パク: 実は子供のころ、ちょっと母にバレエを習わせられていたんです。

사실은 어렸을 때, 잠깐 어머니에게 강제로 발레를 배웠습니다.

チン: そうだったんですか。いいですね。

私は何度やらせられてもうまく踊れないんです。

그랬었군요. 부럽습니다.

나는 몇 번이나 강제로 배웠어도 춤을 잘 출 수가 없습니다.

パク: そんなことはありませんよ。

何度も練習すれば、きっと上手になりますよ。

그럴리는 없습니다.

반복해서 연습하면, 틀림없이 잘할 수 있습니다.

チン: そうですか。

그렇습니까.

パク: 私も子供のころは何度も何度も練習させられましたよ。

나도 어렸을 때는 몇 번씩이나 강제로 연습했습니다.

5.

かおり: けんじさんは毎晩遅くまで仕事が大変なんだそうね。

겐지씨는 매일 밤늦게까지 일이 힘들다고 하더라.

よしえ: そうじゃないのよ。お酒ばかり飲んでいるの。

그렇지 않아, 술만 마시고 있어.

かおり: まあ、そうなの。

어, 그러니.

よしえ: 何度言ってもお酒もタバコも止めないのよ。

　　　　お医者さんに止めなくてはいけないって言われているのに。

　　　　몇 번씩이나 말해도 술도 담배도 끊지 않아.

　　　　의사 선생님에게 끊지 않으면 안 된다고 말을 들었는데도.

かおり: それは困ったわね。

　　　　그것은 곤란하겠구나.

6.

山本: うちの中でテレビを見てばかりいないで、ちょっと運動しませんか。

　　　집안에서 텔레비전만 보고 있지 말고, 잠깐 운동하지 않겠습니까.

田中: でも、外は暑いから……。

　　　그러나, 밖은 덥기 때문에.

山本: プールなら涼しくていいんじゃないですか。

　　　풀장이라면 시원해서 좋지 않습니까.

田中: そうですね。

　　　그렇군요.

山本: 池袋にプールがあるんですが、行きませんか。

　　　이께부꾸로에 풀장이 있습니다만, 가지 않겠습니까.

田中: はい、行きましょう。歩いて行きませんか。

　　　예, 갑시다. 걸어가지 않겠습니까.

山本: そうですね。近いから歩いて行きましょう。

　　　그렇군요. 가깝기 때문에 걸어갑시다.

本文

1.

リン: プールへ行ったそうですね。どうでしたか。
풀장에 갔었다고 하더군요. 어땠습니까.

キム: とても混んでいて、中に入るまでずいぶん待たせられました。
대단히 붐벼서, 안으로 들어갈 때까지 상당히 기다렸습니다.

リン: そうですか。
でも、日曜日はどこへ行っても混んでいますからね。
그렇습니까. 그러나, 일요일은 어디에 가도 혼잡하기 때문입니다.

キム: そうですね。シャワー室も混んでいたので、シャワーを浴びないで、すぐプールに入ろうとしたら、監視員の人に注意されました。
맞습니다. 샤워실도 혼잡했기 때문에, 샤워를 하지 않고 곧바로 풀장에 들어가려고 했는데, 감시원에게 주의 받았습니다.

リン: プールに入る前には、必ずシャワーを浴びることになっていますからね。
풀장에 들어가기 전에는, 반드시 샤워를 하기로 되어 있기 때문입니다.

キム: そうなんですか。
그렇습니까.

リン: 楽しかったですか。
즐거웠습니까.

キム: ええ、まあ。でも、泳いでいると足をけられるし、外へ出ると、どこを見てもカップルばかりで、あまり楽しくありませんでした。
예, 그럭저럭. 그러나, 수영하고 있으면 다리를 차이기도 하고, 밖에 나오면, 어디를 봐도 커플뿐이고, 그다지 즐겁지 않았습니다.

リン: 一人で行ったんですか。

혼자서 갔습니까.

キム: いいえ。ラオさんと一緒に行ったんですけど、ラオさんはあまり泳げ
ないので、見てばかりいました。

아니오. 라오씨하고 같이 갔습니다만, 라오씨는 그다지 수영을 못하기 때문에,
보고만 있었습니다.

リン: ラオさんは泳げないんですか。

라오씨는 수영을 못합니까.

キム: ええ、プールがちょっと深かったので、何度言っても泳ごうとしない
んです。

예, 풀장이 좀 깊었기 때문에, 몇 번씩이나 말해도 수영하려고 하지 않습니다.

リン: そうですか。私も泳げないから、プールへ行ったことがないんですよ。

그렇습니까. 나도 수영을 못하기 때문에, 풀장에 가본적이 없습니다.

キム: 何度も練習すれば、きっと上手になりますよ。

今度一緒に行きましょう。

반복해서 연습하면, 틀림없이 잘할 수 있습니다.

다음에 같이 갑시다.

リン: あっ、ラオさんが走ってきましたよ。

아니, 라오씨가 달려오는군요.

ラオ: おはよう。

안녕하세요.

リン: キムさんと一緒にプールへ行ったそうですね。

김씨하고 같이 풀장에 갔었다고 하는군요.

ラオ: ええ。

예.

リン: 今度、私も連れて行ってください。

私も泳げないから、一緒に練習しましょう。

다음에, 나도 데리고 가 주세요.
나도 수영을 못하기 때문에, 같이 연습합니다.

ラオ: でも、日曜日は混んでいるから、もう行きたくありませんよ。

私はずっとプールサイドで寝ていたんですが、歩いている人に足を踏

まれたり、ジュースを零されたりして大変でした。

그러나, 일요일은 혼잡하기 때문에, 이제는 가고 싶지 않습니다.
나는 계속 풀사이드에서 누워 있었습니다만, 걷고 있는 사람에게 발을 밟히기
도 하고, 주스를 엎지르거나 해서 힘들었습니다.

キム: だから一緒に泳ごうって言ったのに。

그렇기 때문에 같이 수영하자고 했는데.

ラオ: 学校を休んで、普通の日に行ったら、空いているでしょうね。

학교를 결석하고, 평일날(주중에) 가면, 한가하겠지요.

キム: でも、そんなことをしたら、先生に叱られますよ。

그러나, 그러한 짓을 하면, 선생님에게 혼납니다.

ラオ: そうですね。

그러네요.

第二十五課
だい に じゅう ご か

雨はもう止んだようです。
あめ　　　　や
비는 이미 그친 것 같습니다.

語句 (어구. 말)

단 어	한자 읽는 법	의 미
飴	あめ	캔디. 엿.
お喋り	おしゃべり	잡담. 수다스러움.
おやつ		간식.
ほとんど		대부분. 거의.
まるで ●		마치. (あたかも・丁度・さながら)
やっぱり		역시. (やはり)
そっち		그쪽.
たたみ		다다미. (돗자리)
大体	だいたい	대체로.
だんだん ●		점점. (ますます・どんどん)
なるべく		가능한 한. 될 수 있는 한.
歌手	かしゅ	가수.
婚約者	こんやくしゃ	약혼자.
(婚約者の) 方	~かた	약혼한 분.
外国人	がいこくじん	외국인.
登録証	とうろくしょう	등록증.
氷	こおり	얼음.
女性	じょせい	여성.
推量	すいりょう	추량.
空	そら	하늘.
短縮形	たんしゅくけい	단축형.
力	ちから	힘.
通訳	つうやく	통역.
東大	とうだい	도쿄대학.

都会	とかい	도회지. 도시.
生野菜	なまやさい	야채. 생채소.
庭	にわ	정원.
初めは	はじめは	처음에는.
範囲	はんい	범위.
比喩	ひゆ	비유.
保証人 •	ほしょうにん	보증인.
返事	へんじ	대답. 답장.
相撲 •	すもう	씨름.
前の方	まえのほう	앞쪽.
目的	もくてき	목적.
例示	れいじ	예시.
化粧	げしょう	화장.
大きな	おおきな	큰.
小さな	ちいさな	작은.
おかしな		이상한.

• 動詞 (동사)

기본형 · 사전형	한자 읽는 법	동사 구분	의 미
似合う •	にあう	動Ⅰ	어울리다. 조화를 이루다.
誘う	さそう	動Ⅰ	유혹하다. 권유하다.
溶ける	とける	動Ⅱ	녹다. (고체가 액체로)
解ける	とける	動Ⅱ	풀리다. (문제가)
(友達が) 出来る		動Ⅱ	친구가 생기다.
なめる		動Ⅱ	빨다. 핥다.
入学する	にゅうがくする	動Ⅲ	입학하다.
メモする	memoする	動Ⅲ	메모하다.
緊張する	きんちょうする	動Ⅲ	긴장하다.
婚約する	こんやくする	動Ⅲ	약혼하다.

• い形容詞 (い형용사)

단 어	의 미
相応しい	어울리다. (나이 · 행동 · 장소)
似合わしい	잘 어울리다, 알맞다.

• な形容詞 (な형용사)

단 어	한자 읽는 법	의 미
変	へん	이상하다.
無理	むり	무리.

• フレーズ (문구, 관용구, phrase)

단 어	의 미
洗いなさい。	씻어라. (주로 여성들이 사용하는 명령어) (동사(ます形)＋なさい)
音がする。　　　・	소리가 나다. (音が立つ)
意地が悪い。　　・	심술궂다. 짓궂다. (意地悪)
意地を張る。　　・	고집부리다. (意地っ張り : 고집쟁이.　欲張り : 욕심쟁이)
お久し振りですね。　・	오래간만입니다. (年上에게)
しばらくですね。　・	오래간만입니다. (年下에게)
どれどれ。	어디 어디.
じゃまたね。 じゃね。	그럼 또 보자.
あらっ。	아니. (감탄사)

例文・説明 (예문·설명)

1. 推量。 추량.

雨はもう止んだようです。 / みたいです。
비는 이제 그친 것 같습니다. / 같습니다.

▸ 추량 : 사물의 사정이나 사람의 심정 등을 추측.
  ようです : ~인 것 같습니다.
  みたいです : ~인 것 같습니다. (よう의 회화체)
  용법 : 동사 · い형용사 · な형용사 · 명사(기본체) + よう。
    な형용사(な) · 명사(の) + よう。
    동사 · い형용사 · な형용사 · 명사(기본체) + みたい。
    단 な형용사 · 명사의 현재형은 단어+みたい。
  의미 : 불확실한 판단 · 추측을 나타낸다.
    말하는 사람의 감각에 기초를 둔 주관적, 또는 직감적인 판단이고, 추량의 조동사(らしい)와
    같이 사용하는 일이 많다.

동 사	田中さんはおなかが空いているようです。 / みたいです。
	다나까씨는 배가 고픈 것 같습니다. / 같습니다.
い형용사	田中さんは頭が痛いようです。 / みたいです。
	다나까씨는 머리가 아픈 것 같습니다. / 같습니다.
な형용사	田中さんは暇なようです。 / みたいです。
	다나까씨는 한가한 것 같습니다. / 같습니다.
명 사	田中さんは病気のようです。 / みたいです。
	다나까씨는 병인 것 같습니다. / 같습니다.

1. A: 雨はもう止みましたか。

   비는 이제 그쳤습니까.

   B: ええ、止んだようです。もう音がしていないから。

   예, 그친 것 같습니다. 이젠 소리가 나지 않기 때문에.

2. 医者: どうしましたか。

   왜 그러십니까.

   患者: 風邪を引いたようなんです。のどが少し痛いんです。

   감기가 걸린 것 같습니다. 목이 조금 아픕니다.

3. A: キムさんはお酒が飲めないようですね。

   김씨는 술을 못 마시는 것 같군요.

   B: ええ、ジュースばかり飲んでいますね。

   예, 주스만 마시고 있습니다.

4. ユンさんは、テストがよくできなかったので、とても心配しているみたいです。

   윤씨는, 시험을 잘 못 보았기 때문에, 매우 걱정하고 있는 것 같습니다.

5. A: 今日映画に行きませんか。

   오늘 영화 보러 가지 않겠습니까.

   B: 私は忙しいので、行けませんが、コウさんはどうですか。

   今日は暇みたいですよ。

   나는 바쁘기 때문에, 갈 수 없습니다만, 고씨는 어떻습니까.

   오늘은 한가한 것 같습니다.

2. 比喩。 비유·비교.

今日はまるで冬のようです。　　　/ みたいです。
오늘은 마치 겨울 같습니다.　　　 / 같습니다.

今日はまるで冬のように　　　　　/ みたいに寒いです。
오늘은 마치 겨울처럼 춥습니다　　/ 처럼 춥습니다.

今日はまるで冬のような　　　　　/ みたいな天気です。
오늘은 마치 겨울 같은 날씨입니다　/ 같은 날씨입니다.

▸ よう：～같이. ～처럼. (みたい : よう의 회화체)
　용법 : な형용사(な)·명사(の) + よう.
　　　　な형용사·명사(단어) + みたい.
　　　　よう·みたい가 명사를 수식하면은 な형용사가 된다. 따라서 활용도 な형용사와 같다.
　의미 : 비교.
　　　　「XはYのよう…」라고 하는 구성문으로, X를 설명하기 위해서 Y를 X와 닮았다고 하는 예로서
　　　　나타낸다.

▸ まるで ：마치 ～인 것 같다.
　　　　(뒷문장은 반드시 ようなみたい를 동반한다) (あたかも·ちょうど·さながら)

1. A: アリさんは日本語が上手ですね。
　　　아리씨는 일본어를 잘하는군요.
　 B: ええ、まるで日本人のようですね。
　　　예, 마치 일본인 같군요.

2. 吉田さんの手は氷のように冷たいです。
　 요시다씨의 손은 얼음처럼 차갑습니다.

3. 山本さんのうちの庭は、公園のように広くてきれいです。

   야마모또씨 집 정원은, 공원같이 넓고 아름답습니다.

4. A: 東大に入学したそうですね。おめでとうございます。

   도꾜대학에 입학했다고 하더군요. 축하합니다.

   B: ありがとうございます。まるで夢のようです。

   고맙습니다. 마치 꿈같습니다.

5. 五月なのに、冬みたいに寒いですね。

   5월인데도, 겨울같이 춥습니다.

6. チンさんは妹みたいに可愛いです。

   진씨는 여동생같이 귀엽습니다.

7. あの人は朝から晩まで、こまねずみのように働いています。

   저 사람은 아침부터 밤까지, 생쥐같이 열심히 일하고 있습니다.

3. 例示。 예시.

コーラのような / みたいな飲み物が好きです。
콜라 같은 음료수를 좋아합니다.

▶ よう : ~처럼. ~같은.
　용법 : 동사 · い형용사(기본체) + よう。
　　　　　명사(の) · な형용사(な) + よう。
　　　　　동사 · い형용사 · な형용사 · 명사(기본체) + みたい。
　　　　　명사 · な형용사(단어) + みたい。
　의미 : 닮은 것, 조건에 맞는 것을 구체적인 예를 들어서 설명한다. 또, 그 자체에 대해서 말할 때도
　　　　 사용하지만, 그 경우 어떤 내용을 예시로서 강조하는 의미가 되는 일이 많다.

1.　韓国料理のような辛いものが好きです。
　　한국요리 같은 매운 것을 좋아합니다.

2.　幸子さんのような人は、いいお母さんになるでしょう。
　　사찌꼬씨 같은 사람은, 좋은 어머니가 되겠지요.

3.　東京のように人が多い所には住みたくありません。
　　도꾜처럼 사람이 많은 곳에는 살고 싶지 않습니다.

4.　リンさんのように毎日よく勉強する人は、きっと難しい大学にも入れる
　　でしょう。
　　린씨처럼 매일 열심히 공부하는 사람은, 틀림없이 어려운 대학에도 들어갈 수 있
　　겠지요.

5.　いかにも見たように話します。
　　정말로 본 것처럼 이야기합니다.

6. だれにでも出来るような易しい試験でした。

   누구라도 할 수 있는 쉬운 시험이었습니다.

7. あなたのような意地悪な人は嫌いです。

   당신처럼 심술궂은 사람은 싫습니다.

4. 目的。 목적.

> よく見えるように、大きく書いてください。
> 잘 보일 수 있도록, 크게 써 주세요.

▶ ように : ~할 수 있도록. (바램이나 희망의 문장에 사용한다.)
  용법   : 동사(현재형) + ように。
  의미   : 행위의 목적을 나타낸다.

1. A: どこに座りましょうか。

   어디에 앉을까요.

   B: よく見えるように、前の方に座りましょう。

   잘 보이도록, 앞쪽에 앉읍시다.

2. あしたの朝早く起きられるように、今晩早く寝ます。

   내일 아침 일찍 일어 날수 있도록, 오늘밤 일찍 잡니다.

3. お祖父ちゃんによく聞こえるように、大きな声で言ってください。

   할아버지에게 잘 들리도록, 큰 소리로 말해 주세요.

4. 家族が心配しないように、毎週手紙を書きます。

   가족이 걱정하지 않도록, 매주 편지를 씁니다.

5. 隣の猫に食べられないように、注意してください。

   옆집 고양이에게 먹히지 않도록, 주의해 주세요.

6. 大切なことは、忘れないようにメモしましょう。

   중요한 일은, 잊어버리지 않도록 메모합시다.

7. 病気が早く治るように、薬を飲みました。

   병이 빨리 나을 수 있도록, 약을 마셨습니다.

8. 大学に合格できるように、勉強した単語や文法を復習します。

   대학에 합격할 수 있도록, 공부한 단어나 문법을 복습합니다.

9. 日本語を上手に話せるように、毎日シャドーイングをしています。

   일본어를 능숙하게 이야기 할 수 있도록, 매일 쉐도잉을 하고 있습니다.

   (shadowing : 외국어 문장이나 단어를 들은 후에 복창하는 것)

10. 来年、海外旅行ができるように、お金を少しずつ貯めています。

    내년에, 해외여행을 갈 수 있도록, 돈을 조금씩 저금하고 있습니다.

11. 友達が日本に留学できるように、祈っています。

    친구가 일본으로 유학 갈 수 있도록, 기도하고 있습니다.

13. 太らないように、甘いものは食べないことにしています。

    살이 찌지 않도록, 단 것은 먹지 않기로 하고 있습니다.

14. 誰にも気がつかれないように、こっそりと家を出た。

    아무도 눈치채지 못하게, 슬그머니(살짝) 집을 나왔다.

5.

日本語が話せるようになりました。
일본어를 이야기할 수 있게 되었습니다.

毎日早く寝るようにしています。
매일 일찍 잘 수 있도록 하고 있습니다.

違刻しないように言われました。
지각하지 않도록 말을 들었습니다.

▶ 상황에 의한 결정. ~할 수 있게 되었습니다.
  용법 : 동사(기본형·가능형) + ようになりました。
  의미 : 말하는 상대의 의도도 포함되어 있지만, 그것보다도 외부의 영향·과정·상황·변화의 추이에
        의해서 상태가 되는 것을 나타낸다.
        과거에는 못했던 것을 지금은 할 수 있게 된 상태를 나타낸다.
        그러므로 ように앞에는 가능형을 사용한다.

1. 毎日練習したので、ピアノが上手に弾けるようになりました。
   매일 연습했기 때문에, 피아노를 잘 칠 수 있게 되었습니다.

2. A: 日本語はどうですか。
      일본어는 어떻습니까.
   B: 日本に来たころは全然分かりませんでしたが、だんだん分かるように
      なりました。
      일본에 왔을 때는 전혀 몰랐습니다만, 점점 알 수 있게 되었습니다.

3. A : コウさんはお刺身が食べられますか。
      고씨는 생선회를 먹을 수 있습니까.

B: 国にいた時は、食べられなかったんですが、日本に来て食べられるようになりました。

본국에 있을 때는, 못 먹었습니다만, 일본에 와서 먹을 수 있게 되었습니다.

4. 友達が出来て、チンさんはよく笑うようになりました。

친구가 생겨서, 진씨는 잘 웃게 되었습니다.

5. スポーツを始めて、たくさん食べるようになりました。

스포츠를 시작해서, 많이 먹을 수 있게 되었습니다.

6. 高橋さんは、結婚して、前よりもっと仕事をするようになりました。

다까하시씨는, 결혼해서, 전보다 훨씬 더 일을 할 수 있게 되었습니다.

7. 日本語が出来るようになりました。

일본어를 할 수 있게 되었습니다.

● 권고 · 願望(바램 · 희망). ~하도록 해주세요.

용법 : 동사(현재형) + ようにしてください。

의미 : 본인의 바람이나 희망을 상대에게 부탁할 때 사용한다. 상대편이 ~해 주었으면 하는 것을 원할 때 사용한다.

8. 外国人登録証を無くさないようにしてください。

외국인등록증을 잃어버리지 않도록 해 주세요.

9. 門限は九時ですから、九時までに帰るようにしてください。

문 닫는 시간은 9시이기 때문에, 9시까지는 돌아올 수 있도록 해 주세요.

10. 校外学習に行く日は遅れないようにしてください。

교외학습을 가는 날은 지각하지 않도록 해 주세요.

• 의도. (관용적 표현). ~하도록 하다.
  용법 : 동사(현재형) + ようにする。
  의미 : 의도적으로 노력하는 것을 나타낸다. (반드시 긍정문에만 사용된다)

11. 今日勉強したことは、なるべく今日中に覚えるようにしています。

오늘 공부했던 것은, 가능한 한 오늘 중으로 기억하도록 하고 있습니다.

12. 手紙の返事は必ずすぐ出すようにしています。

편지 답장은 반드시 곧 보내도록 하고 있습니다.

13. 明日からは毎朝六時に起きるようにします。

내일부터는 매일 아침 6시에 일어 날수 있도록 합니다.

• 명령 · 충고.
  용법 : 동사(현재형) + ように + 言う(말하다) · 頼む(부탁하다) · 伝える(전달하다).
  의미 : 명령이나 충고를 나타낸다.

14. お医者さんに、飲みすぎないように言われました。

의사 선생님에게, 과음하지 않도록 말을 들었습니다.

15. 保証人に、よく勉強するように言われます。

보증인에게, 열심히 공부하도록 말을 들었습니다.

16. 母は私に、生野菜を食べるように言いました。

어머니는 나에게, 생야채를 먹도록 말했습니다.

17. 誰にも言わないように言われました。

누구에게도 말하지 않도록 말을 들었습니다.

18. 友達に、手紙を出すように頼まれました。

친구에게, 편지를 보내도록 부탁 받았습니다.

19. その仕事は五時までにするように伝えてください。

그 일은 5시까지는 할 수 있도록 전해 주세요.

● 설명. ~한대로. ~인 것처럼. (~とおり)
  용법 : 명사 · 지시대명사 + のよう。
        동사(과거형) + よう。
  의미 : 이미 이야기한 것, 또는 지금부터 이야기할 것을 참조해서, 내용을 설명할 때에 사용한다.

20. 電話で話したように、この問題はもう解決しました。

전화로 이야기했던 것처럼, 이 문제는 벌써 해결했습니다.

6.

あの人は女らしい人です。　　저 사람은 여성다운(여성스러운) 사람입니다.

▶ らしい : ~답다. ~에 어울린다.

용법 : 명사(단어) + らしい。

의미 : 유사(類似)한 것, 또는 거기에 어울린다고 하는 관계를 나타낸다.

1. A: 山本さんは力がありますね。
   야마모또씨는 힘이 있군요.

   B: ええ、本当に男らしい人ですね。
   예, 정말로 남자다운 사람이군요.

2. A: かおりさんは着物がよく似合いますね。
   가오리씨는 기모노가 잘 어울리는군요.

   B: ええ、日本女性らしくていいですね。
   예, 일본 여성다워서 좋군요.

3. 最近の大学生は、勉強しないで遊んでばかりいて、学生らしくないで
   すね。
   최근에 대학생은, 공부하지 않고 놀고만 있어서, 학생답지 않습니다.

4. A: この家は畳の部屋ばかりですね。
   이 집은 돗자리 방만 있군요.

   B: 日本の家らしくていいですね。
   일본 집다워서 좋군요.

• あの人はまるで女のようです。
   저 사람은 마치 여자 같습니다. (비유)

▶ らしい：～인 것 같다. 推定(추측)의 의미를 나타낸다.

  용법 : 동사 · な형용사 · い형용사 · 명사(기본체) + らしい.
       단 현재형은 な형용사 · 명사(단어)+らしい.
  의미 : 상대의 말에 의해서 무엇인가 확실한 근거를 갖는 추량의 의미를 나타낸다. 그 근거가 객관성을
       가질 때는 단정을 완곡(婉曲)에서 이야기한다고 하는 내용이고, 그 근거가 주관적일 때는 불확실
       한 단정이 된다고 하는 느낌을 동반한다.

5. あしたは雨らしいです。
   내일은 비가 올 것 같습니다.

6. もうすぐ出掛けるらしいです。
   이제 곧 외출할 것 같습니다.

7. この冬は寒いらしいです。
   이번 겨울은 추운 것 같습니다.

8. この問題は簡単らしいです。
   이 문제는 간단한 것 같습니다.

9. 学校ではほめられるらしいです。
   학교에서는 칭찬 받는 것 같습니다.

10. 映画を見て来たらしいです。
    영화를 보고 온 것 같습니다.

11. 川では泳げないらしいです。
    강에서는 수영을 못하는 것 같습니다.

12. 十時^{じゅうじ}からららしいです。

10시부터인 것 같습니다.

13. 梅雨明^{つゆあ}けはまだらしいです。

장마가 그치기에는 아직 이른 것 같습니다.

7.

言葉づかいには、もう少し気をつけるべきだ。
언어사용은, 좀 더 조심해야만 한다.

▶ べし (べき) : 당연히 ~해야만 된다.
용법 : 동사(기본형) + べき。(する는 すべき로 많이 사용된다)
의미 : 실현이 될지 안 될지는 모르지만, 그렇게 하는 것 또는 그렇게 되는 것이 당연하다고 하는
       moral(도덕 · 윤리)이나 상식을 나타낸다.

　　　하는 것이 당연하다(するのが当然だ), 하지 않으면 안 된다(ねばならない · なければなら
　　　ない). 또, ~해라(また、~せよ)라고 하는 의미를 나타낸다.

そういうことは自分から言うべきだ。	그러한 것은 스스로 말해야만 된다.

・ 어떠한 실현이 거의 확실하다고 추측되는 것을 의미한다.

つばめも帰って来るべき候となった。	제비도 돌아올 날씨가 되었다.

・ べからず。금지, 불가능을 나타낸다.

当たるべからざる勢い。	당해낼 수 없는 기세.
ごみを捨てるべからず。	쓰레기를 버리지 말 것.
芝生に入るべからず。	잔디밭에 들어가지 말 것.

・ べくして。하는 것은 당연하다는 의미를 나타낸다.

勝つべくして勝った。	당연히 이길 것을 이겼다.

1.　学生なら言われなくても、自分から勉強するべきだ。
　　학생이라면 말을 듣지 않아도, 스스로 공부해야만 한다.

2.　リーダーは能力よりも指導力によって選ぶべきだ。
　　리더는 능력보다도 지도력에 의해 뽑아야 한다.

3.　廊下は静かに歩くべきだ。
　　복도는 조용히 걸어야만 된다.

8. 短縮形。 단축형.

문어체	회화체	의미
~くては	~くちゃ	~해서는.
~てしまう	~ちゃう (ちまう)	~해 버리고 말다.
~でしまう	~じゃう (じまう)	~해 버리고 말다.
~ても	~たって	~해도.
~でも	~だって	~해도.
~ければ	~けりゃ / ~きゃ	~한다면.
~ている	~てる	~하고 있다.

▶ ~くては : ~해서는. (~くちゃ)

문어체 (くては)	早く行かな<u>くては</u>いけません。　빨리 가지 않으면 안 됩니다.
회화체 (くちゃ)	早く行かな<u>くちゃ</u>いけません。　빨리 가지 않으면 안 됩니다.

▶ 동사(て形) + しまう : ~해 버리다. (동작이 완료된 것을 나타낸다)
회화체로는 (ちゃう・ちまう)・(じゃう・じまう) 를 사용한다. 단 (じゃう・じまう) 는 동사 기본형의 끝 글자가 (ぬ・ぶ・む・ぐ) 로 끝나는 동사에 한정된다.

例	しまう形 (동사(て形) + しまう)	ちゃう・じゃう形 (동사て形에서 て를 빼고 + ちゃう・じゃう)	ちまう・じまう形 (동사て形에서 て를 빼고 + ちまう・じまう)
行く	行ってしまう	行っちゃう	行っちまう
食べる	食べてしまう	食べちゃう	食べちまう
読む	読んでしまう	読んじゃう	読んじまう
死ぬ	死んでしまう	死んじゃう	死んじまう
飛ぶ	飛んでしまう	飛んじゃう	飛んじまう
脱ぐ	脱いでしまう	脱いじゃう	脱いじまう

문어체 (しまう)	言ってはいけない秘密を言ってしまった。 말해서는 안 되는 비밀을 말해 버렸다.
회화체 (ちゃう)	言ってはいけない秘密を言っちゃった。 말해서는 안 되는 비밀을 말해 버렸다.
회화체 (ちまう)	言ってはいけない秘密を言っちまった。 말해서는 안 되는 비밀을 말해 버렸다.
문어체 (しまう)	ここにあったお酒は私が飲んでしまった。 여기에 있던 술은 내가 마셨다.
회화체 (じゃう)	ここにあったお酒は私が飲んじゃった。 여기에 있던 술은 내가 마셨다.
회화체 (じまう)	ここにあったお酒は私が飲んじまった。 여기에 있던 술은 내가 마셨다.

▶ ～ても : ～해도(～たって). (て形＋も)

문어체 (ても)	私は授業が終わっても、映画を見に行きません。 나는 수업이 끝나도, 영화를 보러가지 않겠습니다.
회화체 (たって)	私は授業が終わったって、映画を見に行きません。 나는 수업이 끝나도, 영화를 보러가지 않겠습니다.

▶ ～でも : ～해도(～だって). (で形＋も)
(동사 기본형의 끝 글자가 ぐ・ぬ・ぶ・む로 끝나는 동사에 한정된다.

문어체 (でも)	いくらお酒を飲んでも、私は酔っ払いません。 아무리 술을 마셔도, 나는 취하지 않습니다.
회화체 (だって)	いくらお酒を飲んだって、私は酔っ払いません。 아무리 술을 마셔도, 나는 취하지 않습니다.

▶ ~ければ : ~한다면. (~けりゃ / ~きゃ)

문어체 (ければ)	今日も学校へ行かなければ駄目です。 오늘도 학교에 가지 않으면 안 됩니다.
문어체 (ねば)	今日も学校へ行かねばだめです。 오늘도 학교에 가지 않으면 안 됩니다.
회화체 (けりゃ)	今日も学校へ行かなけりゃ駄目です。 오늘도 학교에 가지 않으면 안 됩니다.
회화체 (きゃ)	今日も学校へ行かなきゃだめです。 오늘도 학교에 가지 않으면 안 됩니다.

▶ ~ている : ~하고 있다. (~てる)

문어체 (ている)	田中さんは今御飯を食べている。 다나까씨는 지금 밥을 먹고 있다.
회화체 (てる)	田中さんは今御飯を食べてる。 다나까씨는 지금 밥을 먹고 있다.

1. 母: おやつですよ。

   간식이다.

   子: わあ、おいしそうなアイスクリーム。いただきます。

   야, 맛있을 것 같은 아이스크림. 잘 먹겠습니다.

   母: 食べる前に、手を洗わなくちゃいけませんよ。

   먹기 전에, 손을 씻지 않으면 안 돼.

   子: そんなこと言ったって、早く食べなくちゃアイスクリームが溶けちゃ
   うわ。

   그렇게 말해도, 빨리 먹지 않으면 아이스크림이 녹고 말아요.

母: 大丈夫ですよ。早く洗いなさい。

　　괜찮아. 빨리 씻어라.

子: はあい。

　　예.

2. A: あしたは校外学習ですね。

　　 내일은 교외학습이군요.

B: ええ、雨が降らなけりゃいいんですが。

　　 예, 비가 내리지 않으면 좋겠습니다만.

3. これは私の仕事だから、私がやらなきゃ、誰もやりませんよ。

　 이것은 내 일이기 때문에, 내가 하지 않으면, 아무도 하지 않아요.

4. A: そろそろ行きましょうか。

　　 슬슬 갈까요.

B: ええ、これだけ飲んじゃってから行きましょう。

　　 예, 이것만 마시고 나서 갑시다.

5. A: あらっ、雨が降ってる。困ったわ。

　　 아니, 비가 내리고 있네. 곤란하네.

B: 駅まで一緒に行きましょう。

　　 역까지 같이 갑시다.

A: そうですか。じゃ、お願いします。

　　 그렇습니까. 그러면 부탁합니다.

9.

▶ ざるを得ない : ～하지 않을 수 없다.

　　용법 : 동사(부정형 ない에서 い만 빼고) + ざるを得ない。

　　　　　동사Ⅰ(あ段) + ざるを得ない。　　동사Ⅱ(ます形) + ざるを得ない。

　　　　　동사Ⅲ(する) → せざるを得ない。　くる → こざるを得ない。

　　의미 : 하지 않으면 안 된다. 어쩔 수 없다라고 하는 기분이 포함되어 있다.

　　　　食べるためには、いやでも働かざるをえない。

　　　　먹기 위해서는(살기 위해서는), 싫어도 일하지 않으면 안 된다.

● わけ。이유. 원인.

　　용법 : 동사(기본체) + わけ。

　　　　　い형용사·な형용사(현재·과거형) + わけ。

　　의미 : 이유를 나타낸다.

　　　　税収不足になったわけはなんですか。

　　　　세수가 부족한 이유는 무엇입니까.

　　　　A国で長期にわたって金利が高いわけを教えてください。

　　　　A국에서 장기에 걸쳐 금리가 비싼 이유를 가르쳐 주세요.

● わけだ : ～이다.

　　용법 : 동사(기본체) + わけ。

　　　　　い형용사·な형용사(현재·과거형) + わけ。

　　의미 : 당연한 결과를 나타낸다.

　　　　遊んでばかりいるのだから、お金がなくなるわけだ。

　　　　놀고만 있기 때문에, 돈이 없어지는 것이다.

　　　　内戦状態が十年も続いていれば、犠牲者が多く出るわけだ。

　　　　내전상태가 10년씩이나 계속된다면, 희생자가 증가하는 것이다.

- わけではない : ～인 것은 아니다.

  용법 : 동사(기본체) + わけ。

  い형용사・な형용사(현재・과거형) + わけ。

  의미 : 文 전체를 부정한다. (앞문장이 긍정형이 오면 전면부정이다)

  沢山働いたからといって、給料が上がるわけではない。

  많이 일을 했다고 해서, 월급이 올라가는 것은 아니다.

  人間は仕事をするために生まれて来たわけではない。

  인간은 일을 하기 위해서 태어난 것은 아니다.

- わけではない : ～인 것은 아니다.

  의미 : 부분부정을 나타낸다. (앞문장이 부정형이 오면 부분부정이다)

  刺身は嫌いだが食べないわけではない。　　(少しは食べる。부분긍정)

  생선회는 싫어하지만 먹지 않는 것은 아니다.　(조금은 먹는다.)

  彼はお酒が飲めないわけではない。

  그는 술을 마실 수 없는 것은 아니다.

- わけがない・はずがない : 당연히 ～하지 않다. ～일리가 없다.

  용법 : 동사(기본체) + わけがない。

  い형용사・な형용사(현재・과거형) + わけがない。

  의미 : 동작 또는 상태가 일어날 가능성이 전혀 없는 것. 앞의 문장이 부정문이면 의미는
  긍정이고, 앞의 문장이 긍정문이면 의미는 부정이다.

  そんな難しいこと子供にわかるわけがない。

  그렇게 어려운 것을 아이가 이해할 리가 없다.

  「新人類」が転職しないで同じ会社に勤め続けるわけがないだろう。

  신세대가 전직하지 않고 같은 회사에 근속할 리가 없다.

• わけにはいかない : ~일 수 없다.

　　용법 : 동사(현재형) + わけにはいかない。
　　의미 : 불가능을 나타낸다.
　　　　　앞의 문장이 부정문이면 의미는 긍정이고, 앞의 문장이 긍정문이면 의미는 부정이다.

　　　　試験の前だから、遊んでいるわけにはいかない。
　　　　시험 전이기 때문에, 놀고 있을 수가 없다.

　　　　その頃私は医者に酒を止められていたから、飲むわけにはいかなかった。
　　　　그때 나는 의사 선생님에게 술을 금지 당했기 때문에, 마실 수가 없었다.

• わけにはいかない・しなければならない : ~일 수 없다.

　　용법 : 동사(부정형) + わけにはいかない。
　　의미 : 하지 않으면 안 된다고 하는 의미를 나타낸다.
　　　　　앞의 문장이 부정문이면 의미는 긍정이고, 앞의 문장이 긍정문이면 의미는 부정이다.

　　　　国民は税金を納めないわけにはいかない。
　　　　국민은 세금을 납부하지 않으면 안 된다.

　　　　食費が高いからといって食べないわけにはいかない。
　　　　식비가 비싸다고 해서 먹지 않을 수는 없다.

• わけ(は)ない : 간단하게. 손쉽게. (わけない는 회화체)

　　용법 : 명사형 + わけ(は)ない。
　　의미 : 간단하게. 손쉽게. (わけない는 회화체)

　　　　彼は秀才だから、そんな問題はわけなくできます。
　　　　그는 수재이기 때문에, 그런 문제는 간단하게 할 수 있습니다.

　　　　泥棒にとって三階の窓から侵入することぐらい、わけないことだそうだ。
　　　　도둑에게 있어 3층 창문으로부터 침입하는 것 정도는, 간단한 일이라고 한다.

• わけがわからない : ~일 수가 없다. 이유를 모르겠다.

　　용법 : 명사형 + わけがわからない。
　　의미 : 머리가 혼란해서 전혀 이해할 수가 없다.

　　　　なにがなんだかわけがわからない。始めから説明してください。
　　　　뭐가 뭔지 이해할 수가 없다(영문을 모르겠다). 처음부터 설명해 주세요.

- こそ : ～이야말로. ～이기 때문에 더욱더 그렇다.

> - 앞의 말을 특히 강조하는 경우에 사용한다.

今度こそ頑張ろう。   이번에야말로 힘내자.

A: きのうはどうもありがとう。   어제는 정말 고마웠습니다.
B: こちらこそ。   이쪽이야말로. (저야말로)

> - からこそ・～てこその 형태로 그 이유를 강조하는 경우에 사용한다

生徒がかわいいからこそ、叱るんです。   학생이 귀여울수록, 혼내는 것입니다.

- さえ : ～까지도. ～조차. ～마저. ～만. ～뿐.
  용법 : 명사(단어)・동사(ます形) + さえ・すら.

> - 특별한 예를 들어 ～이기 때문에 다른 것은 물론이라고 하는 의미를 나타낼 때. (すら)

その学生は漢字はもちろん、ひらがなさえ書けないんですよ。

그 학생은 한자는 물론, 히라가나조차도 쓸 수 없습니다.

> - 「～でさえ」「～ですら」의 형으로 사용하는 일도 많다.

日本人でさえ敬語の使い方をよく間違えます。

일본인조차도(마저도) 경어사용법을 자주 틀립니다.

> - ～한테 마저도(게다가) 라고 하는 의미를 나타낸다. (すら)

友達だけでなく、弟にさえばかにされた。

친구뿐만 아니라, 동생한테도 바보취급 당했다.

> - 「～さえ ～ば」의 형으로 그것만으로도 충분(それだけでじゅうぶん)하다고 하는 의미를 나타낸다.

練習さえすればだれでもできるようになる。

연습만 한다면 누구라도 할 수 있게 된다.

- ばかり : ～가량・～쯤・～정도. ～만・～뿐. ～한지 얼마 안됐다. 방금 ～하였다.

> - 수사 + ばかり. (대개의 분량・정도를 나타낸다. 상식적으로 조금이라고 하는 뉘앙스가 내포되어 있다)

三万円ばかり貸してください。
3만엔 정도 빌려주세요.

五分_{ごふん}ばかり待_まつと汽車_{きしゃ}が着_つきました。

5분 정도 기다렸더니 기차가 도착했습니다.

- 동사(과거형) + ばかり。
  시간이 조금밖에 지나지 않은 것을 나타낸다.
  ところ와 ばかり의 차이점은 ばかり는 심리적으로 가깝다고 하는 뉘앙스가 있다면, ところ는 시간적으로 가까운 경우에 사용한다.

起_おきたばかりでまだ顔_{かお}も洗_{あら}っていません。

지금 막 일어나서 아직 얼굴도 씻지 못했습니다.

- い형용사 · な형용사 · 동사(기본체) + ばかりに。
  ~이기 때문에 · ~인 탓으로 · ~인 이유로. (부정문에만 사용한다)
  ばかりに라고 하는 형으로, 그것만이 원인 · 이유가 있다고 하는 의미를 나타낸다.

私_{わたし}が大声_{おおごえ}を出_だしたばかりに赤_{あか}ちゃんは起_おきてしまった。

내가 큰소리를 냈기 때문에 아기는 일어나고 말았다.

- 동사(부정형 ない에서 い만 빼고) + ~んばかり。
  금방이라도 그렇게 될 뜻한 모습을 나타낸다.

彼_{かれ}は今_{いま}にも泣_なき出_ださんばかりの顔_{かお}で「金_{かね}を貸_かしてくれ」と頼_{たの}みに来_きた。

그는 지금이라도 울 듯한 얼굴로 「돈 좀 빌려줘」라고 부탁하러 왔다.

- 동사(기본형) + ばかり。
  이제 남은 것은 이것뿐이다라고 하는 의미를 나타낸다.

パーティーの準備_{じゅんび}が終_おわって、あとは料理_{りょうり}を並_{なら}べるばかりです。

파티 준비가 끝나서, 남은 것은 요리를 차리기만 하면 됩니다.

- 기본체 + とばかりに。
  말로는 이야기하지 않지만 동작으로 나타낼 때 사용한다.

食事_{しょくじ}の時_{とき}、納豆_{なっとう}を出_だしたら、彼_{かれ}はいやだとばかりに横_{よこ}を向_むいてしまった。

식사할 때 낫또오를 차렸더니, 그는 싫다는 듯이 옆을 향하고 말았다.

- 명사 · い형용사 · な형용사(현재형) · 동사(기본체) + ばかり。
  그것만(それだけ), 다른 것에는 없다(ほかにはない)라고 하는 한계를 나타낸다. (어떤 동작을 계속하고 있는 상태를 나타낸다)

テレビばかり見_みている。　　　　텔레비전만 보고 있다.

テレビを見_みてばかりいる。　　　　텔레비전을 보고만 있다.

彼は遊んでばかりいる。　　　　　　　　　그는 놀고만 있다.

食べるばかりで、外に何の能もない。　　　먹는 것, 이외에는 아무런 능력도 없다.

座ってばかりいないで、少しは働きなさい。　앉아 있지만 말고, 조금은 일해라.

この家は大きいばかりで、間取りが悪いから、不便だ。
이 집은 크기만 하고, 방 배치가 나쁘기 때문에, 불편하다.

- 기본체 + ばかりか。(ばかりでなく・のみならず・のみでなく・だけでなく・どちらかというと)
~뿐만 아니라. (그것 만에 한정되지 않고, 더욱더 상회하는 사태가 발생하는 관계를 나타낸다)

あなたばかりかぼくまで悲しくなるよ。
너뿐만 아니라 나까지 슬퍼진다.

来ないばかりか電話もくれないんだから。
오지 않을 뿐만 아니라 전화도 주지 않기 때문에.

英語ばかりでなく、フランス語も分かります。
영어뿐만 아니라, 프랑스어도 압니다.

- 명사・い형용사・な형용사(현재・과거) + ばかり。
동사(기본체) + とばかり。(강조의 기분을 나타낸다)

今度ばかりは驚いた。　　　이번만큼은 놀랐다.

こればかりは確かだ。　　　이것만큼은 확실하다.

早いばかりが能ではない。　빠른 것이 능사는 아니다.

死んだとばかり思っていた人から手紙が来て驚いたよ。
죽었다고만 생각하고 있던 사람으로부터 편지가 와서 놀랐다.

▶ だけ : ～만, ～뿐, ～만큼, ～더욱, ～까지.

- 그 이외에는 없다고 하는 한정의 의미를 나타낸다.
  용법 : 동사 · い형용사 · な형용사(기본체) ＋ だけ.
  　　　 부사 · 수사 · 지시명사 · 명사 ＋ だけ.

五分だけ休みましょう。

5분만 휴식합시다.

- 전부의 의미를 나타낸다.

彼は、お金を持っているだけ使ってしまう。

그는, 돈을 갖고 있는 것만큼 써버린다.

- ～ば(～하면) ～だけ(～하는 만큼) · ～ば(～하면) ～ほど(～하는 정도)
  (～に比例して(～에 비례해서) ～だ(～이다) 라고 하는 의미를 나타낸다.

何でも、練習すればするだけ上手になる。

무엇이든지, 연습하면 연습한 만큼 잘할 수 있다.

- ～한 보람은 있다. ～에 어울리다(にふさわしい). (당연한 귀결의 문장에 사용한다)
  용법 : 동사 · い형용사 · な형용사(기본체) · 명사(단어) ＋ だけのことはある.

いろいろ調べただけのことはあって、新情報をつかんだ。

여러 가지 방법으로 조사했기 때문에, 새로운 정보를 손에 넣었다.

- ～이기 때문에. ～답게. (당연한 귀결의 문장에 사용한다)
  용법 : 동사 · い형용사 · な형용사(기본체) · 명사(단어) ＋ だけあって.

練習しただけあって上手になった。

연습했기 때문에 발전되었다.

- ～이기 때문에 당연하다. (당연한 귀결의 문장에 사용한다)
  용법 : 동사 · い형용사 · な형용사(기본체) · 명사(단어) ＋ だけに.

夜一人で帰すのは、女の子だけに心配です。

밤에 혼자 돌아가게 하는 것은, 여자이기 때문에 걱정입니다.

彼はスポーツ選手だけに体格がいい。

그는 스포츠선수이기 때문에 체격이 좋다.

▸ ほど : ~가량. ~정도쯤. ~만큼.

- 대개 그것과 같다고 하는 정도를 나타낸다.

家賃は十年前に比べると、二倍ほど高くなりました。
집세는 10년 전과 비교하면, 2배 정도 비싸졌습니다.

足が痛くなるほど歩いた。
다리가 아플 정도로 걸었다.

- ほど ~はない。~할 정도는 아니다. 그것이 제일이라고 하는 의미를 나타낸다.

この学校で彼ほど頭のいい生徒はいない。
이 학교에서 그 정도로 머리가 좋은 학생은 없다.

- ほどのこと(で)はない。(그렇게 중요한 것은 아니다 라고 하는 의미)
  어떤 조그마한 일이 발생되었다고 해서 ~할 정도의 일은 아니다라고 하는 의미를 나타낸다.

試験に落ちたからといって、死ぬほどのことはない。
시험에 떨어졌다고 해서 죽을 정도의 일은 아니다.

- ~정도. ~처럼. ~만큼.

これほどうれしいことはない。
이처럼 기쁜 일은 없다.

▸ まで : ~까지. ~조차. ~뿐. ~따름. ~까지도. ~하면 그만이다.
　　　　~할 필요도 없다. ~할 것까지도 없다.

- 종점을 나타낸다. (一番終わり)

銀行は3時までです。　　　　　　　은행은 3시까지입니다.

駅まで歩きます。　　　　　　　　　역까지 걷습니다.

わかるまで調べます。　　　　　　　이해할 때까지 찾겠습니다.

- 그것으로 모든 것이 끝이다 라고 하는 의미.

はい、今日はここまで。　　　　　　예, 오늘은 여기까지만. (예, 이만 끝내겠습니다)

まずはご挨拶まで。　　　　　　　　우선은 인사만 드립니다.

- 거기까지 말한 것만으로도 놀라고 있는 기분을 나타낸다.

子供にまでばかにされた。　　　　　아이들한테마저도 바보 취급 당했다.

彼は子供の貯金まで使ってしまった。　그는 아이들 저금까지 사용하고 말았다.

・まۇでもない ・までのこともない。(〜할 필요가 없다 라고 하는 의미를 나타낸다)

皆さんもよくご存じですから、説明するまでのこともないでしょう。
여러분도 잘 알고 계시기 때문에, 설명할 필요도 없겠지요.

日本が天皇制であることは言うまでもない。
일본이 천황제인 것은 말할 필요도 없다.

▶ など : 〜따위. 〜등. 〜라도. 〜같은. 〜같은 것. 〜라도.

・똑같은 사물 안에서 한 개만을 예로 들어 말할 때 사용함.

毎日、忙しくて映画に行く暇などない。
매일, 바빠서 영화 보러 갈 시간도 없다.

・똑같은 것, 같은 것을 열거할 때 사용한다.

酒やたばこなどは飲みません。
술이나 담배 등은 못합니다.

・대단한 것은 아니다라고 하는 경멸이나 불유쾌한 기분을 나타낸다.

こんなまずい料理を出す店など、もう来ない。
이렇게 맛없는 요리를 내놓는 가게는, 다시 오지 않는다.

・자신의 일에 관해 겸손해야 할 경우에 사용한다.

彼に比べたら、私などまだまだ努力が足りません。
그와 비교한다면, 나 같은 사람은 아직까지도 노력이 부족합니다.

・なんか는 회화체.

あの人の言うことなんか信じないほうがいいよ。
저 사람이 말하는 것은 믿지 않는 것이 좋아요.

会話

1.

医者: どうしましたか。

왜 그렇습니까. (무슨 일 있습니까)

患者: 風邪を引いたようなんです。のどが少し痛いんです。

감기가 걸린 것 같습니다. 목이 조금 아픕니다.

医者: もう五月なのに、冬のように寒いから、風邪を引く人が多いんですよ。

どれどれ、やっぱり風邪ですね。薬をあげますから、飲んでください。

벌써 5월인데도, 겨울처럼 춥기 때문에, 감기 걸린 사람이 많습니다.

어디어디, 역시 감기군요. 약을 줄 테니까, 드세요.

患者: はい、どうもありがとうございました。

예, 대단히 고맙습니다.

2.

マリ: ユリさんはどんな所に住みたいですか。

유리씨는 어떤 곳에 살고 싶습니까.

ユリ: 和光市のようなところに住みたいですね。

와꼬오시 같은 곳에 살고 싶습니다.

マリ: 都会じゃなくて、田舎のほうがいいんですか。

도회지가 아니고, 시골이 좋습니까.

ユリ: はい。

예.

マリ: どうしてですか。

왜 그렇습니까.

ユリ: テニスのようなスポーツも出来るし、それに自然がきれいでしょう?

테니스 같은 스포츠도 할 수 있고 , 게다가 자연이 아름답잖아요?

マリ: 自然はきれいですが、ディスコのような物はないし、ロッテのような

デパートもありませんよ。

자연은 아름답습니다만, 디스코장 같은 것은 없고, 롯데 같은 백화점도 없습
니다.

ユリ: かまいません。

ディスコのようなところは好きじゃありませんから。

상관없습니다. 디스코장 같은 곳은 좋아하지 않기 때문에.

3.

原 : この部屋は暑いですね。

이방은 덥군요.

サイ: そうですね。

그렇군요.

原 : 風が入るように、そっちの窓を開けてくれませんか。

바람이 들어올 수 있도록, 그쪽 창문을 열어 주지 않겠습니까.

サイ: ええ…、でも開けると、虫が入るんです。

今、虫が入らないように、窓を開けているところなんです。

예, 그러나 문을 열면, 벌레가 들어옵니다.
지금, 벌레가 들어오지 않도록, 창문을 열고 있는 중입니다.

4.

先生: リンさん、ホワイトボードに漢字を書いてください。

린씨, 화이트보드에 한자를 써 주세요.

リン: はい。

예.

キム: 先生、リンさんの字は小さくてよく見えないんですが。

선생님, 린씨 글자는 작아서 잘 보이지 않습니다만.

先生: リンさん、後ろの人が見えるように、もう少し大きく書いてください。

린씨, 뒷사람이 보이도록, 좀 더 크게 써 주세요.

リン: はい、わかりました。

예, 알겠습니다.

5.

パク: コウさんは毎日よく勉強していますね。

고씨는 매일 열심히 공부하고 있군요.

コウ: 来年、大学院に入れるように、勉強しているんです。

パクさんは?

내년에, 대학원에 들어갈 수 있도록, 공부하고 있습니다. 박씨는?

パク: 私も立教大学へ行って困らないように、勉強しているんですよ。

それに、早く日本語が話せるようになりたいから、日本人の友だちも

作るようにしています。

나도 릿꾜대학에 가서 곤란하지 않도록, 공부하고 있습니다.
게다가, 빨리 일본어를 이야기할 수 있게 되고 싶기 때문에, 일본인 친구도 만들
수 있도록 하고 있습니다.

コウ: それはいいですね。

그것은 좋은 생각입니다.

パク: コウさんは一人で住んでいますか。

　　　고씨는 혼자서 살고 있습니까.

コウ: はい。だから保証人の人がとても心配してくれるんです。

　　　それで、保証人が心配しないように、ときどき日本語で電話をかける
　　　ようにしています。

　　　예. 그렇기 때문에 보증인이 대단히 걱정해 주고 있습니다.
　　　그래서, 보증인이 걱정하지 않도록, 가끔 일본어로 전화를 걸 수 있도록 하고
　　　있습니다.

6.

中島: あなたは料理が作れますか。

　　　당신은 요리를 만들 수 있습니까.

キム: はい、国にいた時は、作れませんでしたが、今はひとりで住んでいるの

　　　で、作れるようになりました。

　　　예, 본국에 있을 때는, 만들 수 없었습니다만, 지금은 혼자서 살고 있기 때문에,
　　　만들 수 있게 되었습니다.

中島: いつもどんな料理を作るんですか。

　　　언제나 어떤 요리를 만듭니까.

キム: たいてい韓国料理です。それに生野菜もよく食べます。

　　　대개 한국요리입니다. 게다가 야채(생채소)도 자주 먹습니다.

中島: 生野菜が好きなんですか。

　　　야채(채소)를 좋아합니까.

キム: 母に生野菜をたくさん食べるように言われたんです。

　　　어머니에게 야채(채소)를 많이 먹도록 말을 들었습니다.

7.

サイ: まだタバコを吸っているんですね。

아직도 담배를 피우고 있네요.

田中: はい、お医者さんから吸わないように言われているんですが、なかなか止められません。

예, 의사 선생님으로부터 피지 않도록 말을 들었습니다만, 좀처럼 끊을 수가 없습니다.

サイ: タバコの代りに、あめをなめるようにしたらどうですか。

담배 대신, 캔디를 먹을 수 있도록 한다면 어떻겠습니까.

田中: そうするように言われているんですけど…。

그렇게 하도록 말을 들었습니다만.

8.

中島: 婚約なさったそうですね。おめでとうございます。

약혼하셨다고 하더군요. 축하합니다.

田中: ありがとうございます。でも、誰から聞きましたか。

고맙습니다. 그런데, 누구한테 들었습니까.

中島: みんな知っていますよ。

모두 알고 있습니다.

田中: 誰にも言わないように言ったんですけど、私の友達はおしゃべりだから。

아무에게도 말하지 말도록 말했습니다만, 내 친구는 수다스럽기 때문에.

中島: 婚約者の方、男らしくて素敵な方だそうですね。

약혼하신 분, 남자답고 멋있는 분이라고 하더군요.

田中: えっ。誰がそう言ったんですか。

예(감탄사). 누가 그렇게 말했습니까.

9.

木村: これから映画を見に行かない。

지금부터 영화 보러 가지 않을래.

田中: 行きたいけど、あしたまでにやらなけりゃいけない宿題がたくさんあって。

가고 싶지만, 내일까지는 하지 않으면 안 되는 숙제가 많이 있어서.

木村: 休んじゃえば?

결석한다면?

田中: うん。でも、休むと、先生に叱られるの。

それに、行かなきゃテストの範囲もわからなくなっちゃうし…。

응. 그러나, 결석하면, 선생님에게 혼나.

게다가, 가지 않으면 테스트 범위도 알 수 없게 되고.

木村: そう、じゃまたね。

그래, 그럼 또 보자. (그럼 안녕)

10.

中村: またコーラを飲んでるの?

또 콜라를 마시고 있니?

田中: ええ、のどが乾いちゃって。

응, 목이 말라서.

中村: コーラみたいなものばかり飲むのはよくないわよ。

콜라 같은 것만 마시는 것은 좋지 않아.

田中: ええ、わかってるんだけど。

응, 알고는 있지만.

中村: 私みたいにコーラもコーヒーもほとんど飲まないで、牛乳をたくさん

飲むようにしたらどう?

나처럼 콜라도 커피도 거의 마시지 말고, 우유를 많이 마실 수 있도록 한다면
어떻겠니?

田中: でも、私牛乳は嫌いなのよ。

그러나, 나는 우유는 싫어해.

中村: 困ったわね。

곤란하구나.

1.

アリ: ヌヤさん、お<ruby>久<rt>ひさ</rt></ruby>し<ruby>振<rt>ふ</rt></ruby>りですね。お<ruby>元気<rt>げんき</rt></ruby>ですか。

누야씨, 오래간만이군요. 건강하십니까.

ヌヤ: ああ、アリさん。お<ruby>久<rt>ひさ</rt></ruby>し<ruby>振<rt>ふ</rt></ruby>りです。お<ruby>陰様<rt>かげさま</rt></ruby>で<ruby>元気<rt>げんき</rt></ruby>です。

아, 아리씨. 오래간만입니다. 덕분에 건강합니다.

アリ: このごろ<ruby>日本語<rt>にほんご</rt></ruby>はどうですか。

요즈음 일본어는 어떻습니까.

ヌヤ: <ruby>初<rt>はじ</rt></ruby>めは<ruby>全然話<rt>ぜんぜんはな</rt></ruby>せませんでしたが、だんだん<ruby>話<rt>はな</rt></ruby>せるようになりました。

でも、まだ<ruby>日本人<rt>にほんじん</rt></ruby>のようには<ruby>話<rt>はな</rt></ruby>せません。

처음에는 전혀 이야기를 못했습니다만, 점점 이야기할 수 있게

되었습니다. 그러나, 아직 일본인처럼은 이야기를 못합니다.

アリ: <ruby>日本人<rt>にほんじん</rt></ruby>のように<ruby>話<rt>はな</rt></ruby>せるようになるのは、まだ<ruby>無理<rt>むり</rt></ruby>でしょうね。

<ruby>今<rt>いま</rt></ruby>、<ruby>日本語<rt>にほんご</rt></ruby>で<ruby>一番難<rt>いちばんむずか</rt></ruby>しいのは<ruby>何<rt>なん</rt></ruby>ですか。

일본인처럼 이야기 할 수 있게 되는 것은, 아직은 무리겠지요.

지금, 일본어 중에서 제일 어려운 것은 무엇입니까.

ヌヤ: <ruby>漢字<rt>かんじ</rt></ruby>と<ruby>敬語<rt>けいご</rt></ruby>です。

한자와 존경어입니다.

アリ: 敬語の使い方は日本人でも難しいようですから、あまり心配しなくて
もいいと思いますよ。
존경어 사용법은 일본인들도 어려운 것 같기 때문에, 그다지 걱정하지 않아도
좋다고 생각합니다.

ヌヤ: 本当ですか。日本人でも難しいんですか。
정말입니까. 일본인도 어렵습니까.

アリ: はい。日本人の友だちがそう言っていましたよ。
間違えることがあるって。
예. 일본인 친구가 그렇게 말했습니다.
실수할 때가 있다고.

ヌヤ: どんな時、間違えるんでしょうか。
어떤 때, 틀립니까. (실수합니까)

アリ: 私の友だちは女性で、最近結婚したんですが、ご主人の会社の人なん
かと奥さんらしく話そうとすると、緊張してしまって、時々間違える
と言っていました。
내 친구는 여성이고, 최근에 결혼했습니다만, 남편분 회사 사람들과 부인답게
이야기하려고 하면, 긴장해서, 가끔 실수한다고 말했습니다.

ヌヤ: そうですか。
그렇습니까.

アリ: ところで、ヌヤさんは国へ帰ってからどんな仕事をしたいんですか。
그런데, 누야씨는 본국에 돌아가고 나서 어떤 일을 하고 싶습니까.

ヌヤ: 通訳のような仕事をしたいと思っているんです。
통역 같은 일을 하고 싶다고 생각하고 있습니다.

アリ: そうですか。
それじゃ、授業のほかにも勉強をしているんですか。
그렇습니까.
그러면, 수업 이외에도 공부를 하고 있습니까.

ヌヤ: はい。先生にテレビや映画を見るように言われたのでよく見ています。

예. 선생님에게 텔레비전이나 영화를 볼 수 있도록 들었기 때문에 자주 보고 있습니다.

アリ: それはいいですね。もうよくわかるようになりましたか。

그것은 좋은 방법입니다. 이제는 많이 알 수 있게 되었습니까.

ヌヤ: はい。

大体わかるんですが、わからない言葉があると、ノートに書いて、後で、先生に聞くようにしているんです。

예.

대개는 이해를 합니다만, 모르는 말이 있으면, 노트에 써서, 나중에, 선생님에게 질문할 수 있도록 하고 있습니다.

アリ: そうですか。これからも頑張ってください。

でも、テレビを見すぎて目が悪くならないように気をつけてください。

그렇습니까. 앞으로도 노력해 주세요. (힘내 주세요)

그러나, 텔레비전을 너무 많이 봐서 눈이 나빠지지 않도록 조심해 주세요.

ヌヤ: はい。

예.

第二十六課

だい　に　じゅう　ろっ　か

もの。
こと。

1.

もの。　こと。

▶ もの。

・ 当然の帰結。　당연한 귀결.
용법 : 동사(기본형) + もの。
의미 : 일반적으로 생각되어지는 개념과 당연한 귀결을 나타낸다.
年を取ると目が悪くなるものです。
나이를 먹으면 눈이 나빠지는 것입니다.
時には苦しいこともあるものです。
때로는 고통스러운 일도 있는 것입니다.
子供たちは遊びたがるものです。
아이들은 놀고 싶어하는 것입니다.
楽しい思い出はなかなか忘れないものだ。
즐거웠던 추억(기억)은 좀처럼 잊혀지지 않는 것이다.
成功すれば嬉しくなるものです。
성공을 하면 기뻐지는 것입니다.
慣れるまではだれでも難しく感じるものです。
익숙해지기까지는 누구라도 어렵게 느껴지는 것입니다.

・ 逆接。　역접.
용법 : 명사(である・だった) + ものの。
동사・い형용사・な형용사(기본체) + ものの。
의미 : ~지만. 「…のに・けれども」라고 하는 역접을 나타낸다.
(ものの는 그리고 나서 앞의 사태가 나아가지 않고 반대의 전개가 되어버리고,
결과가 동반되지 않는다)
京都まで行ったものの金閣寺は見ませんでした。
교토까지 가긴 했지만 깅까꾸지는 보지 못했습니다.

このポスターは日本語であるものの外来語が非常に多い。

이 포스터는 일본어이긴 하지만 외래어가 대단히 많다.

パソコンを買ったものの、使い方が全然わからない。

퍼스널컴퓨터를 사긴 했지만, 사용방법을 전혀 모르겠다.

• 過去の習慣。 과거의 습관.

용법 : 동사 · い형용사 · な형용사(과거형)＋もの。

의미 : 반복되는 동작 및 과거의 경험을 회상(回想) 해서 나타낸다.

毎年冬には屋根まで雪が降ったものだ。

매년 겨울에는 지붕까지 눈이 내렸던 것이다.

学生時代にはよく遅くまで帰らなかったものだ。

학창시절에는 자주 늦게까지 집에 돌아가지 않았던 것이다.

若いころには言いたい放題を言ったものだった。

젊었을 때는 말하고 싶은 것을 말했었다.

昔は、車の運転免許の試験なんか易しかったものだ。

옛날에는, 자동차 운전면허시험 같은 것은 쉬웠던 것이다.

以前、うちの回りは静かだったものだ。

이전, 집 주위는 조용했었다.

• 注。 주. 実質名詞。 실질명사.

용법 : 실질명사로서 사용되어진다.

의미 : 人(사람) · 物(물건) 을 나타낸다.

お金を払ったものはうちへ帰ってもいいそうだ。　　　（人）

돈을 지불한 사람은 집에 돌아가도 좋다고 한다.

お金を払ったものは家へ持って帰ってくださいよ。　　（物）

돈을 지불한 물건은 집에 가지고 돌아가 주세요.

▸ こと。

・体言化。 **체언화.**

용법 : 동사 · い형용사 · な형용사 · 명사(기본체)＋こと。
　　　단 명사 · な형용사 현재형은 명사(の) · な형용사(な)＋こと。
의미 : 文(문)이나 句(구)를 체언화해서 추상적인 내용이나 개념(概念)을 나타낸다.

あなたにとって、人生で一番大切なことは何ですか。

당신에게 있어, 인생에서 제일 중요한 것은 무엇입니까.

ちょっとしたことがもとで議会が混乱に陥った。

조그마한 실수가 원인으로 의회가 혼란에 빠졌다.

世界のことを学ぶために小学校から地理の勉強をします。

세계를 배우기 위해서 초등학교부터 지리공부를 합니다.

長いことお目にかかりませんでした。

긴 시간 만나 뵙지 못했습니다.

あの人のことが忘れられない。

그 사람 일을 잊을 수가 없다.

ランゲージラボラトリーに行っても授業に出たことにならない。

랭귀지 래버러토리에 갔어도 수업에 나간 것은 아니다.

(language laboratory : 어학 학습용 교실. 줄여서 LL로 사용)

・동작 상태가 일어나는 것. ～하는 적이(할 때가) 있다.

용법 : 동사(기본형)＋ことがある。
의미 : 가끔 어떤 동작 · 상태가 일어나는 것을 나타낸다.

朝早く起きることもあるんですよ。

아침 일찍 일어날 때도 있습니다.

地震が起こっても全然感じないことがあるんだそうです。

지진이 일어나도 전혀 느끼지 못하는 적도 있다고 합니다.

▶ 慣用的表現。(관용적 표현)

• 과거의 경험. ～한 적이 있다.

용법 : 동사(과거형) + ことがある。
의미 : 과거의 경험이나 체험을 나타낸다.

子供のときお酒を飲んだことがあります。

어릴 때 술을 마셔 본 적이 있습니다.

富士山を見たことがあります。

후지산을 본 적이 있습니다.

あなたは海外旅行をしたことがありますか。

당신은 해외여행을 해본 적이 있습니까.

私はあの人ほど素晴らしい人に会ったことはありません。

나는 저 사람만큼 훌륭한 사람을 만난적은 없습니다.

たまに朝御飯を食べなかったことがある。

가끔 아침밥을 먹지 않았던 적이 있다.

このレストランはスパゲッティが辛過ぎたことがある。

이 레스토랑은 스파게티가 너무 매웠던 적이 있다.

• 可能・不可能。 가능・불가능.

용법 : 동사(기본형) + ことができる・ことはできない。
의미 : 가능・불가능을 나타낸다.

千円で昼御飯を食べることが出来ます。

천 엔으로 점심을 먹는 것이 가능합니다.

信頼してくれる人を失望させることは出来ない。

신뢰해 주는 사람을 실망시키는 일은 할 수 없다.

용법 : 동사(기본형) + ことはない。(앞문장은 긍정이 온다)
의미 : 절대로 일어나지 않는 것을 나타낸다.

私は朝寝坊だから、朝ジョギングをすることはありません。

나는 늦잠을 자기 때문에, 아침에 조깅을 하는 일은 없습니다.

私は決して友情を裏切ることはありません。

나는 절대로 우정을 배반하는 일은 없습니다.

용법 : 동사(부정형) + ことはない。(앞문장은 부정이 온다)
의미 : 「가끔 + 긍정」과 같이 된다.

新宿は好きじゃないが行かないことはない。

신쥬꾸는 좋아하지 않지만 가지 않는 것은 아니다.

漢字は難しいけれど面白くないことはない。

한자는 어렵지만 재미없는 것은 아니다.

発展途上国は工業化が遅れているが人々が幸せじゃないことはない。

개발도상국은 공업화가 처져 있지만 사람들이 행복하지 않은 것은 아니다.

용법 : 동사(기본체)+ことにする。
의미 : 주체의 의지에 의해 결정되어진 것을 나타낸다.

就職することにしました。

취직하기로 했습니다.

内閣は減税法案を提出しないことにしました。

내각은 감세 법안을 제출하지 않기로 했습니다.

これで、一応終了したことにしましょう。

이것으로, 일단은 (우선은) 종료한 걸로 합시다.

- 規則・習慣。 규칙·습관.

용법 : 동사(기본형) + ことにしている。
의미 : 규칙·습관을 나타낸다.
「ことにしている」는 부정형으로는 사용할 수 없다.

道子さんは自分で夕飯を作ることにしています。

미찌꼬씨는 스스로 저녁을 짓기로 하고 있습니다.

小遣いは毎月3万円を越さないことにしている。

용돈은 매월 삼만엔을 초과하지 않도록 하고 있다.

- 物事の決定の結果。 사물의 결정의 결과.

용법 : 동사(기본체) + ことになる。
의미 : 주체의 의지 이외의 것으로 결정되어진다. 또는 결정되어진 결과를 나타낸다.

来年の3月を以て卒業することになりました。

내년 3월을 시점으로 졸업하게 되었습니다.

今度結婚することになりました。

이번에 결혼하기로 되었습니다.

雨天のため、運動会は行われないことになりました。

비가 왔기 때문에, 운동회는 열리지 않게 되었습니다.

これで、全部終わったことになりました。

이것으로, 전부 끝나게 되었습니다.

これでは、仕事をしたことにならないではありませんか。

이것으로는, 일을 했다고는 할 수 없지 않습니까.

- 予定。 예정.

용법 : 동사(기본형) + ことになっている。
의미 : 예정을 나타낸다.

今日はスミスさんと3時に会うことになっている。

오늘은 스미스씨와 세시에 만나기로 되어 있다.

来年韓日漁業協定が更新されることになっている。

내년 한일어업협정이 갱신되기로 되어 있다.

・忠告・命令・主張。 충고・명령・주장.

용법 : 동사(기본형)＋ことだ・ことはない。
의미 : 충고・명령 또는 주장을 나타낸다.

休みには勉強のことなど忘れて、十分に楽しむことだ。

방학 때는 공부 같은 것 잊어버리고, 충분히 즐기는 것이다.

人の陰口は言わないこと。

남의 험담은 말하지 말 것.

芝生に入らないこと。

잔디밭에 들어가지 말 것.

そんなことで悩むことはありません。

그러한 일로 괴로워할 필요는 없습니다.

平和のためには核実験を止めることだ。

평화를 위해서는 핵실험을 그만두어야 한다.

2.

- によって。　〜따라서.
  앞문장은 판단의 기준이 와서 のため · で하고 같은 의미이고, 수단 · 원인의 문장에 사용된다.

リーダーは能力よりも指導力によって選ぶべきだ。

리더는 능력보다도 지도력으로 뽑아야 한다.

- によって。　〜에 의해서.
  의미 : 권위를 나타내며 뒷문장은 수동형을 동반한다.

このホテルはロイド氏によって設計された。

이 호텔은 로이드씨에 의해 설계되었다.

- によっては。　〜하다면.

天気によっては、明日の運動会は延期になる。

날씨가 나쁘다면, 내일 운동회는 연기가 된다.

- について · に関して。　〜대해서. 〜관해서. (명사를 수식할 때는 についての를 사용한다)

この問題について、もっと議論する必要がある。

이 문제에 대해서, 좀더 의논할 필요가 있다.

- にかかわる。　〜에 관련되다. 〜에 중대한 영향을 끼치다.

彼は、会社の信用にかかわる大失敗をした。

그는, 회사의 신용에 관련된 큰 실패를 했다.

- にとって。　〜있어서. 〜로서는. 〜의 입장으로서는.
  (기분(気持ち)이나 마음(心)적인 표현이 나타난다)

魚は、日本人の食生活にとって大切なものだ。

생선은, 일본인의 식생활에 있어서 중요한 것이다.

- にとっての。　〜있어서의. (名詞 + にとっての + 名詞)

母にとっての楽しみは、子供を育てることだけだった。

어머니로서의 즐거움은, 아이를 키우는 것뿐이었다.

- に対して。 ~에 대해서. ~에 비해서. ~로 향하다는 의미이다.
(다른 사람에 대한 태도, 어떤 대상을 갖는 관계를 나타낸다)

脱税をした政治家に対して、非難の声が上がった。

탈세를 한 정치가에 대해서, 비난의 소리가 높아졌다.

- に反して。 ~와 반대로.

戦争を早く終わらせようという意に反して、戦争は長引いた。

전쟁을 빨리 끝내려고 하는 뜻에 반해서, 전쟁은 의외로 시간이 걸렸다.

- に際して。 ~할 때에 맞춰서. ~에 직면해서.
に際して도 にあたって도 ~에 「직면해서」의 의미이고, 어떤 일이 「시작할 때・끝날 때」를 가리킨다. 「명사 / 동사 + に際して・あたって」의형으로 사용하지만, 「に際して」는 명사와 같이 사용하는 일이 많다. 「に先立って」는 「~하기 전에. ~보다 먼저」의 의미이다.

閉幕に際して一言述べる。

폐막할 때에 맞춰서 한마디 말하다.

- にあたって。 어떤 상황에 맞춰서.

調査活動を始めるにあたって注意事項をまとめた。

조사 활동을 시작하는 것에 맞춰서 주의사항을 정리했다.

- に先立って。 ~하기 전에. ~보다 먼저.

帰国に先立って、家族に手紙を書いておいた。

귀국하기 전에, 가족에게 편지를 써 놓았다.

- において。 ~에서. ~에 있어서.
「にあって」「において」는 「で」의 의미. 「にあって」를 「において」로 바꿔말 할 수 있는 경우는 많지만, 그 반대로 사용하는 것은 적다.

現代社会において、ごみの問題は無視できない。

현대사회에서, 쓰레기 문제는 무시할 수 없다.

- にあって。 ~에서. ~에 있어서.

孤独な状況にあって、はじめて親友のありがたさに気がついた。

고독한 상황에서, 처음으로 친우의 고마움을 알았다.

- に至って。 ~에 이르러서, ~에 맞춰서.
  「に至って」는 「어느 기간, 하는 중에 처음으로」의 의미. 「にわたって」는 「그 기간 계속」
  이고, 「にかけて」는 「그 기간 중에」의 의미. 셋 다 장소에 대한 표현도 있다.

不正が暴かれるに至って、ようやく本格的な政治改革が始まった。

부정이 폭로되는 것에 이르러서, 마침내 본격적으로 정치 개혁이 시작되었다.

- にわたって。 ~에 걸쳐서. (주로 짧은 시간에)

彼の講演は六時間にわたって、延々と続いた。

그의 강연은 6시간에 걸쳐서, 긴 시간(장장)계속되었다.

- にかけて。 ~그 기간 중에. ~걸쳐서. (주로 긴 시간에)

秋から年末にかけて、行事がたくさんある。

가을부터 연말에 걸쳐서, 행사가 많이 있다.

- にすぎない。 ~에 지나지 않는다.

彼は遅れた理由を説明したが、それは弁解にすぎなかった。

그는 지각한 이유를 설명했지만, 그것은 변명에 지나지 않았다.

- に限らず。 ~에 한하지 않고. ~뿐만 아니라.

妹の長電話は、今日に限らず毎日のことだ。

여동생의 긴 전화는, 오늘에 한하지 않고 매일 있는 것이다.

- にとどまらず。 ~에 그치지 않고.

円は一ドル百円台にとどまらず、さらに上がりそうだ。

엔은 1달러 100엔 대에 그치지 않고, 더욱더 올라갈 것 같다.

- にもおよばない。 ~비교할 수 없다. ~할 가치가 없다.

私は優秀な彼の足元にもおよばない平凡な人間だ。

나는 우수한 그의 발밑에도 갈 수 없는 평범한 인간이다.

- にかかわらず。 ~임에도 불구하고. ~에 관계없이.

男女や年齢にかかわらず、だれでもこのチームのメンバーになれる。

남녀 나이에 상관없이, 누구라도 이 팀의 멤버가 될 수 있다.

山下選手は、半年間入院していたにもかかわらず、見事に復帰した。

야마시다 선수는, 반년 동안 입원해 있었는데도, 훌륭히 복귀했다.

事故のあとには、見るにたえない悲惨な光景が広がっていた。

사고 후에는, 볼 수 없을 정도로 비참한 광경이 펼쳐져 있다.

とらわれていた母親が逃げて、娘に会いに行ったことは、想像にかたくない。

구속되어 있었던 어머니가 도망가, 딸을 만나러 갔던 것은, 상상하기 어려운 일이 아니다.
(쉬운 일이다)

先生は、経験に基づいて学生に話をした。

선생님은, 경험에 기초를 두고 학생에게 이야기를 했다.

天気予報によると、明日は雨が降るそうだ。

일기예보에 의하면, 내일은 비가 내린다고 한다.

会社の方針に沿って営業活動をする。

회사의 방침에 따라서 영업 활동을 한다.

犯罪者は法律に即して裁かれる。

범죄자는 법률에 따라서 재판을 받는다.

倒産する会社が増えるのに伴って失業者も急増した。

도산하는 회사가 증가하는 동시에 실업자도 급증했다.

- に連れて。 ~에 따라서.

冬が近づくにつれて、セーターを着る人が増えてきた。

겨울이 가까워 옴에 따라, 스웨터를 입는 사람이 증가해 왔다.

- に従って。 ~에 따라서.

娘は成長するに従って美しくなっていた。

딸은 성장함에 따라서(자라면서) 아름다워지고 있었다.

- に応じて。 ~에 반응하다. ~한 결과로서. ~에 응해서.

必要に応じて、適当な教室を使ってください。

필요에 따라서, 적당한 교실을 사용해 주세요.

- に答えて。 ~에 따라서. (に答えて앞에는 요망・희망・기대 등이 오는 일이 많다)

視聴者の要望に答えて、番組を再放送する。

시청자의 요망에 따라서(부응하여), 프로그램을 재방송한다.

- にしては。 ~에 비해서는. (割には : 상대에 대한 평가를 나타낸다)

一年間しか勉強していないにしては、日本語が上手だ。

1년밖에 공부하지 않은 것에 비해서는, 일본어를 잘한다.

- にしろ。 어쨌든. ~로 하자. (いずれにしても・何しろ)

行くか行かないか。いずれにしろ早く決めなければならない。

갈까 안 갈까. 어쨌든 빨리 결정하지 않으면 안된다.

- にせよ。 어쨌든. ~로 하자. (いずれにしても・何しろ)

たとえでたらめであるにせよ、彼の意見も考慮すべきだ。

가령 허튼소리라고(엉터리) 하자, 그의 의견도 고려해야만 한다.

- にしてみれば。 ~의 입장에서 말하면. ~의 입장이 되어 보면.

彼にしてみれば、もっと言いたいことがあったはずだ。

그의 입장에서 본다면, 좀 더 말하고 싶은 것이 있었을 것이다.

- に引き替え。 ~에 비해. 특히 앞문장은 긍정(よい), 뒷문장은 부정문이(悪い)온다.

学校の成績が良く、スポーツも得意な弟にひきかえ、兄のほうは何も良いところがない。

학교 성적이 좋고, 스포츠도 잘하는 동생에 비해서, 형은 무엇도 좋은 점이 없다.

- にもまして。 무엇보다도 가장. 무엇보다도 훨씬.

今日は昨日にもまして暑い。

오늘은 어제보다도 훨씬 덥다.

- に限り。 ~에 한해. ~만.

やり直しは、二回に限り許されている。

다시 하는 것은, 2회에 한해 허용된다.

- につけて。 ~에 대해서. ~에 관해서.

私の兄は、何につけてもいい加減だ。

우리 형은, 뭐든지 간에 멋대로다.

- にかけては。 ~만큼은. ~대해서는. ~한 점에서는. (については)

語学にかけては彼の右に出るものがない。

어학에 있어서는(만큼은) 그보다 실력이 나은 사람이 없다.

- における。 ~에서의. (での)

日本におけるそばの生産量は極端に少ない。

일본에서의 소바(메밀국수) 의 생산량은 굉장히 적다.

- において。 ~에서. ~일 때.

사물이 행하여지는 장소나 시기를 가리킨다. (という場所で・時に)

国会において。 국회에서.   幼児期において。 어릴 때에.

사물이 행하여지는 분야 · 영역을 나타낸다. (について)
物理学界において。 물리학계에 대해서.   幼児教育において。 유아교육에 대해서.

사물이 행하여지기 위한, 어떤 권위를 나타낸다. (に関連して・によって)

神の名において。 신의 이름으로.

第二十七課

だい に じゅう なな か

佐藤家の一日。
사또오씨 집의 하루.

• 佐藤家の家族構成。 **사또오씨 집의 가족구성.**

佐藤氏	41歳	大手製造会社勤務 오오떼 제조회사 근무	海外事業部 해외사업부	課長 과장
佐藤夫人	38歳	専業主婦。　(가정주부)		
長女	14歳	中学校二年生。(중학교 2학년)		
長男	12歳	小学校六年生。(초등학교 6학년)		
佐藤家の住宅		分譲集合住宅 (3 LDK) (분양공동주택) 都心から電車で一時間程度の郊外。 도심에서 전차로 1시간 정도의 교외.		

▶ 3LDK : 거실 · 식당 · 부엌을 겸한 방. (3 エルディーケー)
　 L : living.　　D : dining.　　K : kitchen. 의 약어.

六時起床。 6시 기상.

• 語句 (어구. 말)

単語	読み方	意味
起床する	きしょうする	기상하다.
始まる	はじまる	시작되다.
大抵	たいてい	대개. 거의 다.
サラリーマン	salaried man	샐러리맨.
勤め先	つとめさき	근무하는 곳. 근무처.
掛かる	かかる	걸리다. (시간)
所	ところ	장소. 곳.
住む	すむ	살다.
起きる	おきる	일어나다.
普通	ふつう	보통.
先ず	まず	우선. 최초로. 제일로.
奥さん	おくさん	부인. (남의 부인을 높임말)
夫	おっと	남편. (자기 남편을 낮춤말)
ために		~을 · ~를 위해서.
朝食	ちょうしょく	아침식사.
準備	じゅんび	준비.

佐藤さんの一日は、六時ごろに始まる。大抵のサラリーマンは、勤め先から電車やバスで一時間以上もかかるところに住んでいるから、毎日それくらいの時間に起きるのが普通だ。まず奥さんが起きて、夫や子供たちのために朝食の準備をする。

사또오씨의 하루는, 6시경에 시작된다. 대개의 샐러리맨은, 근무하는 곳 (직장) 으로부터 전차나 버스로 1시간 이상 걸리는 곳에 살고 있기 때문에, 매일 그 정도 시간에 일어나는 것이 보통이다. 먼저 부인이 일어나서, 남편이나 자식들을 위해 아침 준비를 한다.

七時朝食。 7시 아침 식사

しち じ ちょうしょく

• 語句 (어구. 말)

単語	読み方	意味
味噌汁	みそしる	된장국.
煮染め	にしめ	야채 · 생선 · 고기 등을 조린 것.
漬物	つけもの	야채를 소금 · 된장에 절인 것.
和食 •	わしょく	일본음식. 일식.
目玉焼き	めだまやき	계란부침.
ハム	ham	햄.
サラダ	salad	샐러드.
洋食	ようしょく	양식.
メニュー	menu	메뉴.
日本茶	にほんちゃ	일본차. 녹차. (緑茶 · お茶)
ジュース	juice	주스.
しかし		그러나. (역접)
より		~보다. (비교)
手間 •	てま	시간. 품. 수고. 노력.
取る	とる	먹다. 들다. 잡다. 포획하다. 제거하다.
出来事	できごと	사회에서 일어나는 사건 · 내용. 생긴 일.
について •		~대해서. ~관해서.
知識	ちしき	지식.
仕入れる •	しいれる	사들이다. 새로운 정보나 지식을 자기 것으로 만들다.
ラッシュアワー	rush hour	러시아워.
珍しい	めずらしい	진귀하다. 드물다.

七時ごろ朝食が始まる。佐藤さんは御飯に味噌汁と野菜の煮しめ、漬物といった和食を食べる。子供たちは目玉焼きにハムやサラダといった洋食のメニューだ。飲むものも、佐藤さんは日本茶で子供たちはジュースと違っている。しかし、最近一般的には朝食は、和食より準備に手間のかからない洋食の方が多い。

佐藤さんは、朝食をとりながら新聞やテレビで昨日のできごとについての知識を仕入れる。天気予報を見るのも日課になっている。

それが終わると、佐藤さんは会社へ、子供たちは学校へ出かける。

この時間はどこでもラッシュアワーで、特に大都市の電車や地下鉄は乗車率が200パーセントになることも珍しくない。

7시경 아침 식사가 시작된다. 사또오씨는 밥에 된장국과 야채를 조린(나물), 츠케모노(야채를 소금・된장에 절인 것) 같은 일식을 먹는다. 아이들은 계란 부침에 햄이나 샐러드 같은 양식 메뉴다. 마시는 것도, 사또오씨는 일본차고 아이들은 주스로 다르다. 그러나, 최근 일반적으로 아침 식사는, 일식보다 준비에 시간이 걸리지 않는 양식이 많다.

사또오씨는, 아침 식사를 하면서 신문이나 텔레비전에서 어제 있었던(생긴 일) 일에 대해서 지식을 얻는다. 일기예보를 보는 것도 일과가 되어 있다.

그것이 끝나면, 사또오씨는 회사로, 아이들은 학교로 간다. 이 시간은 어디라도 러시아워로, 특히 대도시 전차나 지하철은 승차율이 200%가 되는 것도 드문 일은 아니다.

八時。 8시.

_{はち じ}

● 語句 (어구. 말)
_{ご く}

単語	読み方	意味
ごみ		쓰레기.
捨てる	すてる	버리다.
布団干し	ふとんほし	이불을 너는 것. (말리기 위해)
済む	すむ	끝나다.
折込広告	おりこみこうこく	신문 등에 접어 넣은 광고지.
バーゲンセール	bargain sale	바겐세일.
ちらし		광고지. 전단지.
丹念に	たんねんに	자세히. 정성껏. 차근차근.
見計らう	みはからう	가늠하다. 적당한 것을 고르다.
部活動	ぶかつどう	동아리 활동.
定刻	ていこく	정각. (정각 12시)
教職員	きょうしょくいん	교직원.
朝礼	ちょうれい	아침 조례.
行う	おこなう	행하다. 하다. 실시하다.
通達事項	つうたつじこう	전달 사항.
際に	さいに	~할 때.
生徒	せいと	학생. (특히 초·중·고생)
解放	かいほう	해방.
たどりつく		겨우·간신히 도착하다.

佐藤さんの奥さんは、みんなが出かけた後、掃除をしたり、ごみを捨てたり、洗濯・布団干しなどの家事を済ませる。また、ときには新聞と一緒に入る折込広告のうち、デパートや近所のスーパーマーケットなどでのバーゲンセールのちらしを丹念に読み、十時の開店時間を見計らって出かけることもある。

子供たちは、学校で授業が始まる前に、スポーツなどの部活動をする。定刻になると全校生徒・教職員が集まって朝礼が行なわれる。校長先生の話があり、行事予定その他の通達事項がこの際に全校生徒に知らされる。

授業は八時半に始まる。授業時間は五十分が普通で、次の授業までに十分の休み時間がある。同じころ、満員電車から解放された佐藤さんは会社にたどりつく。

사또오씨의 부인은, 모두가 외출한 뒤, 청소를 하기도 하고, 쓰레기를 버리기도 하고, 빨래·이불 널기 등의 집안일을 끝낸다. 또, 때로는 신문과 같이 들어오는 광고지 중, 백화점이나 가까운 슈퍼 등에서의 할인 판매 광고지를 자세히 읽고, 10시 개점 시간에 맞춰 외출하는 일도 있다.

아이들은, 학교에서 수업이 시작되기 전에, 스포츠 등의 동아리 활동을 한다.

정각이 되면 전교생·교직원이 모여 조례가 행하여진다. 교장 선생님의 이야기가 있고, 행사 예정 그 외에 전달 사항이 이때에 전교생에게 알려진다.

수업은 8시 반에 시작된다. 수업 시간은 50분이 보통이고, 다음 수업까지는 10분의 휴식 시간이 있다. 비슷한 시간, 만원 전차로부터 해방된 사또오씨는 회사에 겨우 도착한다.

九時。 9시.

• 語句 (어구. 말)

単 語	読み方	意 味
によって		~에 의해서(권위). ~에 따라서(원인).
社訓	しゃくん	사훈. (회사의 교훈)
スローガン	slogan	슬로건.
一斉に	いっせいに	일제히. 동시에.
唱える	となえる	외다. 제창하다. 부르짖다. 외치다.
なお		더욱더. 점점. 한층 더. 변함없이. 역시.
バッジ	badge	배지. 휘장.
背広	せびろ	양복.
襟	えり	칼라. 에리. 러플. (lapel)
職種	しょくしゅ	직종. (직업의 종류)
判を押す	はんをおす	도장을 찍다.
デスクワーク		사무직. (desk work)
属する	ぞくする	속하다.
テレックス	telex	텔렉스.
による		~에 의한. (전문에 사용)
主に	おもに	주로.
取引先	とりひきさき	거래처.
パート	part-time	파트타임.
ローン	loan	빚. 대부. (住宅ローン)
返済	へんさい	변제. 빌린 돈이나 물건을 돌려주는 것.
当てる	あてる	충당하다. 맞추다. 대전하다.

佐藤さんの会社での一日は、九時から始まる。会社によっては、朝礼をして社歌を歌ったり、社訓やスローガンを一斉に唱えたりする。

また、簡単な体操をするところもある。なお、日本のサラリーマンの多くは、会社のバッジを背広の左襟につけている。

会社の仕事は、職種によって違うが、平均して会議と書類作りと回ってきた書類に半を押すといったデスクワークが中心になっている。

このほか、電話をかけたり受けたり、来客と話したりといった仕事で一日中忙しく働くことになる。

佐藤さんは海外事業部に属しているので、テレックスや国際電話による連絡やコンピューターによる情報整理など、外国語を使っての仕事も多い。午前中は主にデスクワークをして、午後には取引先の企業や役所に出かけることも少なくない。

そのごろ、佐藤さんの近所の主婦の中には、パートで働きに出る人も少なくない。子供の教育費や住宅ローンの返済に当てるためにパートで働く人もいる。

사또오씨의 회사에서의 하루는, 9시부터 시작된다. 회사에 따라서는, 조례를 하고 사가를 부르기도 하고, 사훈이나 슬로건을 일제히 외치기도 한다.

또, 간단한 체조를 하는 곳도 있다. 게다가, 일본의 샐러리맨들은, 회사 배지를 양복 왼쪽 옷깃에 달고 있다.

회사 일은, 직종에 따라 따르지만, 평균적으로 회의와 서류 만드는 것과 돌아온 서류에

도장을 찍는 것과 같은 책상 일이(사무직일) 중심이 되어 있다.

이것 외에, 전화를 걸기도 받기도 하고, 방문객과 이야기하는 것과 같은 일로 하루 종일 바쁘게 일하게 된다.

사또오씨는 해외사업부에 속해 있기 때문에, 텔렉스나 국제전화에 의한 연락이나 컴퓨터에 의한 정보 정리 등, 외국어를 사용해서 하는 일도 많다. 오전 중은 주로 책상 일을 하고, 오후에는 거래처의 기업이나 관청에 가는 일도 적지 않다.

그 시간에, 사또오씨 근처에 사는 주부 중에는, 시간제근무로 일하러 나가는 사람도 적지 않다. 아이의 교육비나 주택 대부의 변제(갚아야) 에 맞춰야 하기 때문에 시간제근무로 일하는 사람도 있다.

じゅう に じ ちゅうしょく
十二時昼食。 12시 점심 식사.

• 語句 (어구. 말)

単語	読み方	意味
昼食	ちゅうしょく	점심 식사.
昼食時	ちゅうしょくじ	점심때.
比べる	くらべる	비교하다.
値段	ねだん	가격.
オフィス街	オフィスがい	오피스 거리. (office district)
込む、混む	こむ	혼잡하다. 붐비다.
日替わり	ひがわり	날마다. 매일. 매일 바뀌다.
定食	ていしょく	정식.
給食	きゅうしょく	급식. 학교급식.
母親	ははおや	어머니. 모친. (父親: 부친)
弁当	べんとう	도시락.
公立	こうりつ	공립. (国立・県立・市立・私立)
売店	ばいてん	매점.
サンドイッチ	sandwich	샌드위치.
昼休み	ひるやすみ	점심시간.
ほとんど		거의 다. 대개.
制服	せいふく	제복.
見掛ける	みかける	눈에 띄다. 만나다. 본 기억이 있다.
背広姿	せびろすがた	양복 모습.
各社	かくしゃ	각각 다른 회사.
それぞれ		각각. 이것저것.
風物	ふうぶつ	풍물.

昼食時には、会社の社員食堂で食事をする。社員食堂は町の食堂に比べて値段が安く便利だ。しかし、近くのレストランに食べに行く人も多く、オフィス街のレストランは昼食時には大変な込みようだ。こういうレストランでは、数百円の日替わりの定食が準備されており、20分くらいで昼食を済ませることができる。

子供たちは、小学校では学校給食があるので、全員同じものを食べる。中学校は、母親の作った弁当を学校に持っていくが、東京の公立の中学校では給食を行なっているところもある。弁当を持って来ないで、学校の売店でサンドイッチやミルクを買って済ませる者も多い。

お昼休みは、ほとんどのところが十二時から一時までになっている。オフィス街では、この時間に会社の制服を着た若い女性たちをよく見かける。男子社員は背広姿だが、女子の社員には制服を支給する会社が多い。各社それぞれの制服姿はオフィス街の風物となっている。

점심시간에는, 회사 사원 식당에서 식사를 한다. 사원 식당은 도시의 식당과 비교해서 가격이 싸고 편리하다. 그러나, 가까운 레스토랑으로 먹으러 가는 사람도 많고, 오피스 거리 레스토랑은 점심시간에는 혼잡한 것 같다. 이러한 레스토랑에서는, 수백 엔의 정식이 날마다 준비되어 있고, 20분 정도에 점심 식사를 끝내는 것이 가능하다.

아이들은, 초등학교에는 학교급식이 있기 때문에, 전원 같은 것을 먹는다. 중학생은, 어머니가 만든 도시락을 학교에 가지고 가지만, 도쿄 공립중학교에서는 급식을 행하고 있는 곳도 있다. 도시락을 가져오지 않고, 학교 매점에서 샌드위치나 우유를 사서 점심을 끝내는 사람도 많다.

점심시간은, 거의 대부분이 12시부터 1시까지이다. 오피스 거리에는, 이 시간에 회사제복을 입은 젊은 여성들을 자주 본다. 남자 사원은 양복 모습이지만, 여자 사원에게는 제복을 지급하는 회사가 많다. 각 회사 각각의 제복 모습은 오피스 거리의 풍물이 되어 있다.

十三時。 13시.

• 語句 (어구. 말)

単語	読み方	意味
外出着	がいしゅつぎ	외출복.
着替える	きかえる	갈아입다. 바꿔 입다. (옷)
カルチャーセンター	culture centre	신문사・백화점 등에서 어른들을 상대로 주체하는 교양 강좌. 문화센터.
古典	こてん	고전.
講読	こうどく	강독.
英会話	えいかいわ	영어 회화.
エアロビクス	aerobic	에어로빅.
ジャズダンス	jazz dance	재즈 댄스.
講習	こうしゅう	강습. 학문・기술 등을 배우는 것
教養	きょうよう	교양.
昔	むかし	옛날
茶道	さどう	다도. 차 마시는 예법
生花	いけばな	꽃꽂이
おけいこ事	おけいこごと	다도・무용 예술을 배우는 것. (여자가 교양으로 익혀야 할 예능)
限る	かぎる	한정하다. 어느 범위 내에서 최상의 것으로 하다.
さまざま		다양한. 여러 가지.
テニス	tennis	테니스.
水泳	すいえい	수영.
ママさんバレー		어머니들이 하는 배구.
バレー		배구.(バレーボール의 약칭)
楽しむ	たのしむ	즐기다. 기대하다.

夕食	ゆうしょく	저녁 식사.
支度・仕度	したく	준비(用意). 채비.
すでに		이미. 벌써. 옛날에. (とっくに)
出来上がる	できあがる	완성하다.
温める	あたためる	따뜻하게 하다. 온도를 높이다.
食品	しょくひん	식품.
電子レンジ	でんしレンジ	전자레인지.
普及	ふきゅう	보급.
労働	ろうどう	노동.
その分	そのぶん	그만큼. (分 : 분량. 수량)
仕立てる	したてる	양성하다. 옷을 만들다. 준비하다.
既製服	きせいふく	기성복.
オーダー	order	순서. 단위. 주문하다.
余暇	よか	여가.
飛躍的	ひやくてき	비약적.
延びる	のびる	연장되다. 연기되다. 퍼지다.

　佐藤さんの奥さんは、外出着に着替えてカルチャーセンターに行く。そこで日本の古典の購読と英会話を勉強している。カルチャーセンターには、エアロビクスやジャズダンスのように、体を動かすコースもあれば、料理の講習や英会話や古典の購読といった教養コースなど、何十という種類のコースがある。昔は、茶道や生け花など女性のおけいこ事は限られていたが、今はカルチャーセンターのさまざまなコースをはじめ、テニス、水泳、ママさんバレーなど、それぞれ自分の好きなものを楽しむのが一般的になっている。

これが済むと、佐藤さんの奥さんは、夕食のための買物をする。食事の支度も昔より簡単になって、デパートやスーパーマーケットでは、すでに出来上がっていて家で温めるだけで食べられるようになった食品が多く売られている。

掃除機・洗濯機・電子レンジなどの普及によって、主婦の労働は少なくて済むようになったので、その分、主婦がパートに出たり、カルチャーセンターに行ったりする時間ができたのだと言ってよかろう。着るものも、自分の手で仕立てる人が少なくなって、既製服かオーダーで済ませる人が多く、主婦の余暇は昔に比べて飛躍的に延びている。

사또오씨의 부인은, 외출복으로 갈아입고 컬쳐센터(문화센터) 로 간다. 거기에서 일본의 고전 강독과 영어 회화를 공부하고 있다. 문화센터에는, 에어로빅이나 재즈댄스처럼, 운동을 하는 코스도 있다면, 요리 강습이나 영어 회화나 고전 강독 같은 교양 코스 등, 몇십 종류의 코스가 있다. 옛날에는, 다도나 꽃꽂이 같은, 여성들의 교양을 쌓는 일에 한정되어 있었지만, 지금은, 문화 센터의 여러 가지 코스를 시작으로, 테니스, 수영, 어머니 배구 등, 각각 자신이 좋아하는 것을 즐기는 것이 보편화되어 있다.

이것이 끝나면, 사또오씨의 부인은, 저녁 식사 준비를 위해 쇼핑을 한다. 식사 준비도 옛날보다 간단하게 되었고, 백화점이나 슈퍼마켓에서는, 이미 만들어져 있어서 집에서 데우는 것만으로도 먹을 수 있게 된 식품이 많이 팔리고 있다.

청소기·세탁기·전자레인지 등의 보급에 따라서, 주부의 노동은 적게 끝날 수 있게 되었기 때문에, 그만큼, 주부가 시간제근무에 나가기도 하고, 문화 센터에 가기도 하는 시간이 생긴 것이라고 말해도 좋을 것이다. 입는 것도, 자신의 손으로 만드는 사람이 적어져서, 기성복이나 주문으로 끝내는 사람이 많고, 주부의 여가는 옛날과 비교해서 비약적으로 늘었다.

十五時職場体操。 15시 직장 체조.

• 語句 (어구. 말)

単語	読み方	意味
職場	しょくば	직장.
スピーカー	speaker	스피커.
音楽	おんがく	음악.
流れる	ながれる	흐르다. 진행되다(車). 경과하다.(時間) 이동하다. 통하다(전기). 소리가 들리다.
背筋	せすじ	배근. 등 근육. 등줄기.
伸ばす	のばす	신장하다. 뻗다. 늘리다. 성장시키다. 늘리다.
合わせる	あわせる	맞추다. 합치다. 만나다. 더하다. 일치시키다.
日課	にっか	일과.

佐藤さんの職場では午後三時になると、スピーカーからラジオ体操の音楽が流れ、いっせいに背筋を伸ばし、音楽に合わせて体操をするのが日課の一つになっている。

사또오씨의 직장에서는 오후 3시가 되면, 스피커에서 라디오 체조 음악이 들리고, 일제히 기지개를 펴고, 음악에 맞춰 체조를 하는 것이 일과의 하나가 되어 있다.

<ruby>十六<rt>じゅうろく</rt></ruby><ruby>時<rt>じ</rt></ruby>。 16시.

• <ruby>語句<rt>ごく</rt></ruby> (어구. 말)

単語	読み方	意味
受験	じゅけん	수험.
塾	じゅく	사설 학원.
通う	かよう	정기적으로 왕래하다. 통학하다.
競争	きょうそう	경쟁.
激しい	はげしい	정도가 심하다.
そのため		그것 때문에.
放課後	ほうかご	방과 후.
けいこ		학문. 수업. 연습.
レッスン	lesson	레슨.
受ける	うける	받다. 시험을 보다. (受かる : 합격되다)
クラブ	club	클럽. 술집.
家庭教師	かていきょうし	가정교사.
個人的	こじんてき	개인적.
珍しい	めずらしい	진귀하다. 드물다.
続ける	つづける	계속하다.
終業	しゅうぎょう	일을 끝내다.
きっかり		시간 · 수량이 과부족 없이 일치하는 상태. 정확히. (きっちり) 시간 · 수량을 나타내는 말에 붙어 정확히. (ちょうど)
帰宅する	きたくする	집에 돌아오다. 귀가하다.
残業する	ざんぎょうする	잔업 하다. 남아서 일하다.
付き合い	つきあい	교제하다. 다른 사람과 행동을 같이 하다.

同僚	どうりょう	동료.
社用	しゃよう	회사의 용무.
赤提灯	あかちょうちん あかぢょうちん	일반인을 상대로 하는 술집. 대폿집. (가게 앞에 빨간 초롱불을 매달아 놓은 데서 유래되었음)
スナック	snack, bar	가벼운 식사와 술. 가격이 조금 싼 술집.
酒の席	さけのせき	술좌석.
話題	わだい	화제.
人事	じんじ	인사.
情報	じょうほう	정보.
交換	こうかん	교환.
関する	かんする	관계하다. 관련하다. 관한.
団結力	だんけつりょく	단결력.
養う	やしなう	양육하다. 기르다
最も	もっとも	다른 것과 비교해서 제일. 가장
尤も	もっとも	지당함. 사리에 맞다. 당연하다
マージャン	mah-jongg	마작.
ゴルフ	golf	골프.
接待する	せったいする	접대하다.
チーム	team	팀.
草野球	くさやきゅう	일반인이 즐기려고 하는 야구.
週休二日制	しゅうきゅうふつかせい	주 5일 근무.
採用する	さいようする	채용하다.
増える	ふえる	늘다. 증가하다.
自主的	じしゅてき	자주적.
費やす	ついやす	사용하다. 쓸데없이 사용하다.
遊園地	ゆうえんち	유원지. 놀이터.

子供たちは学校が終わって家に帰ってくる。佐藤さんの子供は二人とも受験のための塾に通っている。競争が激しいので、学校の勉強だけではいい学校に入れない。そのため、ほとんどの子供たちは放課後、塾に行って勉強する。

勉強のほかに、佐藤さんの娘はピアノのけいこに通っているし、テニスのレッスンも受けている。男の子も、水泳のクラブに通っている。塾以外にも、家庭教師に来てもらって個人的に教えてもらう子供も少なくない。日本の学校は宿題も多いので、家に帰って三時間も四時間も勉強することは珍しくない。

同じごろ、佐藤さんは会社で仕事を続けている。終業は五時なのだが、五時きっかりに仕事を終わって帰宅することは、ほとんどない。たいていは残業するし、夕方からは会社の取引先との付き合いで食事をしたり酒を飲んだりすることも珍しくない。同僚と一杯飲む機会も多い。社用以外のときは、安く酒が飲める赤提灯やスナックに行って酒を楽しむ。酒の席での話題も、会社の仕事や人事などに関する情報の交換が多く、こういうことからも日本のサラリーマンの団結力は養われる。

また、サラリーマンの勤務外の楽しみでもっとも多いのは、マージャンとゴルフだ。ゴルフとマージャンは会社の接待ですることも多く、このほかに会社内

で野球チームを作って草野球をするところもある。現在、週休二日制を採用している企業が増え、土曜日は休日の人が多いが、仕事の必要があれば自主的に出勤する人もいる。日曜日もゴルフなどのスポーツで一日を費やす人は少なくないが、最近では子供や妻と買物に行ったり遊園地に行ったりして家庭サービスをする人が増えてきている。

아이들은 학교가 끝나고 집으로 돌아온다. 사또오씨의 아이는 둘 다 수험공부 때문에 학원에 다니고 있다. 경쟁이 심하기 때문에, 학교 공부만으로는 좋은 학교에 들어갈 수 없다. 그렇기 때문에, 대부분의 아이들은 방과 후, 학원에 가서 공부한다.

공부 외에, 사또오씨의 딸은 피아노 학원에 다니고 있고, 테니스 레슨도 받고 있다. 남자 아이도, 수영 클럽에 다니고 있다.

학원 이외에도, 가정교사가 와서 개인적으로 배우는 아이도 적지 않다. 일본의 학교는 숙제도 많기 때문에, 집에 돌아가 3, 4시간 공부하는 것은 드문 일이 아니다.

비슷한 시간, 사또오씨는 회사에서 일을 계속하고 있다. 일이 끝나는 것은 5시지만, 5시 정확하게 일을 끝내고 집에 돌아가는 것은, 거의 없다. 대개는 잔업을 하기도 하고, 저녁부터는 회사 거래처와의 만남으로 식사를 하기도 하고 술을 마시는 것도 드문 일은 아니다. 동료와 한잔 마시는 기회도 많다. 회사 용무 이외일 때는, 싸게 마실 수 있는 아까쵸칭(대폿집)이나 스낵에 가서 술을 즐긴다. 술자리에서의 화제도, 회사에 관한 일이나 인사 등에 관한 정보의 교환이 많고, 이러한 면에서도 일본 샐러리맨의 단결력은 길러진다.

또, 샐러리맨의 근무 외의 즐거움으로 가장 많은 것은, 마작과 골프다. 골프와 마작은 회사 접대로 하는 것이 많고, 이것 외에 회사 내에서 야구팀을 만들어서 야구를 하는 곳도 있다. 현재, 주5일제를 채용하는 기업이 증가하고, 토요일은 쉬는 사람이 많지만, 일할 필요가 있다면 자율적으로 출근하는 사람도 있다. 일요일도 골프 등의 스포츠로 하루를 보내는 사람은 적지 않지만, 최근에는 아이나 아내하고 쇼핑하러 가기도 하고 유원지에 가기도 해서 가정 서비스를 하는 사람이 증가하고 있다.

十九時夕食。 19시 저녁 식사.

じゅう く じ じゅうしょく

- 語句 (어구. 말)

単語	読み方	意味
場合	ばあい	~할 경우. ~인 경우.
時間帯	じかんたい	시간대.
番組	ばんぐみ	방송 프로그램.
もし		혹시.
一家	いっか	일가. 모든 가족.
揃う	そろう	갖추어지다. 모이다.
そろって		부사로서 전부. 모두.
日本酒	にほんしゅ	일본 술. (정종)
晩酌	ばんしゃく	저녁 반주.
噂	うわさ	소문. 어떤 사람이나 일에 대한 말. 세간의 평판.
語る	かたる	이야기하다. 들려주다. 낭독하다.
唯一	ゆいいつ	유일. (유일하게)
団欒	だんらん	단란. (단란한 한때)
一時	ひととき	일시. 잠깐.
通勤	つうきん	통근. (회사까지 통근하다)
距離	きょり	거리.
うちに		~하는 동안에.
パターン	pattern	패턴.
めったに		좀처럼. (뒤에는 반드시 부정문이 동반된다)
顔を合わす	かおをあわす	만나다. 대면하다.

過ごす	すごす	생활하다. 보내다. 지나치다. (도에)
不在	ふざい	부재. (선생님은 부재중입니다)
家計	かけい	가계.
管理	かんり	관리.
大型支出	おおがたししゅつ	대형 지출.
除く	のぞく	제거하다. 없애다.
口座	こうざ	구좌. (은행)
振り込む	ふりこむ	불입하다. 흔들어 넣다.
給与	きゅうよ	급여.
小遣い	こづかい	용돈.
手渡す	てわたす	자신이 직접 건네주다.
食後	しょくご	식후. 식사 후.
一部	いちぶ	일부. 부분.
家計簿	かけいぼ	가계부.

　佐藤さんの帰宅が遅い場合は、奥さんと子供だけで夕食をとる。この時間帯はテレビもそういう家庭のための番組をやっているので、テレビを見ながら夕食をとる家庭が少なくない。

　もし佐藤さんが帰ってきている場合は一家そろっての夕食になり、佐藤さんは日本酒やビールで晩酌をする。学校でのできごとや、近所のうわさなどがテレビを見ながら語られ、一日で唯一の一家団欒のひとときになる。

　佐藤さんの家は会社まで一時間で通勤できる距離にあるが、東京などの大都会では通勤に平均一時間半ぐらいかかり、二時間近くかかる人も少なくない。そういう家庭では、父親が子供の寝ているうちに出かけ、子供が寝

てから帰るという生活パターンになり、父親と子供がめったに顔を合わせないで過ごすことになる。現在、日本では、こうしたことから起こる父親不在が社会問題となっている。

一般に家計の管理は、大型支出を除いては、主婦によって行なわれ、毎月会社から自宅の近くの銀行の口座に振り込まれる夫の給与は主婦が管理し、夫の小遣いは主婦から手渡される。佐藤さんの奥さんは毎晩食後の時間の一部を家計簿つけに当てている。

사또오씨의 귀가가 늦는 경우는, 부인과 아이들만이 저녁을 먹는다. 이 시간대는 텔레비전에서도 그러한 가정을 위한 방송을 하기 때문에, 텔레비전을 보면서 저녁을 먹는 가정이 적지 않다.

만약 사또오씨가 귀가한 경우는 온 가족이 함께 저녁식사를 하고, 사또오씨는 일본 술이나 맥주로 반주를 한다. 학교에서의 사건이나, 이웃의 소문 등이 텔레비전을 보면서 이야기되며, 하루 유일의 가족 단란한 한때가 된다.

사또오씨의 집은 회사까지 한 시간에 통근(출퇴근) 가능한 거리에 있지만, 도꾜 등의 대도시에서는 통근(출퇴근)에 평균 1시간 반 정도 걸리고, 2시간 가깝게 걸리는 사람도 적지 않다. 그러한 가정에서는, 아버지가 아이들이 잠자고 있는 동안에 출근해, 아이가 잠들고 나서 귀가한다고 하는 생활 패턴이 되고, 아버지와 아이가 좀처럼 얼굴을 맞대지 못하고 보내게 된다. 현재, 일본에서는 이러한 것에서 발생하는 부친 부재가 사회문제가 되고 있다.

일반 가계 관리는, 대형 지출을 제외하고는, 주부에 의해서 이뤄지고, 매월 회사로부터 자택 가까운 은행계좌로 입금되는 남편 급여는 주부가 관리하고, 남편의 용돈은 주부로부터 건네진다. 사또오씨의 부인은 매일 밤 식사 후 시간의 일부를 가계부 쓰는데 사용하고 있다.

二十二時就寝。 22시 취침.

にじゅうに じしゅうしん

• 語句 (어구. 말)
こく

単 語	読み方	意 味
風呂に入る	ふろにはいる	목욕하다.
就寝	しゅうしん	취침.
床に就く	とこにつく	잠자리에 들다. 자다.
過ぎる	すぎる	지나가다. 통과하다.
入浴する	にゅうよくする	입욕하다. 목욕탕에 들어가다.
購入する	こうにゅうする	사다. 구입하다.
ボーナス	bonus	보너스.
月々	つきづき	매월. 다달이.
支出	ししゅつ	지출.
夫妻	ふさい	부부.
占める	しめる	점유하다. 차지하다.
団地	だんち	단지. (아파트. 주택)
庭付き	にわつき	정원이 딸려 있는. (집)
移る	うつる	이동하다. 옮기다.
が		~지만. (역접)
だんだん		점점. (ますます・どんどん)
確立する	かくりつする	확립하다.
定着する	ていちゃくする	정착하다.

子供たちは勉強が終わってから、風呂に入り、床に就く。親は二十時過ぎに入浴し、テレビのスポーツ番組などを見てから就寝というのが普通になっている。

佐藤さんの家は、3エルディーケーの分譲集合住宅で、住宅ローンで購入したものだ。住宅ローンの返済は毎月月給の二十五パーセントくらいで、ボーナス時にはその三倍程度払う人が多いが、佐藤家では月々の支出の中でいちばん大きな支出になっている。佐藤夫妻と子供二人がそれぞれ一部屋ずつ占めていて、それほど広くもなければ狭くもない。

日本人の多くは、こういう団地生活から、いつか庭付きの家に移りたいと夢見ている。が、だんだん団地での社会生活が確立し、定着する人が多くなってきている。

아이들은 공부가 끝나고 나서 목욕을 하고, 잠자리에 든다. 부모는 밤 10시가 지나서 목욕하고, 텔레비전 스포츠 방송 등을 보고 나서 취침하는 것이 일반화 되어 있다.

사또오씨의 집은, 3LDK(living room, dining, kitchen)의 분양공동주택이고, 주택융자로 구입한 것이다. 주택 융자의 상환은 매월 월급의 25%정도이고, 보너스 일 때는 그 3배정도 지불하는 사람이 많지만, 사또오씨의 집에서는 매월 지출하는 것 중에서 가장 큰 지출이다. 사또오 부부와 아이 두 명이 각각 방 하나씩 차지하고 있어, 그 정도로 넓지도 않다면 좁지도 않다.

일본인의 상당수는, 이러한 단지 생활에서, 언젠가 정원이 있는 집으로 이사하고 싶다고 꿈꾸고 있다. 그렇지만, 점점 단지에서의 생활이 확립되어, 정착하는 사람이 증가하고 있다.

▶ 日本人によくある姓名。 일본인에게 많은(흔한) 성씨와 이름.

多い名字。 많은 성씨.	
佐 藤	さとう
鈴 木	すずき
高 橋	たかはし
田 中	たなか
渡 辺	わたなべ
伊 藤	いとう
小 林	こばやし
中 村	なかむら
山 本	やまもと
加 藤	かとう

남자에게 많은 이름		여자에게 많은 이름	
清	きよし	和子	かずこ
実	みのる	幸子	さちこ
勇	いさむ	洋子	ようこ
茂	しげる	節子	せつこ
博	ひろし	恵子	けいこ
進	すすむ	京子	きょうこ
弘	ひろし	文子	ふみこ
正	ただし	久子	ひさこ
三郎	さぶろう	美代子	みよこ
昇	のぼる	恵美子	えみこ

第二十八課

だい　に　じゅう　はっ　か

佐藤家の一年。

さ とう け　　　 いちねん

사또오씨 집의 일 년.

佐藤家の一年。 사또오씨 집의 일 년.

- 語句 (어구. 말)

単語	読み方	意味
伝統	でんとう	전통.
慣習	かんしゅう	관습.
に従う	にしたがう	~에 따르다.
さまざま		다양한. 여러 가지.
参加する	さんかする	참가하다.
商店	しょうてん	상점. 가계.
季節	きせつ	계절.
に応じる	におうじる	~에 따라서. ~에 반응하다. ~한 결과로서.
感じる	かんじる	느끼다. 감동하다.
知らず知らず	しらずしらず	자신도 모르는 동안에.
うちに		~하는 동안에. ~하는 사이에.
主な	おもな	중요한.
月ごとに	つきごとに	달마다. (명사 + ごとに : ~일 때마다)
示す	しめす	나타내다. 가리키다.

佐藤さんの家族は、都会に住んでいて近代的な生活を送っているが、伝統と習慣に従ってさまざまな年中行事に参加する。日本では、新聞やテレビ、町の商店なども、季節に応じた生活の変化を人々に感じさせるようになっているので、知らず知らずのうちに、年中行事に従って生活を送ることになるのだ。主な年中行事を月ごとに示すと、次のようになる。

사또오씨의 가족은, 도시에 살고 있어 현대적인 생활을 보내고 있지만, 전통과 관습에 따라서 여러 가지 연중행사에 참가한다. 일본에서는, 신문이나 텔레비전, 거리의 상점등도, 계절에 따라서 생활의 변화를 사람들에게 느끼게 해주기 때문에, 자신도 모르는 동안에, 연중행사에 따라서 생활하게 되는 것이다. 중요한 연중행사를 월별로 나타내면, 다음과 같다.

四月。 4월.

▶ 入学式。入社式。 입학식. 입사식.

● 語句 (어구. 말)

単語	読み方	意味
会計年度	かいけいねんど	회계연도.
新学期	しんがっき	신학기.
行なう	おこなう	행하다. 거행하다. 실행하다.
学歴	がくれき	학력.
重視	じゅうし	중시.
終身雇用	しゅうしんこよう	종신 고용.
節目	ふしめ	전기 (인생의). 고비. 나무의 마디가 있는 곳.
厳粛	げんしゅく	엄숙.
セレモニー	ceremony	식전. 의식.
見なす	みなす	가정하다. 판단하다. 판정하다.
勿論	もちろん	물론. (むろん・もとより)
として		~로서. (자격·입장·역할을 나타낸다)
盛装する	せいそうする	화려하게 장식한 옷.
ついて行く	ついていく	따라가다.
出席する	しゅっせきする	출석하다.
珍しい	めずらしい	진귀하다. 드물다.
資本	しほん	자본.
労働	ろどう	노동.
対立	たいりつ	대립.

存在する	そんざいする	존재하다.
並行する	へいこうする	병행하다.
従業員	じゅうぎょういん	종업원.
観念	かんねん	관념. (어떤 사물·내용에 대해서, 마음에 갖고 있는 고정적인 의식내용)
それだけに		그렇기 때문에. 그만큼.
通過儀礼	つうかぎれい	통과의례.
研修	けんしゅう	연수.
実習	じっしゅう	실습.
による		~에 의한. ~에 의해.
慣れる	なれる	익숙해지다. 숙련되다.
同様	どうよう	마찬가지로
恩情	おんじょう	은정. 자애로운 마음씨.
つながる		연결되다.

日本では会計年度は三月三十一日に終わり、四月一日から親会計年度が始まる。親学期も四月に始まるため、四月はじめに日本中で入学式と入社式が行なわれる。

学歴を重視する社会であり、サラリーマンも大部分が終身雇用であるため、入学式も入社式も人生の重要な節目として厳粛なセレモニーとみなされている。

そのため、小学校、中・高校は勿論、大学の入学式にまで親(主として母親)が盛装してついて行くことも多い。また、最近は入社式にまで親が出席することも珍しくなくなった。

日本経済にももちろん資本と労働という近代的な対立関係が存在するが、それと並行して経営家族主義の伝統も強い。特に、中小企業では、企業主は親、従業員は子という観念が強く、それだけに入社式は通過儀礼としての意味を強く持っている。

入社式の後、新入社員は研修や実習により会社の仕事に慣れていくが、仕事と同様、恩情と忠誠といった精神的つながりも重視される。

일본에서의 회계연도는 3월31일에 끝나고, 4월1일부터 신 회계연도가 시작된다. 신학기도 4월에 시작되기 때문에, 4월 초순 일본에서는 입학식과 입사식이 행하여진다.

학력을 중시하는 사회이고, 샐러리맨도 대부분이 종신고용이기 때문에, 입학식도 입사식도 인생의 중요한 고비로서 엄숙한 의식으로 보여지고 있다.

　그러다보니, 초등학교, 중·고등학교는 물론, 대학 입학식까지 부모 (주로 어머니) 가 화려하게 장식한 옷차림으로 따라가는 일도 많다. 또, 최근에는 입사식까지 부모가 참석하는 것도 보기 드문 일은 아니다.

　일본 경제도 물론 자본과 노동이라고 하는 근대적인 대립 관계가 존재하지만, 그것과 병행해서 경영 가족주의의 전통도 강하다. 특히, 중소기업에서는, 기업주는 부모, 종업원은 자식이라고 하는 관념이 강하고, 그렇기 때문에 입사식은 통과의례로서의 의미를 강하게 갖고 있다.

　입사식 후, 신입사원은 연수나 실습을 통해 회사 일에 익숙해지지만, 일과 마찬가지로, 은정과 충성이라고 한 정신적 유대도 중시된다.

春闘。 춘계 투쟁.

- 語句 (어구. 말)

単語	読み方	意味
組合	くみあい	조합.
組織率	そしきりつ	조직률.
にすぎない		~에 지나지 않는다.
敗戦	はいせん	패전.
占領中	せんりょうちゅう	점령중.
労組	ろうそ	노조.
官公労	かんこうろう	관공기업체 노조.
大企業	だいきぎょう	대기업.
中小	ちゅうしょう	중소.
零細企業	れいさいきぎょう	영세 기업.
未組職	みそしき	미 조직.
欧米	おうべい	구미. 유럽과 미국.
賃上げ	ちんあげ	임금 인상.
交渉	こうしょう	교섭.
春闘	しゅんとう	춘계 투쟁.
春季闘争	しゅんきとうそう	춘계 투쟁.
ストライキ	strike	스트라이크. 동맹파업. 동맹휴교.
まれ		드물다. 가끔.
厳しい	きびしい	엄하다.
定期昇給	ていきしょうきゅう	정기 승급. (노동계약에 의해, 급료가 정기적으로 인상하는 것)
賞与	しょうよ	상여금. 보너스.

支給する	しきゅうする	지급하다.
賃金体系	ちんぎんたいけい	임금 체계.
賃金	ちんぎん	임금, 보수, 품삯.
賃金	ちんきん	임차료, 임대료, 사용료.
組み込む	くみこむ	전체 중에서 일부를 포함시키다. 짜 넣다. 편성하다. 끼우다.
能率給制	のうりつきゅうせい	능력 급제.
採用する	さいようする	채용하다.
ほとんど		거의. 대부분. 십중팔구. 하마터면.
年功賃金制	ねんこうちんぎんせい	연공임금제. 나이와 근속 연수에 따라 등급을 달리하고 임금을 결정하여 지급하는 제도.
採る	とる	모집하다. 택하다. 채용하다. 수확하다. 채집하다.

日本にも百年くらい前から労働組合も労働運動も存在したが、その組織率は十パーセント以下にすぎなかった。これが、一九四五年の敗戦とそれ以後七年間の占領中に発達し、現在は二十五％程度になっている。ただ、労組の大部分は官公労や大企業の組合で、中小零細企業では、未組織のままになっているところが多い。また、大企業の場合、企業別組合になっており、この点、欧米と違っている。

毎年、春になると賃上げを中心とする労働条件改善のための交渉が行なわれる。これは春闘(春季闘争)と呼ばれているが、ストライキまで行なうことはまれで、企業と労組の間には、それほど厳しい対立はない。

日本では、毎年四月に定期昇給が行なわれる。夏(六月または七月)と冬(十二月)には賞与が支給され、この賞与も賃金体系に組み込まれている。

一部に能率給制が採用されているところもあるが、ほとんどは年功賃金制が採られている。この年功賃金制は一九二十年ごろに始まり、現在も支配的である。

일본에서도 100년 정도 전부터 노동조합도 노동운동도 존재했지만, 그 조직률은 10% 이하에 지나지 않았다. 그것이, 1945의 패전과 그 이후 7년간의 점령중에 발달하여, 현재는 25%정도가 되어 있다. 다만, 노조의 대부분은 관공서나 대기업 조합이고, 중소 영세 기업에서는, 미조직 상태로 남아 있는 곳이 많다. 또, 대기업의 경우, 기업별노조로 되어 있어, 그러한 점은, 구미 (유럽과 미국) 와 다르다.

매년, 봄이 되면 임금인상을 중심으로 하는 근로조건개선을 위한 교섭이 행하여진다. 이것은 춘투(춘계투쟁) 라고 불리고 있지만, 파업(strike) 까지 행하는 것은 드물고, 기업과 노조 사이에는, 그렇게까지 첨예한 대립은 없다.

일본에서는, 매년 4월에 정기승급이 행하여진다. 여름(6월 또는 7월) 과 겨울(12월) 에는 상여금이 지급되고, 그 상여금도 임금 체계에 짜 넣어져 있다.

일부는 능률급제가 채용되어 있는 곳도 있지만, 대부분은 연공임금제를 채택하고 있다. 그 연공임금제는 1920년경에 시작되어, 현재도 지배적이다.

五月。 5월.

▶ ゴールデンウイーク。 골든 위크. (golden week)

● 語句 (어구. 말)

単語	読み方	意味
緑りの日	みどりのひ	녹색의 날.
憲法	けんぽう	헌법.
記念日	きねんび	기념일.
含める	ふくめる	포함하다. 이해시키다.
によって		~에 의해서. ~에 따라서.
挟む	はさむ	물건 사이에 넣다. 끼워 넣다. 찝다. 끼다. 집다. 말참견하다. (口をはさむ)
遊園地	ゆうえんち	유원지.
行楽地	こうらくち	행락지.
一杯	いっぱい	가득. 한잔. 배부르다. 소량의 술.
気候	きこう	기후.
混雑	こんざつ	혼잡.
渋滞	じゅうたい	정체.
及ぶ	およぶ	어느 범위·한도에 다다르다.
達する	たっする	달하다. 어느 특정의 계층·범위까지 이르다.
節句	せっく	단오. 명절날.
雛祭り	ひなまつり	3월 3일 여자아이가 있는 집에서 히나 인형을 장식하는 행사.
共に	ともに	함께. 같이.

健やか	すこやか	건강하다. 건전하다.
祝う	いわう	축하하다. 축복하다. 축하선물을 보내다.
願う	ねがう	바라다. 빌다. 기원하다. 부탁하다.
武者	むしゃ	무사.
武具	ぶぐ	갑옷. 투구. 무기.
飾る	かざる	장식하다.
こいのぼり		종이나 헝겊으로 만든 잉어 모양.
揚げる	あげる	달다. 게양하다. 내걸다. 튀기다. 띄우다.
柏餅	かしわもち	떡갈나무 잎으로 싼 찰떡.
ちまき		떡. 대나무 잎으로 말아서 찐 떡.
菖蒲湯	しょうぶゆ	창포탕.

四月二十九日のみどりの日に始まり、五月三日の憲法記念日、五日の子供の日、それに日曜も含めると、この時期は休日が多い。普通この時期をゴールデンウイークと呼んで、休暇を楽しむ人が多い。会社によっては従業員のために、休日にはさまれた週日を休業にしてしまうので、この週は動物園や遊園地をはじめ行楽地は人でいっぱいになる。

また、ゴールデンウイークに海外旅行に行く人も多い。一年中でいちばん気候が良い時期なので、車や電車で旅行に行く人も多い。そのため、道路も公共交通機関も混雑し、高速道路では自動車の渋滞が数十キロに及ぶこともある。列車の乗客数が定員の二百%に達することも珍しくない。

五月五日は子供の日で、昔から三月三日の女の子の節句雛祭りとともに、子供のすこやかな成長を祝い、幸福を願う日である。この日は男の子の節句として武者人形や武具を飾ったり、屋外にこいのぼりを揚げたりする。また、柏餅やちまきを食べたり菖蒲湯に入ったりしてこの日を祝う。

4월 29일 미도리 날(녹색의 날) 에 시작되어, 5월 3일 헌법기념일, 5일의 어린이날, 거기에 일요일도 포함되면, 이 시기는 휴일이 많다. 보통 이 시기를 골든 위크(golden week) 라고 부르고, 휴가를 즐기는 사람이 많다. 회사에 따라서는 종업원을 위해, 휴일이 겹쳐진 주일을 휴업하기 때문에, 이주는 동물원이나 유원지를 시작으로 행락지는 사람으로 혼잡하게 된다.

또, 골든 위크에 해외로 여행가는 사람도 많다. 일 년 중에 제일 기후가 좋은 시기이기 때문에, 차나 전차로 여행가는 사람도 많다. 그것 때문에, 도로도 공공교통기관도 혼잡해, 고속도로에서는 자동차의 정체가 수십 킬로에 이르는 일도 있다. 열차의 승객 수가 정원의 200%에 달하는 것도 드문 일은 아니다.

5월 5일은 어린이날로, 옛날부터 3월 3일 여자아이의 명절(단오) 히나마츠리 (3월 3일 여자아이가 있는 집에서 히나인형을 장식하는 행사) 와 같이, 아이의 건강한 성장을 축복하고, 행복을 기원하는 날이다. 이날은 남자아이의 명절로 무사인형이나 무구를 장식하기도 하고, 옥외에 고이노보리 (종이나 헝겊으로 만든 잉어 모양) 를 걸기도 한다. 또, 가시와 모치 (떡갈나무 잎으로 싼 찰떡) 나 치마키(떡) 를 먹기도 하고 창포탕에 들어가기도 하며 이날을 축하한다.

憲法記念日。 헌법기념일.

• 語句 (어구. 말)

単語	読み方	意味
施行する	しこうする	시행하다.
祝日	しゅくじつ	축일. 국경일.
主権在民	しゅけんざいみん	주권재민. (국가의 주권이 국민에게 있는 것)
尊重 •	そんちょう	존중.
原則	げんそく	원칙.
放棄する	ほうきする	포기하다.
類のない	るいのない	유례가 없는.
専守防衛	せんしゅぼうえい	외국의 직접 침략에 대한 방어에만 군사력 을 행사하는것.
禁じる	きんじる	금지하다.
持ち込む	もちこむ	가지고 들어오다.
宣言する	せんげんする	선언하다.
戦力不保持	せんりょくふほじ	전력불보지. (전투력을 유지하지 않다)
改める	あらためる	개정하다. 고치다. 변경하다.
元首 •	げんしゅ	국가 원수.
書き換える	かきかえる	고쳐 쓰다. 변경하다.
柔順 •	じゅうじゅん	유순. 다소곳함.
定める	さだめる	정하다. 결정하다. 고정시키다.
諺	ことわざ	속담.
根強い	ねづよい	꿋꿋하다. 뿌리깊다.

薄い	うすい	희박하다. 얇다. 엷다. 연하다.
お上	おかみ	일왕・정부・관청. (女将 : 요릿집・여관 등의 여주인. 상점의 주부를 공손하게 부르는 말)
与える	あたえる	주다. 수여하다.
学ぶ	まなぶ	배우다.
行なう	おこなう	일을 하다, 행하다. 취급하다. 처리하다. 시행하다.
際	さい	~일 때. ~일 찰나.
示談 ・	じだん	화해.
近づく	ちかづく	접근하다.
触れる ・	ふれる	만지다. 접촉하다. 닿다. 뛰어난 것의 영향을 받다. 우연히 또는 자연히 알다.
詰まり	つまり	결국. 말하자면. 요약하면. (앞문장을 설명할 때 사용)
避ける ・	さける	피해를 방지하다. 대피하다.
やりとり		말다툼.
敬遠する	けいえんする	겉으로는 존경하는 모습을 하면서 실제로 는 싫어서 피하는 것.
涌く	わく	솟아나다. 샘솟다. (沸く : 물이 끓다)
泣く子と地頭には勝てぬ。		우는 아이와 떼쓰는 아이에게는 이기지 못한다. 도리를 모르는 사람에게는 이치가 통하지 않는 법이다.

五月三日は、1947年五月三日に施行された日本国憲法を記念する祝日で、民主主義と主権在民、そして基本的人権の尊重と平和主義を原則とした憲法を祝う行事がこの日に方々で行なわれる。戦争を放棄した憲法第九条は世界に類のないもので、現在、自衛隊は相当な戦闘力を持っているけれ

ども、専守防衛の原則が守られており、海外派兵や武器の輸出は厳しく禁じられている。また、政府は核兵器を「作らず持たず持ち込ませず」という非核三原則を宣言しているが、これも憲法の戦力不保持の原則によったものだ。

　現在、戦争放棄の第九条を改めたり、天皇を元首とする憲法に書き換えようとする運動も一部で行なわれているが、憲法を改正するためには国会の総議員の三分の二以上の賛成が必要なために、この運動は成功していない。

　憲法を含めて、日本人は伝統的に法律に柔順で、交通規則をはじめ法律で定められたことは忠実に守る傾向が強い。昔から「泣く子と地頭には勝てぬ」ということわざがあり、行政も司法も、為政者に依存する意識が根強く残っている。だから、法律を制定するのは、国民であるという考えは今でも薄く、お上から与えられ守らされると信じている人が圧倒的に多い。面白ことに、日本の大学では法学部で法律を学んで卒業した学生の大部分は、法律の知識をあまり必要としない民間企業に就職する。

　離婚や交通事故などの際、法廷外での協議や示談で解決したがるのも日本人の法意識を反映するものだろう。法は冷たく恐ろしく、できるなら近づかないようにしたがる心理がその背景にはたらいている。「法に触れる」という日本語は、法に違反した行為をすることなのだ。つまり、法に近

づいたり触れたりすることを避けたがる意識が働いていることになる。日本のテレビドラマや映画で法廷場面が少ないのも、日本人の裁判所敬遠の心理の現れで、視聴者には法廷でのやりとりに興味がわかないのだろう。

5월 3일은, 1947년 5월 3일에 시행된 일본국헌법을 기념하는 공휴일로, 민주주의와 주권재민, 그리고 기본적 인권의 존중과 평화주의를 원칙으로 한 헌법을 축하하는 행사가 이 날 전국 방방곡곡에서 행하여진다. 전쟁을 포기한 헌법 제9조는 세계에 유래가 없는 것으로서, 현재, 자위대는 상당한 전투력을 갖고 있지만, 전수방위 원칙이 지켜지고 있어, 해외 파병이나 무기 수출은 엄격히 금지되어 있다. 또, 정부는 핵무기를 「만들지도 않고 보유하지도 않으며 반입하지도 않는다」 라고 하는 비핵삼원칙을 선언하고 있지만, 이 또한 헌법의 전력 불보유 원칙에 따른 것이다.

현재, 전쟁포기의 제9조를 검토하기도 하고, 일왕을 원수로 하는 헌법을 개정하려고하는 운동도 일부에선 행하고 있지만, 헌법을 개정하기 위해서는 국회 총의원 3분의 2이상의 찬성이 필요하기 때문에, 이 운동은 성공하지 못하고 있다.

헌법을 포함해서, 일본인은 전통적으로 법률에 유순하고, 교통규칙을 시작으로 법률로 정해진 것은 충실히 지키는 경향이 강하다. 옛날부터 「우는 아이와 떼쓰는 아이에게는 이기지 못한다」 라고 하는 속담도 있고, 행정도 사법도, 위정자에 의존하는 의식이 뿌리 깊게 남아 있다. 그렇기 때문에, 법률을 제정하는 것은 국민에게 있다고 하는 사고방식은 지금도 희박하고, 정부로부터 부여받아 지켜졌다고 믿고 있는 사람이 압도적으로 많다. 재미있는 것은, 일본의 대학에서는 법학부에서 법률을 배운 뒤 졸업한 학생의 대부분은, 법률 지식을 그다지 필요로 하지 않는 민간 기업에 취직한다.

이혼이나 교통사고 때, 법정 밖에서의 협의나 합의로 해결하고 싶어 하는 것도 일본인의 법의식을 반영하는 것이다. 법은 차갑고 무섭고, 가능하다면 가까이 가지 않으려 하는 심리가 그 배경에 깔려 있다. 「법에 저촉되다」 라고 하는 일본어는, 법을 위반한 행위를 하는 것이다. 즉, 법에 가까워진다든지 저촉된다든지 하는 것을 피하고 싶어 하는 의식이 작용하는 것이 된다. 일본의 TV드라마나 영화에서 법정장면이 적은 것도, 일본인의 재판소 경원 심리에 드러나므로, 시청자에게는 법정에서의 말다툼에 흥미가 생기지 않는 것이다.

六月。 6월.

▸ 梅雨。 장마.

● 語句 (어구. 말)

単語	読み方	意味
にかけて		~에 걸쳐서
除く	のぞく	제거하다. 없애다.
梅雨 ●	つゆ	장마.
迎える	むかえる	맞다. 맞이하다. 기다리다.
基幹産業		기간산업. (한나라의 경제활동의 기초가 되는 중요한 산업. 철강. 전력. 화학 등)
田植え	たうえ	모내기.
多かれ少なかれ ●		많든 적든. 어쨌든. (多少なりとも・皆一様に・いずれにせよ・いくらかでも)
親しむ	たのしむ	친해지다. 사이좋게 지내다.
抱く	いだく	품다.
生まれる	うまれる	생겨나다. 출생하다.
根付く	ねづく	정착하다. 뿌리를 뻗고 살다.
和歌	わか	일본 고유 형식의 시. (短歌)
俳句	はいく	일본 고유의 단시. (短詩)
規則 ●	きそく	규칙.
結び付く	むすびつく	연결되다. 관련되다.
現れる	あらわれる	나타내다. 드러내다.

見合う	みあう	서로 상대를 보다. 균형이 잡히다. 걸맞다. 가능하다. (お見合い : 맞선)
描く	えがく	묘사하다. 그리다.
さまざま		다양한. 여러가지.
試みる	こころみる	시험해 보다. 테스트하다.
述べる	のべる	진술하다. 말하다.
夢見る	ゆめみる	꿈꾸다.
身近　　　・	みぢか	신변. 가까운곳.
暮らす	くらす	생활하다

六月上旬から七月中旬にかけて、北海道を除いて、日本は高温多湿の梅雨の季節を迎える。快適なシーズンではないが、千年以上も日本の基幹産業になっている米作りには大切な田植えの時期であり、日本人は今でも多かれ少なかれ親しみを抱いている。

米作農業を中心として生まれた伝統は、日本人の生活や文化に今も広範囲にわたって根づいており、季節の変化に対応しているものが多い。

たとえば、現代でも数百万人もの作者があるといわれる和歌や俳句は、作品が春夏秋冬に分類されることになっており、俳句の場合は句の中にかならず季語を入れるという規則が守られている。

数千万人のファンを持つ流行歌でも、歌詞に風・雨・雪をはじめ花々や月など季節を感じさせる語句が人間の喜怒哀楽と結びついて現れる。源氏

物語のような十世紀の小説でも、人間社会のできごとと、それに見合う自然の風物が描かれている。また、現代の映画やテレビドラマでも、人間のさまざまな行動を見せる場面の前後に、自然の風物を見せて人間心理と自然の融和を試みているものが多い。

　手紙の始めや人に対する挨拶でも、本題に入るまえに時候の挨拶が述べられる。これも、季節感を大事にする伝統から来ている。団地やマンションなど近代建築に住む人たちの中でも、機会があれば庭つきの家に住むことを夢見ている人が多いのもやはり、草花を身近にして暮らしたいという伝統心理の現れだ。

　6월 상순부터 7월 중순에 걸쳐서, 홋까이도를 제외한, 일본은 고온 다습의 장마철을 맞이한다. 쾌적한 계절은 아니지만, 천 년 이상이나 일본의 기간산업이 되고 있는 쌀농사에 있어서는 중요한 모내기 시기이고, 일본인은 지금도 많든 적든 친밀감을 갖고 있다.

　쌀 농업을 중심으로 해서 생겨난 전통은, 일본인의 생활이나 문화에 지금도 광범위하게 뿌리를 내리고 있고, 계절변화에 대응하고 있는 것이 많다.

　예를 들면, 현대에도 수백만 명의 작자가 있다고 하는 와까나 하이꾸는, 작품이 춘하추동으로 분류되어져 있고, 하이꾸의 경우는 문절 안에 반드시 계절어(하이꾸에서 계절을 나타내기 위하여 정해진 말)를 넣는다고 하는 규칙이 지켜지고 있다.

　수천만 명의 팬을 가진 유행가라도, 가사에 바람·비·눈을 시작으로 꽃이나 달 등 계절을 느끼게 하는 어구가 인간의 희로애락과 결합되어 나타난다. 겐지이야기(장편소설)처럼 10세기의 소설에서도, 인간사회의 사건과, 거기에 어울리는 자연의 풍물이 그려져 있다. 또, 현대의 영화나 TV 드라마에서도, 인간의 다양한 행동을 보여주는 장면을 전후로, 자연의 풍물을 보여 인간 심리와 자연의 융화를 시도하고 있는 것이 많다.

편지의 시작이나 사람에 대한 인사에서도, 본론으로 들어가기 전에 사계의 날씨 인사를 기술한다. 이것도, 계절감을 소중히 하는 전통으로부터 온 것이다. 단지나 맨션 등, 근대건축에 살고 있는 사람 중에서도, 기회가 있다면 정원이 딸린 집에 사는 것을 꿈꾸고 있는 사람이 많은 것도 결국은, 화초를 곁에 두고 생활하고 싶다고 하는 전통심리의 표현이다.

```
┌─────────────────────────────────────────────┐
│                                             │
│        ボーナス。보너스. (bonus)               │
│                                             │
└─────────────────────────────────────────────┘
```

• 語句 (어구. 말)

単 語	読み方	意 味
若干	じゃっかん	약간.
必ず	かならず	반드시.
元々	もともと	원래. 근본.
高める	たかめる	정도를 강하게 하다. 높이다.
目当て	めあて	목표. 목적.
売り出す	うりだす	팔다. 매출하다.
支払い	しはらい	지불.
取る	とる	취하다. 잡다.

　日本では、夏「六月または七月」と冬(十二月) にボーナスが支給される。

会社の経営状態により金額は若干変動するが、かならず支給されるのが慣行

になっている。また、利潤を目的としない学校や官公庁でも支給されるのが

普通になっている。もともと、本俸の額を低くしておいて、臨時にボーナス

を支給することで恩恵感を高めるのが目的なのだが、日本人の給与所得者に

とっては消費生活の行動様式の中でボーナスシーズンの六・七月と十二月

が特別な月となっている。たとえば、普通の月には買えない高価なビデオやエアコンといったものに対する大型支出は、ボーナス月に予定される。

デパートなどでは、それを目当てにして、ボーナス払いという形で売り出す。また、住宅や自動車などの長期ローンの支払い計画も、六月と十二月「または七月と一月」には額を大きくするという方式をとっている。

일본에서는, 여름(6월 또는 7월) 과 겨울(12월) 에 상여금이 지급된다. 회사의 경영 상태에 따라 금액은 약간 변동이 있지만, 반드시 지급되는 것이 관행으로 되어 있다. 또, 이윤을 목적으로 하지 않는 학교나 관공서에서도 지급되는 것이 보통으로 되어 있다. 원래, 본봉의 금액을 낮게 책정해 놓고, 임시로 상여금을 지급하는 것으로 은혜감을 높이는 것이 목적이지만, 일본인의 급여소득자로서는 소비생활의 행동양식 중에 상여금 시즌의 6·7월과 12월이 특별한 달로 되어 있다. 예를 들면, 보통 달에는 살 수 없는 고가인 비디오나 에어컨 같은 물건에 대한 대형 지출은, 상여금 달에 예정된다.

백화점 등에서는, 그것을 목표로 해서, 상여금 지불이라는 형태로 팔기 시작한다. 또, 주택이나 자동차 등의 장기론(loan) 의 지불 계획도 6월과 12월(또는 7월과 1월) 에는 금액을 많게 한다고 하는 방식을 취하고 있다.

七月。 7월.

- 語句 (어구. 말)

単語	読み方	意味
盛り	さかり	번성하다. 활발하다.
切り替える	きりかえる	예정을 바꾸다. 기분을 전환하다.

七月は夏の盛りで、小学校から大学まで夏休みが始まり、生活のパターンも夏の様式に切りかえられる。

7월은 한여름으로(여름의 한창), 초등학교에서 대학교까지 여름방학이 시작되고, 생활의 패턴도 여름양식으로 바뀐다.

▶ 中元。 백중날. (음력 7월 보름날)

● 語句 (어구. 말)

単語	読み方	意味
大昔	おおむかし	아주 옛날.
分ける	わける	나누다.
繰り返す	くりかえす	반복하다.
名残	なごり	흔적. 자취. 여운. 이별을 안타까워하는 기분.
日ごろ	ひごろ	평상시. 늘.
贈り物	おくりもの	선물.
歳暮	せいぼ	세모. 연말.
設ける	もうける	시설 · 설비를 만들다. 조직이나 규칙을 만들다.
雇う	やとう	고용하다. 랜트하다. (車)
先方	せんぽう	상대편.
返す	かえす	돌려놓다. 갖다 놓다. 보답하다.
葬式	そうしき	장례식.
弔事	ちょうじ	조사.
慶事	けいじ	경사.
決まる	きまる	결정되다. 결심이 서다.
間違う	まちがう	실수하다. 틀리다.
陰口	かげぐち	험담. 뒤에서 흉보다.
叩く	たたく	치다. 비난하다. 맞추다. 싸게 하다.
チップ		팁.
お見舞い	おみまい	병문안. (お見合い : 맞선)
餞別	せんべつ	전별금. (멀리 여행가는 사람이나, 전직 · 전거하는 사람에게 이별할때 금품을 주는 것)
贈り主	おくりぬし	선물을 보낸 사람.
生じる	しょうじる	발생하다.

大昔の日本は一年が一月から六月までと、七月から十二月までの二つに分けられ、七月が正月になり一月から六月までの行事と同じようなものが繰り返された。この名残はほとんど見られないが、七月にお中元と称して日ごろ世話になっている人たちに贈り物をするのは、年末のお歳暮に相当するのかもしれない。

お中元には食べ物や日用品を贈るのが普通で、デパートその他では、特別な売り場を設けたり、アルバイトを雇ったりして大セールを行なう。最近は、先方に直接持参することをせず、デパートその他から配達されることが多い。

お中元は、目上の人や世話になった人に感謝のつもりで、贈られるものだが、一般に日本人の贈り物は、それに対してお返しをするのが礼儀になっている。葬式や結婚式などに贈られる金品に対しては、前者のような弔事には五十パーセント程度、後者のような慶事では目下の人には同額程度、目上の人や同等の人には50%程度といった基準が慣習によって決まっていて、それを間違うと関係者から陰口をたたかれかねない。欧米のチップの計算と同様に非常に難しい。

特に、慣習のきびしい農村地方では、病気見舞いでも旅行の餞別でも、金品を記録しておいて、贈り主に同様なことが生じた場合はかならず金品を贈

ることになっている。こういう社会では大切な「義理」というのは、この「お返し」であると考えている人が多い。この贈り物とお返しは、相互扶助の保険の原初的な形態と考えている学者もいる。

아주 옛날 일본은 1년이 1월부터 6월까지이고, 7월부터 12월까지 둘로 나뉘어져, 7월이 정월이 되고 1월부터 6월까지의 행사가 똑같이 반복되었다. 이 흔적은 거의 볼 수 없지만, 7월에 중원이라고 칭하여 평소 신세를 진 사람들에게 선물을 하는 것은, 연말의 세모에 상당하는 것인지도 모른다.

중원에는 음식이나 일용품을 보내는 것이 보통이고, 백화점 그 이외에는, 특별한 매장을 설치한다든지, 아르바이트를 고용하기도 하여 대형세일을 진행한다. 최근에는, 상대방에게 직접 가져가지 않고, 백화점 그 다른 곳으로부터 배달되는 경우가 많다.

중원은, 윗사람이나 신세를 진 사람에게 감사의 표시로 보내지는 것이지만, 일반 일본인의 선물은, 그것에 대해 답례를 하는 것이 예의로 되어 있다. 장례식이나 결혼식 등에 보내어진 금품에 대해서는, 전자와 같은 조사에는 50% 정도, 후자와 같은 경사에는 아랫사람에게는 동액 정도, 윗사람이나 동등의 사람에게는 50% 정도로 한 기준이 관습에 의해 정해져 있고, 그것을 잘못하면 관계자로부터 험담을 들을 수도 없다. 구미의 팁계산과 마찬가지로 대단히 어렵다.

특히, 관습이 엄격한 농촌지방에서는, 병문안도 여행의 전별금도, 금품을 기록해 두고, 보낸 이에게 똑같은 일이 발생했을 경우에는 반드시 금품을 보내는 것으로 되어 있다. 이러한 사회에서 소중한 「의리」라고 하는 것은, 이 「답례」에 있다라고 생각하는 사람이 많다. 이 선물과 답례는, 상호부조의 보험의 원초적인 형태라고 생각하고 있는 학자도 있다.

▶ 夏休み。　여름방학.

● 語句 (어구. 말)

単語	読み方	意味
帰省する	きせいする	귀성하다. 집으로 돌아가다.
クラブ活動	クラブかつどう	클럽 활동.
貯める	ためる	저금하다. 저축하다. 모으다.
稼ぐ	かせぐ	돈을 벌다. 돈벌이하다.
揃える	そろえる	맞추다. 가지런히 하다. 준비되다.
塾	じゅく	학원.
予備校	よびこう	입시 학원.
休暇を取る	きゅうかをとる	휴가를 받다.
安上がり	やすあがり	싼 가격. 싼 비용.
既製	きせい	이미 만들어져 있는 것. 기성복.
葉書	はがき	엽서.
代わる	かわる	교체하다. 대리하다.
興味深い	きょうみぶかい	흥미를 갖다.

　大学は、七月上旬、高校・中学・小学校は七月中旬から八月末まで長い夏休みに入る。都会でアパートや寮に入っている学生たちは帰省したり、学期中に十分にできなかったクラブ活動を合宿して行なったりして楽しむ者も多い。最近は休み中に海外に行って語学の研修をする者も多くなってきた。

　また、夏休みはアルバイトをしてお金を貯め、海外旅行やレジャーに使う学生も少なくない。昔の学生は、学資や生活費を稼ぐために働いたが、今の学生は旅行したりカメラを買ったり衣服をそろえたり、趣味・娯楽のためにアルバイトをする。

高校生・中学生は、受験勉強で忙しく、夏休みの間、塾や予備校などで集中的に勉強する者が多い。それに対して、サラリーマンは夏季休暇や有給休暇を取って、旅行や避暑に出かける。日本の企業は、避暑地や避寒地などに社員用の寮を持っているところが多く、従業員は海や山や温泉地などで安上がりのレジャーを楽しむことができる。

日本では、年賀状のほかに暑中見舞いを出す習慣もある。既製のはがきも多く売り出されているし、普通の手紙のはじめに書くこともある。また、立秋を過ぎるとこれが残暑見舞いという言葉に代わる。季節感が一年の生活の中に強く反映した興味深い例だ。

대학은, 7월 상순, 고등학교·중학교·초등학교는 7월 중순부터 8월말까지 긴 여름방학에 들어간다. 도시에서는 아파트나 기숙사에 있는 학생들은 고향으로 돌아간다든지, 학기 중에 충분히 하지 못했던 클럽 활동을 한다든지 해서 즐기는 사람도 많다. 최근에는 방학 중에 해외로 가서 어학연수를 하는 사람도 많아졌다.

또, 여름방학은 아르바이트를 해서 돈을 모아, 해외여행이나 레저에 사용하는 학생도 적지 않다. 옛날 학생들은, 학자금이나 생활비를 벌기 위해 일했지만, 요즘의 학생들은 여행을 한다든지 카메라를 산다든지 의복을 장만한다든지, 취미·오락을 위해 아르바이트를 한다.

고등학생·중학생은, 입시공부로 바빠서, 여름방학 동안, 학원이나 입시학원 등에서 집중적으로 공부하는 사람이 많다. 그에 반해, 샐러리맨은 하계휴가나 유급휴가를 받아서, 여행이나 피서를 떠난다. 일본의 기업은, 피서지나 피한지 등에 사원용의 기숙사를 갖고 있는 곳이 많아, 종업원은 바다·산·온천지 등에서 저렴한 레저를 즐기는 것이 가능하다.

일본에서는, 연하장 외에 삼복 문안을 여쭙는 습관도 있다. 기성 엽서도 많이 팔리기도 하고, 보통 편지로 쓰는 경우도 있다. 또, 입추가 지나면 이것을 늦더위 문안이라는 말로 대신한다. 계절감이 한해 생활 중에 강하게 반영된 아주 흥미 있는 사례다.

第二十九課
だい に じゅうきゅう か

佐藤家の一年。
さ とう け　　 いちねん

사또오씨집의 일 년.

八月。 8월.
はち がつ

● 語句 (어구. 말)

単語	読み方	意味
家族そろって	かぞくそろって	가족 모두.
リラックスする	to relax	편안하다. 행복하다. 긴장을 풂.
勤める	つとめる	근무하다.
通常	つうじょう	통상. 보통. 일상적인 것.
欧米	おうべい	유럽과 미국.

一年中でいちばん暑い八月は、学校の夏休みと会社などの有給休暇を利用して家族そろって旅行をする人々が多く、一年のうちでもっともリラックスする月にもなっている。しかし、企業に勤めるサラリーマンは通常一週間程度の休暇しか取らず、欧米のように三週間も休暇を取る者はいない。

일 년 중에서 가장 더운 8월은, 학교 여름방학과 회사 등의 유급휴가를 이용해서 가족과 함께 여행을 떠나는 사람들이 많고, 일 년 중에서 가장 마음이 편한 달이기도 하다. 그러나, 기업에 근무하는 샐러리맨은 통상 일주일 정도의 휴가밖에 받지 못해, 구미처럼 3주일씩이나 휴가를 받는 사람은 없다.

▸ 盆。 봉. (한국의 추석에 해당)

• 語句 (어구. 말)

単語	読み方	意味
お盆	おぼん	봉. (한국의 추석에 해당)
魂	たましい	혼.
戻る	もどる	제자리로 돌아오다.
祭る	まつる	제사지내다. 신으로 모시다.
亡くなる	なくなる	죽다. 없어지다.
流す	ながす	흐르게 하다.
慰める	なぐさめる	위로하다.
踊る	おどる	춤추다.
旧交を暖める		옛날 친구와 만나 옛정을 새로이 하다. 돈독히 하다.
暖める	あたためる	따뜻하게 하다. 데우다
果たす	はたす	다하다. 완수하다. 숨통을 끊다. 죽여 버리다. 죄다~해 버리다. (ます형 + 果たす) (金を使い果たす。돈을 다 써버리다)

八月十三日から十五日まで全国でお盆の行事が行なわれる。お盆は古い伝統のある仏教の行事で、この日、先祖の魂が戻ってくるというので花や食べ物を供えて祭る。

特に前年にだれかが亡くなった家では新盆といって盛大に行なう。お盆が終わって魂がふたたび帰るとき、草や紙で舟を作りこれを海に流す精霊流しも多くの地方で行なわれる。また、魂を慰めるための盆踊りも盛大に行なわれる。

お盆には都会生活をしている家族も郷里「主として夫の郷里」に帰るので、交通機関は航空機も列車も超満員になり、逆に大都市の交通の渋滞は緩和される。

お盆は宗教的な意味だけでなく、帰省によって家族や親戚、友人などと旧交をあたためる点でも、日本人の精神生活に重要なはたらきを果たしている。

8월 13일부터 15일까지 전국에서 오봉 행사가 거행된다. 오봉은 오랜 전통의 불교 행사로, 이날, 선조의 혼이 되돌아온다고 하기 때문에, 꽃이나 음식을 준비하여 제사를 지낸다.

특히 전해에 누군가가 죽은 집에서는 신봉이라고 해서 성대하게 행한다. 봉이 끝나고 혼이 다시 돌아갈 때, 풀이나 종이로 배를 만들어 이것을 바다로 떠내려 보내는 정령류 (마지막 날에 영혼을 저승으로 보내기 위해 짚으로 만든 배에 작은 제물 등을 실어서 띄어 보내는 불사) 도 많은 지방에서 행하여진다. 또, 혼을 위로하기 위해 봉 춤도 성대히 거행된다.

오봉 때는 도시 생활을 하고 있는 가족들도 고향「주로 남자의 고향」으로 돌아가기 때문에, 교통기관은 항공기도 열차도 초만원이 되고, 반대로 대도시 교통정체는 완화된다.

오봉은 종교적인 의미뿐만 아니라, 귀성에 따라 가족이나 친척, 친구 등과 옛정을 돈독히 하는 점에서도, 일본인의 정신생활에 중요한 역할을 다하고 있다.

▶ 終戦記念日。 종전기념일.

● 語句 (어구. 말)

単語	読み方	意味
催し	もよおし	모임. 개최.
マスメディア	mass media	매스미디어. 대중매체.
忍ぶ ・	しのぶ	남의 눈에 띄지 않게 행동하다. 남 모르게 하다. 견디다. 참다.
偲ぶ	しのぶ	그리워하다. 연모하다. 회상하다.
起こす	おこす	일으키다. 깨우다.
新たに	あらたに	새롭게.
すでに ・		이미. 벌써. (とっくに)
に対する	にたいする	~에 대한.
薄れる	うすれる	가시다. 사라져 가다.
書き換える	かきかえる	고쳐 쓰다. 변경하다.
凡て ・	すべて	모두. 전부.
境に	さかいに	~를 경계로.
遂げる	とげる	이루다. 완수하다.
明らか ・	あきらか	분명히. 확실히.
立ち戻る	たちもどる	되돌아오다.

1945年八月十五日、日本は連合国に無条件降伏をした。その日を記念して八月十五日にはいろいろな催しが行なわれる。マスメディアでは、戦争の悲惨な状況についての記事や回想が多く報道され、戦争で死んだ人たちの慰霊祭も方々で行なわれる。

これより前、八月六日は広島で、八月九日は長崎で、1945年に原子爆弾が投下された日をしのび、平和を祈り核戦争を絶対に起こさないことを願う集会

が盛大に行なわれる。八月は国民が反戦反核の思いを新たにする月でもある。

ただ、すでに「戦争を知らない」世代が日本の人口の半分以上を占めている今日、戦争の悲惨さに対する記憶はだんだん薄れてきており、一部では戦争についての教科書の記述を書き換えようという動きも出てきた。

しかし、日本の憲法をはじめ教育・司法・行政など、すべて1945年を境にして大変革を遂げていることは明らかで、新しい世代の行動を含めて、戦争前の国家主義的な日本に立ち戻ることは想像もできない。

1945년 8월 15일, 일본은 연합국에 무조건 항복을 했다. 이날을 기념하여 8월 15일에는 여러 가지 행사가 거행된다. 대중 매체에서는, 전쟁의 비참한 상황에 대한 기사나 회상이 많이 보도되고, 전쟁으로 죽은 사람들의 위령제도 방방곡곡에서 거행된다.

이에 앞서, 8월 6일은 히로시마에서, 8월 9일에는 나가사끼에서, 1945년에 원자폭탄이 투하된 날을 회상하고, 평화를 기원하며 핵전쟁을 절대로 일으키지 않기를 기원하는 집회가 성대히 거행된다. 8월은 국민이 반전 반핵의 뜻을 새롭게 하는 달이기도 하다.

그러나, 이미 「전쟁을 모르는」 세대가 일본 인구의 반 이상을 차지하고 있는 오늘날, 전쟁의 비참함에 대한 기억은 점점 사라져 가고, 일부에서는 전쟁에 대한 교과서 기술을 다시 쓰려고 하는 움직임까지 나왔다.

그러나, 일본 헌법을 시작으로 교육·사법·행정 등, 전부 1945년을 경계로 해서 대변혁을 이루고 있는 것은 명백하고, 새로운 세대의 행동을 포함해서, 전쟁 전의 국가주의적인 일본으로 되돌아가는 것은 상상할 수도 없다.

▸ 高校野球。 고교야구.

• 語句 (어구. 말)

単語	読み方	意味
ずつ		~씩.(한 개씩, 한명씩)
最も •	もっとも	가장. 최고.
尤も •	もっとも	지당함. 사리에 맞다.
相撲 •	すもう	일본씨름.
盛ん	さかん	번성하다. 활발하다.
勝ち抜く	かちぬく	끝까지 이기다. 이겨내다.
それぞれ		이것저것. 각각.

日本のスポーツは、年六回、十五日ずつ行なわれる相撲が国技として歴史ももっとも古く、ファンの数も多いが、相撲人口は非常に少ない。それに比べてプレーするスポーツとしては、野球人口が圧倒的に多く、プロ野球も相撲以上のファンを持っている。

　そういう中で、アマチュア野球としては年二回春と夏に行なわれる甲子園の高校野球大会がもっとも盛んで、国民的行事としても重要な位置を占めている。

　現在、野球チームを持っている高校は約四千校あり、春はその中から三十二校が選抜されて、甲子園球場でトーナメントで優勝校を決める。夏は全国の予選トーナメントを勝ち抜いたチームが約50校で最終トーナメントを行ない、全日本の優勝校を決める。人々は、それぞれ自分の郷土チームを声援し、特に準決勝・決勝の日には日本全国といってよいほど国民は熱狂する。

　日本のスポーツとしては、柔道・剣道・空手などの伝統的なものと、テニス・ゴルフ・バレー・サッカー・ラグビーなど西洋から輸入されたものとがある。それぞれ参加人口もファン人口も多いが、野球はプレーする人口とファンの人口ともに他に比べて圧倒的に数が多く、世界でもっとも講読者数の多い各種スポーツ新聞でも、記事は野球が中心になっている。

일본의 스포츠는, 년 6회, 15일씩 열리는 씨름이 국기로서 역사도 가장 오래되었고, 팬 수도 많지만, 씨름 인구는 굉장히 적다. 그에 비해 플레이하는 스포츠로서는, 야구 인구가 압도적으로 많고, 프로야구도 씨름 이상의 팬을 갖고 있다.

그런 가운데, 아마추어 야구로서는 년2회 봄과 여름에 실시되는 고시엔의 고교야구대회가 가장 활발하고, 국민적 행사로서도 중요한 위치를 차지하고 있다.

현재 야구팀이 있는 고교는 약 4천개교가 있고, 봄은 그 중에서도 32개교가 선발되어, 고시엔구장에서 토너먼트로 우승학교를 결정한다. 여름은 전국 예선 토너먼트에서 이긴 팀이 약 50개교이고 최종 토너먼트를 실시해, 전 일본의 우승학교를 결정한다. 사람들은, 제각기 자신의 고향 팀을 성원하고, 특히 준결승·결승 날에는 일본 전국이라도 해도 좋을 만큼 국민은 열광한다.

일본의 스포츠로서는, 유도·검도·공수도 등의 전통적인 것과, 테니스·골프·배구·축구·럭비 등 서양으로부터 들어온 스포츠 종목들이 있다. 각각 참가인구도 팬 인구도 많지만, 야구는 플레이하는 인구와 팬의 인구가 다른 것에 비해 압도적으로 수가 많고, 세계에서 가장 구독자 수가 많은 각종 스포츠 신문에서도, 기사는 야구가 중심이 되어 있다.

九月。 9월.

九月に入ると学校の休暇が終わり、新しい学期が始まる。まだ暑さは残っているが、心理的には夏ではなく、秋の到来を感じさせる言葉やイメージがテレビや雑誌・新聞に数多く現れる。

9월이 되면 학교 방학이 끝나고, 새로운 학기가 시작된다. 아직 더위는 남아 있지만, 심리적으로는 여름이 아니고, 가을의 도래를 느끼게 하는 말이나 이미지가 텔레비전이나 잡지·신문에 많이 등장한다.

▶ 台風。 태풍.

● 語句 (어구. 말)

単 語	読み方	意 味
襲う	おそう	습격하다. 덮치다. 느닷없이 방문하다.
続く	つづく	계속되다. 계속하다.
恐ろしい		두렵다. 무섭다.
逆らう	さからう	거슬러 올라가다. 거역하다.
宿る	やどる	살다. 거주하다. 맺히다. 머무르다.
底	そこ	바닥. 밑바닥. 밑. 한계.
流れる	ながれる	흐르다. 흘러가다. 떠내려가다. 진행되다.
観ずる	かんずる	깨닫다. 관찰하다
通じる	つうじる	통하다. 일맥상통하다.
諦観する		체념하다. 단념하다. 깨닫다. 이해하다
仮の住まい		임시 주거지.
一方 ・	いっぽう	일방. 한편. 그것만하다.
日和 ・	ひより	좋은 날씨.
英知	えいち	뛰어난 재능

　七月ごろから何回も台風が日本を襲うが、九月に入っての台風がいちばん話題になる。米作を中心とした伝統が千年以上も続いた日本では、稲の花の咲く時期に来る台風がもっとも大きな関心事だったからだ。

　防災設備や対策の完備した近代とちがい。昔は台風は恐ろしいものであり、逆らうことのできないものだった。日本人の心に宿る無常感は、もちろん仏教の影響を強く受けたものだが、その底には自然の猛威に対して抵抗することのできない人間の無力感が流れていた。それは、自分の運命を天から

与えられたものと観ずる心情にも通じる。

　また、日本の家屋が木や紙で作られたもろい構造であるのも、自然の力に対する人為の無力さを諦観した人々が、家屋を仮の住まいとみなす心情を反映したものだった。

　一方、台風は米作農業(水田耕作)に必要な大量の雨をもたらすものとして自然の慈愛の現れでもあった。日本の古い格言に「待てば海路の日和あり」とか「果報は寝て待て」といったものが多いのも、人為よりも自然の恵みの大きさを意識した人々の英知を示すものだった。

　7월경부터 반복해서 태풍이 일본을 습격하지만, 9월에 들어서의 태풍이 가장 화제가 된다. 벼농사를 중심으로 한 전통이 천 년 이상 계속된 일본에서는, 벼꽃이 피는 시기에 불어닥치는 태풍이 가장 큰 관심사였기 때문이다.

　방재설비나 대책을 완비한 근대와는 달리, 옛날의 태풍은 두려운 것이었고, 거역할 수 없는 것이었다. 일본인의 마음속에 깃든 무상감은, 물론 불교의 영향을 강하게 받은 것이지만, 그 속에는 자연의 맹위에 대해 저항할 수 없는 인간의 무력감이 흐르고 있었다. 그것은, 자신의 운명을 하늘로부터 부여받은 것이라고 터득한 심정에서도 일맥상통한다.

　또, 일본의 가옥이 나무나 종이로 만들어진 무너지기 쉬운 구조인 것도, 자연의 힘에 대한 인위의 무력함을 느꼈던 사람들이, 가옥을 임시 주거지로 판단한 심정을 반영했던 것이다.

　한편, 태풍은 벼농사(수전경작) 에 필요한 대량의 비를 가져오는 것으로서 자연 자애의 마음이 나타나기도 했다. 일본의 옛날 격언에 「기다리면 쥐구멍에도 볕들 날이 있다」 라든지 「행운은 사람의 힘으로 어찌할 수가 없기 때문에 초조해 하지 말고, 자연히 오는 것을 기다리는 것이 좋다」 라고 한 것이 많은 것도, 인위보다도 자연의 큰 은혜를 의식한 사람들의 지혜를 나타낸 것이었다.

▶ 彼岸。　히간.

• 語句 (어구. 말)

単語	読み方	意味
彼岸	ひがん	춘분·추분의 중심 날을 전후로 해서 3일을 더한 7일간.
基づく　　•	もとづく	기초를 두다. (基にする)
此岸	しがん	이승. 현세.
指す	さす	가리키다.
お墓参り	おはかまいり	성묘. 참배.
単なる	たんなる	단순한
出回る	でまわる	출하되다.
紅葉　　•	もみじ · こうよう	단풍.

　九月二十三日は秋分の日で、三月二十一日の春分の日とともに祝日になっている。伝統的には彼岸と呼ばれ、仏教思想に基づいたものだ。彼岸とは向こうの岸の意味で、此岸つまり現世に対して「あの世」を指す。秋分の日をはさんだ７日間が彼岸で、この間に先祖の霊を祭り、お墓参りをする。

　ただ、現在では宗教的な意識は薄れ、単なる休日になっている。

　そして「暑さ寒さも彼岸まで」という昔からの言葉にあるように、このころに季節の変わり目を感じる人が多い。秋分の日を過ぎると、柿・栗・芋・松茸など秋の果物や野菜が出回り、人々の話題にもよく上るようになる。そして、北の方から紅葉のニュースが日々南下する。

9월 23일은 추분의 날로, 3월 21일 춘분의 날과 같이 공휴일로 되어 있다. 전통적으로는 히간이라고 불리며, 불교 사상에 기초를 둔 것이다. 彼岸이라고 하는 것은 저승의 벼랑의 의미이고, 此岸 (이승. 현세) 말하자면, 현세에 대해서 「저 세상, 저승」을 가리킨다. 추분의 날을 포함해서 7일간이 彼岸이고, 이 동안에 선조의 영혼을 모시고 (제사지내고), 성묘를 한다.

그러나, 현재에는 종교적인 의식은 희박하고, 단순한 휴일이 되었다.

그리고 「더위도 추위도 彼岸까지」라고 하는 옛말에 있는 것처럼, 요즈음에 계절이 변하는 것을 느끼는 사람이 많다. 추분의 날을 지나면, 감·밤·고구마·송이버섯 등 가을의 과일이나 야채가 출하되고, 사람들의 화제에도 자주 오르게 된다. 그리고, 북쪽으로부터 단풍 뉴스가 날마다 남쪽으로 내려온다.

十月。 10월.

• 語句 (어구. 말)

単語	読み方	意味
好天気	こうてんき	좋은 날씨.
行楽	こうらく	행락. 교외나 관광지에 가서 즐겁게 노는 것.
秋祭り	あきまつり	가을축제.
最も	もっとも	가장. 제일.

十月は一年中で好天気がいちばん多い月で、スポーツや行楽が盛んに行なわれる。秋祭りもこの月にもっとも多く行なわれる。

10월은 일 년 중 좋은 날씨가 가장 많은 달로, 스포츠와 행락이 활발하게 행하여진다. 가을 축제도 이 달에 가장 많이 열린다.

▶ スポーツ。 <u>스포츠</u>.

● 語句 (어구. 말)

単 語	読み方	意 味
運動会	うんどうかい	운동회.
ゲーム •	game	게임.
競争 •	きょうそう	경쟁.
声援する	せいえんする	성원하다.
紅白	こうはく	홍백. (운동회에서 청군·백군)
分かれる	わかれる	나뉘지다. 둘로 나누다.
争う	あらそう	겨루다. 다투다.
勝負	しょうぶ	승부.
喜ぶ	よろこぶ	기쁘다. 좋다고 적극적으로 받아들이다.
従業員	じゅうぎょういん	종업원.
だけでなく •		~뿐만 아니라. (ばかりか·ばかりでなく·のみでなく·のみならず)
参加する	さんかする	참가하다.
場合 •	ばあい	~한 경우. (이런 경우에는)
団結	だんけつ	단결.
にとって •		~으로서. (기분이나 마음적으로 관계가 있어야 한다)
重要	じゅうよう	중요. (중요하다)
オリンピック	olympic	올림픽.
開会	かいかい	개회. (모임을 열다)
記念する	きねんする	기념하다.
各種	かくしゅ	각종. 여러 종류.
プロ	pro	프로.
実業団	じつぎょうだん	실업단.
バレー	volleyball	배구. (バレーボール의 약칭)
サッカー	soccer	축구.
選手権	せんしゅけん	선수권.
レジャー	leisure	여가. 여가활동.

単語	読み方	意味
家計	かけい	가계. 집안 살림.
に対する	にたいする	~에 대한.
支出	ししゅつ	지출.
増加する	ぞうかする	증가하다.
健康	けんこう	건강.
だけ		~만. ~뿐. 한정을 나타낸다. (명사 + ばかり · のみ · だけ)
に伴う	にともなう	~에 동반되다. ~에 따르다.
社交	しゃこう	사교.
ファッション	fashion	유행. 패션.
といった		~한. ~하는. (앞문장을 설명할 때)
重視する	じゅうしする	중시하다.
傾向	けいこう	경향.

　十月には小学校から高校まで運動会が催される。運動会には家族も出かけて、子供たちのゲームや競争を声援する。紅白に分かれて勝負を争うゲームも多く、子どもたちの喜びは大きい。

　会社などでも運動会が行なわれ、従業員だけでなくその家族まで参加する場合もあり、会社の団結にとって重要な催しとされている。

　十月十日は体育の日として国民の祝日の一つになっている。1964年十月十日の東京オリンピックの開会の日を記念した日で、この日に各種の体育の催しが行なわれる。

プロ野球をはじめ、実業団スポーツのバレーやサッカーなど多くの選手権試合もこの月に行なわれる。

日本人は、レジャーに家計の約十五パーセントを使っており、スポーツに対する支出も増加してきている。健康だけが目的でなく、スポーツにともなう社交やファッションといった面を重視する傾向が強くなってきている。

10월에는 초등학교부터 고등학교까지 운동회가 개최된다. 운동회에는 가족도 함께 나와, 아이들의 게임과 경쟁을 성원한다. 홍백으로 나뉘어 승부를 겨루는 게임도 많아, 아이들의 기쁨은 크다.

회사 등에서도 운동회가 열리고, 종업원뿐만 아니라 그 가족까지 참가하는 경우도 있고, 회사의 단합을 위해 중요한 모임이 되고 있다.

10월 10일은 체육의 날로서 국민들의 국경일의 하나가 되었다. 1964년 10월 10일 도꾜 올림픽 개최날을 기념한 날로, 이날에 각종 체육대회가 진행된다.

프로야구를 시작으로, 실업단 스포츠의 배구나 축구등 많은 선수권 시합도 이 달에 열린다.

일본인은, 레저에 가계의 약 15%를 사용하고 있고, 스포츠에 대한 지출도 증가해 왔다. 건강만이 목적이 아니고, 스포츠에 동반되는 사교나 유행 같은 면을 중시하는 경향이 강해지고 있다.

▸ 秋祭り。 가을 축제.

• 語句 (어구. 말)

単語	読み方	意味
至る所	いたるところ	이르는 곳마다. 가는 곳마다.
移る	うつる	이동하다. 옮다. 바뀌다. 변천하다.
生み出す	うみだす	낳다. 낳기 시작하다. 내놓다.
秋祭り	あきまつり	가을에 신사에서 거행하는 수확을 신에게 감사하는 축제. 가을제사.
集まる	あつまる	모이다. 집중하다.
失う	うしなう	잃어버리다. 죽다.
つながる		연결되다. 이어지다. 유지되다.

十月はお祭りの月でもある。米の収穫を神に感謝する農耕儀礼がまだ全国いたるところに残っているため、十月にお祭りが集中する。

日本の食糧自給率は年々低くなってきており、食生活も米食中心からパン食その他に移りはじめている。それを反映して、農業人口も耕地面積も昔に比べて非常に少なくなっている。一方、遺伝子工学をはじめとする高度技術を利用した多種多様な集約性の高い農業が生み出されている。

しかし、秋祭りは昔ながらに、あるいは昔以上に盛大に行なわれ、その年にとれた米を神や先祖に供え、家族や親族が集まって食べ物を共にする伝統は失われることなく続いている。人口統計による農業人口とは別に、正月やお盆などに農村に帰省する人たちを含めると、農村につながっている人口は少なくなく、文化的、精神的には日本はまだ農業国の面影を強く残している。

10월은 마츠리(축제)의 달이기도 하다. 쌀 수확을 신에게 감사하는 농경의례가 아직 전국 각 곳에 남아 있기 때문에, 10월에 마츠리(축제)가 집중된다.

일본의 식량자급률은 해마다 낮아지고 있으며, 식생활도 쌀 중심에서 빵식 그 외로 바뀌기 시작했다. 이에 따라, 농업인구도 경지면적도 옛날과 비교해서 대단히 축소되었다. 한편, 유전자공학을 시작으로 한 고도기술을 이용한 다종다양한 집약성이 높은 농업이 생산되기 시작했다.

그러나, 가을축제는 옛날 그대로이면서, 또는 옛날 이상으로 성대히 거행되고, 그 해에 수확한 쌀을 신이나 선조에게 바치고, 가족이나 친족이 모여서 음식을 같이하는 전통은 상실되는 일없이 계속되고 있다. 인구통계에 의한 농업인구와는 따로, 설날이나 봉 등에 농촌으로 귀성하는 사람들을 포함하면, 농촌과 연결된 인구는 적지 않고, 문화적, 정신적으로의 일본은 아직 농업국의 모습이 인상 깊게 남아 있다.

じゅういちがつ
十一月。11월.

• 語句 (어구. 말)

単語	読み方	意味
通り ・	とおり	~하는 대로.

　十一月三日は文化の日として祝日になっているが、この日を中心に文化的
な催しが多く行なわれる。晩秋は「灯火親しむ候」と昔から呼ばれていると
おり、読書や芸術鑑賞に強い関心を抱く季節だ。

　11월 3일은 문화의 날로서 공휴일로 되어 있지만, 이날을 중심으로 문화적인 행사(모
임) 가 많이 행하여진다. 늦가을은「등과 가장 친숙해지는 계절」이라고 예로부터 불리고
있는 것처럼, 독서나 예술 감상에 많은 관심을 가져야 할 계절이다.

▸ 文化の日。 문화의 날.

• 語句 (어구. 말)

単語	読み方	意味
勧める		권장하다. 나아가다.(進める)
掲げる	かかげる	내 달다. 내걸다. 게재하다.
開く	ひらく	열리다. 개최되다. 책을 펴다. 우산을 펴다. 창문을 열다. (↔閉じる)
開ける	あける	창문을 열다. 뚜껑을 열다. 가방을 열다. 구멍을 뚫다. 사이를 벌리다. (↔閉める)
蒼い	あおい	창백하다.
伝える	つたえる	전달하다.

　　1946年十一月三日の日本国憲法公布を記念し、「自由と平等を愛し、文化をすすめる日」として制定された。

　　明治維新以来、富国強兵を国是として発展してきた日本は、1945年の敗戦を機に、戦争を放棄し、自由と平等の民主主義にもとづく文化国家の建設を理想に掲げる国に変身した。文化の日は、その思いを新たにするために設けられたもので、五月の連休をゴールデンウイークと呼ぶのに対して、この日を中心とした週をシルバーウイークと呼ぶこともある。

　　各都道府県が選手団を派遣して選手権を争う国民体育大会や、音楽・演

劇・美術などの優秀者を決める芸術祭もこの時期に開かれる。

秋の果物や野菜が豊かな味を食卓にもたらすのもこの季節だ。昔は「みかんの色が色づきはじめると、医者の顔色が蒼くなる」という言い伝えがあった。この季節は健康的で、みかんも緑から黄色に変化していき、病人の数も少なくなると考えられていたからだ。

1946년 11월 3일 일본국 헌법공포를 기념해, 「자유와 평등을 사랑하고, 문화를 권장하는 날」로서 제정되었다.

메이지유신이래, 부국강병을 국시(국가의 방침) 로서 발전해 온 일본은, 1945년의 패전을 계기로, 전쟁을 포기하고, 자유와 평등의 민주주의에 바탕을 둔 문화국가의 건설을 이상으로 내거는 국가로 변신했다. 문화의 날은, 그 생각을 새롭게 하기 위해, 만든 것으로, 5월의 연휴를 골든위크로 부르는 반면, 이날을 중심으로 한 주를 실버위크로 부르기도 한다.

각 광역자치단체(都・道・府・県. 東京都・北海道・大阪府・京都府・43県)가 선수단을 파견해서 선수권을 겨루는 국민 체육대회나, 음악・연극・미술 등의 우수자를 정하는 예술제도 이 시기에 열린다.

가을은 과일이나 야채가 풍부한 맛을 식탁으로 가져오는 것도 (입맛을 돋구는 것도) 이 계절이다. 옛날에는 「귤 색깔이 알맞게 황색으로 익기 시작하면, 의사의 안색이 창백해진다」라고 하는 말이 전해졌었다. 이 계절은 건강적이고; 귤도 초록색에서 황색으로 변하고, 환자의 수도 적어진다고 생각했기 때문이다.

▶ 結婚式。 결혼식.

● 語句 (어구. 말)

単語	読み方	意味
選ぶ	えらぶ	고르다. 선택하다. 뽑아내다.
しかし •		그러나. (역접)
仲人 •	なこうど	중매인.
若人 •	わこうど	젊은이. 청년. (若者)
引き合わせる	ひきあわせる	소개하다. 대조하다. 끌어당겨서 맞추다.
良し悪し	よしあし	좋고 나쁨.
費用をかける	ひようをかける	비용을 들이다.
中座する	ちゅうざする	신랑과 신부가 도중에 자리를 떠나는 것.
変える	かえる	바꾸다.
仕来たり	しきたり	관습. 관례.
カップル	couple	커플. 한쌍.
お色なおし	おいろなおし	신부가 의상을 갈아입는 것.
知り合い •	しりあい	알고 지내는 사람. 지인.
比べる	くらべる	비교하다. 경쟁하다.

　十一月は十月とともに結婚式が一年中でいちばん多い。伝統的には日本では見合い結婚が圧倒的に多かったが、現在では自分の配偶者を自分で選ぶ場合が85%以上(1991年)になっている。

　しかし、その恋愛結婚の場合も、式や披露宴には仲人が両者を引き合わせるという伝統的形式をとるのが普通だ。また、太陰暦の日の良し悪しにより、良い日を選ぶという伝統も昔のまま残っていて、キリスト教教会でも、日が悪いのに挙式をする人は少ない。

　披露宴も巨額の費用をかける例が少なくなく、これも昔の農村の結婚式

で来会者に盛大な酒食を供した伝統の影響を強く受けている。披露宴の途中で新郎と新婦が中座して衣装を変えるお色なおしの習慣も、数百年も前から存在したしきたりだ。

現在、結婚年齢は男が28.4才、女は25.9才が平均(1990年)で、恋愛結婚の相手は学校や職場での知り合いやその兄弟姉妹などの中から選ばれることが多い。相手を選ぶ範囲は昔に比べればはるかに広くなっているが、相手選びにもまだ伝統的な行動様式の要素は色濃く残っている。

結婚式が終わったカップルは、西洋式に新婚旅行に行くのが普通になっている。

11월은 10월과 함께 결혼식이 일 년 중에 가장 많다. 전통적으로, 일본에서는 중매결혼이 압도적으로 많았지만, 현재는 자신의 배우자를 스스로 선택하는 경우가 85%이상 (1991년) 이 되어 있다.

그러나, 그 연애결혼의 경우도, 식이나 피로연에는 중매인이 양쪽을 대면시키는 전통적인 형식을 취하는 것이 보통이다. 또, 태음력 날의 좋고 나쁨에 따라, 좋은날을 택하는 전통도 옛날 그대로 남아 있고, 기독교 교회에서도, 날이 나쁜데도 거식(결혼식)을 하는 사람은 많지 않다.

피로연도 거액의 비용이 드는 예가 적지 않고, 이것도 옛날 농촌의 결혼식에서 하객들에게 성대한 술과 음식을 제공한 전통 영향을 강하게 받고 있다. 피로연 도중에 신랑과 신부가 자리를 떠나 신부가 의상을 갈아입는 습관도, 수백 년 전부터 존재했던 관례다.

현재, 결혼 연령은 남자가 28.4세, 여자가 25.9세가 평균(1991년) 이고, 연애결혼의 상대는 학교나 직장에서의 지인이나 그 형제자매 중에서 선택되는 경우가 많다. 상대를 선택하는 범위는 옛날과 비교하면 훨씬 광범위해졌지만, 상대 선택에도 아직 전통적인 행동양식의 요소는 짙게 남아 있다.

결혼식이 끝난 커플은, 서양식으로 신혼여행을 떠나는 것이 보통이다.

第三十課

だいさんじゅっか

佐藤家の一年。
사또오씨 집의 일 년.

十二月。 12월.

<ruby>十二月<rt>じゅうにがつ</rt></ruby>

● <ruby>語句<rt>ごく</rt></ruby> (어구. 말)

<ruby>単語<rt>たんご</rt></ruby>	<ruby>読み方<rt>よみかた</rt></ruby>	<ruby>意味<rt>いみ</rt></ruby>
貸借 ・	たいしゃく	빚. (借金)
清算	せいさん	청산. 부채를 청산하다.
大掃除	おおそうじ	대청소.
慌ただしい ・		분주하다. 어수선하다. 바쁘다.
お歳暮	おせいぼ	세모. 연말.
贈答	ぞうとう	증답. 주고받음.
忘年会	ぼうねんかい	송년회. 망년회.
送る	おくる	보내다. 배웅하다.

　<ruby>一年<rt>いちねん</rt></ruby>の<ruby>終<rt>お</rt></ruby>わりの<ruby>十二月<rt>じゅうにがつ</rt></ruby>は、<ruby>昔<rt>むかし</rt></ruby>から<ruby>貸借<rt>たいしゃく</rt></ruby>の<ruby>清算<rt>せいさん</rt></ruby>や<ruby>大掃除<rt>おおそうじ</rt></ruby>など<ruby>新<rt>あたら</rt></ruby>しい<ruby>年<rt>とし</rt></ruby>を<ruby>迎<rt>むか</rt></ruby>えるための<ruby>準備<rt>じゅんび</rt></ruby>であわただしい<ruby>月<rt>つき</rt></ruby>だった。<ruby>現在<rt>げんざい</rt></ruby>も、<ruby>十二月<rt>じゅうにがつ</rt></ruby>にボーナスが<ruby>出<rt>で</rt></ruby>て、<ruby>お歳暮<rt>おせいぼ</rt></ruby>の<ruby>贈答<rt>ぞうとう</rt></ruby>や<ruby>忘年会<rt>ぼうねんかい</rt></ruby>など、<ruby>年<rt>とし</rt></ruby>の<ruby>終<rt>お</rt></ruby>わりの<ruby>行事<rt>ぎょうじ</rt></ruby>であわただしい<ruby>生活<rt>せいかつ</rt></ruby>を<ruby>送<rt>おく</rt></ruby>る。

　1년의 끝인 12월은, 옛날부터 빚 청산이나 대청소등 새로운 해를 맞이하기 위한 준비로 분주한 달이었다. 현재도, 12월에 상여금이 나와, 세모(연말)의 증답(선물을 주고받음) 이나 송년회 등, 연말행사로 분주한 나날을 보낸다.

▶ 忘年会。 송년회. 망년회.

● 語句 (어구. 말)

単語	読み方	意味
官庁	かんちょう	관청.
催す	もよおす	개최하다. 열다. 일으키다.
温泉	おんせん	온천.
観光地	かんこうち	관광지.
初めとして		시작으로. 처음으로. 시발로.
料亭	りょうてい	요정. 요릿집.
にぎわう		북적거리다. 번창하다.
さらに •		다시. 그 위에. 게다가. 더욱더. 부정을 동반하여 전혀. 조금도.
臨時	りんじ	임시.
販売	はんばい	판매.
配達	はいたつ	배달.
対応する	たいおうする	대응하다.
年賀状 •	ねんがじょう	연하장.
友人 •	ゆうじん	친한 친구.
親類	しんるい	친척. (親戚)
日頃	ひごろ	평상시. 늘.
一定	いってい	일정.
投函する	とうかんする	투함하다. (우체통에 넣다)
まとめる		종합되다. 모이다. 완성되다. 정리되다.
励む	はげむ	힘쓰다. 열심히 하다. 노력하다.
加わる	くわわる	더해지다. 참가하다. 정도가 더욱더 증가하다.
飾り	かざり	장식.
持ち合わせ	もちあわせ	현재 가지고 있음. 그때 마침 가지고 있음. (돈)
つけ		외상.
たまる		모이다. 밀리다. 쌓이다.
大晦日 •	おおみそか	일 년의 마지막 날.

収入	しゅうにゅう	수입.
サイクル	cycle	주기. 자전거. 주파수.
一巡する	いちじゅんする	일순하다. 한 바퀴 돌다.
パターン	pattern (パタン)	패턴. 형. 양식.
御用納め	ごようおさめ	종무. 12월 28일에 관청 등에서 그해의 일을 끝내는 것.
餅	もち	떡. (찹쌀떡)
正月用	しょうがつよう	설날용. 설날에 사용하는 것.

会社・官庁・学校などの職場では十二月に忘年会を催すところが多い。そのため温泉や観光地をはじめとして、料亭やレストランなどは、忘年会の会場として大にぎわいとなる。

さらに、お歳暮として贈り物をする伝統的な習慣も昔よりも盛んになり、デパートなどでは臨時の従業員を大勢雇って、販売・配達などに対応する。個人も、年賀状を書いて友人・親類をはじめ日頃世話になっている人や先輩に送る。ある一定の日までに投函すれば、一月一日にまとめて配達されるので、年末のあわただしい中で、会社などでも年賀状書きに励む人の姿を数多く見かける。

最近は、この年末の行事にクリスマスの行事も加わってきて、クリスチャンでない人たちもクリスマスケーキを買い、街のいたるところでクリスマスキャロルの音楽が聞かれる。サンタクロースの人形が店のショーウインドーの飾りに使われることも多い。また、十二月二十三日は天皇誕生日で祝日に

なっている。

　昔はお金の持ち合わせがないときには「つけ」で買い、たまった「つけ」は大晦日までに清算しなければならなかった。今でも税金は一月から十二月までの収入で計算するので、日本人の意識には十二月で生活のサイクルが一巡するというパターンが出来上がっている。

　昔から十二月には、新しい年を迎えるための行事がいろいろとあったが、今でも会社や官庁などでは十二月の終わりの御用納めに大掃除をするところがあり、多くの家庭では餅その他、正月用の食べ物の準備をする。

　회사·관청·학교 등의 직장에서는 12월에 송년회를 개최하는 곳이 많다. 그것 때문에 온천이나 관광지를 시작으로 해서, 요릿집이나 레스토랑 등은, 송년회 모임장소로 북적인다.

　게다가, 연말이라고 해서 선물을 하는 전통적인 습관도 옛날보다 활발하게 되었고, 백화점 등에서는 임시종업원을 많이 고용해서, 판매·배달 등에 대응한다. 개인도, 연하장을 써서 친구·친척을 시작으로 평소 신세 진 사람이나 선배에게 보낸다. 어느 일정의 날까지 우체통에 넣으면(投函), 1월 1일에 모두 모아 배달되기 때문에, 연말의 바쁜 가운데, 회사 등에서도 열심히 연하장 쓰는 사람들의 모습을 많이 발견한다.

　최근에는, 연말 행사에 크리스마스 행사도 더해져, 크리스천이 아닌 사람들도 크리스마스 케이크를 사고, 거리 곳곳에서 크리스마스 캐럴송을 들을 수 있다. 산타클로스 인형이 가게 쇼윈도 장식으로 사용되는 일도 많다. 또, 12월 23일은 일왕 탄생일로 공휴일이 되었다.

　옛날에 돈이 없을 때는「외상」으로 사고, 밀린「외상」은 오오미소일(일 년의 마지막 날) 까지 청산하지 않으면 안 되었다. 지금도 세금은 1월부터 12월까지의 수입으로 계산하기 때문에, 일본인의 의식에는 12월로 생활의 사이클이 일순한다고 하는 패턴이 생겨났다.

　옛날부터 12월에는, 새해를 맞이하기 위한 행사가 여러 가지 있었지만, 지금도 회사나 관청 등에서는 12월이 끝날 즈음 종무식(관청 등에서 그 해의 일을 끝내는 것) 에 대청소를 하는 곳이 있고, 많은 가정에서는 떡 그것 외에, 정월용(설날용) 의 음식준비를 한다.

▶ 年末。 연말.

• 語句 (어구. 말)

単語	読み方	意味
下旬 •	げじゅん	하순. (월말)
休暇	きゅうか	휴가.
帰省する	きせいする	귀성하다. 고향으로 가다.
混雑する	こんざつする	혼잡하다.
年始 •	ねんし	연초. 연시. (↔ 年末)
避ける	さける	포탄을 피하다. 회피하다.
避ける	よける	차를 피하다. 피해를 방지하다. 대피하다.
空港	くうこう	공항.
国際線	こくさいせん	국제선.
極める	きわめる	정상에 다다르다. 영화를 누리다. 극에 다다르다.
離れる	はなれる	떨어지다. 멀어지다. 마음이 멀어지다. 떠나다. 벗어나다.
スキー	ski	스키.
楽しむ	たのしむ	즐기다. (여생. 휴일. 음악. 야구)
残る	のこる	교실에 남다. 의문이 남다. 시간이 남다.
泊る	とまる	머무르다. 숙박하다.
紅白歌合戦		홍백가합전. 가요홍백전.
視聴率	しちょうりつ	시청률.
回想する	かいそうする	회상하다.
平均	へいきん	평균.
掛ける	かける	달다. 걸다. 비용이 들다. 시간이 걸리다. 불에 올려 놓다. 걸치다. 자물쇠를 잠그다. 보험에 들다.
寺	てら	절. 사찰.
除夜	じょや	제야. (제야의 종소리)
鐘	かね	종.
打ち鳴らし	うちならし	종이나 악기를 쳐서 울리다.
神社	じんじゃ	신사. 신을 모셔놓은 건물.
初もうで	はつもうで	설날에 그해 첫날 처음으로 절이나 신사에 가는 것.

年越し	としこし	그 해가 지나, 새해를 맞이하는 것.
そば		메밀국수. 소바.
古代	こだい	고대.
日没 ・	にちぼつ	일몰.
西洋	せいよう	서양.
神	かみ	신.
古来	こらい	옛날부터 지금에 이르기까지.
名残 ・	なごり	흔적. 자취. 여운. 이별을 안타까워하는 기분.
既に ・	すでに	이미. 벌써. 옛날에. (とっくに)
なお		더욱더. 점점. 한층 더. 변함없이. 역시.
演奏する	えんそうする	연주하다.
共に	ともに	함께. 같이.

　十二月の下旬には、学校も休暇に入り、十二月二十八日前後に会社も官庁もすべて休みになる。この機会に帰省する人も多く、そのために交通機関は一年中でもっとも混雑する。

　最近は、年末から年始の行事を避けて海外旅行に出かける人も多くなり、空港の国際線は混雑を極める。また、海外に行かないまでも都会から離れてスキーを楽しむ者や、都会に残っていても、大晦日にホテルに泊って正月を迎える人も多くなってきた。

　大晦日の夜にテレビで放送されるNHKの紅白歌合戦は、視聴率が55%前後という高さで、これを見ながら一年を回想し、新しい年に期待をかけるのが、平均的日本人の行動様式になっている。

十二月三十一日の夜十二時になると、全国の寺々では百八回の除夜の鐘を打ち鳴らし、人々は神社に初もうでに出かける。また、十二月三十一日の夜に年越しそばを食べる習慣も昔ながらに残っている。

古代、一日のはじまりは日没からだった。西洋のクリスマスイブも、聖書に書かれているように、神が一日を夜から先につくった名残だ。

日本でも、年越しそばをはじめとして、十二月三十一日の夜になると正月料理を食べる習慣の残っている地方があるのは、古来の伝統の名残で、紅白歌合戦なども、すでに正月の催しの一つのような心理効果を持っているとも言えよう。

なお、十二月には日本の各地でベートーベンの第九交響曲「合唱」が演奏される。クリスマスとともに最近数十年の間に定着した新しい年中行事だ。

12월 하순에는, 학교도 방학에 들어가고, 12월 28일을 전후로 회사도 관청도 모두 휴무가 된다. 이 기회에 귀성하는 사람도 많고, 그것 때문에 교통기관은 일 년 중 가장 혼잡하다.

최근에는, 연말부터 연초의 행사를 피해 해외여행을 가는 사람도 많아졌고, 공항의 국제선은 북새통을 이루고 있다. 또, 해외는 못 가더라도 도시에서 벗어나 스키를 즐기는 사람이나, 도시에 남아 있어도, 오오미소일(일 년의 마지막 날) 에 호텔에서 숙박하며 정월(설날) 을 맞이하는 사람도 많아졌다.

오오미소일(일 년의 마지막 날) 밤 텔레비전에서 방송되는 NHK(エヌエイチケイ) 홍백가합전은, 시청률이 55%전후라고 하는 높음으로, 이것을 보면서 일 년을 회상하고, 새해에 기대를 거는 것이 평균적인 일본인의 행동양식이 되어있다.

12월 31일 밤 12시가 되면, 전국의 절에서는 108회의 제야의 종소리가 울리고, 사람들은 신사로 하츠모우데(설날에 그해 첫날 처음으로 절이나 신사에 가는 것) 하러 간다. 또, 12월 31일 밤에 도시꼬시(그 해가 지나, 새해를 맞이하는 것) 메밀국수를 먹는 습관도 옛날 것이면서도 남아 있다.

고대, 하루의 시작은 일몰부터였다. 서양의 크리스마스이브도, 성서에 쓰여 있는 것처럼, 신이 하루를 밤부터 먼저 만든 흔적이다.

일본에서도, 도시꼬시(그 해가 지나, 새해를 맞이하는 것) 메밀국수를 시작으로 해서, 12월 31일 밤이 되면 정월 요리(설날 요리)를 먹는 습관이 남아 있는 지방이 있는 것은, 古来(옛날부터 지금에 이르기까지) 전통의 자취로, 홍백가합전 등도, 이미 설날 모임의 하나처럼 심리효과를 가지고 있다고 말할 수 있다.

또, 12월에는 일본의 각지에서 베토벤 제9 교향곡(합창)이 연주된다. 크리스마스와 같이 최근 수십 년간에 정착한 새로운 연중행사다.

一月(いちがつ)。 1월.

● 語句(ごく) (어구. 말)

単語	読(よ)み方(かた)	意味(いみ)
明ける	あける	날이 밝다. 장마가 개다. 열다. (開ける) 구멍을 뚫다. (空ける)
がらりと		문을 강하게 여는 모습 또는 소리. 쌓여 있던 것이 무너지는 소리 또는 모습. 갑자기 모습이 변하는 것.
変わる	かわる	변하다. 바뀌다. 장소를 옮기다.
年齢	ねんれい	연령. 나이.
加算する	かさんする	가산하다. 더하다.
生まれる	うまれる	태어나다. 출생하다. 발명하다.
満ちる	みちる	넘칠 정도로 꽉 차다. 차다. (연기·꿈·자신감·바닷물 수위·조건)

年(とし)が明(あ)けると生活(せいかつ)はがらりと変(か)わる。昔(むかし)は年齢(ねんれい)の数(かぞ)え方(かた)が一月一日(いちがつついたち)に一才(いっさい)加算(かさん)されることになっていたので、十二月三十一日(じゅうにがつさんじゅういちにち)に生(う)まれた人(ひと)は生(う)まれて二日目(ふつかめ)で二才(にさい)になった。それもあって、一月一日(いちがつついたち)は祝日(しゅくじつ)になっており、だいたい一月(いちがつ)はじめの一週間(いっしゅうかん)は日本中(にほんじゅう)が正月(しょうがつ)気分(きぶん)に満(み)ちている。

새해가 되면 생활은 싹 바뀐다. 옛날에는 나이를 세는 방법이 1월 1일에 한 살을 가산하게 되어 있었기 때문에, 12월 31일에 태어난 사람은 태어나서 이틀째에 2살이 된다. 그러한 것도 있어서, 1월 1일은 공휴일이 되었고, 대개 1월 초 1주일은 일본 전체가 설날 기분으로 가득 차 있다.

▶ 正月。 설날.

● 語句 (어구. 말)

単語	読み方	意味
初もうで		설날에 그해 첫날 처음으로 절이나 신사에 가는 것.
年始回り ・	ねんしまわり	신년인사로 지인 집을 순회하는 것.
村	むら	마을. 부락.
産土 ・	うぶすな	그 사람이 태어난 곳.
守る	まもる	지키다. 수호하다. 준수하다. 방어하다.
信仰 ・	しんこう	신앙.
平安	へいあん	평온하다. 평안시대의 약칭.
繁盛	はんじょう	번성.
祈る	いのる	기원하다. 희망하다.
神宮	じんぐう	신의궁전. 신전. 격이 높은 신사. (神社)
参詣する	さんけいする	참배하다.
傾向	けいこう	경향.
盛装する	せいそうする	화려하게 옷에 장식하는 것 또는 화려한 복장.
和服 ・	わふく	일본의 전통 의상. (着物)
雑煮	ぞうに	떡을 야채・고기・생선 등과 같이 삶은 요리. 일본식 떡국.
お節料理		설날음식. 설날에 만드는 특별한 요리.
晴れ ・	はれ(ハレ)	공식적인 자리. 좋은 날씨.
ケ	け(ケ)	평상시. 보통 때.
分ける	わける	나누다. 분할하다. 분류하다. 중재하다.
通過儀礼	つうかぎれい	통과의례.
見なす	みなす	가정하다. 판단하다. 판정하다.
折り	おり	시기. 계절. (折りも折り。마침 그때)
礼儀	れいぎ	예의.
過ごす	すごす	생활하다. 보내다. 경과하다. 초월하다.
お年玉	おとしだま	세뱃돈. 신년의 축하선물.
元々 ・	もともと	근본. 원래부터.

近年	きんねん	최근의 수년. 요즈음 몇 년.
ほとんど		거의 다. 대부분.
取り引き　・	とりひき	거래. (取引先 : 거래처. 取引所 : 거래소)
世俗的	せぞくてき	세속적.
上司	じょうし	상사. (직장의 상사)
エチケット	étiquette	에티켓.
元日　　・	がんじつ	원일. 1월 1일.
届く	とどく	도착하다. 배달되다. 닿다. 보살피다. 소원이 이루어지다.
便る	たよる	의지하다. 의존하다.
そういうふうに		그와 같이. 그것처럼. (そんなふうに・そのように)
勤め先	つとめさき	근무처. 근무하는 곳.
お互い	おたがい	서로서로. 쌍방.
乾杯	かんぱい	건배.
出勤する		출근하다.
晴着	はれぎ	특별한 날에 입는 의복.
普段着	ふだんぎ	일반적인 옷.
御用始め		시무식. (관청 등에서 그해의 일을 시작하는 것)
区別する	ぐべつする	구별하다.
はっきり.		확실히. 분명히.

正月は初もうでや年始回りから始まる。昔の日本には、どの村にも産土の神社があり、村の人を守ってくれるという信仰があったが、その神に一年の平安と繁盛を祈りに行くのが初もうでだった。今は有名な神社や神宮に参詣する人が多く、特に大都市ではこの傾向が強い。

大人も子供も、そういう場合には盛装する人も多く、女性には和服を着る人もいる。また、家々では雑煮を作って、他のお節料理と共に食べる。

日本では古代から生活をハレとケとに分けており、年中行事や通過儀礼は
ハレ、それ以外の普通の生活はケとみなされる。ハレとケでは、着る物から
食べる物、言葉、行動様式まで違っている。正月は一月一日から三日までは
ハレの折だから、盛装して、お節料理を食べ、礼儀正しい態度で「おめでと
う」とあいさつするなど、特別な過ごしかたをするわけだ。子供たちは、両親、
祖父母、親戚などからお年玉をもらう。お年玉はもともと新年を祝ってする
贈り物だったが、近年はほとんど現金になっている。

　会社でも官庁でも普通一月三日まで正月休みになるが、この間は仕事の話
とか取引といった世俗的なケの行動は避けられる。上司の家に年始のあい
さつに行っても「今年もどうぞよろしく」といった言葉だけで、仕事の話は
しないのがエチケットだ。

　元日(一月一日)には、年賀状がたくさん届くが、これも普段の通信文とは
違ってハレの日の便りになる。

　そういうふうにして過ごすのは、現代では一月三日までで、一月四日は、御
用始めといって、普通の仕事が始まる。

　多くの勤め先では、お互いどうしの挨拶と乾杯を行なう年賀の会がある。
若い女性は最初の日には和服を着て出勤する人もいる。なお、着物には晴着
と普段着があって、ハレとケの区別が今でもはっきりしている。

설날은 하츠모우데(설날에 그해 첫날 처음으로 절이나 신사에 가는 것)나 年始回り(신년인사로 지인 집을 순회하는 것)로 부터 시작된다. 옛날 일본에서는, 어느 마을도 우부스나(그 사람이 태어난 곳) 신사가 있고, 마을사람을 지켜 준다고 하는 신앙이 있었지만, 그 신에게 1년의 평안과 번성을 기원하러 가는 것이 처음으로 하는 일이었다. 지금은 유명한 신사나 신궁에 참례하는 사람이 많고, 특히 대도시에서는 이러한 경향이 강하다.

어른도 아이도, 그러한 경우에는 화려하게 차려입은 사람도 많고, 여성은 기모노를 입는 사람도 있다. 또, 집에서는 雑煮(떡을 야채·고기·생선 등과 같이 삶은 요리. 일본식 떡국) 를 만들어서, 다른 お節料理(설날 음식)와 같이 먹는다.

일본에서는 고대부터 생활을 ハレ(공식적인 자리) 와 ケ(평상시, 보통 때) 로 나뉘어져 있고, 연중행사나 통과의례는 ハレ(공식적인 자리), 그 이외의 보통 생활은 ケ(평상시. 보통 때) 로 간주된다. ハレ와 ケ는, 입는 것부터 먹는 것, 언어, 행동양식까지 다르다. 설날은 1월1일부터 3일까지는 ハレ 의 시기이기 때문에, 정장하고, お節料理(설날 음식)를 먹고, 예의바른 태도로「새해 복 많이 받으세요」라고 인사를 하는 등, 특별하게 보내는 것이다. 아이들은, 부모, 조부모, 친척 등으로부터 お年玉(세뱃돈)를 받는다. お年玉는 원래 새해를 축하하는 선물이었지만, 최근에는 거의 다 현금이 되었다.

회사에서도 관청에서도 보통 1월3일까지 설날휴일이 되지만, 이 동안은 일에 대한 이야기나 거래 같은 세속적인 ケ(평상시) 의 행동은 피한다. 상사의 집에 새해 인사하러 가도,「올해도 잘 부탁합니다」라고 하는 말뿐이고, 일에 관한 이야기는 하지 않는 것이 에티켓이다.

새해 첫 날(1월 1일) 에는, 연하장이 많이 배달되지만, 이것도 보통 통신문하고는 달리 ハレ 날의 소식이 된다.

그런 식으로 해서 보내는 것은, 현대에서는 1월3일까지이고, 1월 4일은, 시무식을 하고, 일상적인 사무가 시작된다.

많은 직장에서는, 서로 비슷한 인사와 건배를 하는 연하모임이 있다. 젊은 여성은 첫날에는 기모노를 입고 출근하는 사람도 있다. 게다가, 기모노에는 ハレ옷(특별한 날에 있는 의복) 과 평상복이 있어서, ハレ와 ケ의 구별을 지금도 분명히 하고 있다.

▶ 成人の日。 성인의 날.

• 語句 (어구. 말)

単語		読み方	意味
男女	•	だんじょ	남녀.
大人	•	おとな	어른. (↔ 子供)
自治体		じちたい	지자체. (지방자치단체)
成年		せいねん	성년.
集める		あつめる	모으다. 수집하다. 집중시키다. 끌다
祝賀式	•	しゅくがしき	축하식.
選挙権		せんきょけん	선거권. (선거를 할 수 있는 권리)
与える		あたえる	주다. 수여하다.
法的		ほうてき	법적.
飲酒		いんしゅ	음주.
許す		ゆるす	허가하다. 용서하다.
承諾	•	しょうだく	승낙. 허락.
犯罪	•	はんざい	범죄.
犯す		おかす	범하다.
少年犯		しょうねんはん	소년범.
処罰	•	しょばつ	처벌.
扱う		あつかう	조작하다. 처리하다. 취급하다. 다루다. 대우하다. 대응하다.
若者	•	わかもの	젊은 사람.
物質的		ぶっしつてき	물질적.
恵む		めぐむ	금품을 수여하다. 은혜를 주다.
曾て		かつて	부정을 동반하여. 전혀. 절대로. 이전에. 옛날에.
勤勉		きんべん	근면.
節約		せつやく	절약.
忍耐		にんたい	인내.
美徳	•	びとく	미덕.
について			~에 대해서. ~에 관해서. (関して)
意識		いしき	의식.

薄い	うすい	희박하다. 얇다. 엷다. 연하다.
政治的	せいじてき	정치적.
無関心	むかんしん	무관심.
世代	せだい	세대.
中心	ちゅうしん	중심.
批判する	ひはんする	비판하다.
受けやすい	うけやすい	받기 쉽다. (동사(ます形)＋やすい : ~하기 쉽다)
反動	はんどう	반동. 반작용. 시대의 흐름에 역행하는 것.
エンジョイ	enjoy	즐기다.
本来	ほんらい	본래. 보통. 원래부터.
学資	がくし	학자금.
稼ぐ	かせぐ	일을 해서 수입을 얻다. 돈을 벌다.
レジャー	leisure	레저.

一月十五日は、二十歳になった男女が大人になったことを祝う日として祝日になっている。この日は市町村など自治体では成年になった男女を集めて祝賀式を行なう。

はたち(20歳)になると、選挙権が与えられ、法的に飲酒が許されるし、親の承諾なしに結婚できる。また、犯罪を犯すと、少年犯ではなく、大人として処罰されるなど、社会的に大人として扱われる。

現代の若者は、物質的生活に恵まれているため、かつての勤勉・節約・忍耐・忠誠などの美徳についての意識が薄い。また、政治的にも無関心で、古い世代からは自己中心的に物を考えるという批判を受けやすい。特に、大学生は

高校生までの受験勉強の反動であるかのように、生活をエンジョイする傾向が強い。アルバイトをする者も、本来学資を稼ぐために働いたものが、今は海外旅行のためとか自動車学校に行くため、欲しい服を買うためといったレジャーを目的として働くようになってきた。

　1월 15일은, 20세가 된 남녀가 어른이 된 것을 축하하는 날로 공휴일이 되었다. 이날은 시·마을·부락 등 기초자치단체에서는 성년이 된 남녀를 모아 놓고 축하식을 거행한다.

　20세가 되면, 선거권이 부여되고, 법적으로 음주가 허용되고, 부모의 허락 없이 결혼이 가능하다. 또, 범죄를 범하면, 소년범이 아니고, 성인으로서 처벌되는 등, 사회적 성인으로 대우받는다.

　현대의 젊은 사람은, 물질적 삶에 풍부해졌기 때문에, 이전에의 근면·절약·인내·충성 등의 미덕에 대해서의 의식이 희박하다. 또, 정치적으로도 무관심하고, 구세대에게는 이기적으로 사물을 생각한다고 하는 비판을 받기 쉽다. 특히, 대학생은 고등학교 때까지의 수험공부의 반발에 있는 것처럼, 생활을 엔조이하는 경향이 강하다. 아르바이트를 하는 사람도, 본래 학자금을 벌기 위해서 일한 것이지만, 지금은, 해외여행을 위해서라든지 자동차학교에 다니기 (면허증을 따기)위해, 원하는 옷을 사기 위해서 하는 레저를 목적으로 일하게 되었다.

二月。 2월.

• 語句 (어구. 말)

単語	読み方	意味
暦	こよみ	달력.
到来する	とうらいする	도래하다.
節分	せつぶん	절분. 立春(입춘) · 立夏(입하) · 立秋(입추) · 立冬(입동)의 전날.
気温	きおん	기온. 온도.
低い	ひくい	낮다. 작다. 짧다.
ビジネス	business	비즈니스. 사업.
二八ブタ •	にっぱちブタ	불경기 두 달.
低調	ていちょう	저조.

二月は、暦の上では、春の渡来を祝う節分の行事も行なわれるが、気温も低く雪の降る日も一年中でいちばん多い。 ビジネスでは「二八ブタ」といって、二月と八月は一年中でもっとも低調な月となっている。

2월은, 달력상으로는, 봄의 도래를 축하하는 절분(立春 · 立夏 · 立秋 · 立冬의 전날) 의 행사도 열리지만, 기온도 낮고 눈 내리는 날도 일 년 가장 많다. 비즈니스에서는 「불경기 두 달」 이라고 하여, 2월과 8월은 일 년 중 가장 저조한 달이다.

512 기초 일본어 (基礎 日本語) Workshop 2

▶ 入学試験。 입학시험.

● 語句 (어구. 말)

単語	読み方	意味
節目　　　•	ふしめ	인생의 전기. 고비. 나무의 마디가 있는 곳.
シーズン	season	시즌. 계절. 한창때.
階級	かいきゅう	계급.
人種	じんしゅ	인종. (황인종. 백인종. 흑인종)
宗教	しゅうきょう	종교.
家系	かけい	가계. (혈통)
差別　　　•	さべつ	차별. (차별하다)
学歴	がくれき	학력.
個人	こじん	개인.
出世	しゅっせ	출세.
鍵 (カギ)	かぎ (キー)	열쇠. 키.
左右　　　•	さゆう	좌우. (좌우하다)
競争	きょうそう	경쟁.
激しい	はげしい	정도가 심하다. 격렬하다. 격하다.
進学率	しんがくりつ	진학률.
幼稚園	ようちえん	유치원.
及ぶ	およぶ	어느 범위 한도에 이르다. 그러한 것을 해 버리고 말다. (犯行に及ぶ)
合格する	ごうかくする	합격하다.
放課後	ほうかご	방과 후. 수업이 끝난 후.
学習	がくしゅう	학습.
塾	じゅく	사설학원.
通う	かよう	정기적으로 왕래하다. 통학하다.
予備校	よびこう	입시학원. 대학 입시학원.
希望	きぼう	희망.
浪人　　　•	ろうにん	재수생.
名門校	めいもんこう	명문교. 명문학교.
評価	ひょうか	평가.

なりかねない		될 수 있다. 동사(ます形) + かねる。 ~할 수 없다. 동사(ます形) + かねない。 ~할 수 있다.
しばしば		자주. 누차. (たびたび)
親	おや	부모. 선조. 우두머리.
宿泊する		숙박하다.
親子	おやこ	부모와 자식.

　二月には、大学・高校をはじめ、中学まで入学試験が行なわれるため、若い人たちには人生のもっとも大事な節目のシーズンになる。

　日本では、階級意識が薄く、人種・宗教・家系などによる差別がほとんどなく、学歴が個人の出世や成功のカギになる。そのため、いい大学に入れるかどうかで、その人の人生が佐右されることにもなりかねないので、受験競争が激しく行なわれる。いい大学への進学率の高い高校の入学試験が難しくなるのもそのためで、さらに競争は中学校・小学校・幼稚園にまで及んでいる。

　いい学校に合格するために、子供たちは放課後や休日に学習塾に通うのが普通になっており、休暇に予備校に通って受験勉強をする高校生もいる。高校を出てすぐ希望大学に入れなかった者は、一年なり二年浪人して受験勉強をする。そういう浪人の通う予備校も名門校に進学できる率の高い予備校

が高く評価されており、いい予備校に入るための入学試験も難しい。

受験生は、しばしば親と一緒に受験地に行くので、二月は都市のホテルは入試のために宿泊する親子で満員になることもある。

2월에는, 대학·고등학교를 시작으로, 중학교까지 입학시험이 치러지기 때문에, 젊은 사람들에게는 인생의 가장 중요한 고비가 된다.

일본에서는, 계급의식이 희박하고, 인종·종교·가계 등에 의한 차별이 거의 없고, 학력이 개인의 출세나 성공의 열쇠가 된다. 그렇기 때문에, 좋은 대학에 들어갈 수 있을까, 못 들어 갈까로 그 사람의 인생이 좌우되는 일도 될 수 있기 때문에, 입시경쟁이 치열하게 벌어진다. 좋은 대학의 진학률이 높은 고등학교의 입학시험이 어렵게 되는 것도 그것 때문이고, 게다가 경쟁은 중학교·초등학교·유치원까지 이르고 있다.

좋은 학교에 합격하기 위해서, 아이들은 방과 후나 휴일에 공부하러 학원에 다니는 것이 보통이고, 방학 때 입시학원에 다니면서 수험공부를 하는 고등학생도 있다. 고등학교를 나와 곧바로 희망하는 대학에 들어가지 못한 사람은, 1년 내지 2년 재수생으로서 수험공부를 한다. 그러한 재수생이 다니는 입시학원도 명문교에 진학률이 높은 입시학원이 높게 평가되고, 좋은 입시학원에 들어가기 위해서는 입학시험도 어렵다.

수험생은, 자주 부모와 같이 수험지에 가기 때문에, 2월은 도시의 호텔은 입시 때문에 숙박하는 부모와 자식으로 만원이 될 때도 있다.

▸ スキー。　스키.

● 語句 (어구. 말)

単語	読み方	意味
面する	めんする	직면하다. 대하다. 향하다. 대면하다.
地方	ちほう	지방.
豪雪地帯	ごうせつちたい	호설지대. 눈이 많이 내리는 지대.
麻痺する	まひする	마비되다.
スキー	ski	스키.
スケート	skate	스케이트.
興ずる	きょうずる	즐기다. 어떤 일에 푹 빠져 즐기다.
非常に	ひじょうに	대단히.
大挙	たいきょ	대거. 많은 사람이 한꺼번에.
姿	すがた	모습. 태도. 형세.
風物	ふうぶつ	풍물.
雪だるま	ゆきだるま	눈사람.
かまくら		눈 집. 눈으로 만든 집. (정월 대보름에 하는 아이들의 행사)
宴会	えんかい	연회. 사람이 모여 음식을 같이 즐기는 것.
俳句	はいく	단시. (短詩)
和歌	わか	단가. 일본 고유 형식의 시가의 총칭.

　日本海に面する地方の豪雪地帯では、しばしば雪のために交通がまひする
こともある。が、スキーやスケートなどに興ずる人も非常に多く、大都会か
ら大挙してスキーに出かける人々の姿は二月の風物になっている。伝統的
な雪だるまを作ったり、かまくらを作ったりする子供の遊びも北国には残っ
ている。昔は、雪見という宴会もあって、俳句や和歌を作ったりしたが、今、
その伝統は残っていない。

동해에 직면한 지방의 폭설 지대에는, 자주 눈 때문에 교통이 마비되는 일도 있다. 그러나, 스키나 스케이트 등을 즐기는 사람도 대단히 많고, 대도시부터 대거로 스키 타러 가는 사람들의 모습은 2월의 풍물이 되어 있다. 전통적인 눈사람을 만든다든지, 눈 집을 만든다든지 하는 아이의 놀이도 북쪽지방에는 남아 있다. 옛날에는, 눈을 구경하는 연회도 있어서, 하이꾸(短詩)나 와까(短歌)를 짓기도 했지만, 지금, 그 전통은 남아 있지 않다.

三月。 3월.

• 語句 (어구. 말)

単語	読み方	意味
暖かい	あたたかい	따뜻하다. 화목하다.
イメージ	image	이미지.
春休み	はるやすみ	봄방학.
会計	かいけい	회계.
所得税 •	しょとくぜい	소득세.
確定	かくてい	확정.
申告	しんこく	신고.
締切 •	しめきり	마감. 마감일. (締切り)
一種	いっしゅ	일종. 일종의. (하나의 종류)
漂う	ただよう	떠돌다. 표류하다. 방랑하다. 감돌다.

　三月は暖かい春というイメージの強い月で、小学校から大学まで春休みの月でもある。また、官庁も会社も三月が会計年度の終わりの月でもあり、三月十五日が所得税の確定申告の締切の日でもあるので、一種の年末気分が漂うことになる。

　3월은 따뜻한 봄이라고 하는 이미지가 강한 달로, 초등학교에서 대학교까지 봄방학의 달이기도 하다. 또, 관청도 회사도 3월이 회계연도의 마지막 달이기도 하고, 3월 15일이 소득세 확정 신고의 마감일이기 때문에, 일종의 연말 기분에 들뜨기도 한다.

▸ 卒業式。 졸업식.

• 語句 (어구. 말)

単語	読み方	意味
スコットランド民謡		스코틀랜드 민요.
メロディー	melody	멜로디.
儀式	ぎしき	의식.

　小学校から大学まで、卒業式は三月に行なわれる。卒業式にはスコットランドの民謡のメロディーをとった「蛍の光」が歌われることが多い。卒業式の中でも、大学の卒業式は、小学校からの長い学校生活を終わって社会人になる機会なので、特に大事な儀式でもある。もちろん、高校を出て就職する者にとっては、高校の卒業式が同じような意味を持っている。

　초등학교에서 대학교까지, 졸업식은 3월에 거행된다. 졸업식에는 스코틀랜드 민요의 멜로디를 해석한 「반딧불」이 불릴 때가 많다. 졸업식 중에서도, 대학교졸업식은, 초등학교부터 긴 학교생활을 끝내고 사회인이 되는 기회이기 때문에, 특히 중요한 의식이기도 하다. 물론, 고등학교를 졸업하고 취직하는 사람으로서는, 고등학교 졸업식도 같은 의미를 갖고 있다.

▶ 人事異動。 인사이동.

• 語句 (어구. 말)

単 語	読み方	意 味
異動	いどう	이동. (옮기는 것)
昇進	しょうしん	승진. (승진하다)
転勤	てんきん	전근. (전근가다)
主	しゅ	주로.
教育	きょういく	교육.
赴任する	ふにんする	부임하다.
官舎	かんしゃ	관사.
未婚者	みこんしゃ	미혼자.
低額	ていがく	저액. 낮은 금액.
通勤	つうきん	통근. 출퇴근.
定期券	ていきけん	정기권.
交通費	こうつうひ	교통비.
支給する	しきゅうする	지급하다.
施設	しせつ	시설.
福利厚生	ふくりこうせい	복리후생.
比べる	くらべる	비교하다. 경쟁하다.
格段に	かくだんに	현격히. 차이가 많이 나는 것. 각별히. 특별히.
優れる	すぐれる	우수하다. 뛰어나다. 훌륭하다.
現物	げんぶつ	현물. 현품. 실제의 물품.
恩恵感	おんけいかん	은혜감.
強まる	つよまる	강해지다.
忠誠心	ちゅうせいしん	충성심.
高める	たかめる	정도를 강하게 하다. 높이다.
維持する	いじする	유지하다.

会社や官庁では、三月が異動の月で、昇進や転勤があったりして変化の多い月だ。転勤の場合、主として子供の教育の問題で、父親だけが一人で赴任することが多い。

日本の会社や官庁では、社宅・官庁の制度が発達しており、未婚者の独身寮から家族持ちの者の住宅まで、低額の家賃で借りられる。このほか、通勤用の定期券などの交通費が支給されたり、会社の社員食堂・スポーツ施設など福利厚生は欧米に比べて格段に優れている。一種の現物給与方式であるが、これによって従業員の恩恵感が強まり、忠誠心を高めることにもなり、終身雇用制が維持される。

회사나 관청에서는, 3월이 인사이동의 달로, 승진이나 전근이 있기도 해서 변화가 많은 달이다. 전근의 경우, 주로 아이의 교육 문제로, 아버지 혼자서 부임하는 일이 많다.

일본의 회사나 관청에서는, 사택・관사의 제도가 발달해 있어, 미혼자의 독신기숙사부터 가족이 있는 기혼자의 주택까지, 낮은 집세로, 빌릴 수 있다. 이것 외에, 통근용(출퇴근용)의 정기권 등의 교통비가 지급되기도 하고, 회사의 사원식당・스포츠시설 등 복리후생은 구미와 비교해서 훨씬 우수하다. 일종의 현물급여방식이지만, 이러한 것에 의해서 종업원의 은혜감이 강해지고, 충성심을 높이는 것이 되어, 종신고용제가 유지된다.

付録
ふ ろ く

조수사·조사·동사의 활용·
い형용사의 활용·な형용사의 활용·
접속조사·부사.

助数詞。 조수사.

	～番	～階	～つ	～人	個
1	いちばん	いっかい	ひとつ	ひとり	いっこ
2	にばん	にかい	ふたつ	ふたり	にこ
3	さんばん	さんがい	みっつ	さんにん	さんこ
4	よんばん	よんかい	よっつ	よにん	よんこ
5	ごばん	ごかい	いつつ	ごにん	ごこ
6	ろくばん	ろっかい	むっつ	ろくにん	ろっこ
7	ななばん	ななかい	ななつ	ななにん しちにん	ななこ
8	はちばん	はっかい	やっつ	はちにん	はっこ
9	きゅうばん	きゅうかい	ここのつ	きゅうにん くにん	きゅうこ
10	じゅうばん	じゅっかい	とお	じゅうにん	じゅっこ
?	なんばん	なんがい	いくつ	なんにん	なんこ
	차례 · 순번	층수	물건 · 사람 나이	사람	작은 물건 (계란 · 사과 · 케이크)

	～頭	～匹	～足	～杯	～台
1	いっとう	いっぴき	いっそく	いっぱい	いちだい
2	にとう	にひき	にそく	にはい	にだい
3	さんとう	さんびき	さんぞく	さんばい	さんだい
4	よんとう	よんひき	よんそく	よんはい	よんだい
5	ごとう	ごひき	ごそく	ごはい	ごだい
6	ろくとう	ろっぴき	ろくそく	ろっぱい	ろくだい
7	ななとう	ななひき	ななそく	ななはい	ななだい
8	はっとう	はっぴき	はっそく	はっぱい	はちだい
9	きゅうとう	きゅうひき	きゅうそく	きゅうはい	きゅうだい
10	じゅっとう	じゅっぴき	じゅっそく	じゅっぱい	じゅうだい
?	なんとう	なんびき	なんぞく	なんばい	なんだい
	큰 동물. (소·코끼리)	작은 동물. (고양이·생선)	켤레. (구두·양말)	잔·그릇.	모든 기계.

	～隻	～軒	～円	～回	～度
1	いっせき	いっけん	いちえん	いっかい	いちど
2	にせき	にけん	にえん	にかい	にど
3	さんせき	さんげん	さんえん	さんかい	さんど
4	よんせき	よんけん	よえん	よんかい	よんど
5	ごせき	ごけん	ごえん	ごかい	ごど
6	ろくせき	ろっけん	ろくえん	ろっかい	
7	ななせき	ななけん	ななえん	ななかい	
8	はっせき	はっけん	はちえん	はっかい	
9	きゅうせき	きゅうけん	きゅうえん	きゅうかい	
10	じゅっせき	じゅっけん	じゅうえん	じゅっかい	
?	なんせき	なんげん	いくら	なんかい	なんど
	배.	집·가게· 건물.	돈.	회수.	번.

	~本	~枚	~冊	~歳	~羽
1	いっぽん	いちまい	いっさつ	いっさい	いちわ
2	にほん	にまい	にさつ	にさい	にわ
3	さんぼん	さんまい	さんさつ	さんさい	さんば
4	よんほん	よんまい	よんさつ	よんさい	よんわ
5	ごほん	ごまい	ごさつ	ごさい	ごわ
6	ろっぽん	ろくまい	ろくさつ	ろくさい	ろっぱ
7	ななほん	ななまい	ななさつ	ななさい	ななわ
8	はっぽん	はちまい	はっさつ	はっさい	はっぱ
9	きゅうほん	きゅうまい	きゅうさつ	きゅうさい	きゅうわ
10	じゅっぽん	じゅうまい	じゅっさつ	じゅっさい	じっぱ
?	なんぼん	なんまい	なんさつ	なんさい おいくつ	なんわ
	긴 물건. (홈런 · 연필 · 맥주 · 담배 · 바나나 · 이빨 · 우산 · 버스 · 전차 · 꽃 · 강)	얇은 물건. (종이 · 사진 · 접시 · Y셔츠 · 담요)	책. (권)	나이.	새 · 닭 · 토끼.

助詞。 조사.
<small>じょ　し</small>

● は。　~은. ~는.

▸ 의미 : 하나의 주제를 제시하고, 판단 · 敍述 (순서적으로 조리 있게 씀)을 끌어낸다. 格(기준 · 규칙)
　　의 관계로서는 대표적으로 주격 · 대상격 그리고 목적격을 받는다.

1. 개별적이고 구체적인 場(범위)의 주제.

少女は 十七になった。	소녀는 17세가 되었다.
あなたのことは 忘れていた。	당신에 대해서 잊고 있었다.

2. 일반적이고 추상적인 場(장)의 주제. ~とは의 형을 취하는 것도 있다.

人間は 微力なものだ。	인간은 미력한 것이다.
食事は 楽しくとるものです。	식사는 즐겁게 먹는 것이다.
誠実さは 人を結ぶ。	성실함은 사람을 연결한다.

▸ 2개의 판단 · 서술을 대조하고 또 그 형식에 있어서 2개의 주제를 대조적으로 제시한다.

1. 대립하는 것의 대비적인 제시.
　　가끔(しばしば) ~は ~は의 형을 취하고 또 대조를 이해시키는 어휘 · 어법을 갖는 경우가 많다.

西は 夕焼け。	서쪽은 저녁 노을.
東は 夜明け。	동쪽은 새벽.
雨は降る降る、日は 薄雲る。	비는 계속 내리고, 날은 저물고.
人は冷たし、我が身は 愛し。	남은 차갑고, 나의 몸은 사랑스럽고.
今の僕には、これが限界だ。	지금의 나에게는, 이것이 한계다.

2. 비슷한 것의 대비적인 제시.
   가끔(しばしば) ～は ～も의 형을 취한다.

秋の終わりは寂しいが、暮れゆく春も惜しまれる。

끝나가는 가을(가을 끝)은 적적하지만, 지는 봄(저물어 가는 봄)도 아쉬워진다.

雪崩は消える花も咲く。 눈사태가 사라지면 꽃도 핀다.

▶ 활용어의 연용형에 ては의 형으로 접속해서 여러가지 조건을 제시한다. (→ ては)

   1. 그 일을 금지하는 일을 나타낸다.
      ～てはいけない。・～てはならない。   ～해서는 안 된다.

   2. 예정이 없고 도리(道理)가 없는 것을 말한다.
      ～はずはない・～はずがない。   ～일리는 없다. ～일리가 없다.
      ① 다른 방법이 없을 때를 나타낸다. ～ほかはない。   ～다른 방법은 없다.
      ② 부정의 의지를 나타낸다. ～つもりはない。   ～할 생각은 없다.
      ③ 그럴 필요는 없다. ～ことはない。   ～할 일은 없다.

1. 연용형의 문에 접속해서 그 의미를 강하게 한다.

お前のほかにはだれもいない。	너 외에는 아무도 없다.
大抵は駄目なんだ。	대개는 안 된다.
君にはまいったよ。	너에게는 질렸다.
以前よりは素直になった。	전보다는 순수해졌다.
心の底にはそんな考えがあった。	마음속에는 그런 생각이 있었다.

2. 수량의 말에 붙어 긍정의 표현을 취하면서 최소한을 나타내고, 부정의 표현을 취하면서 최대한을 나타낸다.

| 期日にまだ十日はある。 | 기일까지 아직 10일은 있다. |
| 残る者は、もう五人はいないだろう。 | 남은 자는, 이제 5명도 없겠지. |

▶ 부분적인 긍정의 구성문을 만든다.

1. ～はするが。 　～는 하지만. 　　　　　 ～はあるが。 　～는 있지만.
  ～てはいるが。 ～이기는 하지만. 　　　　 ～ではあるが。 ～이기는 하지만.
  ～てはみたが。 ～해 보지만. 등의 형으로 역접적으로 접속한다.
  그러면서 일단은 긍정하고, 사실은 배반하는 성질에 있는 것을 나타낸다.

2. 연용형의 문에 접속해서, 부정의 말을 동반하여 は와 접속했던 문절을 부정의 초점으로 한다.
  そうするといっても ～ではない의 의미, 게다가 역접의 구를 동반하기도 하고, 암시하기도 한다.

早くは帰れない。	빨리는 돌아가지 않는다.
寒くはない。	춥지는 않다.
恥ずかしくはあるまい。	창피하지는 않을 것이다.
あなたには見せられない。	당신에게는 보여줄 수 없다.
一日中は降っていないだろう。	하루 종일은 내리지 않겠지.

▶ 기본문장.

私は山田です。	나는 야마다입니다.
この電車は東京へ行きます。	이 전철은 도꾜에 갑니다.
午後は講義です。	오후는 강의입니다.
今晩食事に行きませんか。	오늘밤 식사하러 가지 않겠습니까.
今晩は友だちに会う約束があります。	오늘밤은 친구와 만날 약속이 있습니다.

● も。 ～도.

▸ 의미 : も는 포함성을 나타내며, 같은 종류라는 것을 나타내며, 하나의 사실을 열거하고 다른 것도 같다는 것을 나타내며, 같은 종류의 사물이 공존하는 관계를 나타낸다. 몇 개의 사태를 판단으로 해서 병렬적으로 제시한다.

1. 명사 또는 (명사 + 조사에) 접속한다.

私も行きます。	나도 갑니다.

2. 술어의 내부에 나타난다. 부정문 안에 나타나, 강조의 의미가 나오는 일도 많다.

お前の顔など見たくもない。	너의 얼굴 같은 것은 보고 싶지도 않다.

3. 술어의(て形)에 접속하여, (어떠한 경우라도 한다)는 느낌이 나오는 일도 많다.

雨が降っても、ピクニックにいきます。	비가 내려도, 소풍을 갑니다.

4. 수량사와 같이 사용되어지고(그것으로 충분하다)는 의미를 나타낸다.
   가정문의 내부에서 일어나는 경우에는(그 정도)의 의미가 되고(그것으로 충분)하다는 의미를 포함하는 일도 있다.

ビールを六本も飲んだ。	맥주를 6병씩이나 마셨다.

5. 부정문 안에서 수량사와 함께 사용되고, 전체부정의 의미를 나타낸다.

ビールが一本もない。	맥주가 한 병도 없다.

6. 의문사와 함께 사용되고, 그 의문사가 속하는 의미적 범주(영역), 예를 들면 だれならば : 누구라면, 人間というように : 인간이라고 하는 것처럼을 포함한다.
   통상 부정문의 안에서도 나타난다. 부정문이 아니고, 긍정의 예외적인 것은
   いつも : 언제나, 게다가, だれもが : 모두가 다. 처럼 주격의 が가 후속하는 경우도 있다.

誰もが彼女を美人だと思っている。	모두가 다 그녀를 미인이라고 생각하고 있다.
誰も来ませんでした。	아무도 오지 않았습니다.

7. 의문사와 같이 공립하는 경우에도, (의문사 + で + も) 가 되면은, 그(의문사의 의미적 영역에 소속하는 임의의 구성원)의 의미 내용이 나오고, 또 그 것이 나타나는 문도 부정문이 아니어도 좋다.

お腹が空いていますから、何でも食べられます。

배가 고프기 때문에, 무엇이든지 먹을 수 있습니다.

8. も가 의문사를 포함하는 문의(で형)에 접속해서 나타나는 경우 (의미적으로는 전항의 7에 준한다). (で형)의 文의 의미가 적합하다. (어떠한 경우에도) 의 의미 내용이 나타난다.

何を食べてもおいしくありません。

무엇을 먹어도 맛있지 않습니다.

▶ 기본 문장

あの人は研修生です。	저 사람은 연수생입니다.
私も研修生です。	나도 연수생입니다.
今朝何も食べまんでした。	오늘 아침 아무것도 먹지 않았습니다.
明日どこも行きません。	내일 어디에도 가지 않습니다.
庭にだれもいません。	정원에 아무도 없습니다.
りんごとみかんと、どちらが好きですか。	사과하고 귤하고 어느 것을 좋아합니까.
どちらも好きです。	어느 것도 (둘 다) 좋아합니다.

切手を二枚ください。それから、封筒もください。

우표를 두 장 주세요. 그리고 봉투도 주세요.

- どこも : 방향의 부정. (어디에도) (どこへも)

  何も   : 사물의 부정. (아무것도).   だれも : 사람의 부정. (누구도)

● の。 ~의, ~것, ~인.

▸ 의미 : 기본적으로 명사의 문을 연결하는 역할을 하며 の는 표면적으로는, 다음의 두 가지 형태가 있다.

▸ (명사 + 격조사의 명사) 또는 동사 (て形。접속사의 명사)인 것처럼 (A의 B)의 형으로 A가 B를 수식한다.

▸ 여러가지 품사의 어구, 또는 문에 접속해서 (A) 가 되고, 뒤에 계속되는 명사를 갖지 않고, 그 자체로 명사구(또는 거기에 준하는 것)가 된다.

▸ 의미 · 내용이 포함되어 세분화하는 것은 다음과 같다.

▸ 소유 · 속성(사물의 고유한 성질)등을 나타낸다.

僕の眼鏡。	내 안경.
インド人の学生。	인도인의 학생.

▸ の를 사용하는 것은 명사와 명사를 연결할 때 만이다.

(O) 黒の服。黒い服。	(X) 黒いの服)
(O) 元気な子供。	(X) 元気の子供)
(O) 日本語を教える仕事。	(X) 日本語を教えるの仕事)

▸ (명사＋명사)처럼 사이에(の)를 넣지 않는 경우, 두개의 명사에 연결될 때는 강하고, 특별하게 될 때는, 때로는 고유명사로서도 사용된다.

京都で一番有名なのは、京都大学です。　　(X) 京都の大学)

교또에서 제일 유명한 것은, 교또대학입니다.

京都の大学は、全部で百校以上もある。　　(X) 京都大学)

교또의(교또에 있는) 대학은, 전부 백개 이상 있다.

池谷先生は、日本語の先生です。　　(X) 日本語先生)

이께다니 선생님은, 일본어 선생님입니다.

▸ (A의 B)가 (주어 – 동사), (주어 – 형용사)등의 관계를 어순적으로 계속 유지하고 있는 경우. 연체수식절 안에서 が를 대신하는 경우도 포함한다.

切符の予約。	표(티켓) 예약.
私の買った本。	내가 산 책.
私の読んだ本。	내가 읽은 책.
友だちの来る日。	친구가 오는 날.
水の飲みたい人。	물이 마시고 싶은 사람.
人のいない部屋。	사람이 없는 방.

▸ 그 외 명사 + 격조사를 연결하는 수식, 피수식어의 관계를 한다.

頭の上。	머리 위.
女性との対談。	여성과의 대담.
大学時代の友人。	대학 때의 친한 친구.

▸ の와 다른 격조사의 연결에 접속하여 の는 언제나 뒤에 접속.

アメリカからの手紙。	미국으로부터의 편지.
母からの便り。	어머니로부터의 소식(편지).
日本までの航空運賃。	일본까지의 항공운임.
富士山からの眺め。	후지산으로부터 바라봄. (경치)

▸ への를 사용한다.

母への手紙。	어머니에의 편지. (X) 母にの手紙。

▸ 먼저 제시한 명사를 대신해서 사용한다. 어떤 대상이나 사물을 가리키는 の.

この本はあなたのですか。	이 책은 당신 것입니까.
この本は私のです。	이 책은 제 것입니다.
小さいのを見せてください。	작은 것을 보여주세요.

▶ 상황을 指示(지시)한다.

僕は君が山田さんと話しているのを見た。

나는 네가 야마다씨하고 이야기하고 있는 것을 보았다.

▶ 分裂分(분열문)으로서.

あの人が好きなのは京子です。　　저 사람이 좋아하는 사람은 교꼬입니다.

이 예에서는 あの人は京子が好きです。의 京子를 강조하고 있다.

▶ のです의 용법. 먼저 제시한 내용을 보충 설명한다. (口語 조동사적 용법)

A: もうお帰りですか。　　벌써 돌아가십니까.

B: うん、風邪を引いているのでね。　　응, 감기가 걸린 것 같아서.

▶ 관용적 용법, 관련된 일을 병렬해서 문제로 한다. (영향을 받지 않고 · ～하든 ～안하든)

暑いの暑くないの、もうみんな汗びっしょりだ。

덥고 덥지 않은 것에 상관없이, 이미 모두 땀에 흠뻑 젖었다.

▶ ～인 경우로 해석하는 경우.

息子の太郎。　　아들인 다로우.

▶ 기본 문장

私は日本の山田です。　　저는 일본의 야마다입니다.

机の上に本があります。　　책상 위에 책이 있습니다.

これは私の本です。　　이것은 제 책입니다.

これは日本の時計です。　　이것은 일본의 시계입니다.

昨日の晩勉強しましたか。　　어젯밤 공부했습니까.

私は東京電気の研修生です。　　저는 도꾜전기의 연수생입니다.

日本語の勉強は九時からです。　　일본어 공부는 9시부터입니다.

サムソンはコンピューターの会社です。　　삼성은 컴퓨터 회사입니다.

タイプの使い方を教えてください。　　타이프 사용법을 가르쳐 주세요.

● を。 ~을. ~를.

▶ 의미 : 동사를 나타내는 동작 · 작용에 필연적으로 관계되는 대상을 지정하는 데에 사용되는 목적을
　　　나타내는 조사이다. 그 동작 · 작용은 통상 타동성(他動性)인 것이다.

▶ 단 자동사 앞에서도 사용하는 경우가 있다.

川を渡る。	강을 건너다.	角を曲がる。	모퉁이를 돌다.
空を飛ぶ。	하늘을 날다.	道を歩く。	길을 걷다.

▶ 동작을 받는 대상을 나타낸다.

ブルータスがシーザーを殺した。	브루투스가 시저를 죽였다.

▶ 조사 を는 한 문장에서 두개 이상 나오는 일은 없다.

(X) 日本語を勉強をする。	일본어를 공부를 한다.
(O) 日本語の勉強をする。	일본어공부를 한다.
(O) 演劇を勉強している。	연극을 공부하고 있다.
(O) 演劇の勉強をしている。	연극공부를 하고 있다.
(O) ペンキで壁を塗る。	페인트로 벽을 칠하다
(O) ペンキを壁に塗る。	페인트를 벽에 바르다.

▶ 장소를 나타낸다.

1. 이동을 나타내는 장소.

スーパーマンは空を飛べる。	슈퍼맨은 하늘을 날 수 있다.

2. 지나가는 점을 나타내는 장소.

丸の内線は四谷を通りますか。	마루노우치센은 요쯔야를 통과합니까.

3. 나오는 장소를 나타낸다.

四谷駅で電車を降りてください。	요쯔야역에서 전차를 내려 주세요.

▶ 관용적 용법. (추상적, 막연한 공간, 상황을 나타내는 것. 3번 용법에서 발전한 문장). 그 외의 관용적 용법으로서.

何をそんなに怒っているの?	뭐가 그렇게 화가 나 있니?
危ないところを助けられた。	위험한 중에 도움을 받았다.
何をぐずぐずしているんだ。	뭘 꾸물꾸물 대고 있어.
お忙しいところを、どうもすみません。	바쁘신 중에, 정말로 미안합니다.
	바쁘신 중에, 정말로 고맙습니다.

▶ 기본 문장.

ご飯を食べます。	밥을 먹습니다.
友だちとピンポンをします。	친구와 탁구를 합니다.
日本へ家内を連れて来ました。	일본에 아내를 데리고 왔습니다.
会社を休みます。	회사를 쉽니다.
部屋を出ます。	방을 나옵니다.
電車を降ります。	전철에서 내립니다.
公園を散歩します。	공원을 산책합니다.
橋を渡ります。	다리를 건넙니다.
この道をまっすぐ行くと駅があります。	이 길을 똑바로 가면 역이 있습니다.

● か。 か는 의문이나 불확실함을 나타낸다.

▶ 의미 : 명사의 뒤에 접속하는 경우, 보통 두개 이상의 명사에서 나타나고, 그 안의 하나에 술어의 의미가
들어가는 것을 나타낸다.

田中か山本か中村が先生と話すことになっている。

다나까나 야마모또나 나까무라(세명 중 한명) 가 선생님하고 이야기하게 되어 있다.

● 주문의 뒤에 접속하는 경우에는, 상대의 판단에서 말하고, 그 문장에 진실성이 없을지도 모른다고 하는
가능성을 나타낸다. 올라가는 인토네이션을 취하는 경우에는 질문文이 되고, 그렇지 않은 경우는 상대·
자신의 놀람·주저 등을 나타낸다.

ああ、山本さん、もう先生と話しましたか。

아아, 야마모또씨, 벌써 선생님과 이야기했습니까.

ああ、退屈だなあ。映画でも見に行くか。

아아, 따분하다. 영화라도 보러 갈까.

● 주문으로서 일어나는 의문문은 반드시 か를 사용하지 않아도 좋지만, 의문문을 확인하는 문으로서
일어나는 경우 か는 필요하다.

田中さんは何時に来るか聞いてください。

다나까씨는 몇 시에 올지 물어 봐주세요.

● 한 개 이상의 문에 접속하는 경우에는, 진실성에 있어서, 거기에 선택의 필요가 있는 것을 나타낸다.

あなたが行くんですか、スミスさんが行くんですか。

당신이 갑니까, 스미스씨가 갑니까.

● 반박이나 반발의 의미를 나타낸다. (상대의 동작을 나타내는 동사 등에 접속해서 심한 부정의 의미를
나타낸다)

そんなこと出来るか。	그런 것을 할 수 있겠냐.
知ったことか。	알고 있었냐.
そんなことがあるか。	그런 일이 있겠냐.

- 힐난, 꾸짖음, 명령, 금지하는 의미를 나타낸다. 부정형을 받는 것도 많다.

駄目じゃないか。	안되지 않나. (소용없잖아)
しっかりしないか。	확실히 해. (정신 못 차리겠니)
そこまで言うやつがあるか。	그렇게까지 말하는 놈이 있을까.
まだ分からないか。	아직도 모르겠어.

- 감탄과 놀라움을 나타낸다.

まだか。	아직이야. (아직 멀었냐)
ああ、そうか。	아, 그래.

- 권유와 의뢰의 뜻을 나타내기도 한다.

ちょっと休もうか。	잠깐 쉴까.
行きましょうか。	갈까요.

- 기본 문장

あなたは田中さんですか。	당신은 다나까씨입니까.
A: かばん売り場はどこですか。	가방 매장은 어디입니까.
B: かばん売り場ですか。五階です。	가방 매장인가요. 5층입니다.
一緒に御飯を食べませんか。	같이 밥을 먹지 않겠습니까.
A: 日本語の勉強は九時からです。	일본어공부는 9시부터입니다.
B: そうですか。	그렇습니까.

それはボールペンですか。シャープペンシルですか。
그것은 볼펜입니까. 샤프펜입니까.

● が。 ～이. ～가.

▶ 의미 : 체언 또는 체언성의 말에 접속한다. 명사에 접속하여 주어임을 나타낸다.

● 주격 · 동작 · 작용 · 변화의 주체가 되는 사물의 관계를 나타낸다.

鐘が鳴る。	종이 울리다.
夏が来れば思い出す。	여름이 오면 생각이 난다.

● 대상격 情意(기분, 마음, 감정과 의지), 상태의 중심이 되는 사물 · 내용 · 대상의 관계를 나타낸다.
(가능형, たい 등)

別れが辛い。	이별이 괴롭다.
風が青い。	바람이 신선하다.
顔が見たい。	얼굴이 보고 싶다.

● 연체격

▶ 문어적인 표현으로서 관용적으로 사용되어지고 명사와 명사를 연결한다.

我が家。	우리 집.

▶ 용언과 형식명사를 연결한다.

眠るが孤独。	잠드는 것이 고독.
思うが故に。	생각에 따라서. 생각했기 때문에.
我思う故に我あり。	나는 생각한다, 고로 나는 존재한다. (프랑스 철학자 데카르트의 명언)

▶ 동사의 사전형에 직접 접속하는 일도 있다.

言わぬが花。　　말하지 않는 것이 낫다. (침묵은 금이다)

負けるが勝ち。　지는 것이 이기는 것.

▶ 접속사로서 사용한다. ～지만. (역접의 뜻도 있다)
(けれど・けども・けど・けれども) 순접의 뜻일 때는 ～입니다만.

何時間も話し合ったが、結論は出なかった。

몇 시간씩이나 논의했지만, 결론은 나지 않았다.

天気予報では雨が降ると言っていったのですが、結局降りませんでした。

일기예보에서는 비가 온다고 말했지만, 결국 내리지 않았습니다.

▶ 기본 문장

私はりんごが好きです。	저는 사과를 좋아합니다.
崔さんは歌が上手です。	최씨는 노래를 잘합니다.
私はカメラがあります。	저는 카메라가 있습니다.
私は日本語がわかります。	저는 일본어를 압니다.
私は子どもが二人います。	저는 애가 2명 있습니다.
私は車が欲しいです。	저는 차를 갖고 싶습니다.
私はスキーが出来ます。	저는 스키를 탈 수 있습니다.
私は頭が痛いです。	저는 머리가 아픕니다.
ハンさんは髪が長いです。	한씨는 머리가 깁니다.
日本は交通が便利です。	일본은 교통이 편리합니다.
あそこに男の人がいます。	저기에 남자가 있습니다.

あそこに銀行があります。	저기에 은행이 있습니다.
今雨が降っています。	지금 비가 내리고 있습니다.
アリさんがこのシャツをくれました。	아리씨가 이 셔츠를 주었습니다.
私はテープレコーダーが要ります。	저는 카세트가 필요합니다.
これは私が撮った写真です。	이것은 내가 찍은 사진입니다.
明日センターでパーティーがあります。	내일 센터에서 파티가 있습니다.
クラスでナロンさんが一番若いです。	반에서 나론씨가 제일 젊습니다.
仕事が終わってから、すぐ家へ帰ります。	일이 끝나면, 곧 집으로 돌아갑니다.
このボタンを押すと、機械が止まります。	이 버튼을 누르면, 기계가 멈춥니다.
A: 新幹線と飛行機と、どちらが速いですか。	신간센과 비행기와, 어느 쪽이 빠릅니까.
B: 飛行機のほうが速いです。	비행기 쪽이 빠릅니다.

家族が日本へ来たら、京都へ連れて行きたいです。

가족이 일본에 온다면, 교또에 데리고 가고 싶습니다.

● に。　～에. ～에게. ～으로. ～하러. ～와. ～과. ～을. ～를. ～이. ～가.

▸ 의미 : 동사를 나타내는 사항으로, 상태가 있는 시간적, 공간적인 場(장소) 또는 (주문의 주어는 아님)
　　　　동작이 주가 되어 관련되어 일어날 때.

• 사람이나 물건이 존재하는 장소를 나타낸다.

そのお寺は京都にある。	그 절은 교토에 있다.
木の葉が川に浮かんでいる。	나뭇잎이 물에 떠 있습니다.

• 존재와 동작의 의미가 양쪽 다 있는 것은 に · で 양쪽 모두 사용할 수 있지만, 그 경우 に를 사용하면
　존재의 의미가 되고 で를 사용하면 동작의 의미가 된다.

その本はどこに / で売っていますか。	그 책은 어디에서 팔고 있습니까.

• 시간 · 회수 · 빈도의 설정.

新学期は四月に始まる。	신학기는 사월에 시작된다.
一日に四十本もたばこを吸う。	하루에 40개피나 담배를 핀다.

• 방향이나 들어가는 장소를 나타낸다.

大阪に(へ)行く。	오오사까에 가다. (大阪へ行く)
部屋に入る。	방에 들어가다.

• 변화한 뒤의 상태 · 결과, 또는 선택 · 결정을 나타낸다.

私たち、今度結婚することになりました。	우리, 이번에 결혼하게 되었습니다.

▶ 자신의 의지나 결정을 강조하는 경우는 ことになる는 사용하지 않고 ことにする를 사용한다.

▶ 동작 및 대상을 나타낸다.

この手紙を田中さんに渡してください。	이 편지를 다나까씨에게 건네주세요.
車の事故にあって怪我をした。	자동차 사고가 나서 상처를 입었다.
ひどい目に遭う。	심한고생을 했습니다.

遭う。 사고·재해 등의 체험을 나타낸다.		悲しい目に遭う。	슬픈 경험을 하다.
大変な目に遭う。 힘든 일을 경험하다.		恐ろしい目に遭う。	무서운 경험을 하다.
辛い目に遭う。 고통스런 경험을 하다.		恥ずかしい目に遭う。	창피한 경험을 하다.

▶ 목적을 나타낸다.

買い物(쇼핑) · 食事(식사) · スキー(스키) · 映画(영화) · ゴルフ(골프) · 登山(등산) ·
釣(낚시)＋に行く。~하러 가다. (に出掛ける)

▶ 원인이 되는 대상을 나타낸다.

一円を笑うものは一円に泣く。	1엔을 비웃는 사람은 1엔에 운다.

▶ 범위나 대상을 나타낸다.

この金庫は火に強い。	이 금고는 불에 강하다.

▶ 수동 · 사역 등의 동작을 나타낸다.

赤ん坊に泣かれる。	아기가 울다.

▶ 명사 ＋ に ＋ 명사의 형으로 사용된다.

黒のスーツに黒のネクタイの男。	까만 양복에 까만 넥타이의 남자.

▸ 숙어로 동사 (ます형) + に + 같은 동사. (반복을 나타낸다)

鬼に金棒。	도깨비에 금방망이. 금상첨화.
降りに降る。	내리고 또 내리는 비.
ただ泣きに泣いた。	그저 울고 또 울었다.
歩きに歩いた。	걷고 또 걸었다.

▸ 명사 · な형용사 + になる : ~가 되다. (자연적인 현상을 나타낸다)

雨になる。	비가 되다. (비가 온다)
きれいになる。	예뻐지다.

▸ 기본 문장

毎朝六時に起きます。	매일 아침 6시에 일어납니다.
九月十五日に日本へ来ました。	9월 15일에 일본에 왔습니다.
私は友だちに本をあげました。	저는 친구에게 책을 주었습니다.
私は会社に電話をかけます。	저는 회사에 전화를 겁니다.
田中さんは事務所にいます。	다나까씨는 사무실에 있습니다.
デパートは駅の前にあります。	백화점은 역 앞에 있습니다.
私は東京に住んでいます。	저는 도꾜에 살고 있습니다.
部屋に入ります。	방에 들어갑니다.
この椅子に座ってもいいですか。	이 의자에 앉아도 좋습니까.
電車に乗ります。	전차를 탑니다.
機械に触らないでください。	기계를 만지지 말아 주세요.
スキーに行きます。	스키 타러 갑니다.
ドルを円に換えます。	달러를 엔으로 바꿉니다.
リーさんは病気になりました。	이씨는 병에 걸렸습니다.
私は加藤さんに時計をもらいました。	저는 가또씨에게 시계를 받았습니다.
私は鈴木先生に日本語を習いました。	저는 스즈끼선생님에게 일본어를 배웠습니다.

● で。 ～으로. ～에서. ～에. ～때문에.

▶ 場所。 장소.

의미 : 동작 · 작용이 행하여지는 장소(～에서). 그 동작이 행하여지는 무대로서의 장소.

公園で会う。	공원에서 만나다.
喫茶店でお茶を飲む。	찻집에서 차를 마시다.

• 동작 · 작용이 행하여지는 場面(장면) ～에서. 그것이 속해져 있는 추상적인 장소 · 관계.

学会で発表。	학회에서 발표.
法廷で争う。	법정에서 싸우다. (다투다)
軍事政権下でのデモ。	군사정권 하에서의 데모.

• 동작 · 행위를 행하는 주체로서의 조직, 또는 관계로서의 사람. (～에서. ～로서)

劇団で募集する。	극단에서 모집하다.
私からでは許せません。	나로서는 용서 못합니다.
野党側で示した対案。	야당측에서 제시한 대안.

▶ 시간.

동작 · 작용이 행하여지는 時点(시점). 今日では(오늘로서는) · 現在では(현재로서는) 와 같은 한정된 말밖에 없다. (～로서는)

• 기한 · 또는 단위 시간. (～로서. ～만에)

今日で一週間になる。	오늘로 일주일이 되다.
二週間で完成。	2주일 만에 완성.

▶ 수단 · 방법 · 재료 · 도구 등. (〜에 의해서. 〜를 이용해서. 〜로 〜하다)

手で口を覆う。	손으로 입을 덮다.
牛乳で煮る。	우유로 끓이다. (삶다)
ナイフで切る。	칼로 자르다.

▶ 상황 · 상태. (〜로 〜하다)

いい気持ちで寝ている。	좋은 기분으로 자고 있다.
たいした速さで走ってる。	대단한 속도로 달리고 있다.

▶ 기준 (基準). (〜에).

百円で買う。	100엔에 사다.
三つで百円。	세 개에 100엔.

▶ 화제(話題)나 논제(論題)가 되는 것. (〜로. 〜에 대해서)

憲法問題で議論する。	헌법문제로(에 대해서) 의논하다.
麻薬取り締まりで会議を開く。	마약단속으로(에 대해서) 회의를 열다.

▶ 원인 · 이유 · 동기 · 근거 등. (〜로 인해. 〜 때문에)

頭痛で休みます。	두통으로(때문에) 쉽니다.
試験で忙しい。	시험으로(때문에) 바쁘다.
海は人で一杯だ。	바다는 사람으로(때문에) 가득하다.

● と。 ～하고. ～와. ～과.

▶ 의미 : と는, 표면적으로는 다음의 네 가지로 나타나고, 다른 동작을 갖는다.

● (명사 + 명사 + 명사) 여기에서는 한 개 이상의 명사가 문법적으로는 동등의 자격을 갖는다.

先生とキムさんとチェさんと朴さんと会う。
선생님하고 김씨하고 최씨하고 박씨하고 만나다.

● (명사와 동사) 여기에서는 동사의 補語(불완전동사) 를 나타내는 것으로 사용된다.

| 先生と会う。 | 선생님과 만나다. |
| 友だちと話す。 | 친구와 이야기하다. |

● (문과 동사)여기에서는 특정의 동사에 있어서 그 補文(보충하는 문)을 나타내는 것에 사용된다.

| 私も行くと、言いました。 | 나도 간다고, 말했습니다. |
| もう駄目だと思った。 | 이제는 안 된다고 생각했다. |

● (문과 문)여기에서의 と는 접속사로서 사용되어지고 처음의 문장이 뒷문장에 대해서 조건적 · 시간적으로 선행(先行)하는 일을 나타낸다. 의미나 용법을 포함해서 세분화하면, 다음과 같이 된다.

● 명사와 명사를 연결하고, 관련된 명사를 모두 예로 든다. や와 틀려 다른 물건까지 암시하는 일은 없다.

| 机の上に本とノートがある。 | 책상 위에 책과 노트가 있다. |

1. 이때 と는 명사와 명사를 연결할 때 만이고, 동사나 형용사를 연결할 때에는 사용할 수 없다.

동 사	切って食べる。	잘라서 먹다.
い형용사	高くてまずい。	비싸고 맛없다.
な형용사	元気で賑やかな子。	건강하고 활기찬 아이.

2. 같이 그 동작을 하는 상대나 대상을 나타낸다.

友_{とも}だちと学校_{がっこう}へ行_いく。	친구하고 학교에 가다.

3. 인용문. (명사 및 な형용사일 때 だ는 생략이 가능하다) 단축형 (って、て)

先生_{せんせい}は、パーティーに来_こないと言_いっていました。

선생님은 파티에 오지 않는다고 말했습니다.

ㄱ. 이것 외에.

~と主張_{しゅちょう}する。	~라고 주장하다.
~と呼_よんでいる。	~라고 부르고 있다.
~と聞_きいた。	~라고 물었다.
~ということだ。	~라고 하는 것이다. (そうだ : ~라고 한다)

と가 생략되어지는 경우.
사고·생각·(명사 및 な형용사일 때 だ는 생략이 가능하다).
보통 (って) 로는 바꿔 사용하지 않는다.

ㄴ. 이것 외에.

~と思_{おも}います。	~라고 생각합니다.
~と感_{かん}じる。	~라는 느낌이 든다.
~と思_{おも}われる。	~라고 생각되어진다.
~と想像_{そうぞう}できる。	~라고 상상할 수 있다.

4. 모습·양태·상태 묘사·의태어·의성어.　～のように : ～처럼.

雨_{あめ}がぱらぱらと降_ふってきた。	비가 툭툭 내렸다. (빗방울이 떨어졌다)

5. 변화. (と와 바꿔 사용할 수 있는 조사는 に이다)

~となる。 ~이 되다.	~としては。 ~에 비해서는.
~とする。 ~로 하다.	~にしては。 ~에 비해서는.

クレオパトラはアントニーの愛人となった。

클레오파트라는 안토니어의 애인이 되었다.

• 기본문장.

私は友だちと東京へ行きます。

저는 친구와 도꾜에 갑니다.

パンと卵を食べます。

빵과 계란을 먹습니다.

山田さんは会社の人と話しています。

야마다씨는 회사 사람과 이야기하고 있습니다.

本屋は銀行とスーパーの間にあります。

책방은 은행과 슈퍼의 사이에 있습니다.

コーヒーと紅茶と、どちらがいいですか。

커피하고 홍차하고, 어느 쪽이 좋습니까.

● へ。 ～에. ～에게. ～으로.

▶ 의미 : 동작이 진행하는 방향·동작의 대상을 나타낸다. 단 방향에서의 に와 へ는 구분 없이 사용한다.

京都へ行きます。	교또에 갑니다.
デパートへ買い物に行きます。	백화점에 쇼핑하러 갑니다.
右へ曲がると、銀行があります。	우측으로 돌면, 은행이 있습니다.

● や。 ～이랑. ～이나.

▶ 의미 : 1개 이상의 사물을 열거하거나 예로 들 때.

部屋にベッドや机や椅子があります。	방에 침대랑 책상이랑 의자가 있습니다.
部屋にベッドや机や椅子などがあります。	방에 침대랑 책상이랑 의자 등이 있습니다.

● から～まで。

▶ から : ～부터.
　 의미 : 동작의 기준점이나 출발점을 나타낸다.

▶ まで : ～까지.
　 의미 : 장소의 종점이나 도착점을 나타낸다.

毎日九時から五時まで働きます。	매일 9시부터 5시까지 일합니다.
日本語の勉強は九時からです。	일본어 공부는 9시부터입니다.
デパートは夜七時までです。	백화점은 저녁 7시까지입니다.
東京から大阪まで新幹線で、三時間ぐらいかかります。 도꾜로부터 오오사까까지 신깐센으로, 3시간 정도 걸립니다.	

● まで。(~까지).   までに。(~까지는)

▸ まで : ~까지.

　의미 : 시간 · 기간 · 공간의 범위를 나타낸다.

▸ までに : ~까지는.

　의미 : 시간으로서의 限界(한계) · 期限(기한) · 以內(이내), 정해진 정확한 시간을 나타낸다.

十二時まで来てください。　　　　12시까지 와 주세요.

十二時までにセンターへ帰らなければなりません。

12시까지는 센터에 돌아가지 않으면 안 됩니다.

● より。

▸ より : ~보다.

　의미 : 비교의 기준이나 대상을 나타낸다.

インドは日本より暑いです。　　　　인도는 일본보다 덥습니다.

▸ 구어에서는 よりも · よりか · よか로도 사용한다.

▸ 부정의 말을 동반하여 거기에 한정된 의미를 나타내며 그 이외의 모든 것을 부정하는 의미를 나타낸다.

~よりほか(は)ない。　　　　　　~ 외에 없다. 방법이 없다. 어쩔 수가 없다.

ここまで病状が進んだのでは、手術をするよりほかないだろう。

이렇게까지 병상태가 진행되었다면, 수술을 하는 수밖에 없다.

~よりしかない。　　　　　　　　~밖에 없다의 고정된 형도 있다.

これより道はない。　　　　　　　이것 외에 길은 없다.

こうするより方法がない。　　　　이렇게 할 수밖에 없다.

▸ 시간 · 장소의 시작하는 점에서의 의미는(から)와 같다.

テストは九時より始まります。　　시험은 9시부터 시작합니다.

▸ 境界(경계)를 나타낸다. (から)

ここより先には何もありませんよ。　여기서부터 끝까지는 아무것도 없습니다.

● ね。

▸ ~인데. ~인데요. ~로군. ~로군요.

  의미 : 감탄의 기분을 포함해서 판단을 나타낸다. 감탄에 있어서 상대와의 공감을 구성하려고 한다.

    여성의 경우는, わ에 접속하기도 하고, 명사에 직접 접속해서 述語(문장의 하나)를 구성하는

    용법도 있다.

面白いね。	재미있구나.
そんな本、読みたいわね。	그런 책, 읽고 싶다.
きれいな花ね。	예쁜 꽃이구나.

▸ 생각에 생각을 더해서 말하고, 상대의 동의를 구한다.

きっと来ますね。	꼭 오겠지요.
答える気はないんですね。	대답할 기분은 아니지요.
それだけだわね。	그것뿐이지.

▸ 의문문에 사용해서, 질문, 또는, 詰問(트집을 잡아 따짐)의 의미를 나타낸다. 주로 남성들이 사용한다.

あの絵見たかね。	저 그림 보았냐.
昨日も来たのかね。	어제도 왔었니.
それでいいとでも思っているのかね。	그것으로 되었다고 생각 하냐.

▸ 친근함을 갖고 부른다든지, 다시 한 번 확인할 때 사용되는 말.

ね (ねえ)、ちょっと来て。	저기, 잠깐 올래. (있잖아, 이리 와봐)

● よ。

▶ よ ：～이다. ～요. ～거야. ～이지. ～하게나.
　　　권유・명령・금지의 의미를 나타낸다.

　　의미 : 의문사를 포함한 문절에 접속하고, 또는 のよ・だよ의 형으로 述語(문장의 하나)를 구성한다.

　　　　(述語 ← 主語)

　　　　또, 의문 조사에 접속해서 かよ의 형으로, 상대에게 불만을 갖고 비평하는 기분을 묻는다.
　　　　(だよ・かよ의 형으로는 일반에게 사용되지만, 그 외는 주로 여성어이다)

▶ 자신의 판단・기분을 강하게 주장해서, 상대에게 들려준다.

早く寝るんだよ。	빨리 자.
ああそうだよ。	그래 맞다.
りんごが好きだよ。	사과를 좋아한다.

▶ てよ의 형으로 가벼운 명령이나 의뢰는 女性語(여성어)이다.

連れて逃げてよ。	데리고 도망가 줘.
ついておいでよ。	따라와라.

▶ わよ・のよ・ことよ・てよ등의 형으로 상대에게 가볍게 확인하고, 자신의 기분을 전달할 때.
　(여성어이다)

行くわよ。	갈 거예요.
泣いてもいいのよ。	울어도 좋아요.
来てもいいことよ。	와도 좋아요.
このごろ私辛くてよ。	요즈음 나는 괴로워서요.

● から。

▶ から : ~이기 때문에. (원인이나 이유가 주관적이다)

용법 : 동사 · い형용사 · な형용사 · 명사(기본체) + から。

　　기본형 · 과거형을 대신할 수 있는 것은 ます · ました이다.

의미 : 원인이나 이유가 주관적이며, 어떤 사태에 의해 결과가 있는 사태가 발생하며, 또는 예상된다고

　　하는 관계를 나타낸다.

　　뒷 문장에는 추량(사물의 사정이나 사람의 심정 등을 추측) 요구 · 명령 등의 형을 사용할 수

　　있다. ~たい(희망) · ~と思う(추측) · ~なさい(명령)

あした家でパーティーをしますから、来てください。

내일 집에서 파티를 하기 때문에, 와주세요.

子供でさえ出来たのだから、大人に出来ないはずがない。

아이들조차도 할 수 있었기 때문에, 어른이 못할 리가 없다.

あの人は来そうもないから、もう帰ろう。

저 사람은 올 것 같지도 않으니까, 이제 돌아가자.

ここは静かだからよく寝られるだろう。

여기는 조용하기 때문에 잘 잘 수 있겠지.

•이유를 뒷문장에 나타내는 경우도 있다.

手紙より電話で知らせましょう。そのほうが早いから。

편지보다 전화로 알립시다. 그쪽이 빠르기 때문에.

•앞문장이 정중체인(です · します)경우, 뒷문장도 정중체(です · します)가 된다.

これは難しいでしょうから、辞書を使ってもいいです。

이것은 어렵기 때문에, 사전을 사용해도 좋습니다.

● ので。

▶ ので : ~이기 때문에. (원인이나 이유가 객관적이다)

용법 : 동사 · い형용사 · な형용사 · 명사(기본체) + ので。

● 例外 예외	기본체(긍정 · 현재)	ので형
な형용사	賑^{にぎ}やかだ	賑^{にぎ}やか＋なので。
명사	田中^{た なか}さんだ	田中^{た なか}さん＋なので。

의미 : 원인 · 이유 · 근거의 관계를 나타낸다. 조건과 조건이 원인 · 결과 · 근거 · 귀결의 관계에 있는 것이, 비교적 객관적이고 명백한 것 같은 경우에 사용되어진다. 조건의 독립성은 から보다는 약한 의미를 갖고 있다. 語句(뒷문장)에 명령 · 희망 · 의문 등을 표현하는 것은 から가 더욱 어울리고, 또 からだ · からです처럼 ので · のでだ · のでです를 문장 끝에 접속해서 끝내는 것은 가능하지 않다.

▶ 사람에게 어떤 것을 부탁하거나 정중하게 말할 때는 (ので)를 사용한다. (특히 여성은 (ので)를 사용하는 일이 많다) 예문은 から를 같이 사용할 수 있다.

電車^{でんしゃ}の事故^{じ こ}があったので遅^{おそ}くなりました。

전차의 사고가 있었기 때문에 늦었습니다.

昨夜^{ゆうべ}はよく眠^{ねむ}れなかったので今日^{きょう}は頭^{あたま}が痛^{いた}い。

어젯밤에는 잘 자지 못했기 때문에 오늘은 머리가 아픕니다.

あしたは子供^{こ ども}の日^ひなので学校^{がっこう}は休^{やす}みです。

내일은 어린이날이기 때문에 학교는 쉽니다.

● のに。

▸ のに ： ～인데도. ～했는데도. (역접의 확정조건)

용법 ： 동사 · い형용사 · な형용사 · 명사(기본체) ＋ のに。

　　　• な형용사 · 명사(긍정형) ＋ なのに。

의미 ： 예상하지 못했던 결과가 발생해서 원래의 상태로 돌아갈 수 없을 때, 비난이나 불만, 안타까움의 뜻을 나타낸다.

あの人はいつも沢山食べるのに、太りません。

저 사람은 언제나 많이 먹는데도, 살이 찌지 않습니다.

あの人は知っているのに、答えません。

저 사람은 알고 있으면서도, 대답하지 않습니다.

せっかくケーキを作ったのに、誰も食べませんでした。

모처럼 케이크를 만들었는데, 아무도 먹지 않았습니다.

わざわざ来たのに、誰も来なかった。

일부러 왔는데도, 아무도 오지 않았다

あそこのレストランは高いのに、美味しくありません。

저기의 레스토랑은 비싼데도, 맛이 없습니다.

暑いのに、誰も窓を開けませんでした。

더운데도, 아무도 창문을 열지 않았습니다.

暑かったのに、だれも窓を開けませんでした。

더웠었는데도, 아무도 창문을 열지 않았습니다.

この機械は便利なのに、誰も使いません。

이 기계는 편리한데도, 아무도 사용하지 않습니다.

中学生なのに、たばこを吸っています。

중학생인데도, 담배를 피우고 있습니다.

あの人は病気なのに、出掛けました。

저 사람은 병인데도, 외출했습니다.

● のに。 ~하는데. ~하기 위해.

용법 : 동사(기본형) + のに。
의미 : 목적의 의미를 나타낸다.

薬は病気を治すのに使います。	약은 병을 치료하는데 사용합니다.
財布はお金を入れるのに使います。	지갑은 돈을 넣는데 사용합니다.
消しゴムは字を消すのに使います。	지우개는 글씨를 지우는데 사용합니다.

● さ。 남성어.

▶ 가벼운 단정(断定)을 나타낸다.

A: もしもし、今どこにいるの?	여보세요, 지금 어디 있니?
B: 東京さ。	도쿄야.
A: 君も来るかい?	너도 오지 않을래?

▶ 반발(反発) 을 나타낸다.

何さ、あんな絵ぐらい、私にだって描けるわよ。
뭐야, 저런 그림 정도, 나라도 그릴 수 있다.

● わ。 여성어.

▶ 여성이 일반적으로 넓게 사용한다. 그 경우 중 상승(中上昇)의 인토네이션을 동반하는 것이 보통이다.

あら、もう五時だわ。	아니, 벌써 5시네.

▶ 남성의 말(언행)에서도 나타나지만, 그 경우에는 하강(下降)의 인토네이션을 동반하는 것이 보통이다.
이 남성의(わ)에는 단정의 생각이 강하다.

それじゃ俺も行くわ。	그러면 나도 가겠다.

● ね (ねえ)。남여(男女) 공동어 · な。(なあ)。남성어

▸ ね는 듣는 사람에게의 어필로서 많이 사용된다.
  (な · なあ) 를 사용하면 무례한 말투가 된다.

▸ 혼잣말을 할 때는(な · なあ)를 사용하고, (ね · ねえ)는 보통 사용하지 않는다.

▸ 특별한 의미도 없이, 그저 문장을 끊어서 말할 때에도 사용한다.

▸ 정중하게 말할 때는(ですね) 를 사용한다.

あのですね。	저 있잖아요.
実はですね。	사실은 말예요.
田中さんがですね。	다나까씨가 말예요.

▸ 확인(確認) · 의문(疑問)

あなたがスミスさんですね。	당신이 스미스씨입니까.

▸ 감동. (感動)

今日も暑いねえ。	오늘도 덥군요.
暑いわねえ。	덥군요.

▸ 주장. (主張)

僕はその意見には反対だな。	나는 그 의견에는 반대다.

● かしら。 여성어.

▸ 혼잣말을 나타낸다.

ロミオは今ごろ何をしているのかしら。

로미오는 지금쯤 무엇을 하고 있을까.

▸ 의문(疑問)을 나타낸다.

明日のパーティーには、何人ぐらい出席するのかしら。

내일 파티에는, 몇 명 정도 출석할까.

▸ 원망(願望)을 나타낸다.

早く八月にならないかしら。山に行きたいわ。

빨리 팔월이 되지 않네. 산에 가고 싶은데.

● ぞ。 ぜ。 재차 다짐하는 말.

▸ ぞ가 ぜ보다는 많이 사용된다. ぜ는 도꾜지방에서 주로 남성이 사용한다.

そろそろ出かけるぞ。슬슬 외출하자.

▸ 혼잣말. (이 용법에서는 주로 ぞ를 사용하고 ぜ는 사용하지 않는다)

あれ、ドアが開いている。何か変だぞ。

아니, 문이 열려 있다. 뭔가 이상하다.

- ● てば。ってば。て。たら。**접속사의 たら와는 다르다.**

▸ 상대에게 「이미 알고 있어」라고 하는 기분을 전달한다.

行くの、行かないの。うるさいわねえ、行くってば。

가든지, 말든지. 시끄러워, 간다니까.

▸ 상대에게 초조해 하는 기분(焦れったい気持ち) 을 전달한다.

ねえ、サリーちゃん、サリーちゃんったら。聞いてるの。

저, 사리씨, 사리씨말야, 듣고 있어. (ちゃん : さん보다 귀여운 말투)

- ● い。 **남성어.**

▸ 남성이 극히 친한 감정을 나타낼 때 사용한다.

い。何だい。   이봐. 뭐야.

- ● っけ。

▸ 자문하는 듯한 느낌으로 상대에게 묻는다.

明日の試験は九時からだっけ。   내일 시험은 9시부터지.

- ● (だろう) に。

▸ 기대에 반할 때, 후회할 때 등에 사용한다.

今日は休みだと知ってたら、来なかっただろうに。

오늘은 휴일이라고 알고 있었다면, 오지 않았을 텐데.

● 동사 I (五段動詞)의 활용. (동사는 모두 기본형의 어미에서 활용됨)

書	かない。	쓰지 않는다.	(부정형)
	かないでください。	쓰지 말아 주세요.	(부정의 희망)
	かないでしょう。 かないだろう。	쓰지 않겠지요.	(추측)
	かないように。	쓰지 않도록.	(바램·희망)
	かないといけません。	쓰지 않으면 안 됩니다.	(금지)
	かないそうです。	쓰지 않는다고 합니다.	(伝聞)
	かないようです。	쓰지 않을 것 같습니다.	(추측)
	かなくてもいいです。	쓰지 않아도 좋습니다.	(허락)
	かなければなりません。	쓰지 않으면 안 됩니다.	(의무)
	かなかった。	쓰지 않았다.	(과거형)
	かれる。	쓸 수 있다. 쓰여지다.	(가능·수동·존경·자발)
	かせる。	쓰게 하다.	(사역형)
	き始める。	쓰기 시작하다.	
	きなさい。	써라.	(여성 명령형)
	きに。	쓰러.	(동작의 목적)
	きながら。	쓰면서.	(두 가지 동작의 동시진행)
	きそうです。	쓸 것 같습니다.	(양태)
	きます。	씁니다.	(정중어)
	きたい。	쓰고 싶다.	(희망)
	きたくて。	쓰고 싶어서.	
	きたくなります。	쓰고 싶어집니다.	
	きたければ。	쓰고 싶으면.	(희망 가정형)
	きたかった。	쓰고 싶었다.	(희망 과거형)

きたくない。	쓰고 싶지 않다.
きたくなかった。	쓰고 싶지 않았다. (과거부정형)
く。	쓰다. (편지를·작문을)
いています。	쓰고 있습니다. (현재진행형)
いても。	써도. (뒷문장은 주로 いいです가온다)
いては。	써서는. (뒷문장은 주로 いけません이 온다)
いてから。	쓰고나서. (동작을 하고나서)
いたそうです。	썼다고 합니다. (伝聞)
いたら。	쓴다면. 썼더니 (과거가정·미래가정)
いたり。	쓰기도 하고. (동작의 열거)
いたから。	썼기 때문에. (이유나 원인)
くことができる。	쓰는 것이 가능하다. (가능)
くことにする。	쓰기로 하다. (의지에 의한 결정)
くことになる。	쓰기로 되다. (결과나 결론)
くようにする。	쓸 수 있도록 하다.
くそうです。	쓴다고 합니다. (伝聞)
くまい。	쓰지 않을 것이다. (부정의지·부정추측)
けば。	쓴다면. (가정형)
ける。	쓸 수 있다. (가능형)
け。	써라. (남성 명령형)
こう。	쓰자. (의지형)
こうと思う。	쓰려고 생각한다.
こうかと思う。	쓸까하고 생각한다.

書

● 동사Ⅱ (上一段·下一段動詞)의 활용.

기본형의 る자 앞의 글자가 い段이면 상일단동사이고, え段이면 하일단동사이다.

食べ	ない。	먹지 않는다.	(부정형)
	ないでください。	먹지 말아 주세요.	(부정의 희망)
	ないでしょう。(だろう)	먹지 않겠지요.	(추측)
	ないように。	먹지 않도록.	(바램·희망)
	ないといけません。	먹지 않으면 안 됩니다.	(금지)
	ないそうです。	먹지 않는다고 합니다.	(伝聞)
	ないようです。	먹지 않을 것 같습니다.	(추측)
	なければなりません。	먹지 않으면 안 됩니다.	(의무)
	なくてもいいです。	먹지 않아도 좋습니다.	(허락)
	なかった。	먹지 않았다.	(과거형)
	られる。	먹을 수 있다. 먹히다.	(가능·수동·존경·자발)
	させる。	먹이다.	(사역형)
	まい。	먹지 않을 것이다.	(부정의지·부정추측)
	始める。	먹기 시작하다.	
	に。	먹으러.	(동작의 목적)
	ながら。	먹으면서.	(두 가지 동작의 동시진행)
	そうです。	먹을 것 같습니다.	(양태)
	ます。	먹습니다.	(정중어)
	たい。	먹고 싶다.	(희망)
	たくて。	먹고 싶어서.	
	たくなります。	먹고 싶어집니다.	
	たければ。	먹고 싶으면.	(희망 가정형)

	たかった。	먹고 싶었다.	(희망 과거형)
	たくない。	먹고 싶지 않다.	(희망 부정형)
	たくなかった。	먹고 싶지 않았다.	(과거부정형)
	ています。	먹고 있습니다.	(현재진행형)
	ても。	먹어도.　(뒷문장은 주로 いいです가 온다)	
	ては。	먹어서는. (뒷문장은 주로 いけません이 온다)	
	てから。	먹고 나서.	(동작을 하고나서)
	たそうです。	먹었다고 합니다.	(伝聞)
	たら。	먹는다면・먹었더니.	(과거가정・미래가정)
	たり。	먹기도 하고.	(동작의 열거)
	たから。	먹었기 때문에.	(이유나 원인)
食べ	ることができる。	먹는 것이 가능하다.	(가능형)
	ることにする。	먹기로 하다.	(의지에 의한 결정)
	ることになる。	먹기로 되다.	(결과나 결론)
	るようにする。	먹을 수 있도록 하다.	
	るそうです。	먹는다고 합니다.	(伝聞)
	れば。	먹는다면.	(가정형)
	ろ・よ。	먹어라.	(명령형)
	よう。	먹자.	(의지형)
	べようと思う。	먹으려고 생각한다.	
	べようかと思う。	먹을까하고 생각한다.	

● 동사Ⅲ する의 활용. (어간이 변하고 있는 점에 주의)

し	ない。	하지 않는다.	(부정형)
	ないでください。	하지 말아 주세요.	(부정 희망)
	ないでしょう。 (だろう)	하지 않겠지요.	(추측)
	ないように。	하지 않도록.	(바램. 희망)
	ないといけません。	하지 않으면 안 됩니다.	(금지)
	ないそうです。	하지 않는다고 합니다. (伝聞)	
	ないようです。	하지 않을 것 같습니다.	(추측)
	なければなりません。	하지 않으면 안 됩니다.	(의무)
	なくてもいいです。	하지 않아도 좋습니다.	(허락)
	なかった。	하지 않았다.	(과거)
	なさい。	해라.	(여성명령형)
	まい。　　　・するまい。	하지 않을 것이다.	(부정추측·부정의지)
	始める。	하기 시작하다.	
	に。	하러.	(동작의 목적)
	ながら。	하면서.	(두 가지 동작의 동시진행)
	そうです。	할 것 같습니다.	(양태)
	ます。	합니다.	(ます形)
	たい。	하고 싶다.	(희망)
	たくて。	하고 싶어서.	
	たくなります。	하고 싶어집니다.	
	たければ。	하고 싶으면.	(가정형)

	たかった。	하고 싶었다.	(과거형)
	たくない。	하고 싶지 않다.	(부정)
	たくなかった。	하고 싶지 않았다.	(과거형)
	ています。	하고 있습니다.	(현재진행형)
	ても。	해도. (뒷문장은 주로 いいです가 온다)	
し	ては。	해서는. (뒷문장은 주로 いけません이 온다)	
	てから。	하고나서.	(동작을 하고나서)
	たそうです。	했다고 합니다.	(伝聞)
	たら。	한다면・했더니.	(과거가정・미래가정)
	たり。	하기도 하고.	(동작의 열거)
	たから。	했기 때문에.	(이유나 원인)
	• できる。	할 수 있다.	(가능형)
	• させる。	시키다.	(사역형)
	ることができる。	할 수 있다.	(가능형)
	ることにする。	하기로 하다.	
	ることになる。	하기로 되다.	
す	るようにする。	할 수 있도록 하다.	
	るそうです。	한다고 합니다.	(伝聞)
	れば。	한다면.	(가정형)
	ろ・せよ。	해라.	(남성명령형)
し	よう。	하자.	(의지형)
	ようと思う。	하려고 생각한다.	
	ようかと思う。	할까하고 생각한다.	

● 동사Ⅲ くる의 활용. (어간이 변하고 있는 점에 주의)

こ	ない。	오지 않는다.	(부정형)
	ないでください。	오지 말아 주세요.	(부정희망)
	ないでしょう。(だろう)	오지 않겠지요.	(추측)
	ないように。	오지 않도록.	(바램 · 희망)
	ないといけません。	오지 않으면 안 됩니다.	(금지)
	ないそうです。	오지 않는다고 합니다.	(伝聞)
	ないようです。	오지 않을 것 같습니다.	(추측)
	なければなりません。	오지 않으면 안 됩니다.	(의무)
	なくてもいいです。	오지 않아도 좋습니다.	(허락)
	なかった。	오지 않았다.	(과거)
	られる。	올 수 있다.	(가능)
	させる。	오게 하다.	(사역)
	まい。 ・くるまい。	오지 않을 것이다.	
き	ながら。	오면서.	(두 가지 동작의 동시진행)
	そうです。	올 것 같습니다.	(양태)
	ます。	옵니다.	(ます형)
	なさい。	와라.	(여성명령형)
	たい。	오고 싶다.	(희망)
	たくて。	오고 싶어서.	
	たくなります。	오고 싶어집니다.	
	たければ。	오고 싶으면.	(가정형)

き	たかった。	오고 싶었다.	(과거형)
	たくない。	오고 싶지 않다.	(희망 부정형)
	たくなかった。	오고 싶지 않았다.	(과거부정형)
	ています。	오고 있습니다.	(현재진행형)
	ても。	와도.　(뒷문장은 주로 いいですが 온다.)	
	ては。	와서는.　(뒷문장은 주로 いけません이 온다.)	
	てから。	오고 나서.	(동작을 하고나서)
	たそうです。	왔다고 합니다.	(伝聞)
	たら。	온다면. 왔더니.	(과거가정·미래가정)
	たり。	오기도 하고.	(동작의 열거)
	たから。	왔기 때문에.	(이유나 원인)
く	ることができる。	오는 것이 가능하다.	(가능형)
	ることにする。	오기로 하다.	(의지에 의한 결정)
	ることになる。	오기로 되다.	(결과나 결론)
	るようにする。	올수 있도록 하다.	
	るそうです。	온다고 합니다.	(伝聞)
	れば。	온다면.	(가정형)
こ	い。	와라.	(명령형)
	よう。	오자.	(의지형)
	ようと思う。	오려고 생각한다.	
	ようかと思う。	올까하고 생각한다.	

● 形容詞の活用。 **형용사의 활용.**

活用形 (활용형)	イ形容詞 (い형용사)	ナ形容詞 (な형용사)
語根 (어근)	よ	きれい (예쁘다)
	어간(활용어의 변하지 않는 부분) 이라고도 함.	어간(활용어의 변하지 않는 부분)이라 고도 함.
連体形 (연체형)	よい (좋다)	きれいな (예쁜)
	い형용사＋명사는 기본형이 온다.	な형용사＋명사는 な가 온다
現在形 (현재형)	よい (좋다)	きれいだ (예쁘다)
	기본형.	기본형.
連用形 (연용형)	よく (좋아서)	きれいに (예쁘게)
	い형용사가 동사를 수식할 때 기본 형의 끝 글자인 い가 く로 바뀐다.	な형용사가 동사를 수식할 때 단어＋ に가 된다.
否定形 (부정형)	よくない (좋지 않다)	きれいで(は)ない (예쁘지 않다)
	い형용사의 부정형.	な형용사의 부정형.
テ形 (て형)	よくて (좋아서)	きれいで (예뻐서)
	い형용사의 문장연결.	な형용사의 문장연결.
推量形 (추량형)	よかろう (좋겠지)	きれいだろう (예쁘겠지)
	い형용사의 추측형.	な형용사의 추측형.
過去形 (과거형)	よかった (좋았다)	きれいだった (예뻤다)
	い형용사의 과거형.	な형용사의 과거형.
タリ形 (たり형)	よかったり (좋기도 하고)	きれいだったり (예쁘기도 하고)
	い형용사의 열거.	な형용사의 열거.
タラ形 (たら형)	よかったら (좋다면)	きれいだったら (예쁘다면)
	い형용사의 과거·미래 가정형.	な형용사의 과거·미래가정형.
仮定形 (가정형)	よければ (좋다면)	きれいならば (예쁘다면)
	い형용사의 가정형.	な형용사의 가정형.

• い형용사의 변형.

い형용사. (형용사)				
긍정	추측	かろう。 (大きいだろう) 大きいでしょう。	~크겠지. ~크겠지요.	
	가정	ければ。	~크다면.	
	과거	かった。	~컸었다.	
大きき		い。	~크다.	
부정	부정	くない。 くありません。	~크지 않다. ~크지 않습니다.	
	과거	くなかった。 くありませんでした。	~크지 않았다. ~크지 않았습니다.	
	가정	くなければ。	~크지 않다면.	
	추측	くないだろう。 くないでしょう。	~크지 않겠지. ~크지 않겠지요.	

• な형용사의 변형.

な형용사. (형용동사)			
긍정	추측	だろう。 でしょう。	~예쁘겠지. ~예쁘겠지요.
	가정	なら (ば)。	~예쁘다면.
	과거	だった。 (でした)	~예뻤다.
きれい		だ。	~예쁘다.
부정	부정	じゃない。 ではない。 じゃありません。 ではありません。	~예쁘지 않다. ~예쁘지 않다. ~예쁘지 않습니다. ~예쁘지 않습니다.
	과거	じゃなかった。 ではなかった。 じゃありませんでした。 ではありませんでした。	~예쁘지 않았다. ~예쁘지 않았다. ~예쁘지 않았습니다. ~예쁘지 않았습니다.
	가정	じゃなければ。 ではなければ。 でなければ。	~예쁘지 않으면. ~예쁘지 않으면. ~예쁘지 않으면.
	추측	じゃないだろう。 ではないだろう。 ではないでしょう。	~예쁘지 않겠지. ~예쁘지 않겠지. ~예쁘지 않겠지요.

두 개의 내용을 논리적 관계로 연결하는 표현

● ば。 ~한다면. ~하면.

동사	: 行けば (간다면) · 行かなければ (가지 않는다면)
い형용사	: 安ければ (싸다면) · 安くなければ (싸지 않다면)
な형용사	: きれいであれば (예쁘다면) · きれいで(は)なければ (예쁘지 않다면)

1. 앞문장이 성립할 때는 뒷문장도 반드시 성립하는 것을 나타낸다. (항상 조건).
   속담이나 추상적 논리 관계, 일반적 진리 등에 잘 사용된다. 문장 끝에 과거형은 사용할 수 없다.
   (단 관용적으로 사용하는 경우는 5번 참조)

終わり良ければすべてよし。	끝이 좋으면 모든 것이 좋다.
苦あれば楽あり。	고생이 있으면 낙이 있다. (고생 끝에 낙)
二に二をかければ四になる。	2에 2를 곱하면 4가 된다.

2. 뒷문장이 성립하기 위한 조건을 앞문장에서 진술한다. (가정조건)
   뒷문장에는 보통 말하는 상대의 희망(~たい) · 의지(~よう) · 명령(~なさい) · 추량(~だろう) 등
   이 나타난다.

   もし切符が買えれば、是非行ってみたい。
   혹시 표를 살수 있다면 꼭 가보고 싶다.

   値段があまり高くなければ買おう。
   가격이 그다지 비싸지 않으면 사자.

   子供の服は着やすく、丈夫でさえあれば充分です。
   어린이옷은 입기 쉽고, 튼튼하기만 하면 충분합니다.

   みんなが協力してくれれば、もっと早くできただろう。
   모두가 협력해 준다면, 좀 더 빨리 완성할 수(끝낼 수) 있었겠지.

   昔は結婚しなければ一人前と認められなかった。
   옛날에는 결혼하지 않으면 어른으로 인정받지 못했다.

• 위의 2번은 たら와 같이 사용할 수 있다.

3. 서론 (머리말) 이나 관용적인 사용법.

よろしければどうぞお使いください。

좋으시다면 어서 사용하십시오.

思えば一人でよくここまで頑張ったものだ。

생각해 보면 혼자서 여기까지 잘 노력했던(힘냈던) 것이다.

出来れば手伝って欲しい。

가능하면 도와주는걸 원한다. (도와주었으면 좋겠다).

どちらかと言えばスポーツは苦手なほうです。

어느 쪽인가를 말한다면 스포츠는 서투른(질색·골칫거리) 편입니다.

4. ～も ～ば ～も : ～도 없다면 ～도 없다, ～도 있다면 ～도 있다의 형으로 똑같은 내용의 사정을 열거해서 말할 때 사용한다.
명사나 な형용사의 경우에는 なら (ば) 를 사용해도 된다.

私には金もなければ、権力もない。

나에게는 돈도 없다면, 권력도 없다.

才能の豊かな人で、歌も歌えば、絵も描く。

재능이 풍부한 사람이어서, 노래도 부를 수 있다면, 그림도 그린다.

金さんは赤が好きで、電話も赤なら車も赤である。

김씨는 빨강을 좋아해서, 전화도 빨갛다면, 차도 빨갛다.

5. ～ばよかった : ～하면 좋았다. (관용적 용법)

学生時代にもっと勉強すればよかったと思います。

학생시절에 좀 더 공부했다면 좋았을 거라고 생각합니다.

● たら(ば)。 ~한다면. ~했더니.

동사・い형용사・な형용사・명사(과거, 과거부정형) + ら。 ~한다면.
たらば로도 사용할 수 있다. (미래가정형과 과거과정형을 취한다)

1. 앞 문장의 조건이 성립한 시점에서 굳이 뒷문장을 진술한다.
   가정조건(ば) 와 같고 뒷 문장에서는 상대의 희망・의지・명령・추량 등이 나타난다.

   あしたの朝早く起きられたらジョギングをしよう。
   내일 아침 일찍 일어날 수 있다면 조깅을 하자.

   日曜日の午前中だったらば家にいるかもしれません。
   일요일 오전 중이라면 집에 있을지도 모릅니다.

   荷物が重かったら持ってあげますよ。
   짐이 무겁다면 들어 드리겠습니다.

2. 理由(이유)나 동기를 나타낸다. (과거 가정형이며 문장 끝에는 과거형이 온다)
   (・ と의 4번과 같다)

   薬を飲んだら頭痛が治まりました。
   약을 마셨더니 두통이 가라앉았습니다.

   母の日に贈り物をしたら、母はとても喜んだ。
   어머니날에 선물을 했더니, 어머니는 대단히 기뻐했다.

   お湯で洗ったらきれいになった。
   더운물로 씻었더니 깨끗해졌다.

3. 마침 그때 또는, 그 후에 라고 하는 의미를 나타낸다.
   앞문장과 뒷문장에는 위의 2번과 같은 인과관계(원인과 결과) 는 없다.

   父が帰って来たら相談しよう。
   아버지가 돌아오면 상담하자.

   散歩をしていたら、急に雨が降ってきた。
   산보하고 있었는데, 갑자기 비가 내렸다.

   十五分ほど待ったらバスが来ました。
   15분 정도 기다리고 있었는데 버스가 왔습니다.

4. 어떤 행동의 결과를 알고 있었던 것을 나타낸다. (발견)
   뒷문장은 말하는 상대의 의지하고는 관계없는 사실이 계속된다. (문장 끝에는 과거형이 온다)

   海へ泳ぎに行ったら、波が高くて遊泳禁止だった。
   바다에 수영하러 갔었지만, 파도가 높아서 수영 금지였다.

   友だちの家を訪ねたら、留守でした。
   친구 집을 방문했었지만, 외출하고 없었습니다.

   食べてみたら、思ったより美味しかったです。
   먹어 보았더니, 생각보다 맛있었습니다.

5. たら의 문은(そうしたら・そしたら) 로 바꿔 사용할 수 있다.
   したらどうですか。 ~한다면 어떻겠습니까는 상대에게 어떤 행동을 권할 때 사용한다.

   食べて見たらどうですか。 먹어 본다면 어떻겠습니까.

● と。 ～하면.

용법 : 동사(기본형) + と。(동사 과거형은 사용할 수 없음)
  ● 3·4·5번은 동사에만 접속된다.
의미 : 당연한 귀결의 문장에 사용된다.

1. 앞 문장의 조건을 충족시킬 때는, 언제나 자동적으로 바로 조건이 성립한다(항상조건). 자연현상·
   진리·습관 등을 나타내며, 당연한 것의 관계를 나타낸다. (가정형 ば를 사용할 수도 있다).

暑いと汗が出る。	더우면 땀이 나온다.
水の中だと体が軽くなる。	수중에서는 몸이 가벼워진다.
お腹が一杯になると眠くなる。	배가 부르면 졸리다.

2. (もし(혹시) ～だったら(～라면). ～になると(～되면)의 의미 (가정조건)·(ば·たら) 와 틀려,
   조건에서 말하는 상대의 희망·의지·명령·유혹·권유 등은 사용할 수 없다.

平日だと映画館は空いていますよ。	평일이라면 영화관은 비어 있습니다.
漢字が読めないと困ることが多い。	한자를 읽을 수 없으면 곤란한 일이 많다.
天気が悪いと山へ行くのは無理でしょう。	날씨가 나쁘면 산에 가는 것은 무리이겠지요.
子供を無理に勉強させると勉強嫌いになる。 아이들을 무리하게 공부시키면 공부를 싫어하게 된다.	

3. 우연적인 공존의 관계를 나타낸다. 하나의 동작·작용이 성립하는 동시에, 우연, 또는 하나의 동작,
   작용이 성립, 또는 상태가 출현한다고 하는 관계. (その時·그때) 또는 (～してすぐ·～하자마자)
   의 의미를 나타낸다.

朝起きるとすぐシャワーを浴びた。	아침에 일어나자마자 샤워를 했다.
朝起きると、雪が降っていた。	아침에 일어나니, 눈이 내리고 있었다.
彼は本を手に取ると読み始めた。	그는 책을 손에 잡자마자 읽기 시작했다.
彼女は部屋に入ると窓を開けた。	그녀는 방에 들어가자마자 창문을 열었다.

出ようとすると、人が来た。　　　　　　　　　외출하려고 하자, 사람이 왔다.

部屋にいると外で車の止まる音がしました。
방에 있을 때 밖에서 차 멈추는 소리가 났습니다.

4. 이유나 동기를 나타낸다. (문장 끝에는 과거형이 온다)

窓を開けると寒い風が入った。　　　　　　창문을 열었더니 차가운 바람이 들어왔다.

その話を聞くと悲しくなった。　　　　　　그 이야기를 들었더니 슬퍼졌다.

一杯飲むと、元気になった。　　　　　　　한잔 마셨더니, 힘이 났다.

先生に注意されると、学生はお喋りを止めた。
선생님에게 주의를 받자, 학생은 잡담을 그만두었다.

5. 어떤 행동의 결과를 알고 있었던 것을 나타낸다. (발견)
뒷문장은 상태를 나타내는 표현의 과거형. (문장 끝에는 과거형이 온다)

デパートへ買い物に行くと定休日だった。
백화점에 쇼핑하러 갔더니 정기휴일이었다.

友達を見舞いに病院へ行くともう退院していました。
친구를 병문안하러 병원에 갔더니 벌써 퇴원했습니다.

駅に着くと電車はもう出た後だった。
역에 도착했더니 전차는 이미 출발한 뒤였다.

● なら (ば)。 ~하는 것이라면. ~이라면.

용법 : 동사・い형용사(기본체) + (の)なら。 (安いなら・安いのなら)

な형용사・명사(단어) + なら。 (静かなら)

동사・い형용사는 (のなら)의 형으로 사용하는 일이 많다.

1. もし(혹시) ~だったら(~이라면) 의 의미를 나타낸다.
   명사・な형용사에 접속하는 일이 많다. (가정조건)

   そのアパート、学校に近くて安いんならぜひ借りたいですね。

   그 아파트, 학교에서 가깝고 싸다면 꼭 빌리고 싶습니다.

   必要でないのなら、返してください。

   필요하지 않다면, 돌려주세요.

   もし郵便局に行くのならついでに切手を買って来てください。

   혹시 우체국에 가는 거라면 가는 김에 우표를 사 가지고 오세요.

   もし生まれ変わることが出来るなら、また男に生れたいですか。

   혹시 다시 태어나는 것이 가능하다면, 또 남자로 태어나고 싶습니까.

2. 동사에 붙어서, 어떤 내용이 일어나고, 또는 일어나고 있는 것을 인정하고, 거기에 대한 말하는 상대의
   의미・의견을 나타낸다.
   「혹시 ~할 생각이라면, 나는 지금 당신에게, 다음과 같은 조언을 한다」라고 하는 의미이다.

   京都に行くなら新幹線が便利ですよ。

   교토에 가는 거라면 신칸센이 편리합니다.

   日本語を習うのなら、ひらがなから始めたほうがいい。

   일본어를 배우는 거라면, 히라가나부터 시작하는 것이 좋다.

3. 명사에 접속해서, 화제제시(話題提示) 를 나타낸다.

   そのことならもういいんです。　　　그 일이라면 이제 됐습니다.

   ひらがななら読める。　　　히라가나라면 읽을 수 있다.

   寿司ならあの店が安くて美味しい。 초밥이라면 저 가게가 싸고 맛있다.

接続詞。 접속사. (접속사적 표현)

▶ 順接。 순접.

• 결과 · 결론. (앞문장은 원인 · 이유, 뒷문장은 결과 · 결말)

だから	~이기 때문에. 그렇기 때문에. (뒷문장은 당연한 결과)
	雨になりそうだ。だから、ピクニックは止めよう。
	비가 내릴 것 같다. 그렇기 때문에, 소풍은 그만두자.
その結果	그 결과.
	毎日練習した。その結果できるようになった。
	매일 연습했다. 그 결과 할 수 있게 되었다.
従って	따라서. 문어체. (이유보다는 결말을 강조)
	明日は午後から先生方の会議がある。したがって、授業は午前中までだ。
	내일은 오후부터 선생님들의 회의가 있다. 따라서, 수업은 오전까지다.
そのために	그 때문에. (결과보다는 뒷문장에서 일어났던 이유를 강조)
	事故にあいました。そのために、遅れてしまいました。
	사고가 났습니다. 그것 때문에, 지각하고 말았습니다.
それで	그래서. (それだから · それゆえ · そのため · そして) (먼저 이야기한 것을, 원인 · 이유로서 강조한다)
	飲み過ぎた。それで、頭が痛い。
	과음을 했다. 그래서 머리가 아프다.
故に	따라서. ~이기 때문에. (문어체 논문 등에 주로 사용)
	外国人であるがゆえに、特別扱いされる。
	외국인이기 때문에, 특별한 취급을 받는다.

• 이야기가 발전된다.

すると	그러자. ~하자마자. (시각적인 차이가 거의 없음)
	窓を開けた。すると、虫が入ってきた。
	창문을 열었다. 그러자, 벌레가 들어왔다.
そこで	그래서. 어떤 때에 의식적으로 행동을 할 때.
	(뒷문장 끝에는 형용사를 사용할 수 없음)
	外が暗くなった。そこで電気をつけた。
	밖이 어두워 졌다. 그래서 전기를 켰다.
それで	그래서. (상대방의 이야기를 계속 물어 볼 때)
	きのう彼とテニスをしたんだ。それでどっちが勝ったの。
	어제 그와 테니스를 쳤다. 그래서 어디가 이겼어?
それでは	그러면. (앞문장의 내용으로 판단해서 뒷문장의 말하는 사람의 의지·제안 등을 말함)
	暑いですね。それでは窓をあけましょう。
	덥군요. 그러면 창문을 엽시다.
それなら	그러면. (それでは)
	明日は都合が悪いんです。それならあさってはどうですか。
	내일은 시간이 없습니다. 그러면 모레는 어떻습니까.

• 앞문장은 결과·결론, 뒷문장은 이유.

なぜなら	왜냐하면.
	出かけるのは止めよう。なぜなら、大雨になりそうだから。
	외출하는 것은 그만두자. 왜냐하면, 큰비가 올 것 같기 때문에.
というのは	~라고 하는 것은. (주로 설명문에 사용)
	私はできるだけ歩くようにしている。というのは、運動不足だからです。
	나는 가능한 한 걸을 수 있도록 하고 있다. 왜냐하면, 운동부족이기 때문입니다.
だって	왜냐하면. (회화체)
	どうして会社やめたの。だって給料が安いんだもの。
	왜 회사 그만두었어. 왜냐하면 월급이 싼걸.

▶ 逆接。　**역접.**

• 앞문장 혹은 뒷문장에서 예견되는 내용과 반대되는 경우.

然し 併し	그러나. (뒷문장은 본인의 의지의 문장이 온다)
	一生懸命勉強した。しかし、テストの結果は悪かった。
	열심히 공부했다. 그러나, 테스트 결과는 좋지 않았다.
けれども	그렇지만.
	彼は丈夫そうに見える。けれどもよく病気をする。
	그는 건강한 듯이 보인다. 하지만 자주 병에 걸린다.
だけど	그렇지만. (けれども보다 친근한 말씨)
	日常会話はできます。だけど、難しい話はよくわかりません。
	일상회화는 가능합니다. 그렇지만, 어려운 이야기는 잘 모릅니다.
だが	그러나. 그렇지만. (문어체)
	彼は必ず電話すると言った。だが電話はかかってこなかった。
	그는 반드시 전화한다고 말했다. 그러나 전화는 걸려오지 않았다.
ところが	그러나. (뒷문장이 앞문장에서 예상한 상황의 것과 반대의 내용이며 의지의 문장은 올 수 없다)
	野球を見ようと思い、テレビをつけた。ところが、雨で試合は中止だった。
	야구를 보려고 생각해서, 텔레비전을 켰다. 그러나, 비로 시합은 중지되었다.

• 앞문장의 내용으로부터 예상되어지는 것과 반대의 내용.

それなのに	~인데도. (주로 비난이나 불만을 표시할 때 사용한다)
	よく勉強している。それなのに成績はちっとも上がらない。
	열심히 공부하고 있다. 그런데도 성적은 조금도 오르지 않는다.
それにしては	~비해서는 (割には). (뒷문장은 상대의 평가를 나타내기 때문에 가능부정형이 온다)
	銀座のレストランは高い。それにしては、あの店は安いです。
	긴자의 레스토랑은 비싸다. 거기에 비하면, 저 가게는 쌉니다.

にも拘らず	~에도 불구하고. ~인데도. ~에도 상관없이. (なのに) (어려운 상황인데도 불구하고 ~해주었다)
	あんなに説明したにもかかわらず、やはり間違いが多い。 그렇게 설명했는데도 불구하고, 역시 실수가 많다.
それが	그것이. (앞문장에서 생각할 때 의외의 경우가 된 경우)
	朝からとてもいい天気だった。それが、午後から急に雨が降ってきた。 아침부터 굉장히 좋은 날씨였다. 그것이, 오후부터 갑자기 비가 내렸다.

• 앞문장의 내용은 인정하지만, 거기에 반한 내용이나 자신의 판단을 말한다.

でも	그러나.
	風邪を引いて頭が痛い。でも、学校を休むほどじゃない。 감기에 걸려 머리가 아프다. 그러나, 학교를 결석할 정도는 아니다.
それでも	그래도.
	たばこが体に悪いということはよくわかっている。それでもどうしても止められない。 담배가 몸에 나쁘다고 하는 것은 잘 알고 있다. 그래도 도저히 끊을 수가 없다.
それにしても	아무리 그렇다고 해도 지나치다. (앞문장의 내용은 인정하지만 그러나 라고 하면서 말하는 사람의 판단을 말한다)
	日本の物価はとても高い。それにしても土地の値段は高過ぎる。 일본의 물가는 대단히 비싸다. 그렇다고 해도 토지가격은 너무 비싸다.

► 並列。 **병렬.**

• 앞문장과 뒷문장을 열거해서 말한다.

また	또. (반복을 나타낸다)
	彼は医者でもあり、また作家でもある。
	그는 의사이기도 하고, 또 작가이기도 하다.
及び	및. (명사와 명사를 열거할 때). (と・や)
	教室内では、飲食および喫煙は禁止されている。
	교실 내에서는, 식사 및 흡연은 금지되어 있다.
並びに	「および」보다 훨씬 더 딱딱한 말투. (および・また)
	住所、氏名、ならびに電話番号を記入すること。
	주소, 이름, 및 전화번호를 기입할 것.

► 添加。 **첨가.**

• 그리고. 거기에. 게다가. (앞문장에 뒷문장을 덧붙일 때)

そして	그리고.
	カナダ、アメリカ、そしてメキシコを旅行した。
	캐나다, 미국, 그리고 멕시코를 여행했다.
それから	그 뒤에. 그 외에도. 그리고 나서. (そのあと)
	デパートで買い物をした。それから、映画を見た。
	백화점에서 쇼핑을 했다. 그리고 나서, 영화를 보았다.
それに	거기에. 게다가. (その上・しかも・おまけに・かつ)
	あのレストランはまずい。それに値段も高い。
	저 레스토랑은 맛이 없다. 게다가 가격도 비싸다.

その上 （うえ）	거기에. 게다가. (엎친데 덮친격이다의 의미) あの人は頭はいいし、性格（せいかく）もいい。その上（うえ）、スポーツも万能（ばんのう）だ。 저 사람은 머리도 좋고, 성격도 좋다. 게다가, 스포츠도 만능이다.
しかも	거기에. 게다가. (それに나 その上보다 딱딱한 표현) このテストは難しい。しかも問題（もんだい）の量（りょう）も多い。 이 테스트는 어렵다. 게다가 문제의 량도 많다.
かつ	거기에. 게다가. (회화에선 사용하지 않는 순수한 문어체) ニュースは正確（せいかく）に、かつ、速（はや）く報道（ほうどう）されなければならない。 뉴스는 정확히, 게다가, 빨리 보도되지 않으면 안 된다.
お負けに （ま）	게다가. (뒷문장에 명령 · 희망형은 올 수 없다). 転（ころ）んで怪我（けが）をしただけでなく、おまけに服（ふく）まで破（やぶ）いてしまった。 넘어져서 다쳤을 뿐 아니라, 게다가 옷까지 찢어져 버렸다.

• 앞 문장뿐만 아니라 뒷문장도 강조.

ばかりではなく ばかりでなく	~뿐만 아니라. (ばかりか · だけでなく · のみでなく) 子供（こども）ばかりではなく、大人（おとな）もそのゲームに熱中（ねっちゅう）している。 아이들뿐만 아니라, 어른도 그 게임에 열중하고 있다.
だけではなく だけでなく	~뿐만 아니라. 그 뿐만 아니라. 健康（けんこう）な人だけでなく、障害者（しょうがいしゃ）やお年寄（としよ）りにも住（す）みやすい街（まち）ができるといいのだが。 건강한 사람뿐만 아니라, 장애자나 노인에게도 살기 쉬운 마을이 생기면 좋겠는데.
ばかりか	~뿐만 아니라. 그 뿐만 아니라. 彼は遅刻（ちこく）ばかりか無断欠勤（むだんけっきん）もする。 그는 지각뿐만 아니라 무단결근도 한다.

のみならず	~뿐만 아니라. ~그 뿐만 아니라.
	今度の事件で専務<u>のみならず</u>社長までも逮捕されてしまった。
	이번 사건에서 전무뿐만 아니라 사장까지도 체포되고 말았다.
どころか	그 뿐만 아니라. (はおろか)
	(앞문장에 비해 뒷문장은 정도가 심하다)
	彼は漢字が書けません。<u>それどころか</u>、ひらがなも書けないんですよ。
	그는 한자를 쓰지 못합니다. 그 뿐만 아니라, 히라가나도 쓸 수 없습니다.

▶ 選択。 **선택.**

• A나 B 두 개 중에 하나를 선택.

それとも	그렇지 않으면. 또는. 혹은.
	(または・あるいは・ないしは・もしくは・いずれか)
	コーヒーにしますか。<u>それとも</u>紅茶がよろしいですか。
	커피로 하겠습니까. 그렇지 않으면 홍차가 좋겠습니까.
又は	또는. 혹은. 그렇지 않으면.
	電話、<u>または</u>、電報で連絡します。
	전화, 또는, 전보로 연락하겠습니다.
或は	또는. 혹은.
	大阪へ行くには飛行機、<u>あるいは</u>新幹線が便利だ。
	오오사까에 가려면 비행기, 또는 신깐센이 편리하다.
乃至は	내지는. 또는. 혹은.
	両親、<u>ないしは</u>保証人の許可が必要です。
	양친(부모님), 또는 보증인의 허가가 필요합니다.
若しくは	내지는. 또는. 혹은. (ないしは보다 딱딱한 표현)
	ボールペン、<u>もしくは</u>万年筆で記入してください。
	볼펜, 또는 만년필로 기입해 주십시오.

▶ 説明（せつめい）。 **설명.**

• 앞문장과 같은 말을 뒷문장은 다른 말로 바꿔서 말한다.

即ち（すなわち）	즉. 이른바. 말하자면. 자세한 설명. (則ち・乃ち)
	日本は四季（しき）、<u>すなわち</u>春（はる）・夏（なつ）・秋（あき）・冬（ふゆ）がはっきりしている。
	일본은 4계절, 즉 봄·여름·가을·겨울이 뚜렷하다.
詰り（つまり）	바꿔 말하면. 말하자면. 설명하자면. (대충의 설명문에 사용한다)
	明日（あした）、母（はは）の兄（あに）の子供（こども）、<u>つまり</u>私のいとこの結婚式（けっこんしき）があります。
	내일, 어머니의 오빠의 아이, 말하자면 나의 외사촌 결혼식이 있습니다.
所謂（いわゆる）	소위. 설명하자면. (모두가 말하고 모두가 알고 있다고 하는 의미를 나타낸다)
	両親（りょうしん）が働（はたら）いていてだれもいない家に帰る子供、<u>いわゆる</u>「鍵（かぎ）っ子（こ）」が増（ふ）えている。
	부모가 일하고 있어서 아무도 없는 집에 돌아가는 아이, 소위 (鍵っ子 : 열쇠를 목에 걸고 다니는 아이)가 늘고 있다.

• 앞문장에 설명을 더한다.

但し（ただし）	단. 다만.
	当店（とうてん）は年中無休（ねんちゅうむきゅう）です。<u>ただし</u>元旦（がんたん）は休（やす）みます。
	본점은 연중무휴입니다. 단 설날은 쉽니다.
尤も（もっとも）	단. 다만. (앞문장은 말했지만 예외도 있다고 하는 의미를 나타낸다)
	毎日五時（まいにちごじ）まで会社（かいしゃ）で働（はたら）いている。<u>もっとも</u>土曜（どよう）、日曜（にちよう）は休（やす）みだが。
	매일 5시까지 회사에서 일하고 있다. 단 토, 일은 쉬지만.
猶 尚（なお）	덧붙여. 더욱. 또한. (앞문장의 말을 일단 끊고 다시 한 번 뒷문장에 설명을 덧붙인다)
	来月（らいげつ）の十日（とおか）に打（う）ち合（あ）わせをします。<u>なお</u>時間（じかん）はのちほどお知（し）らせします。
	다음달 10일에 협의를 합니다. 단, 시간은 이후에 알려드리겠습니다.
因に（ちなみに）	덧붙여 말하면. 참고로 말하면. (序（ついで）に言（い）えば)
	(앞문장에 관계가 있는 것을 참고로 덧붙인다)
	当店（とうてん）は火曜日（かようび）が定休日（ていきゅうび）です。<u>ちなみに</u>、商店街（しょうてんがい）の決（き）まりです。
	본점은 화요일이 정기휴일입니다. 참고로 말하면, 상점가의 결정입니다.

▶ 話題転換。 **화제전환.**

• 앞문장과는 직접 관계가 없는 내용.

ところで	그런데. 그러면.
	寒くなりましたね。<u>ところで</u>、お父さんの具合はいかがですか。
	추워졌군요. 그런데, 아버님의 건강(몸 상태)은 어떻습니까.
さて	그런데. 그러면.
	この変で仕事の話は終わります。<u>さて</u>、次に秋の社員旅行の話ですが……。
	이쯤에서 회사(일) 이야기는 끝내겠습니다. 그런데, 다음 가을 사원여행 이야기입니다만…….
それでは	그러면. 그렇다면.
	皆さん集まりましたね。<u>それでは</u>始めましょう。
	모두 모이셨군요. 그러면 시작합시다.
それはさておき	그것은 접어 두고. (앞문장의 이야기를 도중에서 끊고 새로운 화제로 뒷문장을 이야기한다)
	今度の旅行のホテルはとてもいいそうですよ。食事も豪華らしいし……。<u>それはさておき</u>、集合時間ですが……。
	이번 여행의 호텔은 대단히 좋다고 합니다. 식사도 호화스러운 것 같고……. 그것 그렇다 치고, 집합시간입니다만…….
それはそうと	그건 그렇고. (다른 화제를 생각해 냈을 때 자주 사용되어진다)
	この冬は寒いですね。雪も多いし……。<u>それはそうと</u>、息子さんの受験、もうすぐじゃありませんか。
	이번 겨울은 춥네요, 눈도 많고……. 그건 그렇고, 아드님 시험, 이제 곧 아닙니까.

接続助詞。 <ruby>接続助詞<rt>せつぞくじょし</rt></ruby>。 접속조사.

▶ <ruby>順接<rt>じゅんせつ</rt></ruby>。 **순접.**

• 앞문장은 조건을 나타낸다.

ば	~하면. (뒷문장에 과거형은 올 수 없지만(ばよかった) 는 관용적으로 사용함)
	<ruby>雨<rt>あめ</rt></ruby>が<ruby>降<rt>ふ</rt></ruby>れ**ば**<ruby>試合<rt>しあい</rt></ruby>は<ruby>中止<rt>ちゅうし</rt></ruby>です。
	비가 내리면 시합은 중지입니다.
	<ruby>高<rt>たか</rt></ruby>けれ**ば**<ruby>買<rt>か</rt></ruby>いません。
	비싸다면 사지 않겠습니다.
	このビルの<ruby>屋上<rt>おくじょう</rt></ruby>に<ruby>上<rt>あ</rt></ruby>がれ**ば**<ruby>富士山<rt>ふじさん</rt></ruby>が<ruby>見<rt>み</rt></ruby>えます。
	이 빌딩 옥상에 올라가면 후지산이 보입니다.
と	~하면. (뒷문장에 의지나 명령형은 사용할 수 없다)
	<ruby>朝<rt>あさ</rt></ruby><ruby>起<rt>お</rt></ruby>きる**と**すぐシャワーを<ruby>浴<rt>あ</rt></ruby>びる。
	아침에 일어나면 곧바로 샤워를 한다.
	뒷문장에 상대의 명령이나 의뢰 등이 있을 때, 「ば」「と」는 사용할 수 없다. 그 경우는 「たら」를 사용할 수 있다.
	アメリカに<ruby>着<rt>つ</rt></ruby>い**たら**お<ruby>手紙<rt>てがみ</rt></ruby>くださいね。
	미국에 도착하면 편지 주세요.
	뒷문장의 내용이 앞문장보다 먼저 일어날 때는 「ば」「と」「たら」도 사용할 수 없다. 그때는 「なら」를 사용한다.
	<ruby>北海道<rt>ほっかいどう</rt></ruby>へ<ruby>行<rt>い</rt></ruby>く**なら**、<ruby>飛行機<rt>ひこうき</rt></ruby>が<ruby>便利<rt>べんり</rt></ruby>です。
	홋까이도에 가는 것이라면, 비행기가 편리합니다.

• 앞문장은 이유나 원인의 문장이 온다.

から	~이기 때문에. (원인·이유가 주관적이다)
	뒷문장에(だろう)를 써서 추량, (~しなさい)로 명령, (~しよう)로 의지 등의 표현을 사용할 수 있다.
	空が暗くなってきた<u>から</u>、もうすぐ雨が降るだろう。
	하늘이 어두워졌기 때문에, 이제 곧 비가 내리겠지.
	もう遅い<u>から</u>、早く寝なさい。
	이제 늦었기 때문에, 빨리 자라.
	疲れた<u>から</u>休もう。
	피곤하기 때문에 쉬자.
からには	~인 이상은. (이유가 강조)
	뒷문장에 ~하지 않으면 안 된다(~しなければならない) 같은 의무(義務), ~하고 싶다(~したい), ~할 생각이다(~するつもりだ)등의 표현이 온다.
	一度こうだと決めた<u>からには</u>最後まてやりぬこう。
	한번 이것이라고 결정한 이상은 최후까지 하자.
	日本へ来た<u>からには</u>日本語を話せるようになりたい。
	일본에 온 이상은 일본어를 이야기할 수 있게 되고 싶다.
ので	~이기 때문에. (원인·이유가 객관적으로 명백한 경우에 사용된다)
	事故があった<u>ので</u>遅くなりました。
	사고가 났기 때문에 늦었습니다.
	用事がある<u>ので</u>先に帰ります。
	볼일이 있기 때문에 먼저 돌아가겠습니다.
し	뒷문장의 이유가 하나의 앞문장. (같은 내용을 열거할 때)
	これもずいぶん古くなった<u>し</u>、新しいのを買いたいなあ。
	이것도 상당히 낡았고, 새것을 사고 싶다.
	~이고. (병렬의 의미도 있다)
	雨も降っている<u>し</u>、風邪も引いているので、今日は一日中家にいます。
	비도 내리고 있고, 감기도 걸렸기 때문에, 오늘은 하루 종일 집에 있습니다.

ために	~이기 때문에. (앞문장이 원인, 뒷문장은 그것으로 인한 특별한 것)
	梅雨に雨が降らなかったために、今水不足で困っています。
	장마 때 비가 안 내렸기 때문에, 지금 물 부족으로 곤란을 겪고 있습니다.
	~하기 위해서. (앞문장은 뒷문장의 목적을 나타낸다)
	アメリカに留学するために英語を習っています。
	미국으로 유학하기 위해서 영어를 배우고 있습니다.

• 동시 또는 잇달아서 일어나는 사건을 나타낸다.

なり	~하자마자. (동사(기본형) + なり・やいなや・と)
	어떤 일 뒤에 곧바로 다른 일이 일어나는 경우
	あの子はうちに帰るなり、かばんを置いてすぐ出かけてしまった。
	그 아이는 집에 돌아오자마자, 가방을 두고 나가 버렸다.
や否や	~하자마자. (동사(기본형) + やいなや・なり・と)
	ドアを開けるやいなや、雨が吹き込んできた。
	문을 열자마자, 비가 쳐들어왔다.
とたんに	~하자마자. (동사(과거형) + とたんに・やさきに)
	出かけようとしたとたんに、雨が降ってきた。
	외출하려고 했을 때에, 비가 내렸다.
つつ	~하면서. (ながら의 문어체)
	私たちはお互いに助け合いつつ、生活しています。
	우리들은 서로 도와 가면서, 살고 있습니다.
	~つつある의 형태로 동작이 계속 진행될 때. (관용적 용법)
	世界の環境は破壊されつつあります。
	세계의 환경은 계속 파괴되고 있습니다.
ながら	~하면서. (두 가지 동작을 동시에 진행할 때)
	音楽を聴きながら、本を読む。
	음악을 들으면서, 책을 읽는다.

▶ 並列。 **병렬.**

• 앞문장과 뒷문장을 열거해서 말함.

し	~이기 도하고. (동시에 두 가지 이상의 내용을 열거할 때 사용한다)
	彼は頭もいい<u>し</u>、顔もいい<u>し</u>、それに性格もいい。
	그는 머리도 좋고, 얼굴도 잘생겼고, 게다가 성격도 좋다.
たり	~하기도 하고 ~하기도 했다. (동작을 열거할 때 사용한다)
	日曜日には散歩をし<u>たり</u>本を読ん<u>だり</u>して、のんびり過ごします。
	일요일에는 산보를 하기도 하고 책을 읽기도 하면서, 여유 있게 보냅니다.
	반대의 의미의 말을 2개 열거해서 동작이나 모습이 반복되는 것을 말한다.
	山田さんは忙しそうに、部屋を出<u>たり</u>入っ<u>たり</u>しています。
	야마다씨는 바쁜 듯이, 방을 나왔다 들어갔다 하고 있습니다.
	비슷한 사물 중에서, 예로서 하나를 들어 말한다.
	約束を破っ<u>たり</u>しないでくださいね。
	약속을 깨거나 하지 말아 주십시오.
ば	~も ~ば ~も(~도 ~라면 ~이다) 의 형태로 같은 내용을 열거할 때 사용한다.
	彼の家は貧しいので電話<u>も</u>なけれ<u>ば</u>テレビもない。
	그의 집은 가난하기 때문에 전화도 없다면 텔레비전도 없다.
	앞문장이 명사인 경우는 「ならば」가 된다.
	山田さんは赤が好きで、電話も赤<u>ならば</u>、冷蔵庫も赤である。
	야마다씨는 빨강을 좋아해서, 전화도 빨강이면 냉장고도 빨갛다.

▶ 逆接。 **역접.**

• 앞문장과 반대의 내용이나 결과의 문장이 온다.

ところが	그러나. (뒷문장이 앞문장에서 예상한 상황의 것과 반대의 내용이며 의지의 문장은 올 수 없다)
	彼の家を訪ねたところが、留守だったので帰ってきた。
	그의 집을 방문했지만, 외출 중이었기 때문에 돌아왔다.
ところで	~해 봤자. ~해 본들 소용없다 같은 문장이 온다.
	(앞문장의 내용을 한다고 하더라도 좋은 결과가 되지 않는다는 것을 나타낸다. 결과는 뒷문장처럼 된다)
	今からどんなに走ったところで、絶対に間に合いませんよ。
	지금부터 아무리 뛰어 봤자, 절대로 시간에 도착할 수 없다.
どころか	~은 커녕. ~은 물론이고. (はおろか)
	(앞문장을 부정하고, 뒷문장에서 앞문장과는 서로 다른 내용을 강하게 말한다)
	天気予報では晴れると言っていたが、晴れるどころか大雨になった。
	일기예보에서는 맑는다고 말했었지만, 맑기는 커녕 큰비가 내렸다.
ながら (も)	~이면서도. (앞문장과 뒷문장이 서로 다른 것을 나타낸다)
	山田さんはお金がないと言いながら、よく買い物をする。
	야마다씨는 돈이 없다고 말하면서도, 자주 쇼핑을 한다.
つつ (も)	~이면서도. (ながら의 문어체)
	してはいけないと思いつつ、やってしまって後悔している。
	해서는 안 된다고 생각하면서도, 저질러서 후회하고 있다.
ものを	~인 것을. 사람에 대한 불평, 불만, 비난을 말하는 경우가 많다. (앞문장으로부터 예상되는 것과 반대의 결과가 뒷문장에 온다. 그리고 그것을 안타깝다고 생각하는 기분을 나타낸다)
	やればできるものをどうしてやらないんですか。
	하면은 할 수 있는 것을 왜 하지 않습니까.

くせに	~이면서도. ~하면서도. (けれども・のに)
	(모순·배반인 것을, 불만·비난의 기분을 넣어 말한다)
	山田さんに聞いたけれど、知ってるくせに教えてくれないんですよ。
	야마다씨에게 물어 보았지만, 알면서도 가르쳐 주지 않았습니다.
からといって	~라고 해서 ~하는 것은 아니다.
	(뒷문장은, 앞문장을 그 상태로 취하는 것은 좋지 않다 라고 하는 것 같은 내용이 온다)
	可愛いからといって、子どもを甘やかすのはよくない。
	귀엽다고 해서, 아이를 버릇없게 키우는 것은 좋지 않다.
ものの	~하기는 했지만. (앞문장은 인정하고, 뒷문장에서는 그것에 반한 내용을 말한다)
	教えてあげると言ったものの、実は私にもよくわからないんです。
	가르쳐 준다고 말은 했지만, 사실은 나도 잘 모릅니다.
	~라고는 했지만.
	(ものの・とはいえ・と(は)いっても・とはいうものの)
	日本語が話せるとはいうものの、まだよく間違えるんです。
	일본어를 이야기한다고 말은 했지만, 아직 자주 틀립니다.
	~라고 해도.
	大学を卒業したといっても、こんな悪い成績ではどの会社にも入れない。
	대학을 졸업했다고는 해도, 이렇게 나쁜 성적으로는 어느 회사도 들어갈 수 없다.

副詞。 부사. (副詞的表現。 부사적표현)

▶ 시간에 관계되는 부사.

• 시간의 길이를 나타낸다.

暫く	잠시. 잠깐만.
	あとでお呼びしますので、<u>しばらく</u>お待ちください。
	나중에 부를 테니, 잠시 기다려 주십시오.
	오랫동안. 긴 시간 동안.
	あの人から<u>しばらく</u>手紙が来ない。
	그 사람으로부터 한동안 편지가 오지 않는다.
間も無く	얼마 안 되어. 곧. 머지않아. (やがて・ほどなく)
	(그다지 시간이 지나지 않는 동안에)
	先生は<u>まもなく</u>お見えになるでしょう。
	선생은 곧 오시겠지요.
	과거의 이야기를 할 때도 사용한다.
	彼が出かけて<u>まもなく</u>、山田さんが来た。
	그가 외출하자 곧바로, 야마다씨가 왔다.
もう直ぐ もうじき	이제 곧. (과거형에는 사용할 수 없음)
	<u>もうすぐ</u>クリスマスです。
	이제 곧 크리스마스입니다.
	<u>もうじき</u>お父さんが帰ってくるよ。
	곧 아버님이 돌아온다.

其の内 (そ の うち)	머지않아. 가까운 시일 내에. 짧은 시간 후에.
	この雨(あめ)もそのうち止(や)むでしょう。
	이 비도 조만간에 그치겠지요.
やがて	곧. 이윽고. 머지않아. (ほどなく)
	この子もやがて結婚(けっこん)するだろう。
	이 아이도 조만간에 결혼하겠지.
直ぐ (す)	곧. 즉시.
	急用(きゅうよう)があるからすぐ来(き)てください。
	급한 용무가 있기 때문에 빨리 와 주세요.
早速 (さっそく)	빨리. (남에게 듣고 곧바로 행동함)
	ご注文(ちゅうもん)の品(しな)はさっそくお届(とど)けします。
	주문하신 물건은 조속히 배달하겠습니다.
直ちに (ただ)	곧. 즉시. 당장. (굉장히 짧은 시간 동안에)
	準備(じゅんび)ができたら、ただちに始(はじ)めよう。
	준비가 되었다면, 곧바로 시작하자.
忽ち (たちま)	금새. 갑자기. (にわかに・すぐに)
	飛(と)びたった飛行機(ひこうき)はたちまち見(み)えなくなった。
	날아오른(이륙한) 비행기는 금세 보이지 않게 되었다.
そろそろ	슬슬. (적합한 시기가 되다. 어떤 동작을 할 때가 되었다)
	もう時間(じかん)ですからそろそろ出(で)かけましょうか。
	이제 시간이 되었기 때문에 슬슬 외출할까요.
いよいよ	드디어. (기대했던 것이 결실을 맺으려고 할 때)
	明日(あした)はいよいよ試験(しけん)の結果(けっか)が発表(はっぴょう)される。
	내일은 드디어 시험의 결과가 발표된다.
今にも (いま)	지금이라도. (뒷문장은 そう같은 추측문장이 온다)
	急(きゅう)に空(そら)が暗(くら)くなり、いまにも雨(あめ)が降(ふ)りそうだ。
	갑자기 하늘이 어두워져서, 지금이라도 비가 내릴 것 같다.

• 어떤 특별한 시간과 관계하여.

偶たま々	우연히. 같은 시간에.
	銀座で、たまたま山田さんにあった。
	긴자에서, 우연히 야마다씨를 만났다.
一旦	일단. 일시적으로. (ひとまず). 가정의 의미도 있다.
	いったんうちに帰って、また出かけた。
	일단 집에 돌아가서, 또 외출했다.
未だに	시간이 지났는데도 아직.
	それはいまだに忘れられない光景だ。
	그것은 지금까지도 잊을 수 없는 광경이다.
今更	이제 와서. 새삼스럽게.
	いまさらその計画を変更できない。
	지금에 와서 그 계획을 변경할 수 없다.

• 과거의 시간을 표현하며 사물의 전후의 시간을 나타낸다.

曾て	이전에. 옛날에.
	かつて、このあたりは畑だった。
	이전에, 이 주위는 밭이었다.
先程	조금 전에. (少し前・いましがた・さっき)
	さきほどお電話いたしました山田です。
	조금 전에 전화 드렸던 야마다입니다.
既に 已に	이미. 벌써. 옛날에.
	駅に着いたとき、すでに電車は行ってしまったあとだった。
	역에 도착했을 때, 이미 전차는 가 버리고 난 후였다.
疾っくに	이미. 벌써. 옛날에. (すでに의 회화체)
	山田君、とっくに帰っちゃったよ。
	야마다군, 벌써 돌아갔어.

たった今 *いま*	지금 막. (엄밀히 말해·조금 전에) 얼마 지나지 않은 과거.
	<u>たった今</u>、電話を切ったところです。 *いま でんわ き*
	지금 막, 전화를 끊었습니다.
前もって *まえ*	사전에. (予て·予め). (무엇인가를 하기 전에 준비함)
	品物の納入日は<u>前もって</u>ご連絡さしあげます。 *しなもの のうにゅうび まえ れんらく*
	물건의 납품 일은 미리 연락드리겠습니다.
予め *あらかじ*	미리. 사전에. (사물이 일어나기 전에)
	来週の会議の議題を<u>あらかじめ</u>お知らせしておきます。 *らいしゅう かいぎ ぎだい し*
	다음 주 회의의 의제를 미리 알려 드립니다.
後程 *のちほど*	나중에. ~후에. (後で). 시간이 조금 지난 후에. *あと*
	では、<u>のちほど</u>お伺いします。 *うかが*
	그러면, 나중에 찾아뵙겠습니다. (방문하겠습니다)

• 시간경과를 전제로 하여 시간이 지난 후의 결과, 또는 결과의 예측을 한다.

やっと	드디어. 기다리던 것이 이루어졌을 때. (긴 시간 고생 후에 목적 달성)
	三時間もかかって、<u>やっと</u>宿題ができた。 *さんじかん しゅくだい*
	3시간씩이나 걸려서, 드디어 숙제를 완성했다.
ようやく	드디어. 마침내. (긴 시간 고생 후에 목적 달성)
	彼は三度目の試験で<u>ようやく</u>合格した。 *かれ さんどめ しけん ごうかく*
	그는 3번째 시험에서 드디어(마침내) 합격했다.
どうにか	어떻게든. 겨우. 간신히. (やっと·ようやく·どうにか·辛うじて). (고생 *かろ* 이나 곤란 후에 일단 목적을 달성하는 경우)
	体もだいぶ回復し、<u>どうにか</u>自分のことはひとりでできるようになった。 *からだ かいふく じぶん*
	몸도 많이 회복되었고, 그럭저럭 자신의 일은 혼자서 할 수 있게 되었다.

到頭 とうとう	결국은. 많은 일이 있은 후 최후에는. (보통은 나쁜 결과의 경우가 많다)
	父は働きすぎて、<u>とうとう</u>病気になってしまった。
	아버지는 일을 너무해서, 마침내(결국) 병에 걸리고 말았다.
結局 けっきょく	결국. (여러 가지 일이 있었지만 최후에는)
	いろいろやってみたが、<u>結局</u>ぜんぶ失敗した。
	여러 가지 해 보았지만, 결국 전부 실패했다.
終に つい 遂に つい 竟に つい	마침내. 결국에는. (최종 단계에서 성공했을 때) (とうとう・やっと를 포괄)
	何度も失敗したが、<u>ついに</u>成功した。
	몇 번이나 실패했지만, 마침내 성공했다.

▶ 동작 등의 회수에 관계가 있는 말.

• 횟수가 많은 경우.

絶えず	끊임없이 줄곧. 언제나. (いつも)
	あのビルは絶えず電気がついている。 저 빌딩은 계속 전기가 켜져 있다.
常に	いつもの 문어체.
	健康には、常に注意するようにしましょう。 건강에는, 언제나 주의하도록 합시다.
年中	연중. (いつもいつも)
	田中さんは年中忙しいと言っている。 다나까씨는 항상 바쁘다고 말하고 있다.
始終	언제나 무언가를 하는 경우.
	母は始終、父の帰りが遅いと文句を言っている。 어머니는 시종, 아버지 귀가 시간이 늦는다고 불평을 말하고 있다.
しょっちゅう	언제나 무언가를 하고 있는 경우.
	授業中、彼はしょっちゅう居眠りをしている。 수업 중, 그는 계속 앉아서 졸고 있다.
引っ切り無しに	계속되는 모양. 다른 것들이 계속 이어지는 모양.
	この道路はひっきりなしに車が通る。 이 도로는 끊임없이 차가 지나간다.
頻繁に	빈번히.
	交通事故はひんぱんに起きている。 교통사고는 빈번히 일어난다.

しばしば	반복해서 행하다. 누차. 자주. 여러 차례.
	その頃、<u>しばしば</u>学校を休んだものだ。
	그때는, 자주 학교를 결석했던 것이다.
度々 たびたび	반복하다. 누차. 자주.
	用もないのに<u>たびたび</u>電話しないでください。
	볼일도 없으면서 자주 전화하지 말아 주세요.

• 횟수가 적은 경우.

偶に たまに	간혹. 가끔. (그다지 많지 않지만 가끔 있는 경우)
	私は<u>たまに</u>映画を見に行きます。
	나는 가끔 영화를 보러 갑니다.
希に まれに 稀に まれに	드문. 희귀한. (진귀할 정도로 적다)
	あの厳しい先生も<u>まれに</u>冗談を言うこともある。
	저 엄한 선생님도 어쩌다 농담을 할 때도 있다.
滅多に めったに	좀처럼. (~ない와 결합하여 거의 없다). (ほとんど~ない)
	<u>めったに</u>ないことだが、電話が故障することがある。
	좀처럼 없는 일이지만, 전화가 고장 나는 일이 있다.

▶ 수량이나 정도에 관계가 있는 말.

• 수량이 많다.

一杯 いっぱい	가득. ~껏. 수량이 많다.
	原宿_{はらじゅく}はいつも若_{わか}い人_{ひと}で一杯_{いっぱい}だ。
	하라쥬꾸는 언제나 젊은 사람들로 가득하다.
	어느 기간 전부.
	今月_{こんげつ}いっぱい仕事_{しごと}を休_{やす}むつもりだ。
	이번 달 끝까지 일을 쉴 생각이다.
沢山 たくさん	사람·사물이 많다. 大勢_{おおぜい}는 사람에 한정됨. (大勢 : 대세)
	あの店_{みせ}には安_{やす}いものがたくさんある。
	저 가게는 싼 물건이 많이 있다.
	이 이상은 필요 없다. 질리다.
	そんな悲_{かな}しい話_{はなし}はもうたくさんだ。
	그런 슬픈 이야기는 이제 질색이다.
たっぷり	넘칠 만큼 충분하다.
	出発_{しゅっぱつ}までに時間_{じかん}はたっぷりある。
	출발까지 시간은 충분히 있다.
充分 じゅうぶん 十分 じゅうぶん	많이 있어서 충분하다.
	約束_{やくそく}の時間_{じかん}にはじゅうぶん間_まに合_あいます。
	약속 시간에는 충분히 맞을 것 같습니다.

• 수량이 적은 경우.

ちょっと	조금. 잠깐. (조금의 시간)
	もうちょっと待ってね。 조금만 기다려라.
ほんの少し	아주 조금. (조금을 강하게 말한 표현)
	ほんの少ししか話せません。 그저 조금밖에 이야기를 못합니다.
僅か	조금. 약간. 불과.
	わずかのお金で生活している。 적은 돈으로 생활하고 있다.
たった	매우 적은. 겨우. 단지.
	この夏のボーナスは、たったこれだけです。 이번 여름 상여금은, 겨우 이것뿐입니다.

• 대충의 수량을 나타낸다.

大凡	대강. 대충. (およそ・だいたい・おおかた)
	この車は、およそ三百万円はするだろう。 이 차는, 대충 300만엔은 하겠지.
約	대충. 약. (だいたい・ぐらい)
	東京から大阪まで約三時間です。 도꾜부터 오오사까까지 약 3시간입니다.
ざっと	대체로. 대략.
	このビルは完成までにざっと一年ぐらいかかるだろう。 이 빌딩은 완성까지는 대충 1년 정도 걸리겠지.
	대강. 대충. 간단히. (一通り・ざっと・おおまかに)
	ざっと読んだが、これはいい本だ。 대충 읽었지만 이것은 좋은 책이다.
ほぼ	거의. 대부분. 대략. (ほとんど)
	卒業論文は、ほぼできあがっている。 졸업논문은, 거의 완성되어 있다.

• 100%인 상태를 나타낸다.

全部 ぜんぶ	전부. (부분적인 전부)
	お金を全部使ってしまった。 きん　ぜんぶつか
	돈을 전부 쓰고 말았다.
凡て すべ 全て すべ	전부. 남김없이 모두. (あらゆる · ありとあらゆる · ピンからキリまで · 何から何まで · 何もかも) 　　　　　　　　　　　　　　　　　　　　　　　　　なに　　なに　　　なに
	今日の仕事はすべて終わりました。 きょう　しごと　　　　　お
	오늘 일은 모두 끝났습니다.
すっかり	남김없이 모두.
	美味しかったので、すっかり食べてしまいました。 お　い　　　　　　　　　　　　　た
	맛있었기 때문에, 깨끗이 먹어 버렸습니다.
	깨끗이. 완전히. 정말로.
	電話することをすっかり忘れていた。 でんわ　　　　　　　　　　わす
	전화하는 것을 깨끗이 잊고 있었다.
そっくり	통째로. 그대로. 전부.
	給料をそっくり落としてしまった。 きゅうりょう　　　　　お
	월급을 몽땅 잃어버리고 말았다.
必ず かなら	반드시. 틀림없이. (100% 절대로)
	人間は必ず死ぬ。 にんげん　かなら　し
	인간은 반드시 죽는다.
	반드시 ~하다. 꼭(틀림없이) ~하다. (きっと)
	必ずお手紙くださいね。 かなら　　てがみ
	반드시 편지 주세요.

- 정도가 보통보다 큰 것을 나타낸다.

大分 (だいぶ)	상당히. 꽤. 제법. 정도가 크다. 호전되다.
	前よりだいぶ体が丈夫になった。
	전보다 많이 몸이 건강해졌다. (좋아졌다)
中々 (なかなか)	생각보다 꽤. (정도가 생각하고 있었던 것보다 좋다)
	この本はなかなか面白い。
	이 책은 꽤 재미있다.
かなり	꽤. 상당히. 보통 이상. (ずいぶん)
	私のうちから駅までかなり遠いです。
	우리 집부터 역까지 꽤 멉니다.
相当 (そうとう)	생각보다 훨씬 더. 적당하다. 해당된다.
	あの会社は、相当苦しいらしいです。
	저 회사는, 상당히 힘든 것 같습니다.
余程 (よほど)	상당히. 무척. 어지간히. (ずいぶん・かなり)
	これより、それの方がよほどましです。
	이것보다, 그것이 훨씬 좋습니다.
余っ程 (よっぽど)	よほど의 회화체.
	あなたはトマトがよっぽど嫌いなのね。
	너는 토마토를 굉장히 싫어하는구나.

- 정도의 강조를 나타낸다.

非常に (ひじょうに)	굉장히. (とても)
	今年の夏は非常に暑かった。
	올해 여름은 굉장히 더웠다.
随分 (ずいぶん)	생각한 것 보다 훨씬.
	この問題はずいぶん難しいですね。
	이 문제는 상당히 어렵군요.

実_{じつ}に	정말로. 실로. (本当_{ほんとう}に)
	ここからの景色_{けしき}はじつに素晴_{すば}らしい。
	이곳에서부터의 경치는 정말로 훌륭하다.
極_{きわ}めて	극히. 더없이. 이 이상 없는 정도.
	病状_{びょうじょう}はきわめて悪_{わる}い状態_{じょうたい}です。
	병은 극히 나쁜 상태입니다.
極_{ごく}	극히. 특히. (極_{きわ}めて・特_{とく}に)
	この話_{はなし}は、ごく親_{した}しい人_{ひと}にしか話_{はな}していません。
	이 이야기는, 극히 친한 사람에게밖에 이야기하지 않습니다.
凄_{すご}く	보통 생각할 수 없는 정도.
	彼女_{かのじょ}はピアノがすごくうまい。
	그녀는 피아노를 굉장히 잘 친다.

• 정도의 진행을 나타낸다.

ますます	점점 더. 전보다 훨씬 더. (どんどん・だんだん)
	この町_{まち}の人口_{じんこう}はますます増_ふえている。
	이 도시의 인구는 점점 늘고 있다.
更_{さら}に	점점 더. 더욱더. (ますます・もっと)
	今夜_{こんや}から、風雨_{ふうう}はさらに強_{つよ}くなるでしょう。
	오늘밤부터, 비바람이 더욱더 강해지겠지요.
	다시. 거듭. 새로이. (その上_{うえ}に)
	大学卒業後_{だいがくそつぎょうご}、さらに大学院_{だいがくいん}に進_{すす}みたい。
	대학 졸업 후, 다시 대학원에 진학하고 싶다.

一層 いっそう	훨씬 더. 한층 더. (정도가 심하다)
	これからもいっそう努力いたします。
	앞으로도 더욱더 노력하겠습니다.
なお	더욱더. (さらに・もっと)
	今日でも結構ですが、明日ならなお都合がいいです。
	오늘이라도 괜찮습니다만, 내일이라면 더욱더 좋겠습니다.
なおさら	なお의 강조. (더욱더)
	手術の不成功で病状がなおさら悪化した。
	수술의 실패로 병세가 더욱더 악화되었다.
余計に よけい	더욱더. 전에 보다도. (前よりも・ますます・さらに・いっそう).
	(余計な口出し : 쓸데없는 참견)
	駄目だと言われるとよけいにしたくなる。
	안된다고 말을 들으면 더욱더 하고 싶어진다.
再び ふたたび	다시 한 번. (二度)
	大学受験に、再び挑戦するつもりだ。
	대학 시험에, 다시 한 번 도전할 생각이다.

▶ 부정어와 함께 사용되는 말.

ちっとも	조금도 ~않다. (少^{すこ}しも ~ない)
	この本^{ほん}はちっとも面白^{おもしろ}くない。
	이 책은 조금도 재미없다.
さっぱり	조금도 ~않다. (少^{すこ}しも ~ない)
	あの人^{ひと}の名前^{なまえ}がさっぱり思^{おも}い出^だせない。
	그 사람 이름이 전혀 생각나지 않는다.
一向^{いっこう}に	조금도 ~않다. (少^{すこ}しも ~ない)
	薬^{くすり}を飲^のんでもいっこうによくならない。
	약을 마셔도 조금도 좋아지지 않는다.
大^{たい}して	부정을 동반하여 그다지. 별로. (それほど ~ない)
	たいして勉強しなかったけれど合格^{ごうかく}した。
	그다지 공부하지 않았지만 합격했다.
滅多^{めった}に	거의 ~없다. (ほとんど ~ない)
	彼^{かれ}は真面目^{まじめ}で、めったに授業^{じゅぎょう}を休^{やす}まない。
	그는 성실해서, 좀처럼 수업에 빠지지 않는다.
一切^{いっさい}	전혀 ~않다. (全然^{ぜんぜん} ~ない)
	私^{わたし}はそのことと一切関係^{かんけい}がありません。
	저는 그 일과 일절 관계가 없습니다.
決^{けっ}して	절대로 ~않다. (絶対^{ぜったい} ~ない)
	私^{わたし}は決して嘘^{うそ}は言^いっていません。
	저는 절대로 거짓말은 하지 않습니다.

到底 (とうてい)	도저히 ~할 수 없다. (どうしても ~できない) こんな難しい問題は、いくら考えてもとうていできないよ。 이렇게 어려운 문제는, 아무리 생각해도 도저히 풀 수 없다.
とても	도저히 ~할 수 없다. (どうしても ~できない) 彼はとても三十才には見えないね。 그는 도저히 30세로는 보이지 않는다.
一概に (いちがいに)	일률적으로. 모든. 반드시. (必ずしも・あながち・まんざら). 언제나 그렇다고는 결정할 수 없다. (いつもそうだとは決められない) 一概に日本人が真面目だとは言えない。 반드시(모든) 일본인이 성실하다고는 말할 수 없다.
必ずしも (かならずしも)	반드시. (뒷문장은 반드시 부정형이 오며 가능동사의 부정형이 접속된다). お金持ちが必ずしも幸せだとは限らない。 부자가 반드시 행복하다고는 할 수 없다.
二度と (にどと)	두 번 다시 ~하지 않겠다. もう二度とこんなことはいたしません。 이제 두 번 다시 이런 일은 저지르지 않겠습니다.
まさか	설마. 아무리 그렇다고 하더라도. 그런 일은 있을리가 없다. (いくらなんでも・よもや) まさか、うちの子がそんな悪いことをするはずがありません。 설마, 우리 집 아이가 그런 나쁜 짓을 할 리가 없습니다.

▶ 類義語。 유의어. (의미가 닮은 말)

- 희망이나 소망을 나타낸다.

是非	꼭. 틀림없이. 굉장히 강한 소망.
	(뒷문장은 명령이나 희망의 표현이 온다)
	またぜひいらっしゃって下さい。
	또 꼭 와 주십시오.
なんとか	무슨(어떤) 방법을 써서 꼭.
	なんとかピアノがうまくなりたい。
	어떻게든 피아노를 잘 치고 싶다.
なんとしても	어떤 방법을 써서라도. 어떠한 일을 해서라도.
	なんとしても彼と結婚したい。
	어떻게 해서라도 그와 결혼하고 싶다.
どうしても	어떠한 일이 있어도 절대로.
	どうしてもあの大学に入りたい。
	어떠한 방법을 동원해서라도 저 대학에 들어가고 싶다.
どうか	제발. 부디. (정중하고 강하게 부탁할 경우)
	どうかお金を貸してくださいませんか。
	부디 돈을 빌려주시지 않겠습니까.

- 가정형과 같이 사용한다.

万一	가능성은 적지만 혹시 그런 일이 있으면.
	万一、大地震が起きたら、この公園へ避難して下さい。
	만일, 큰 지진이 일어난다면, 이 공원으로 피난해 주세요.
仮令 譬	설령. 가령. (혹시 ~이더라도). (仮に・たとい)
	たとえどんなに高くても、それを買うつもりだ。
	설령 아무리 비싸다고 하더라도, 그것을 살 생각이다.

例えば	예를 들어 말하면. 예를 들자면.
	<u>たとえば</u>あなたが女性だったら、どうしますか。
	예를 들어 당신이 여성이었다면, 어떻게 하겠습니까.
もしかすると	어쩌면 ~할지도 모르겠다. (あるいは ~かもしれない)
	<u>もしかすると</u>、彼は来ないかもしれない。
	혹시, 그는 오지 않을지도 모른다.
一旦	일단. (일단 ~한 이상은 어디까지나)
	<u>いったん</u>約束をしたら、絶対にそれを守るべきだ。
	일단 약속을 했다면, 절대로 그것을 지켜야만 된다.

* 예를 들어 표현할 때 사용한다.

丁度 調度 恰度	마치. (~와 많이 닮았다. ~와 잘 似ている)
	生まれたばかりの赤ちゃんは、顔が赤くて<u>丁度</u>猿のようだ。
	지금 막 태어난 아기는, 얼굴이 빨개서 마치 원숭이 같다.
丸で	마치. (ちょうど・さながら・まんざら)
	<u>まるで</u>雪のように桜の花が散る。
	마치 눈처럼 벚꽃이 떨어진다.
	부정형이나 부정문을 동반할 때는 전혀. (まったく)
	お酒は<u>まるで</u>駄目です。
	술은 전혀 안됩니다. (못 마십니다)
言わば 謂わば	말하자면. 예를 들어 말하면. (알기 쉽게 설명할 때 사용)
	子どもの時から住んでいるから、このあたりは、<u>いわば</u>私の庭のようなものです。
	아이 때부터 살고 있기 때문에, 이 근처는, 말하자면 우리 집 정원 같은 곳입니다.
所謂	소위. (늘 사람들이 말하고 있다고 하는 의미를 나타낸다)
	彼は<u>いわゆる</u>本の虫だ。
	그는 소위 책벌레다.

如何にも いか	정말로. 확실히. (아무렇게나 보아도 그렇게 보일 수 있고 생각할 수도 있다고 할 때) 山田さんは、いかにも都会人らしい恰好をしている。 やまだ　　　　　　　　とかいじん　　　かっこう 야마다씨는, 정말로 도시인 같은 모습을 하고 있다.
然も さ	정말로. 확실히. 자못. (いかにも) その子供はさも嬉しそうに飛びながら喜んだ。 こども　　　　うれ　　　　　と　　　　よろこ 그 아이는 정말로 기쁜 듯이 뛰면서 기뻐했다. 정말로. 확실히. (확실히 그렇다고 느껴지는 것) 彼はいつもさも知っているように話す。 かれ　　　　　　し　　　　　　　　はな 그는 언제나 정말로 알고 있는 듯이 이야기한다.

• 말을 바꿀 때 사용한다.

例えば たと	예를 들어 말하면. 다시 말해. 말하자면. 楽器、たとえばギターやピアノなど弾けますか。 がっき　　　　　　　　　　　　　ひ 악기, 예를 들면 기타나 피아노 같은 것 칠 수 있습니까.
言わば い 謂わば い	알기 쉽게 설명하면. (예를 들어 말할 때도 사용한다) この着物は特に豪華なものではない。いわば、普段に着るものである。 きもの　とく　ごうか　　　　　　　　　　　　　ふだん　き 이 옷은 특별히 호화스러운 것은 아니다. 말하자면, 보통 입는 것이다.
要するに よう	종합해서 간단히 말하면. 長い話だったが、要するに土地は高くて買えないという話だった。 なが　はなし　　　　よう　　　　とち　たか　　　か 긴 이야기였지만, 요점은 토지는 비싸서 살 수 없다고 하는 이야기였다.

• 무의식적으로 무엇인가를 하는 모습을 나타낸다.

うっかり	부주의한 모습. 깜빡 잊고(건망증). 아무 생각 없이 멍한 모습. 넋을 놓 다. 생각이나 계획 없이 시간을 보내는 모습. (↔ わざと : 고의로) うっかり、電車の中に傘を忘れてきてしまった。 でんしゃ　なか　かさ　わす 부주의로, 전차 안에다 우산을 잊어버리고 오고 말았다.

つい	무심결에. (잘 생각하지 않고 눈치 채지 못한 모양)
	뒷문장은 てしまいました의 형이 온다.
	秘密だったのに、つい言っちゃった。
	비밀이었는데도, 무심결에 말하고 말았다.
ふと	문득. (아무것도 생각 않고 우연히)
	昔のことを、ふと思い出した。
	옛날 일을, 문득 기억해 냈다.
なんとなく	아무것도 생각하지 않고. 생각 없이. (ふと)
	なんとなく外を見たら、変な物が見えた。
	생각 없이 밖을 보았더니, 이상한 것이 보였다.
知らず知らず	어느새. (자기 자신도 모르는 사이에)
	甘やかして育てると、子供は、知らず知らず悪くなっていく。
	버릇없이 키우면, 아이는, 어느새 나빠진다.
思わず	생각 없이. (자신도 그렇게 할 생각은 아니었는데)
	とても嬉しかったので、思わず、電話にお辞儀をした。
	너무 기뻤기 때문에, 나도 모르게, 전화에 인사를 했다.
いつの間にか	언제인지 모르게. 어느새. (知らない間に)
	いつのまにか冬になっていた。
	어느새 겨울이 되어 있었다.

• 결과가 예상 가능할 때 사용한다.

いずれ	언젠가. 어떻게 하더라도 최후에는. 결국에는.
	いくら内緒にしていても、いずれわかってしまいますよ。
	아무리 비밀로 하고 있어도, 언젠가는 알려지고 맙니다.
	조만간에. 가까운 시일 안에. (近いうちに)
	いずれご挨拶におうかがいします。
	언제 인사드리러 찾아뵙겠습니다.

遅かれ 早かれ	조만 간에. 하여간에. 빠르건 늦건. (빠르고 늦음의 차이는 있지만 언젠가는 그렇게 된다) 君たちも、おそかれはやかれ結婚をして、父親、母親になるだろう。 너희들도, 언젠가는 결혼을 해서 아버지, 어머니가 되겠지.
どうせ	어차피. 결국에는. (싫어하지만 결국은 해야 한다) 今から行っても、どうせ間に合わない。 지금부터 가도, 어차피 늦는다. (시간에 늦는다)

• 비교할 때 사용한다.

却って	오히려. (생각했던 것과는 반대로) 薬を飲んだら、かえって病気が悪くなってしまった。 약을 마셨더니, 오히려 병이 악화되고 말았다. ひどく叱りすぎると、かえって子供のためによくない。 너무 심하게 야단치면, 오히려 아이들을 위해서는 좋지 않다. 逆に(거꾸로)·反対に(반대로)로 바꿀 수는 있으나 순서나 방향이 반대 일 경우 かえって는 쓸 수 없다. 今の方法を、逆にしてやってみよう。 지금의 방법을, 거꾸로 해보자.
むしろ	오히려. 차라리. (2개를 비교하여 어디라고 말한다면) そんなことするくらいなら、むしろ死んだ方がましだ。 그런 짓을 할 바에는, 오히려 죽는 것이 낫다.

▶ <ruby>類似語<rt>るいじご</rt></ruby>。 유사어. (형태가 닮은 말)

• 가.

どうか	제발. 부디. 어떻게. 어떻게든. (정중하고 강하게 부탁할 때)
	どうかよろしくお<ruby>願<rt>ねが</rt></ruby>いします。
	아무쪼록 잘 부탁드립니다.
	보통이 아니고 이상하다.
	あの<ruby>人<rt>ひと</rt></ruby>、<ruby>頭<rt>あたま</rt></ruby>がどうかしているよ。
	저 사람, 머리가 좀 어떻게 되었어.
どうにか	그럭저럭. 그런 대로. 어떻게. (충분하진 않지만 어떻게든)
	<ruby>日常会話<rt>にちじょうかいわ</rt></ruby>ならどうにか<ruby>話<rt>はな</rt></ruby>せます。
	일상회화라면 그럭저럭 말할 수 있습니다.
どうも	도저히. 아무리 열심히 해봐도.
	<ruby>何回<rt>なんかい</rt></ruby>も<ruby>練習<rt>れんしゅう</rt></ruby>したが、どうもできない。
	몇 번이고 연습했지만, 도저히 할 수 없다.
	정말로. 참으로. 어쩐지. 아무래도. 왠지 잘 모르지만.
	その<ruby>答<rt>こた</rt></ruby>えは、どうも<ruby>違<rt>ちが</rt></ruby>うようだ。
	그 답(정답)은, 확실하지 않지만 틀린 것 같다.
どうせ	어쨌든. 싫지만 결국에는.
	<ruby>人間<rt>にんげん</rt></ruby>はいつかはどうせ<ruby>死<rt>し</rt></ruby>ぬんだよ。
	인간은 언젠가는 어차피 죽는다.
どうやら	확실하진 않지만. 어쩐지. 아무래도. 그럭저럭.
	どうやら<ruby>明日<rt>あした</rt></ruby>は<ruby>雨<rt>あめ</rt></ruby>らしい。
	아마 내일은 비가 내릴 것 같다.
どうしても	어떻게 해봐도. 어떤 방법을 동원해도.
	<ruby>練習<rt>れんしゅう</rt></ruby>したけれどどうしてもできない。
	연습했지만 도저히 할 수 없다.
	반드시. 절대로.
	どうしても<ruby>行<rt>い</rt></ruby>かなければならない。
	반드시 가지 않으면 안 된다.

• 나.

なんと	정말로. 대단히. 놀라고 감탄할 때 사용.
	なんと大きな家なんでしょう。
	정말로 큰 집이군요.
なんとか	충분하지는 않지만. 어떤 방법을 사용해서. (강한 희망과 의지를 표현)
	それくらいはなんとか一人で出来ます。
	그 정도는 어떻게든 혼자서 할 수 있습니다.
なんとしても	어떻게 해서라도. (動作)
	必要なものだからなんとしても買いたい。
	필요한 물건이기 때문에 어떻게 해서라도 사고 싶다.
なんといっても	여러 가지로 말하지만 이게 제일. 뭐라고 해도. (言行)
	なんといっても、若いということはいい。
	뭐라고 해도, 젊다고 하는 것은 좋다.
なんだか	왠지. 확실한 이유 없이.
	今度の旅行にはなんだか行きたくない。
	이번 여행에는 왠지 모르게 가고 싶지 않다.
なんとなく	확실한 이유 없이. 왠지.
	秋はなんとなく寂しい季節だ。
	가을은 왠지 모르게 쓸쓸한 계절이다.
	아무런 생각 없이. 문득. (ふと)
	なんとなくテレビを見ると、友達が映っていた。
	무심코 텔레비전을 보았는데, 친구가 나오고 있었다.

思わず	무의식중에. 엉겁결에. (자신도 그렇게 할 생각은 아니었는데)
	あまりにも驚いたので、思わず大声を上げてしまった。
	너무 놀랐기 때문에, 나도 모르게 큰소리를 쳤다.
思いがけず	뜻밖에. 의외로. (思いがけなく・思いも寄らない・思いの外)
	銀座のレストランで、思いがけず、昔の友人に会った。
	긴자의 레스토랑에서, 우연히, 옛날친구를 만났다.
思い切って	각오하고. 결심하고. 대범하게.
	(무엇인가 새로운 일을 시작하려고 할 때 사용)
	思い切って彼女にプロポーズした。
	결심하고(큰맘 먹고) 그녀에게 프러포즈했다.
思いきり	마음껏. 충분히. 깨끗이 단념하다. (思いっ切り。회화체)
	思い切る。깨끗이 거절하다. 마음껏. 대범하게. 철저히.
	試験が終わったら、思いきり遊びたい。
	시험이 끝나면, 마음껏 놀고 싶다.

もしか	혹시. 혹은. もし의 강조. (もしも)
	もしか、駄目だったらどうしよう。
	혹시, 안된다면 어떻게 하지.
もしかしたら	혹시. (ひょっとしたら)
	(어쩌면 ~일지도 모르겠다. 아니면 ~かもしれない)
	もしかしたら、大阪に転勤になるかもしれない。
	혹시, 오오사까로 전근 갈지도 모른다.
もしかして	혹시. (もしや)
	이렇다고 생각하는 것에 자신 없는 모습이나 의심하는 모습.
	もしかして、忘れてきたんじゃないでしょうね。
	혹시, 잊고 온 것은 아니겠지요.

• 마.

確か (たし)	확실히. 틀림없이. 불확실한 경우에 사용. (과거의 일이나 전에 들었던 것을 생각해 낼 때 사용).
	夏休(なつやす)みは確(たし)か7月十日(しちがつとおか)からだったね。 여름방학은 분명히 7월 10일부터였지.
確かに (たし)	확실히. 틀림없이. (확증이 있을 때)
	この品(しな)は明日(あした)確(たし)かにお届(とど)けします。 이 물건은 내일 틀림없이 배달하겠습니다.
恐らく (おそ)	아마(필시) ~이겠지. (多分(たぶん)・大方(おおかた)・どうやら) (뒷문장은 반드시 추측을 동반한다)
	おそらく明日(あした)も雨(あめ)だろう。 아마 내일도 비가 내리겠지.

• 바.

一人で (ひとり)	혼자서. 혼자만의 힘으로.
	夜道(よみち)をひとりで歩(ある)くのは危険(きけん)だ。 밤길을 혼자서 걷는 것은 위험하다.
ひとりでに	자연히. 저절로. (아무것도 하지 않았는데)
	ろうそくの火(ひ)が、ひとりでに消(き)えた。 촛불이, 저절로 꺼졌다.
自ら (みずか)	스스로. (남에게 듣지 않고 자기 스스로 하려고 생각해서)
	自(みずか)ら進(すす)んで勉強(べんきょう)するのでなければ、本当(ほんとう)には身(み)につかない。 스스로 알아서 공부하지 않는다면, 진정으로 자기 것이 되지 않는다.

• 사.

まさか	설마. 아무리 그렇다고 하더라도. 그런 일은 있을 리가 없다. (いくらなんでも・よもや)
	あの夫婦がまさか離婚するとは思いませんでした. 그 부부가 설마 이혼한다고는 생각하지 못했습니다.
	보통으로는 생각할 수 없는 최악의 사태. (まさかのときの 형태로도 사용)
	まさかのときを考えて、遺言を書いておいたほうがいいでしょう. 만약의 경우를 생각해서, 유언을 써 놓는 것이 좋겠지요.
正に	정말로. 확실히.
	まさにその通りです. 정말로 말한 그대로입니다.
	마침 바로 그때. (ちょうどその時)
	飛行機が、まさに飛び立とうとしている. 비행기가, 막 날아오르려 하고 있다.
まして	더욱더. 하물며. 당연하다.
	大人でも持てないのに、まして子供に持てるわけがない. 어른들도 들 수 없는데, 하물며 아이가 들 리가 없다.

• 아.

流石	듣던 대로. 역시 예상했던 대로. 과연. (さすが…だけあって)
	いつも元気なこの子も、一日中歩き回ったので、さすがに疲れたようだ. 언제나 활기찬 이 아이도, 하루 종일 돌아다녔기 때문에, 역시 피곤한 것 같다.
	결과가 언제나 똑같지는 않다.
	さすが先生だから、よく知っているね. 역시 선생님이기 때문에, 잘 알고 있다.

	さすがの …も의 꼴로 앞문장을 일단은 긍정하면서도, 이야기의 내용이 모순된 것을 말한다.
	さすがの岡田先生もこの患者にはさじを投げた。 그 대단한 오까다선생님도 이 환자는 포기했다.
さては	그러면. 이제 보니. 그리고 보니. 과연. 끝내는. 나중에는. (처음으로 느꼈을 때 사용)
	さては、あいつが犯人か。 그러면, 저 자식(놈)이 범인인가.

副助詞。 부조사.

● 用法の難しい、まぎらわしいもの。 용법이 어렵고, 비슷해서 혼동하기 쉬운 것.

■ 앞의 말을 강조함. (前の語を強調する)

▶ こそ。 ～이야말로. ～이기 때문에 더욱더 그렇다.

• 앞의 말을 특히 강조하는 경우에 사용한다.	
今度こそ頑張ろう。	이번에야말로 힘내자.
A：昨日はどうもありがとう。	어제는 정말 고마웠습니다.
B：こちらこそ。	이쪽이야말로. (저야말로)
• からこそ・～てこそ의 형태로 그 이유를 강조하는 경우에 사용한다.	
生徒がかわいいからこそ、叱るんです。	학생이 귀여울수록, 혼내는 것입니다.

▶ さえ。 ～까지도. ～조차. ～마저. ～만. ～뿐.

• 특별한 예를 들어 ～이기 때문에 다른 것은 물론이라고 하는 의미를 나타낼 때. (すら)
その学生は漢字はもちろん、ひらがなさえ書けないんですよ。
그 학생은 한자는 물론이고, 히라가나조차도 쓸 수 없습니다.
• 「～でさえ」「～ですら」의 형으로 사용하는 일도 많다.
日本人でさえ敬語の使い方をよく間違えます。
일본인조차도(마저도) 경어 사용법을 자주 틀립니다.
• ～한테 마저도(게다가) 라고 하는 의미를 나타낸다. (すら)
友達だけでなく、弟にさえ馬鹿にされた。
친구뿐만 아니라, 동생한테도 바보 취급당했다.
• 「～さえ～ば」의 형으로 그것만으로도 충분(それだけでじゅうぶん)하다고 하는 의미를 나타낸다.
練習さえすればだれでもできるようになる。
연습만 한다면 누구라도 할 수 있게 된다.

■ 병렬. (사물을 열거해서 말함)

▶ とか。 ~라든지. ~든지.

• A라든지 B라든지의 형으로 몇 개인가의 사물을 예로서 늘어놓는다.

休日には映画を見るとか音楽を聞くとかたいていのんびりしている。

휴일에는 영화를 보거나 음악을 듣거나 대개는 느긋하게 지내고 있다.

• 긍정과 부정, 또는 대립적인 2개를 열거하는 형으로 그것이 미정(未定) 에 있는 것을 나타낸다.

来るとか来ないとか、迷っているようです。

오려고 그러는지 안 오려고 그러는지, 망설이고 있는 것 같습니다.

生きるとか死ぬとか騒いでいる。

죽네 사네 떠들고 있다.

人々は、近いうちに大地震があるとかないとか言って騒いでいる。

사람들은, 조만간에 큰 지진이 있을까 없을까를 말하면서 떠들고 있다.

• 명사를 열거할 경우는 A나 B로 바꾸어 말할 수 있다.

• 불확실함을 나타낸다. (言う・聞く의 밑에 동반하여 불확실한 내용, 또는 완곡한 말투를 표현한다)

山本とか言う人。

야마모또라고 하는 사람.

先方から来るとか言う話です。

상대편으로부터 온다고 하는 이야기입니다.

• 수량을 나타내는 말에 접속한다.

日程二週間とかで旅行する。

일정 2주일 정도로 여행한다.

▶ やら。 ～인가, ～인지, ～이랑, ～하기도 하고.

- A라든지 B라든지의 형으로 이 정도의 예는 다른 것에도 있다 라고 하는 의미를 나타낸다.

赤いのやら 青いのやら たくさんあります。

빨간 것이나 파란 것은 많이 있습니다.

- 명사일 때는 A나 B로 동사일 때는 「A이기도 하고 B이기도 하고」로 바꿔 말할 수 있다.

- 「～のやら」「～のやら」의 형으로 とか의 두 번째 문장과 같은 의미를 나타낸다.
(문장 뒤에는 わからない 등의 말이 온다)

嬉しいのやら悲しいのやらわからない。

기쁜지 슬픈지 모르겠다.

▶ なり。 ～하든지. ～대로. (言うなり : 말하는 대로)
　　　　　～모양.・～꼴. (～たまごなり : 계란 모양)

- Aなり Bなり의 형으로 다른 것에도 있다고 하는 기분으로 예를 들어 그 안에서 하나를 선택하는 경우에 사용한다.

バスに乗るなり電車に乗るなりして、一人で行きなさい。

버스를 타든지 전차를 타든지 해서, 혼자서 가라.

- 나름대로. (～私なりの : 나 나름대로)

それなりの価値がある。

그만큼의 가치가 있다.

人はその人なりの考え方がある。

사람은 그 사람 나름의 사고방식이 있다.

- ～하자마자.

彼女は私の顔を見るなり、わっと泣きだした。

그녀는 내 얼굴을 보자마자, 돌연 큰소리를 내면서 울기 시작했다.

- ～하든지.

ついて来るなり、帰るなり、好きなようにしなさい。

따라오든지, 돌아가든지, 좋을 대로해라.

▶ だの。 ~라든지. ~이랑. ~하느니. ~하며.

- とか 의 속된말로 비난하는 의미가 들어 있을 때가 많다.

彼は部屋代が高いだの食事がまずいだのといつも文句を言っている。

그는 방세가 비싸니 식사가 맛이 없느니 언제나 불평만 말하고 있다.

■ 정도나 한정을 나타낸다.

▶ ばかり。 ~가량・~쯤・~정도. ~만・~뿐. ~한지 얼마 안됐다. 방금 ~하였다.

- 수사 + ばかり。 대개의 분량・정도를 나타낸다. 상식적으로 조금이라고 하는 뉘앙스가 내포되어 있다.

三万円ばかり貸してください。

3만엔 정도 빌려주세요.

五分ばかり待つと汽車が着きました。

5분 정도 기다렸더니 기차가 도착했습니다.

- 동사(과거형) + ばかり。 시간이 조금밖에 지나지 않은 것을 나타낸다.
ところ와 ばかり의 차이점은 ばかり는 심리적으로 가깝다고 하는 뉘앙스가 있다면, ところ는 시간적으로 가까운 경우에 사용한다.

起きたばかりでまだ顔も洗っていません。

지금 막 일어나서 아직 얼굴도 씻지 않았습니다.

- い형용사・な형용사・동사(기본체) + ばかりに。
~이기 때문에・~인 탓으로・~인 이유로. (부정문에만 사용한다)
ばかりに라고 하는 형으로, 그것만이 원인・이유가 있다고 하는 의미를 나타낸다.

私が大声を出したばかりに赤ちゃんは起きてしまった。

내가 큰소리를 냈기 때문에 아기는 일어나(깨)고 말았다.

- 동사(부정형 ない에서 い만 빼고) + ~んばかり。
금방이라도 그렇게 될 듯한 모습을 나타낸다.

彼は今にも泣き出さんばかりの顔で「金を貸してくれ」と頼みに来た。

그는 지금(금방)이라도 울듯한 얼굴로 「돈좀 빌려줘」라고 부탁하러 왔다.

- 동사(기본형) + ばかり。
이제 남은 것은 이것뿐이다라고 하는 의미를 나타낸다.

パーティーの準備が終わって、あとは料理を並べるばかりです。

파티준비가 끝나서, 남은 것은 요리를 차리기만 하면 됩니다.

- 기본체 + とばかりに。
  말로는 이야기하지 않지만 동작으로 나타낼 때 사용한다.

食事の時、納豆を出したら、彼はいやだとばかりに横を向いてしまった。

식사할 때 낫또오를 차렸더니, 그는 싫다는 듯이 옆을 향하고 말았다. (돌아 앉았다)

- 명사・い형용사・な형용사(현재형)・동사(기본체) + ばかり。
  그것만(それだけ), 다른 것에는 없다(ほかにはない) 라고 하는 한계를 나타낸다. (어떤 동작을 계속하고 있는 상태를 나타낸다)

テレビばかり見ている。

텔레비전만 보고 있다.

テレビを見てばかりいる。

텔레비전을 보고만 있다.

彼は遊んでばかりいる。

그는 놀고만 있다.

食べるばかりで、外に何の能もない。

먹는 것, 이외에는 아무런 능력도 없다.

座ってばかりいないで、少しは働きなさい。

앉아 있지만 말고, 조금은 일해라.

この家は大きいばかりで、間取りが悪いから、不便だ。

이 집은 크기만 하고, 방 배치가 나쁘기 때문에, 불편하다.

- 기본체 + ばかりか。 (ばかりでなく・のみならず・のみでなく・だけでなく・どちらかというと)
  〜뿐만 아니라.
  (그것 만에 한정되지 않고, 더욱더 상회하는 사태가 발생하는 관계를 나타낸다)

あなたばかりかぼくまで悲しくなるよ。

너뿐만 아니라 나까지 슬퍼진다.

来ないばかりか電話もくれないんだから。

오지 않을 뿐만 아니라 전화도 주지 않기 때문에.

英語ばかりでなく、フランス語も分かります。

영어뿐만 아니라, 프랑스어도 압니다.

- 명사・い형용사・な형용사(현재・과거) + ばかり。
  동사(기본체) + とばかり。 강조의 기분을 나타낸다.

今度ばかりは驚いた。

이번만큼은 놀랐다.

こればかりは確かだ。

이것만큼은 확실하다.

早いばかりが能ではない。

빠른 것이 능사는 아니다.

死んだとばかり思っていた人から手紙が来て驚いたよ。

죽었다고 만 생각하고 있던 사람으로부터 편지가 와서 놀랐다.

▶ だけ。 ～만. ～뿐. ～만큼. ～더욱. ～까지.

- 그 이외에는 없다고 하는 한정의 의미를 나타낸다.
  용법 : 동사・い형용사・な형용사(기본체) + だけ。
  　　　 부사・수사・지시명사・명사 + だけ。

五分だけ休みましょう。

5분만 휴식합시다.

- 전부의 의미를 나타낸다.

彼は、お金を持っているだけ使ってしまう。

그는, 돈을 갖고 있는 것만큼 써버린다.

- ～ば(～하면) ～だけ(～하는 만큼)・～ば(～하면) ～ほど(～하는 정도)
  (～に比例して(～에 비례해서) ～だ(～이다) 라고 하는 의미를 나타낸다.

何でも、練習すればするだけ上手になる。

무엇이든지, 연습하면 연습한 만큼 잘할 수 있다.

- ～한 보람은 있다. ～에 어울리다. (にふさわしい)
  당연한 귀결의 문장에 사용한다.
  용법 : 동사・い형용사・な형용사(기본체)・명사(단어) + だけのことはある。

いろいろ調べただけのことはあって、新情報をつかんだ。

여러 가지 방법으로 조사했기 때문에, 새로운 정보를 손에 넣었다.

- ～이기 때문에. ～답게. 당연한 귀결의 문장에 사용한다.
  용법 : 동사・い형용사・な형용사(기본체)・명사(단어) + だけあって。

練習しただけあって上手になった。

연습했기 때문에 발전되었다.

- ~이기 때문에 당연하다. 당연한 귀결의 문장에 사용한다.
  용법 : 동사·い형용사·な형용사(기본체)·명사(단어) + だけに。

夜一人で帰すのは、女の子だけに心配です。

밤에 혼자 돌아가게 하는 것은, 여자이기 때문에 걱정입니다.

彼はスポーツ選手だけに体格がいい。

그는 스포츠선수이기 때문에 체격이 좋다.

▶ くらい・ぐらい。　～가량. ～정도쯤. ～만큼. ～처럼.

- 대개는 그것과 같은 정도라고 하는 의미를 나타낸다.

家から駅まで五分くらいかかります。

집에서 역까지는 5분 정도 걸립니다.

メロンぐらいの大きさのりんごを食べました。

메론만한 큰 사과를 먹었습니다.

- くらい ～はない。　그것이 제일이라고 하는 의미를 나타낸다.

外国で病気することくらい不安なことはない。

외국에서 병 걸리는 것만큼 불안한 일은 없다.

- 쉬운 것으로 예를 들어 말한다.

一年生の漢字くらいは書けますよ。

1학년 한문 정도는 쓸 수 있어요.

▶ ほど。　～가량. ～정도쯤. ～만큼.

- 대개 그것과 같다고 하는 정도를 나타낸다.

家賃は十年前に比べると、二倍ほど高くなりました。

집세는 10년 전과 비교하면, 2배정도 비싸졌습니다.

足が痛くなるほど歩いた。

다리가 아플 정도로 걸었다.

- ほど ～はない。　～할 정도는 아니다. (그것이 제일이라고 하는 의미를 나타낸다)

この学校で彼ほど頭のいい生徒はいない。

이 학교에서 그 정도로 머리가 좋은 학생은 없다.

- ほどのこと(で)はない。 그렇게 중요한 것은 아니다 라고 하는 의미.
  어떤 조그마한 일이 발생되었다고 해서 ~할 정도의 일은 아니다 라고 하는 의미를 나타낸다.

試験に落ちたからといって、死ぬほどのことはない。

시험에 떨어졌다고 해서, 죽을 정도의 일은 아니다.

- ~정도. ~처럼. ~만큼.

これほどうれしいことはない。

이처럼 기쁜 일은 없다.

▶ きり。 ~만・~뿐. ~밖에. ~이후. ~한 것을 마지막으로.

- それだけ(그것만) 와 같은 의미. (だけ)

二人きりで話したい。

둘이서만 이야기하고 싶다.

- きり ~ない。 그것만이다 라고 하는 의미를 강하게 나타낸다.
  (しか・きりしか의 형으로 자주 사용함)

横浜へはまだ一度きりしか行ったことがない。

요꼬하마에는 아직 한번밖에 가본적이 없다.

- 어떤 것을 최후로, 뒤에는 계속되지 않는 모습을 나타낸다.

三日前に出かけたきりで、まだ帰って来ないんです。

3일전 외출한 후로, 아직 돌아오지 않았습니다.

- 쭉 그 상태로 계속 진행하는 것을 나타낸다.

母は病気で、半年前から寝たきりである。

어머니는 병으로, 반년 전부터 계속 누워 있다.

- 「~っきり」 는 회화체로 사용한다.

■ 그 외의 부조사.

▸ まで。 ~까지. ~조차. ~뿐. ~따름. ~까지도. ~하면 그만이다.
　　 ~할 필요도 없다. ~할 것까지도 없다.

- 종점을 나타낸다. (一番終わり)

銀行は３時までです。

은행은 3시까지입니다.

駅まで歩きます。

역까지 걷습니다.

わかるまで調べます。

이해할 때까지 찾겠습니다. (알 때까지 조사하겠습니다)

- 그것으로 모든 것이 끝이다 라고 하는 의미.

はい、今日はここまで。

예, 오늘은 여기까지만. (예, 이만 끝내겠습니다)

まずはご挨拶まで。

우선은 인사만 드립니다. (일단 인사 말씀만 드립니다)

- 거기까지 말한 것만으로도 놀라고 있는 기분을 나타낸다.

子供にまで馬鹿にされた。

아이들한테마저도 바보취급 당했다.

彼は子供の貯金まで使ってしまった。

그는 아이들 저금까지 써 버렸다.

- までもない · までのこともない。 ~할 필요가 없다 라고 하는 의미를 나타낸다.

皆さんもよくご存じですから、説明するまでのこともないでしょう。

여러분도 잘 알고 계시기 때문에, 설명할 필요도 없겠지요.

日本が天皇制であることは言うまでもない。

일본이 천황제인 것은 말할 필요도 없다.

▶ など。 ~따위. ~등. ~라도. ~같은. ~같은 것. ~라도.

- 똑같은 사물 안에서 한 개만을 예로 들어 말할 때 사용함.

毎日、忙しくて映画に行く暇などない。

매일, 바빠서 영화 보러갈 시간도 없다.

- 똑같은 것, 같은 것을 열거할 때 사용한다.

酒やたばこなどは飲みません。

술이나 담배 등은 못합니다.

- 대단한 것은 아니다라고 하는 경멸이나 불유쾌한 기분을 나타낸다.

こんなまずい料理を出す店など、もう来ない。

이렇게 맛없는 요리를 내놓는 가게는, 다시 오지 않는다.

- 자신의 일에 관해 겸손해야 할 경우에 사용한다.

彼に比べたら、私などまだまだ努力が足りません。

그와 비교한다면, 나 같은 사람은 아직까지도 노력이 부족합니다.

- なんか는 회화체.

あの人の言うことなんか信じないほうがいいよ。

저 사람이 말하는 것은(말따윈) 믿지 않는 것이 좋아요.

「ほっと」처럼 언제나「○○と」의 형태가 되는 것.

▶ 무엇인가를 할 때의 모습 등을 나타낸다.

きちんと	• 규칙 있게 하는 모습. 朝は早く起きて<u>きちんと</u>した生活をしよう。 아침에는 일찍 일어나서 규칙적인 생활을 하자. • 잘 정리되어 있는 모습을 나타낼 때 사용. 彼の部屋はいつも<u>きちんと</u>している。 그의 방은 언제나 잘 정리되어 있다. • 회화체로는(ちゃんと)로도 자주 사용함. <u>ちゃんと</u>勉強しなさい。 진득하게(착실히) 공부해라.
さっと	• 매우 빠르게 하는 모습. 彼は休み時間になったので、<u>さっと</u>教室から出ていった。 그는 휴식시간이 되었기 때문에, 잽싸게 교실에서 나갔다.
さっさと	• 무리가 없이 빨리 움직이는 모습. 漫画なんか読んでいないで、<u>さっさと</u>勉強しなさい。 만화 같은 것만 읽지 말고, 빨리 공부해라. • のろのろ는 반대어. のろのろ歩かないで<u>さっさと</u>歩きなさい。 어슬렁어슬렁 걷지 말고 빨리 걸어라.
ぱっと	• 무엇인가를 급하게 생각해 내는 것. いい考えが<u>ぱっと</u>浮かんだ。 좋은 생각이 팍 떠올랐다.
しいんと	• 아무 소리도 없이 조용한 모습. 生徒が帰った学校は<u>しいんと</u>している。 학생들이 돌아간 학교는 쥐 죽은 듯이 조용하다.

▸ 물건의 모습 등을 나타낸다.

さらっと	• 말라 있어서 기분 좋은 모습. 보송보송하다.
	この生地は軽くてさらっとしている。
	이 옷감은 가벼워서 촉감이 좋다.
ぴかっと	• 무언가가 급하게 빛나는 모습.
	外がぴかっと光ったと思ったら、すぐ雷が落ちた。
	밖에서 빤짝 빛났다고 생각했는데, 곧 벼락이 떨어졌다.

▸ 그때의 기분 등을 나타낸다.

ほっと	• 안심하는 모습.
	息子が大学に合格してほっとした。
	아들이 대학에 합격해서 안심했다.
はっと	• 급한 일에 놀란 모습.
	財布を忘れてきたことに気づき、はっとした。
	지갑을 잊어버리고 온 것을 알아서, 깜짝 놀랐다.
ぱっと	• 급하게 무엇인가를 하는 모습. (ぱっとしない형으로 대단한 것은 아니라고 하는 의미를 나타낸다)
	電気がぱっとついた。
	전기가 팍 켜졌다.
どきっと	• 급한 일에 놀란 모습.
	暗い道で急に誰かに肩をたたかれて、どきっとした。
	어두운 길에서 갑자기 누군가가 어깨를 쳐서, 깜짝 놀랐다.
ふっと	• 아무런 이유도 없이 급하게 되는 모습. (ふと라고도 말함)
	前を歩いていた彼は、ふっと立ち止まって空を見た。
	앞에서 걷고 있던 그는, 문득 멈춰 서서 하늘을 보았다.

「ゆっくり」처럼「○○○り」의 형이 되는 말.

▶ 사람의 성격 등을 나타낸다.

さっぱり	• 사물을 이것이다 저것이다 신경 쓰지 않는 모습.
	山田_{やまだ}さんは<u>さっぱり</u>とした性格_{せいかく}だ。
	야마다씨는 시원한 성격이다.
	• 깨끗하고 기분 좋은 모습을 나타낼 때도 사용한다.
	汗_{あせ}をかいたのでシャワーを浴_あびて<u>さっぱり</u>した。
	땀을 흘렸기 때문에 샤워를 해서 상쾌한 기분이다.
	• 맛이 산뜻하다(시원하다) 는 의미도 있다.
	<u>さっぱり</u>したものが食_たべたい。
	시원한(개운한) 것을 먹고 싶다.
しっかり	• 사람의 성질이나 사고방식 등이 확실한 모습.
	彼は若_{わか}いのに<u>しっかり</u>している。
	그는 젊은데도 확실하게 하고 있다.
	• 丈夫_{じょうぶ}(튼튼하다) 의 의미도 있다.
	この家具_{かぐ}は<u>しっかり</u>している。
	이 가구는 튼튼하다.

▶ 체격 등을 나타낸다.

ほっそり	• 가늘고 형태가 좋음.
	彼女はほっそりした着物が似合う美人です。
	그녀는 날씬한 기모노가 어울리는 미인입니다.
	• がりがり는 너무 마르다.
	彼女は病気をしてがりがりになった。
	그녀는 병에 걸려서 많이 야위었다.
がっしり	• 몸이 크고 강한 것 같은 모습.
	彼は水泳選手でがっしりした体格だ。
	그는 수영선수여서 딱 벌어진 체격이다.

▶ 사람의 태도나 모습 등을 나타낸다.

ぼんやり	• 머리가 잘 움직이지 않는 모습.
	寝不足で頭がぼんやりしている。
	수면부족으로 머리가 멍하다.
	• 확실하지 않은 모습을 나타낼 때도 사용함.
	遠くの山がぼんやり見える。
	멀리 있는 산이 희미하게 보이다.
にっこり	• 목소리를 내지 않고 기쁜 듯이 미소 짓는 모습.
	(にこっと도 같이 사용함)
	彼は彼女を見てにっこりした。
	그는 그녀를 보고 생긋 웃었다.
ぐっすり	• 깊게 자는 모양.
	ゆうべは疲れていたのでぐっすり寝ました。
	어젯밤에는 피곤했었기 때문에 푹 잤습니다.
のんびり	• 당황하지 않고 걱정도 하지 않는 모습.
	仕事をしないで一日のんびりしたい。
	일을 하지 않고 하루 여유 있게 쉬고 싶다.

ゆっくり	• 서두르지 않는 모습.
	もう少しゆっくり歩きましょう。
	좀 더 천천히 걸읍시다.
	• のんびり와 같은 의미도 있다.
	用事がないのならゆっくりしていってください。
	볼일이 없다면 천천히 놀다 가세요. (있어 주세요)
すっきり	• 모든 것이 마무리되어 기분이 좋은 모습.
	仕事が全部出来上がってすっきりした気分だ。
	일이 전부 끝나서 시원한(홀가분한) 기분이다.
ぐったり	• 힘없이 처진 모습. 축 늘어진 모습.
	暑さで犬もぐったりしている。
	더위로 개도 처져(지쳐) 있다.

▸ 사물의 모습을 나타낸다.

ぴったり	• 물건과 물건의 공간이 없이 딱 달라붙은 모습.
	ドアをぴったり閉めてください。
	문을 꽉 닫아 주세요.
	• 너무 잘 어울리는 모습. 딱 좋다.
	そのドレスは君にぴったりだよ。
	그 드레스는 너에게 잘 어울린다.
きっちり	• 정확한 모습.
	その店はきっちり五時に閉まる。
	그 가게는 정확히 5시에 문을 닫는다.
	• 공간이 없는 모양.
	このケースには宝石がきっちりつまっている。
	이 케이스에는 보석이 꽉 차 있다.
びっしょり	• 전부 젖어 있는 모습.
	雨に降られて全身びっしょりになってしまった。
	비를 맞아서 몸 전체가 흠뻑 젖고 말았다.

연습 문제 1

- 茨の文の(　)の中に最も適当なものを入れなさい。（1－3）
  다음 질문의 (　) 안에 가장 적당한 것을 넣으세요.

1) これ(　)鉛筆です。

① に　　② を　　③ は　　④ や　　⑤ と

◪ 이것은 연필입니다.
③ ～은. ～는. (명사에 접속하여 주어, 또는 화제제시를 나타낸다)

2) どんな料理(　)上手ですか。

① に　　② を　　③ は　　④ で　　⑤ が

◪ 어떤 요리를 잘합니까.
⑤ ～을. ～를. (な형용사 중에서 好き(좋아하다)·嫌い(싫어하다)·上手(잘하다)·下手(서투르다) 앞에서는 조사 が를 사용한다)

3) きのうは病気(　)寝ていました。

① に　　② が　　③ まで　　④ から　　⑤ で

◪ 어제는 병 때문에 누워있었습니다.
⑤ ～으로. ～때문에. (이유나 원인을 나타낸다)

4) 다음 문장의 괄호 안에 가장 적당한 것을 고르시오.

> A : ビールかウィスキーを飲みますか。
> B : どちら(　)あまり飲みません。

   ① は   ② が   ③ を   ④ も   ⑤ で

➡ A : 맥주나 위스키를 마시겠습니까.
    B : 어느 쪽도 그다지 마시지 않습니다.
   ④ 둘 중 어느 것이라도 상관이 없을 때.
     (いつでも : 언제라도. どこでも : 어디라도. だれでも : 누구라도)

• 次の文の(　)の中に最も適当なものを入れなさい。(5−13)

5) 子どものとき、あなたは誰(　)遊びましたか。

   ① が   ② と   ③ を   ④ に   ⑤ で

➡ 어렸을 때, 당신은 누구하고 놀았습니까.
   ② ~하고. 와. 과. (동작을 같이하는 대상을 나타낸다)

6) 近くに郵便局や銀行(　)があるから便利です。

   ① と   ② も   ③ など   ④ たち   ⑤ の

➡ 가까운 곳에 우체국 은행 등이 있기 때문에 편리합니다.
   ③ ~등. 따위. (많은 것 중에 몇 개를 열거할 때)

7) 大きい辞書は友だちの(　)、小さい辞書は私のです。

   ① と   ② を   ③ に   ④ で   ⑤ は

➡ 큰 사전은 친구 것이고, 작은 사전은 내 것입니다.
   ④ 문장과 문장을 열거할 때 사용한다.

8) どれ(　)あなたの傘ですか。

   ① は   ② が   ③ を   ④ の   ⑤ で

➡ 어느 것이 당신 우산입니까.
   ② ~이. ~가. (どれ : 물건을 가리키며 물건이 3개 이상 있을 때)

9) 月曜日(　　)木曜日に図書館で勉強します。

① は　　　　② も　　　　③ に　　　　④ が　　　　⑤ と

　➡ 월요일과 목요일에 도서관에서 공부합니다.
　　⑤ ~와. ~과. (관련된 명사를 모두 열거할 때)

10) このテストは50分(　　)かかります。

① ぐらい　　　② ごろ　　　③ しか　　　④ など　　　⑤ から

　➡ 이 테스트는 50분 정도 걸립니다.
　　① ~정도. (숫자와 접속하여 대개의 수량을 나타낸다)

11) 鈴木さんは今年二十歳(　　)なります。

① で　　　　② が　　　　③ を　　　　④ に　　　　⑤ は

　➡ 스즈끼씨는 올해 20살이 됩니다.
　　④ 명사 · な형용사가 동사를 수식할 때는 (단어 + に + 동사)가 된다)

12) 広い道(　　)渡るときは、右と左をよく見てください。

① へ　　　　② に　　　　③ を　　　　④ で　　　　⑤ が

　➡ 넓은 길을 건널 때는, 우측과 좌측을 잘 봐주세요.
　　③ ~을. ~를. (자동사 앞에서도 조사를를 사용하는 경우는 기점 또는 통과점에서는 사용할 수 있다)

13) 私が欲しい地図はどこ(　　)ありませんでした。

① にも　　　② へも　　　③ には　　　④ かに　　　⑤ にか

　➡ 내가 원하는 지도는 어디에도 없었습니다.
　　① ~에도.
　　　(장소 뒤에 に가 올 경우는 存在(존재)를 나타내고, も는 공통점을 나타낸다)

14) 다음 문장의 (   )안에 가장 적당한 것을 고르시오.

> A : 日本の方ですか。
>
> B : いいえ、韓国(   )来ました。

① に   ② へ   ③ から   ④ まで   ⑤ は

➡ A : 일본분입니까.
　　B : 아니오, 한국에서 왔습니다.
③ ~에서. (동작의 기점이나 출발점을 나타낸다)

• 次の文の(   )の中に最も適当なものを入れなさい。(15~30)

15) あした十時(   )来てください。

① で   ② ごろ   ③ ぐらい   ④ が   ⑤ から

➡ 내일 10시경에 와주세요.
② ~경. (그 시간에 근접한 시간을 나타낸다)

16) その友だちがあしたここに来るか来ない(   )わかりません。

① に   ② が   ③ は   ④ を   ⑤ か

➡ 그 친구가 내일 여기에 올지 안 올지 모릅니다.
⑤ 来るか来ないか : 올지 안 올지. (来るかどうか)

17) 私の部屋は(   )ないです。

① 広い   ② 広いく   ③ 広くて   ④ 広く   ⑤ 広か

➡ 내 방은 넓지 않습니다.
④ 형용사의 부정형은 기본형에서 い를 빼고 くない로 고친다.

18) 机の上が(   )なりました。

① 汚く   ② 汚いく   ③ 汚いに   ④ 汚いくに   ⑤ 汚くて

➡ 책상 위가 더러워졌습니다.
① い형용사가 동사를 수식할 때는 기본형에서 い를 빼고 くなる로 고친다.

19) どんな所に(　)たいですか。

① 住み　　　　　② 住ま　　　　　③ 住む

④ 住め　　　　　⑤ 住もう

☑ 어떤 곳에 살고 싶습니까.
① たい는 본인의 희망을 나타낸다. (동사 ます형에서 ます를 빼고 たい로 고친다)

20) (　)長い傘を、買いました。

① 細いと　　　　② 細かって　　　　③ 細いで

④ 細くて　　　　⑤ 細い

☑ 가늘고 긴 우산을, 샀습니다.
④ い형용사의 문장연결은 い형용사 기본형에서 い를 빼고 くて로 고친다.

21) 子供たちが(　)話しています。

① 賑やかく　　　② 賑やかな　　　③ 賑やかに

④ 賑やかで　　　⑤ 賑やかだろう

☑ 아이들이 시끄럽게 이야기하고 있습니다.
③ 명사 · な형용사가 동사를 수식할 때는 (단어 + に + 동사)가 된다.

22) 旅行に(　)前にかばんを買いました。

① 行く　　　　　② 行った　　　　③ 行くの

④ 行ったの　　　⑤ 行かない

☑ 여행을 가기 전에 가방을 샀습니다.
① 동사(기본형) + 前に。 ~하기 전에.　동사(과거형) + 後で。 ~한 후에.

23) 田中さんは新聞を(　)ながらみかんを食べています。

① 読む　　　　　② 読み　　　　　③ 読んで

④ 読もう　　　　⑤ 読みに

☑ 다나까씨는 신문을 읽으면서 귤을 먹고 있습니다.
② 동사(ます형) + ながら。 (つつ).
　ながら: ~하면서 ~하다. (두 가지 동작을 동시진행). ~이면서도(역접)

24) 授業中ですから、教室のドアを( )ください。

① 開かないで   ② 開いて   ③ 開けないで

④ 開けて   ⑤ 開かなくて

➡ 수업 중이기 때문에, 교실 문을 열지 말아 주세요.
③ 開ける : 문을 열다.

25) 昨日のテストは( )できました。

① よく   ② よい   ③ よくて

④ よかった   ⑤ よかろう

➡ 어제 테스트는 잘 보았습니다.
① い형용사가 동사를 수식할 때는 기본형에서 い를 빼고 く로 고친다.

26) テストは一時に( )、二時に終わります。

① 始まる   ② 始まって   ③ 始まりて

④ 始まった   ⑤ 始まりに

➡ 테스트는 1시에 시작되어, 2시에 끝났습니다.
② 모든 문장 연결은 て형이 된다.

27) 先週はとても( )。

① 寒いです   ② 寒いだったです   ③ 寒かったです

④ 寒いでした   ⑤ 寒かったでした

➡ 지난주는 대단히 추웠습니다.
③ い형용사의 과거형은 でした를 사용할 수 없고 かった를 사용한다.

28) 宿題がたくさん( )から、昨日はテレビを見ませんでした。

① あって   ② あり   ③ あった

④ ない   ⑤ なくて

➡ 숙제가 많이 있기 때문에, 어제는 텔레비전을 보지 않았습니다.
③ 동사(기본체) + から : 이유나 원인을 나타낸다.

29) 日本の音楽はあまり(　　)。

① 聞きます　　　　　② 聞きました　　　　③ 聞きましょ

④ 聞くでしょう　　　⑤ 聞きません

➡ 일본의 음악은 그다지 듣지 않습니다.
　あまり 뒤에 긍정이 오면 너무, 부정이 오면 그다지.
⑤ 듣지 않습니다.

30) あしたプールへ(　　)に行きませんか。

① 泳ぐ　　　　　　　② 泳いで　　　　　　③ 泳ごう

④ 泳がない　　　　　⑤ 泳ぎ

➡ 내일 풀장에 수영하러 가지 않겠습니까.
⑤ 명사(단어) · 동사(ます형) + に行く(来る) : ～하러가다. ～하러오다.

31) 다음 문장의 (　　) 안에 가장 적당한 것을 고르시오.

A : すぐ出かけますか。
B : いいえ、お弁当を(　　)から出かけます。

① 作る　　　　　　　② 作り　　　　　　　③ 作って

④ 作った　　　　　　⑤ 作らない

➡ A : 곧 외출합니까.
　B : 아니오, 도시락을 만들고 나서 외출합니다.
③ 동사(て형) + から : 어떤 동작을 하고 나서 다음 동작으로 들어가다.

32) 다음 문장의 (　　) 안에 가장 적당한 것을 고르시오.

A : 田中さんのノートは(　　)ですか。
B : その小さいのです。

① どの　　② どれ　　③ なん　　④ どう　　⑤ どこ

➡ A : 다나까씨의 노트는 어느 것입니까.
　B : 그 작은 것입니다.
② 물건이 3개 이상 있을 때.

33) 다음 문장의 (   ) 안에 가장 적당한 것을 고르시오.

> A : (   )食べませんか。
> B : ええ、食べましょう。

① なにが　　　　　② なにを　　　　　③ なにも

④ なにか　　　　　⑤ なには

➡ A : 무엇인가 먹지 않겠습니까.
　 B : 예, 먹읍시다.
④ 무엇인지 정해진 것은 없지만 무엇인가.

• 次の文の(   )の中に最も適当なものを入れなさい。

34) ここに田中さんの電話番号が書いて(   )。

① あります　　　　② います　　　　③ します

④ です　　　　　　⑤ いきます

➡ 여기에 다나까씨 전화번호가 쓰여 있습니다.
① 타동사의 상태의 문장은 타동사(て형) + ある。
　 타동사의 상태의 문장은 (電話番号が書いてあります。)
　 타동사의 현재진행형은 (電話番号を書いています。)
　 자동사의 상태의 문장은 자동사(て형) + いる。
　 자동사의 상태의 문장은 (雨が降っています。)
　 자동사의 현재진행형은 (雨が降っています。)

35) 다음 문장의 (   ) 안에 가장 적당한 것을 고르시오.

> A : もう始まりますか。
> B : いいえ、(   )時間があります。

① すぐ　　　　　　② いつ　　　　　③ まだ

④ いくら　　　　　⑤ どの

➡ A : 벌써 시작합니까.
　 B : 아니오, 아직 시간이 있습니다.
③ 아직. (전의 상태가 계속 진행하고 있을 때)

36) 다음 문장의 (   ) 안에 가장 적당한 것을 고르시오.

> A: (   )薬を飲みましたか。
>
> B: 頭が痛かったからです。

① どんな   ② どうして   ③ どのぐらい

④ いつごろ   ⑤ いつから

> ◆ A: 왜 약을 먹었습니까.
>   B: 머리가 아팠기 때문입니다.
> ② 왜, 어째서. (なぜ)

37) 다음 문장의 (   ) 안에 가장 적당한 것을 고르시오.

> A : 昨日の映画は(   )でしたか。
>
> B : 面白かったですよ。

① いかが   ② いくら   ③ どちら

④ どこの   ⑤ いくつ

> ◆ A : 어제 영화는 어땠습니까.
>   B : 재미있었습니다.
> ① 과거형은 상대가 경험한 것을 물어볼 때. (どうでしたか。)
>   현재형은 상대의 의향을 물을 때. (どうですか。)

38) 다음 문장의 (   ) 안에 가장 적당한 것을 고르시오.

> A : 駅までどのぐらいですか。
>
> B : (   )。

① 15ばんです   ② 15だいです   ③ 15かいです

④ 15まいです   ⑤ 15ふんです

> ◆ A : 역까지 어느 정도 걸립니까.
>   B : 15분입니다.
> ① 15번입니다. (15番)   ② 15대입니다. (15台)   ③ 15회입니다. (15回)
> ④ 15장입니다. (15枚)   ⑤ 15분입니다. (15分)

39) 다음 문장의 (   ) 안에 가장 적당한 것을 고르시오.

> A：英語で書いてください。
> B：はい、(   )。

① そうです　　　　　　　　② わかりました

③ 書いてください　　　　　④ お願いします

⑤ どういたしまして

➡ A : 영어로 써주세요.
　 B : 예, 알겠습니다.
① 그렇습니다.　　　　　　② 알겠습니다.
③ 써 주세요.　　　　　　 ④ 부탁합니다.
⑤ 천만예요.

40) 다음 문장의 (   ) 안에 가장 적당한 것을 고르시오.

> A：あの人の子供はいくつですか。
> B：(   )。

① ふたりです　　　　　　　② ふたついます

③ ふたつです　　　　　　　④ ふたりいます

⑤ ふたりあります

➡ A : 저 사람의 아이는 몇 살입니까.
　 B : 두 살입니다.
③ 작은 물건. 어린아이의 나이를 셀 때.

41) 다음 문장의 (   ) 안에 가장 적당한 것을 고르시오.

> 先生：これは田中さんのですか。
> 田中：いいえ、(   )。

① ありません　　　　　　　② ちがいます

③ わかりません　　　　　　④ そうです

⑤ いません

➡ A : 이것은 다나까씨 것입니까.
　 B : 아니오, 아닙니다.
② 틀리다. 아니다. (違う)

42) 次の手紙を読んで、(　)の中に最も適当なものを入れなさい。

お元気ですか。東京はすこし暖かくなりました。もう(ア)です。でも
(イ)から、会社へ行くときはコートがいります。今会社の仕事は忙し
いですが、家へ(ウ)好きな音楽を聞いています。そして本も(エ)読
んでいます。田中さんはお忙しいですか。手紙をください。
では、さようなら。

(ア) 1.

① はる　　　② なつ　　　③ あき　　　④ ふゆ　　　⑤ やすみ

▣ ① 봄. (春),
② 여름. (夏),　　　③ 가을. (秋),　　　④ 겨울. (冬),　　　⑤ 휴식 휴일 (休み)

(イ) 2.

① もうあさはさむい　　　　② まだあさはあつい

③ もうあさはすずしい　　　④ まだあさはさむい

⑤ もうあさはあつい

▣ ④ 아직 아침은 춥다.

잘 지내시죠. 도꾜는 조금 따뜻해졌습니다. 벌써 봄입니다. 그러나 아직 아침은 춥기 때문에, 회사에 갈 때는
코트가 필요합니다. 지금 회사 일은 바쁩니다만, 집에 돌아가고 나서 좋아하는 음악을 듣고 있습니다. 그리고
책도 자주 읽고 있습니다. 다나까씨는 바쁘십니까. 편지 주세요.
그럼, 안녕히 계세요.

① 이미 아침은 춥다. (寒い)　　　　② 아직 아침은 덥다. (暑い)
③ 이미 아침은 시원하다. (涼しい)　　⑤ 이미 아침은 덥다.

(ウ) 3.

① いってから　　　　② きてから

③ かえってから　　　④ でかけてから

⑤ かえてから

▣ ③ 돌아가고 나서.
① 가고 나서.　　　　　　② 오고 나서.
④ 외출하고 나서.　　　　⑤ 바꾸고 나서. (換る)

(エ) 4.

① とても　　　② よく　　　③ すぐ　　　④ あまり　　　⑤ ぜんぜん

➡ ② 자주. 잘.

① 대단히.　　　　③ 곧.　　　　④ 너무.　　　　⑤ 전혀.

43) 次の文章を読んで、質問に答えなさい。

> A：お菓子を作りませんか。
> B：いいですね。でも、牛乳とさとうはありますが、たまごがありません。果物も要りますね。
> A：じゃ、買いに行きましょう。

[質問] 何を買いに行きますか。

① おかし　　　　　　　　② ぎゅうにゅうとさとう
③ さとうとくだもの　　　④ たまごとくだもの
⑤ たまご

➡ 무엇을 사러 갔습니까.
④ 계란과 과일.

> A : 과자를 만들지 않겠습니까.
> B : 좋습니다. 그러나, 우유와 설탕은 있습니다만, 계란이 없습니다. 과일도 필요합니다.
> A : 그렇다면, 사러 갑시다.

44) 次の文章を読んで、質問に答えなさい。

> 土曜日の午後映画を見に行きます。行きたい人は前の日に先生に切符のお金を渡してください。

토요일 오후 영화를 보러 갑니다. 가고 싶은 사람은 전날 선생님에게 표 살 돈을 건네주세요.

[質問] 何曜日にお金をわたしますか。

① 水曜日　　② 木曜日　　③ 金曜日　　④ 土曜日　　⑤ 日曜日

➡ 무슨 요일에 돈을 건네줍니까.
③ 金曜日

45) 次の文章を読んで、質問に答えなさい。

> A：あしたの夜、家に来ませんか。
>
> B：ありがとうございます。でも、あしたは午後友達が来て仕事ができませんから、夜も仕事をするんです。

A : 내일 밤, 집에 오지 않겠습니까.
B : 고맙습니다. 그러나, 내일은 오후 친구가 와서 일을 할 수 없기 때문에,
　　밤에도 일을 합니다.

[質問] 正しいものはどれですか。
① Bさんはあしたの夜、時間がありません。
② Bさんはあしたの夜、友だちの家にあそびに行きます。
③ Bさんはあしたの夜、友だちが来ます。
④ Bさんはあしたの夜、友だちの家に行きます。
⑤ Bさんはあしたの夜、仕事をしません。

☑ 올바른 것은 어느 것입니까.
① B씨는 내일 밤, 시간이 없습니다.

• 次の文の(　　)の中に最も適当なものを入れなさい。(46~50)

46) 風邪を(　　)、会社を休みました。

① やって　　　　② なって　　　　③ ふい

④ かかって　　　⑤ ひいて

☑ 감기에 걸려서, 회사를 쉬었습니다.
⑤ 끌다. 감기에 걸리다. 주의를 끌다. 사전을 찾다(引く). 악기를 켜다(弾く).

47) 銀行の前に車が(　　)います。

① のって　　　　② たって　　　　③ とまって

④ すわって　　　⑤ かけて

☑ 은행 앞에 차가 서있습니다.
③ 멈추다. 정지되다. (止まる)

48) 毎晩顔を( )から寝ます。

① みがいて　　　　　　② あらって

③ そうじして　　　　　④ せんたくして

⑤ ふいて

➡ 매일 밤 얼굴을 씻고나서 잡니다.
① 기술을 연마하다. 구두 · 이빨을 닦다. (研く · 磨く)
② 얼굴을 씻다. 손을 씻다. (洗う)
⑤ 휘파람 · 바람 · 피리를 불다. (吹く)

49) ( )の夏も去年の夏もとても暑かったです。

① おととい　　　　　　② おととし

③ まいねん　　　　　　④ らいねん

⑤ あさって

➡ 재작년여름도 작년여름도 굉장히 더웠습니다.
① 그저께. (一昨日)　　　　　② 재작년. (一昨年)
③ 매년. (毎年)　　　　　　④ 내년. (来年)
⑤ 모레. (明後日)

50) 佐藤さんの誕生日の( )で歌を歌いました。

① レコード　　　　　　② アパート

③ パーティー　　　　　④ テープ

⑤ コーヒー

➡ 사또오씨 생일파티에서 노래를 불렀습니다.
① 레코드. (recode)　　　　② 아파트. (apartment)
③ 파티. (party)　　　　　④ 테이프. (tape)
⑤ 커피. (coffee)

51) 다음 문장의 (　) 안에 가장 적당한 것을 고르시오.

> 山田 : 仕事がたくさんあったから、ゆうべは寝ませんでした。
> 田中 : それは(　)でしたね。

① とても　　　　　　　② とうてい

③ もちろん　　　　　　④ ちょっと

⑤ たいへん

　☑ 山田 : 일이 많이 있었기 때문에, 어젯밤은 자지 못했습니다.
　　 田中 : 그것은 안됐군요.
　① 대단히. 부정을 동반하여 도저히. (とうてい)
　③ 물론. (もとより · むろん)
　④ 좀. 조금.
　⑤ 대단히. 힘들다. 큰일이다. (大変)

　• 次の文の(　)の中に最も適当なものを入れなさい。(52－64)

52) たくさん食べたので、おなかが(　)なりました。

① いたく　　　　　　　② はやく

③ しずかに　　　　　　④ びょうきに

⑤ きれいに

　☑ 많이 먹었기 때문에, 배가 아파 왔습니다.
　① い형용사가 동사를 수식할 때는 기본형에서 い를 빼고 く로 고친다.

53) 私の(　)は母と兄と私の三人です。

① かない　　　　　　　② かぞく

③ きょうだい　　　　　④ りょうしん

⑤ しまい

　☑ 우리 가족은 어머니와 형과 저 3명입니다.
　① 자기 부인. 처. (家内)　　　　② 가족. (家族)
　③ 형제. (兄弟)　　　　　　　④ 양친. (両親)
　⑤ 자매. (姉妹)

54) この辺は夜(　　)危ないです。

① くろくて　　　　　　　② まるくて

③ ひろくて　　　　　　　④ くらくて

⑤ せまくて

➡ 이 근처는 밤에 어두워서 위험합니다.
④ い형용사의 문장연결은 기본형에서 い를 빼고 くて로 고친다.

55) おじは新聞を読むとき、眼鏡を(　　)。

① きます　　　　　　　② はきます

③ かぶります　　　　　④ とります

⑤ かけます

➡ 아저씨는 신문을 읽을 때, 안경을 씁니다.
① 상의를 입다. (着る)　　　　　② 하의를 입다. (履く)
③ 모자를 쓰다. (被る)　　　　　④ 모자·안경을 벗다. (取る)
⑤ 안경을 쓰다. (掛ける)

56) 漢字は初め易しいですが、(　　)難しくなります。

① よく　　　　　　　② まだ

③ だんだん　　　　　④ ちょうど

⑤ そろそろ

➡ 한자는 처음은 쉽습니다만, 점점 어려워집니다.
① 자주. 잘.　　　　　　　② 아직.
③ 점점. (ますます·どんどん)　④ 마침. 바로 그때. (丁度)
⑤ 슬슬. (동작을 할 때가 되었다)

57) きのう習ったことをもう(　　)しまいました。

① わすれて　　　　　② すてて

③ なくして　　　　　④ とって

⑤ ひいて

➡ 어제 배웠던 것을 벌써 잊어버리고 말았습니다.
① 잊다. (忘れる)　　　　　　② 버리다. (捨てる)
③ 기억·재산을 잃어버리다(無くす). 죽다. 없애다(亡くす).

58) 花子さんは白いスカートと(　)をはいています。

① セーター　　　　　② ハンカチ　　　　　③ サンダル

④ オーバー　　　　　⑤ ブラウス

➡ 하나꼬씨는 하얀 스커트와 샌들을 신고 있습니다.
① 스웨터.　　　　　　　② 행커치프. 손수건.
③ 샌들.　　　　　　　　④ 코트.
⑤ 블라우스.

59) 伊藤さんは仕事が多くて(　)のようです。

① あそびすぎ　　　　② はたらきすぎ　　　③ やすみすぎ

④ つとめすぎ　　　　⑤ のみすぎ

➡ 이또씨는 일이 많아서 지나치게 일을 많이 하는 것 같습니다.
동사(ます形) + すぎる : 지나치게 ～하다.

60) もう遅いから、(　)帰りましょう。

① そろそろ　　　　　② だんだん　　　　　③ ときどき

④ よく　　　　　　　⑤ たまに

➡ 이제는 늦었기 때문에, 슬슬 돌아갑시다.
① 슬슬. (동작을 할 때가 되었다)　　② 점점. (ますます · どんどん)
③ 가끔. 때때로.　　　　　　　　　④ 자주. 잘.
⑤ 가끔.

61) たばこを(　)ほうがいいと友だちに言われました。

① おわった　　　　　② しめた　　　　　　③ とまった

④ やめた　　　　　　⑤ きった

➡ 담배를 끊는 것이 좋다고 친구에게 들었습니다.
동사(과거형) + ほうがいい : ～하는 것이 좋다. (조언을 나타내는 관용적인 문장이다)

62) 田中さんが入院したので、(　)に行きました。

① おみまい　　　　　② おいわい　　　　　③ おまつり

④ あいさつ　　　　　⑤ おみあい

➡ 다나까씨가 입원했기 때문에, 병문안하러 갔습니다.
① 병문안. (お見舞い)　　　② 축하. (お祝い)　　　③ 축제. (お際リ)
④ 인사. (挨拶)　　　　　⑤ 맞선. (お見合い)

63) (　　)があったら、また日本へ行きたいです。

① りゆう　　　　② ばあい　　　③ きかい

④ げんいん　　　⑤ たちば

❏ 기회가 있다면, 또 일본에 가고 싶습니다.
① 이유. (理由)　　　② 경우. (場合)
③ 기회. (機会)　　　④ 원인. (原因)
⑤ 입장. (立場)

64) (　　)勉強したので、この間のテストは100点でした。

① まじめに　　　　② そんなに　　　③ たいして

④ だいじに　　　　⑤ たいせつに

❏ 성실하게 공부했기 때문에, 요전 시험에서는 100점이었습니다.
① 성실하다. (真面目に)
② 그렇게. 그런.
③ 부정을 동반하여 그다지. 별로. (大して)
④ 큰일. 중요하다. 소중하다. (大事に)
⑤ 중요하다. 귀중하다. (大切に)

65) 다음 문장의 (　　) 안에 가장 적당한 것을 고르시오.

> 田中 : 最近母の具合がよくないんですよ。
>
> 佐藤 : それは(　　　　)。

① 残念ですね。　　　② おめでとうございます。

③ 心配ですね。　　　④ 大丈夫ですね。

⑤ お久し振りですね。

❏ 田中 : 최근 어머니의 몸 상태가 좋지 않습니다.
　佐藤 : 그것은 걱정입니다.
① 안타깝습니다. 유감입니다. 분하다
② 축하합니다.
③ 걱정입니다. 마음이 아프다
④ 괜찮습니다.
⑤ 오래간만입니다. (しばらくですね)

66) お湯が(　　)から、お茶を入れましょう。

    ① あいた　　　　　② わいた　　　　　③ できた

    ④ やけた　　　　　⑤ もえた

    ➡ 물이 끓었기 때문에, 차를 끓입시다.
      お湯が沸く : 물이 끓다. お茶を入れる : 차를 끓이다.
      ① 문을 열다(開く). 공간 · 구멍이 생기다. 비다. 결원이 생기다. 시간의 짬이 생기다(空く). 열려 있던 몸 부분이
        열리다. (明く)
      ③ 생기다. 완성하다. 할 수 있다. 시험을 잘 보다. (出来る)
      ④ 불타다. 피부를 태우다. (焼ける)
      ⑤ 불이 붙다. 석양이 지다. 감정·정열이 높아지다. (燃える)

67) あの人は病気ではない(　　)薬をたくさん飲んでいます。

    ① ので　　　　　　② ために　　　　　③ から

    ④ せい　　　　　　⑤ のに

    ➡ 저 사람은 병이 아닌데도 약을 많이 먹고 있습니다.
      ① ~이기 때문에.　(이유나 원인이 객관적으로 명백할 때)
      ② ~이기 때문에.　(이유나 원인의 문장에 사용)
      ③ ~이기 때문에.　(이유나 원인이 주관적일 때)
      ④ ~탓이다.　　　 (상대에게의 책임전가)
      ⑤ ~인데도.　　　 (앞문장과 뒷문장이 모순이 있을 때)

68) 田中さんは勉強もできる(　　)、スポーツもできます。

    ① と　　　　　　　② で　　　　　　　③ に

    ④ し　　　　　　　⑤ たり

    ➡ 다나까씨는 공부도 잘하고, 스포츠도 잘합니다.
      ④ ~이고. (같은 내용을 열거할 때)

69) その店は買い物客(　　)混んでいました。

    ① で　　　　　　　② に　　　　　　　③ を

    ④ と　　　　　　　⑤ は

    ➡ 그 가게는 쇼핑하는 손님으로 붐볐습니다.
      ① ~로. ~으로.

70) どんな人(　)できますよ。簡単ですから。

　　① か　　　　　　② でも　　　　　　③ では

　　④ ほど　　　　　⑤ には

　　➡ 그 누구도 할 수 있습니다. 간단하기 때문에.
　　② ～라도.

71) 電気を(　)と、明るくなります。

　　① つける　　　　② けす　　　　　　③ かく

　　④ かける　　　　⑤ きる

　　➡ 전기를 켜면, 밝아집니다. (電気を点ける : 전기를 켜다)
　　② 끄다. (電気を消す : 전기를 끄다)
　　④ 달다. 걸다. 비용이 들다. 시간이 걸리다. 불에 올려놓다. 걸치다. 자물쇠를 잠그다. 보험에 들다. (掛ける)
　　⑤ 자르다. 끊다. (スイッチを切る : 스위치를 끄다)

72) このバスは郵便局の前(　)通りますか。

　　① で　　　　　　② に　　　　　　　③ へ

　　④ は　　　　　　⑤ を

　　➡ 이 버스는 우체국 앞을 지나갑니까.
　　⑤ ～을. ～를. (자동사 앞에서도 조사 를 사용하는 경우는 기점 또는 통과점에서는 사용할 수 있다)

73) この新しい店(　)まだ名前がありません。

　　① では　　　　　② のは　　　　　　③ には

　　④ へは　　　　　⑤ のを

　　➡ 이 새로운 가게에는 아직 이름이 없습니다.
　　③ ～에는. (に는 존재를 나타내고, は는 공통점이 없을 때)

74) 電車を待っていたとき、私は友達(　)名前を呼ばれました。

　　① を　　　　　　② が　　　　　　　③ に

　　④ で　　　　　　⑤ と

　　➡ 전차를 기다리고 있을 때, 나는 친구에게 이름을 불렸습니다.
　　③ 수동형의 문장에서는 조사 に 또는 から를 사용할 수 있다.

75) この本には知らないこと(　)書いてあります。

① ばかり　　　　　② までに　　　　　③ しか

④ にも　　　　　　⑤ から

➡ 이 책에는 모르는 것만 쓰여 있습니다.
　명사 + ばかり・だけ・のみ : ～만. ～뿐. (지속과 한정을 나타낸다)

76) 毎朝八時(　)教室に入ります。

① までで　　　　　② まで　　　　　　③ にまで

④ までに　　　　　⑤ までから

➡ ④ 매일 아침 8시까지는 교실에 들어갑니다.
　(までに : 범위의 한계를 나타내기 때문에 뒷문장은 なければならない같은 문장이 많이 동반된다)

77) この辞書を作るの(　)十年かかりました。

① は　　　　　　　② を　　　　　　　③ か

④ と　　　　　　　⑤ に

➡ 이 사전을 만드는 데 10년 걸렸습니다.
　⑤ ～하는데. (목적을 나타낸다)

78) 다음 문장의 (　) 안에 가장 적당한 것을 고르시오.

┌─────────────────────────────────────┐
│ ア : 全部捨てましたか。   │
│   │
│ イ : いいえ、要らないもの(　)捨てました。│
└─────────────────────────────────────┘

① しか　　　　　　② だけ　　　　　　③ くらい

④ も　　　　　　　⑤ まで

➡ ア : 전부 버렸습니까.
　イ : 아니오, 필요 없는 것만 버렸습니다.
　① ～밖에. (뒷문장은 반드시 부정을 동반한다)
　② ～만.　(뒷문장은 긍정을 동반한다)

79) これは友だちから(　)手紙です。

　　① と　　　　　　　② の　　　　　　　③ へ

　　④ に　　　　　　　⑤ は

　　➡ 이것은 친구로부터의 편지입니다.
　　　② 명사 + 명사는 の가 온다.

80) この狭い部屋に客が20人(　)来ました。

　　① も　　　　　　　② しか　　　　　　③ が

　　④ に　　　　　　　⑤ と

　　➡ 이 좁은 방에 손님이 20명씩이나 왔습니다.
　　　① ~씩이나. (も앞에는 반드시 숫자를 동반한다)

81) このピアノはとてもいい音(　)します。

　　① を　　　　　　　② に　　　　　　　③ の

　　④ は　　　　　　　⑤ が

　　➡ 이 피아노는 대단히 좋은 소리가 납니다.
　　　소리가 나다. (音が立つ・音がする)

82) 図書館は(　)から、いつも図書館で勉強します。

　　① 静か　　　　　　② 静かに　　　　　③ 静かだ

　　④ 静かな　　　　　⑤ 静かで

　　➡ 도서관은 조용하기 때문에, 언제나 도서관에서 공부합니다.
　　　③ 명사・な형용사 + だから : 이유나 원인을 나타낸다. (주관적인 문장)
　　　　명사・な형용사 + なので : 이유나 원인을 나타낸다. (객관적인 문장)

83) 将来は父の仕事を(　)つもりです。

　　① 手伝い　　　　　② 手伝う　　　　　③ 手伝って

　　④ 手伝おう　　　　⑤ 手伝える

　　➡ 장래는 아버지 일을 도울 생각입니다.
　　　동사(기본형) + つもり : ~할 생각입니다. (~할 참입니다)

84) 今まで三回(　)ことがあります。

① 引っ越し   ② 引っ越す   ③ 引っ越した

④ 引っ越して   ⑤ 引っ越している

✪ 지금까지 3번 이사한 적이 있습니다.
　동사(과거형) + ことがある : ～한 적이 있다.
　(본인의 체험이나 경험을 나타낸다)

85) 子供のころ嫌いだった野菜が、最近(　)ようになりました。

① 食べる   ② 食べた   ③ 食べられる

④ 食べられた   ⑤ 食べ

✪ 어렸을 때 싫어했던 야채를, 최근 먹을 수 있게 되었습니다.
　동사(가능형) + ようになる : ～할 수 있게 되다.
　(과거에는 못했던 것을 현재는 할 수 있게 되다)

86) 私は弟に(　)と思って、この本を買いました。

① 読ませよう   ② 読ませる   ③ 読みたい

④ 読みたがる   ⑤ 読まされる

✪ 나는 남동생에게 읽히려고 생각해서, 이 책을 샀습니다.

87) 妹は外国に(　)がっています。

① 行く   ② 行きた   ③ 行った

④ 行くた   ⑤ 行かない

✪ 여동생은 외국에 가고 싶어 합니다.
　がる : ～하고 싶어 하다. (상대의 희망을 나타낸다)
　い형용사 · 형용사형(기본형에서 い를 빼고) · な형용사(단어) + がる。

88) 今から母に電話を(　)ところです。

① かける   ② かけて   ③ かけた

④ かけている   ⑤ かけよう

✪ 지금부터 어머니에게 전화를 걸(할) 생각(참)입니다.
　동사(기본형)　　 + ところです。　 : 지금부터 ～할 생각입니다.
　동사(현재진행형) + ところです。　 : 지금 ～하고 있는 중입니다.
　동사(과거형)　　 + ところです。　 : 지금 막 동작이 끝났습니다.
　동사(기본형)　　 + ところでした。 : ～일 뻔했습니다.

89) これからは外国の品物がもっと入って(　)らしいですよ。

① 来る　　　　　　② 来て　　　　　③ 来た

④ 来たの　　　　　⑤ 来い

➡ 지금부터는 외국 물건이 더욱더 들어올 것 같습니다.
　 동사(기본체)＋らしい : ～일 것 같다. (추측을 나타낸다)

90) 山田さんの住所がわかりません。誰か(　)人はいませんか。

① 知る　　　　　　② 知って　　　　③ 知りの

④ 知るの　　　　　⑤ 知っている

➡ 야마다씨의 주소를 모릅니다. 누군가 알고 있는 사람은 없습니까.
　 ⑤ 알고 있다.

91) 田中さんは部屋に(　)まま、出てきません。どうしたんでしょう。

① 入るの　　　　　② 入ったの　　　③ 入る

④ 入った　　　　　⑤ 入りの

➡ 다나까씨는 방에 들어간 상태로, 나오지 않습니다. 왜 그럴까요.
　 동사(과거형) ＋ まま : ～한 상태로.

92) 小さい字を(　)続けて、手が疲れました。

① 書いて　　　　　② 書き　　　　　③ 書く

④ 書いた　　　　　⑤ 書きたい

➡ 작은 글씨를 계속 써서, 손이 피곤합니다.

93) あの子供は(　)そうな顔をしています。

① 恥ずかしい　　　② 恥ずかしく　　③ 恥ずかしくて

④ 恥ずかし　　　　⑤ 恥ずかしかった

➡ 저 아이는 창피한 듯한 얼굴을 하고 있습니다.
　 동사 · 형용사 · 명사(기본체) ＋ そう : ～라고 한다. (전문)

94) 山田さんは病気が非常に重かったので、医師にすぐ入院( )。

①　しました　　　　　②　させました　　　　③　されました

④　させられました　　⑤　したがりました

　　➡ 야마다씨는 병이 대단히 심했기 때문에, 의사 선생님이 곧바로 입원시켰습니다.
　　　 (수동형은 상대에게 당하는 것이 되고, 사역수동형은 강제적으로 당하는 것이 된다)

95) 駅へ行きたいんですが、どう( )いいですか。

①　行って　　　　　　②　行くなら　　　　　③　行くのは

④　行くには　　　　　⑤　行けば

　　➡ 역에 가고 싶습니다만, 어떻게 가면 됩니까.
　　　 ②　~한다면. (어떤 동작을 한다면 나는 너에게 조언을 하겠다)
　　　 ④　동사(기본형) + 에는 : ~하려면. (수단이나 방법적인 가정형)
　　　 ⑤　~가면. (가정형)

96) 今朝はいつもより早く学校へ行きました。しかし、キムさんはもう( )。

①　来ます　　　　　　②　来ました　　　　　③　来てでした

④　来ていました　　　⑤　来られます

　　➡ 오늘 아침에는 평상시보다 일찍 학교에 갔습니다. 그러나, 김 씨는 이미 와 있었습니다.
　　　 (来ていました : 직접 보고들은 것을 말할 때 사용한다)

97) きょうは寒いので、風邪を引いて( )そうです。

①　しまい　　　　　　②　み　　　　　　　　③　いき

④　おき　　　　　　　⑤　かき

　　➡ 오늘은 춥기 때문에, 감기가 걸릴 것 같습니다.
　　　 동사(て형) + しまう : 동작의 완료를 나타낸다.

98) 大山さんは今部屋にいません。ドアにかぎがかけて(　)。

① します　　　　　　　② なります

③ います　　　　　　　④ きます

⑤ あります

　➡ 오오야마씨는 지금 방에 없습니다. 문에 열쇠가 잠겨있습니다.
　　타동사의 상태의 문장은　타동사(て형)＋ある。
　　타동사의 상태의 문장은　(かぎがかけてあります。)
　　타동사의 현재진행형은　(かぎをかけています。)
　　자동사의 상태의 문장은　자동사(て형)＋いる。
　　자동사의 상태의 문장은　(雨が降っています。)
　　자동사의 현재진행형은　(雨が降っています。)

99) 私は朝山田さんがひとりで(　)を見ました。

① 走る　　　　　　　　② 走ること

③ 走っているの　　　　④ 走っていること

⑤ 走りながら

　➡ 나는 아침 야마다씨가 혼자서 달리고 있는 것을 보았습니다.

100) 病気の(　)、会社を辞めます。

① ため　　　　　　　　② こと

③ の　　　　　　　　　④ ころ

⑤ くせ

　➡ 병 때문에, 회사를 그만두었습니다.
　① ～이기 때문에. (이유나 원인을 나타낸다)

연습 문제 (2)

• 次の文の(　　)の中に最も適当なものを入れなさい。(1−4)

1) 窓を開けて部屋を涼しく(　　)。

　① しました　　　　　② なりました　　　　　③ いました

　④ ありました　　　　⑤ できました

　◪ 창문을 열고 방을 시원하게 했습니다.
　① い형용사가 동사를 수식할 때는 기본형에서 い를 빼고 くする로 고친다. 본인의 의지가 들어있다면 くする가 되고,
　　본인의 의지와는 상관없이 되었다면 くなる가 된다.

2) 来月から貿易会社で働く(　　)になりました。

　① もの　　　　② こと　　　　③ の　　　　④ ころ　　　　⑤ くらい

　◪ 다음 달부터 무역회사에서 일하게 되었습니다.
　• ことにする : ～하기로 하다. (의지에 의한 결정). 주체의 의지로 결정된 것을 나타낸다. (규칙. 습관)
　• ことになる : ～하기로 되다. (사물의 결정의 결과). 주체의 의지 이외의 것으로 결정된다. 또는 결정된
　　결과를 나타낸다.

3) 風邪が治って熱も(　　)。

　① さげました　　　　② さげてです　　　　③ さがったでした

　④ さがりました　　　⑤ さがるでした

　◪ 감기가 나아서 열도 내렸습니다.
　④ 높은 곳에서 낮은 곳으로 이동하다. 후퇴하다. 퇴출하다. 온도·지위가 내려가다. 허가가 나오다. (下がる ↔ 上がる)

4) 右に曲がると切符売り場がありますから、( )へ行って切符を買ってください。

① それ　　　　　　　　　② そこ

③ あれ　　　　　　　　　④ あそこ

⑤ どこ

➡ 오른쪽으로 돌면 표를 파는 매장이 있기 때문에, 거기에 가서 표를 사오세요.

5) 다음 문장의( )안에 가장 적당한 것을 고르시오.

> 学生：先生、これ使ってもいいですか。
> 先生：ええ、( )。

① そうですよ　　　　　　② いけませんよ

③ つかいますよ　　　　　④ かまいませんよ

⑤ ありますよ

➡ 学生 : 선생님, 이것 사용해도 됩니까.
　 先生 : 예, 상관없습니다.
① 그렇습니다.　　　　　　　② 안됩니다.
③ 사용합니다.　　　　　　　④ 상관없습니다.
⑤ 있습니다.

6) 다음 문장의( )안에 가장 적당한 것을 고르시오.

> 大川：山田さん、土曜日のパーティーに出席なさいますか。
> 山田：ええ、( )。

① そうするつもりです　　② そうするはずです

③ そうするらしいです　　④ そうするようです

⑤ そうするべきです

➡ 大川 : 야마다씨, 토요일 날 파티에 출석하십니까.
　 山田 : 예, 그렇게 할 생각입니다.
① 그렇게 할 생각입니다.　　　② 그렇게 합니다.
③ 그렇게 할 것 같습니다.　　　④ 그렇게 할 것 같습니다.
⑤ 그렇게 해야만 합니다.

7) 다음 문장의 (   ) 안에 가장 적당한 것을 고르시오.

> ア: 写真をとってもいいですか。
> イ: ここでは(   )。

① とらないとだめです　　　② とってはいけません

③ とらないとおもいます　　④ とらなければなりません

⑤ とらないといけません

◆ ア : 사진을 찍어도 됩니까.
　 イ : 여기에서는 찍으면 안 됩니다.
① 찍지 않으면 안 됩니다.　　　　② 찍으면 안 됩니다.
③ 찍지 않는다고 생각합니다.　　④ 찍지 않으면 안 됩니다.
⑤ 찍지 않으면 안 됩니다.

8) 다음 문장의(   )안에 가장 적당한 것을 고르시오.

> ア: 私もお手伝いしましょうか。
> イ: (   )。

① どういたしまして　　　② そうします

③ おねがいします　　　　④ こちらこそ

⑤ おそまつさまでした

◆ ア : 저도 도울까요.
　 イ : 부탁합니다.
① 천만에요.　　　　　　　　　　② 그렇게 하겠습니다.
③ 부탁합니다. (お願いします)　④ 저야말로.
⑤ 변변치 못했습니다. (お粗末さまでした)

9) 다음 문장의 (   ) 안에 가장 적당한 것을 고르시오.

> ア: 風邪は治りましたか。
> イ: (   )。

① ええ、おかげさまで　　　② いいえ、どういたしまして

③ ええ、すみません　　　　④ いいえ、ありがとう

⑤ ええ、相変わらず元気です

◆ ア : 감기는 나았습니까.
　 イ : 예, 덕분에.
① 예, 덕분에.　　　　　　　② 아니오, 천만에요.
③ 예, 미안합니다.　　　　　④ 아니오, 고맙습니다.
⑤ 예, 변함없이 잘 지냅니다.

十一月 十日

きょう学校で先生があしたから始まる授業について説明してくださった。

先生に「(ア)」と聞くと、「本を10ページまで読んできてください」とおっ

しゃった。「(イ)」と聞くと、先生は「いいえ、買う必要はありません」とおっ

しゃった。

説明が終わってからあしたまでに読んでおくところを見てみた。 知らない

言葉がたくさんあった。「(ウ)」と思った。それで、図書館で辞書を借りよう

と思って「(エ)」と聞くと図書館の人は「辞書は図書館の中で使ってくださ

い。持って帰ることはできません」と言った。

図書館が閉まるまであしたの予習をした。

11월 10일

　오늘 학교에서 선생님이 내일부터 시작되는 수업에 대해서 설명해 주셨다. 선생님에게 「어떤 예습을 하면 좋습니까」 라고 질문했더니, 「책을 10페이지까지 읽어오세요」 라고 말씀하셨다. 「사전을 사지 않으면 안 됩니까」 라고 질문했더니 선생님은 「아니오, 살 필요는 없습니다」 라고 말씀하셨다.

　설명이 끝나고 나서 내일까지 읽어둘 곳을 보았다. 모르는 말이 많이 있었다. 「사전이 없으면 읽을 수 없겠지」 라고 생각했다. 그래서, 도서관에서 사전을 빌리려고 생각해서 「사전을 빌려가도 됩니까」 라고 질문했더니 도서관 사람은 「사전은 도서관 안에서 사용해주세요, 가지고 돌아가는 것은 불가능합니다」 라고 말했다. 도서관이 문 닫을 때까지 내일의 예습을 했다.

10) (ア)にはどんなことばが入りますか。
　　① どこで予習をしたらいいですか
　　② きょう予習をしたらどうですか
　　③ どんな予習をしたらいいですか
　　④ 授業の予習はどうですか
　　⑤ どんなじゅぎょうをしたらいいですか
　　▶ ③ 어떤 예습을 하면 좋겠습니까.

11) (イ)にはどんなことばが入りますか。
　　① 辞書を買ってもいいですか
　　② 辞書を買わなければなりませんか
　　③ 辞書を買ってはいけませんか
　　④ 辞書を買わなくてもいいですか
　　⑤ 辞書を買ってもかまいませんか
　　▶ ② 사전을 사지 않으면 안 됩니까.

12) (ウ)にはどんなことばが入りますか。
　　① 辞書がないと読めないだろう
　　② 辞書がなくても大丈夫だ
　　③ 辞書を使わないで読んでみよう
　　④ 辞書を買ってから読もう
　　⑤ 辞書がないと読むだろう
　　▶ ① 사전이 없으면 읽을 수 없겠지.

13) (エ)にはどんなことばが入りますか。
　　① 辞書を貸してあげてもいいですか
　　② 辞書を借りて帰ってもいいですか
　　③ 図書館で辞書が使えますか
　　④ 図書館で辞書を読んでもいいですか
　　⑤ 図書館に辞書がありますか
　　▶ ② 사전을 빌려가도 됩니까.

• 다음 문장을 읽고 질문에 답하시오. (14－16)

日本に来て初めての春、面白かったのは花見という週間です。勿論私の国でも、花を見て、皆で楽しみますが、日本のように桜という特別な花のための特別な週間はありません。

でも、一番驚いたのは特別な週間があることではなくて、三月の終わりごろから、四月の初めまで、天気予報やニュースでも花見について「東京では30日ごろ咲き始めます」、「今日、桜が咲きました」、「次の土曜日が花見にいいですよ」などと教えてくれることです。

私も友だちと一緒に花見をしました。学校の近くの公園に行ったのですが、日本の花見では花を見るより、皆で食べたり飲んだりして賑やかに騒ぐほうが大事なようです。騒ぐことならいつでもできるのに、どうしてほかの花のときは騒がないのでしょう。私は少しおかしいと思いました。

일본에 와서 첫봄, 재미있었던 것은 꽃구경이라고 하는 주간입니다. 물론 우리나라에서도, 꽃을 보고, 모두같이 즐깁니다만, 일본처럼 벚꽃이라고 하는 특별한 꽃을 위한 특별한 주간은 없습니다.

그러나, 제일 놀랐던 것은 특별한 주간이 있는 것이 아니고, 3월 말경부터, 4월 초순까지, 일기예보나 뉴스에서도 꽃구경에 대해서 「도꾜에서는 30일경 피기 시작합니다」, 「오늘, 벚꽃이 피었습니다」, 「다음 토요일이 꽃구경에 최적입니다」, 등 가르쳐 주는 것입니다.

나도 친구와 같이 꽃구경을 했습니다. 학교 가까운 공원에 갔었습니다만, 일본 꽃구경은 꽃을 보는 것 보다, 모두같이 먹기도 하고 마시기도 해서 시끄럽게 떠드는 것이 중요한 것 같습니다. 떠드는 것이라면 언제든지 할 수 있는데도, 어째서 다른 꽃이 필 때는 떠들지 않을까요. 나는 조금 이상하다고 생각했습니다.

14) この人はどうして花見がおもしろかったのですか。

　　① 桜を初めて見たから。

　　② 日本の春の週間だから。

　　③ 花を見て皆で楽しむから。

　　④ 特別な花のための週間だから。

　　⑤ 花見について話してくれるから。

　　➡ ④ 특별한 꽃을 위한 주간이기 때문에.

15) 一番驚いたことは何ですか。

　　① 特別な花のために特別な週間があること。

　　② 三月の終わりから、四月の初めまで咲くこと。

　　③ 天気予報やニュースで花見について知らせること。

　　④ 花見について皆がいろいろなことをいうこと。

　　⑤ 花見は花を見るより、皆で食べたり飲んだりしていること。

　　➡ ③ 일기예보나 뉴스에서 꽃구경에 대해서 알려주는 것.

16)「少しおかしいと思った」のはなぜですか。

　　① 友だちと一緒に賑やかに花見をするから。

　　② 自分の国では花を見る週間がないから。

　　③ 桜の花見のときだけ賑やかに騒ぐから。

　　④ 花がまだ咲いていないのに騒いでいたから。

　　⑤ 天気予報やニュースでも花見について教えてくれるから。

　　➡ ③ 벚꽃놀이 때만 시끌벅적하기 때문에.

• 다음 문장과 의미가 같은 것을 고르시오. (17 – 27)

17) きのうは風_{かぜ}も強_{つよ}かったし、雨_{あめ}もたくさん降_ふりました。

    ① きのうはうるさい天気でした。

    ② きのうはひどい天気でした。

    ③ きのうはいい天気でした。

    ④ きのうはきびしい天気でした。

    ⑤ きのうはむずかしい天気でした。

    ➡ 어제는 바람도 강했고, 비도 많이 내렸습니다.
    ① 어제는 시끄러운 날씨였습니다.
    ② 어제는 심한 날씨였습니다.
    ③ 어제는 좋은 날씨였습니다.
    ④ 어제는 엄한 날씨였습니다.
    ⑤ 어제는 어려운 날씨였습니다.

18) つまは今るすです。

    ① 妻はいまうちにいません。   ② 妻はいまねています。

    ③ 妻はいまいそがしいです。   ④ 妻はいまへやにいません。

    ⑤ 妻はいまひまです。

    ➡ 처는 지금 외출 중입니다. (留守 : 외출중. 留守番 : 자동응답전화기)
    ① 처는 지금 집에 없습니다.   ② 처는 지금 자고 있습니다.
    ③ 처는 지금 바쁩니다.   ④ 처는 지금 방에 없습니다.
    ⑤ 처는 지금 한가합니다.

19) あしたはひえるそうです。

    ① あしたは晴_はれるでしょう。   ② あしたは曇_{くも}るでしょう。

    ③ あしたは寒くなるでしょう。   ④ あしたは暑くなるでしょう。

    ⑤ あしたは暖かくなるでしょう。

    ➡ 내일은 온도가 내려간다(춥다)고 합니다.
    ① 내일은 맑겠지요.   ② 내일은 흐리겠지요.
    ③ 내일은 추워지겠지요.   ④ 내일은 더워지겠지요.
    ⑤ 내일은 따뜻해지겠지요.

20) お手紙をはいけんしました。

    ① お手紙を読みました。   ② お手紙を書きました。

    ③ お手紙を送りました。   ④ お手紙を見せました。

    ⑤ お手紙を出しました。

➡ 편지를 읽었습니다. (拝見する : 見る의 겸양어)
① 편지를 읽었습니다.   ② 편지를 썼습니다.
③ 편지를 보냈습니다.   ④ 편지를 보여주었습니다.
⑤ 편지를 보냈습니다.

21) あの建物は交番です。

    ① あの建物はいつも先生がいます。

    ② あの建物はいつも警官がいます。

    ③ あの建物はいつも学生がいます。

    ④ あの建物はいつも看護婦がいます。

    ⑤ あの建物はいつも会社員がいます。

➡ 저 건물은 파출소입니다.
① 저 건물은 언제나 선생님이 있습니다.
② 저 건물은 언제나 경관이 있습니다.
③ 저 건물은 언제나 학생이 있습니다.
④ 저 건물은 언제나 간호사가 있습니다.
⑤ 저 건물은 언제나 회사원이 있습니다.

22) この辺はあんぜんです。

    ① この辺は案内が要りません。   ② この辺は危険が多いです。

    ③ この辺は危なくありません。   ④ この辺は安心できません。

    ⑤ この辺は物が安いです。

➡ 이 근처는 안전합니다.
① 이 근처는 안내가 필요 없습니다.   ② 이 근처는 위험이 많습니다.
③ 이 근처는 위험하지 않습니다.   ④ 이 근처는 안심할 수 없습니다.
⑤ 이 근처는 물건이 쌉니다.

23) 田中さんのかわりに道子さんが来ました。

① 田中さんと道子さんが来ました。

② 道子さんも田中さんも来ませんでした。

③ 田中さんは来ましたが、道子さんは来ませんでした。

④ 道子さんは来ましたが、田中さんは来ませんでした。

⑤ 田中さんも道子さんも来ました。

➡ 다나까씨를 대신해서 미치꼬씨가 왔습니다.
④ 미찌꼬씨는 왔습니다만, 다나까씨는 오지 않았습니다.

24) 田中さんは佐藤さんに「ひさしぶりですね。」といいました。

① 田中さんは佐藤さんによくあいます。

② 田中さんは佐藤さんにきょねんあいました。

③ 田中さんは佐藤さんにきのうあいました。

④ 田中さんは佐藤さんに一週間にいちどあいます。

⑤ 田中さんは佐藤さんにあしたあいます。

➡ 다나까씨는 사또오씨에게 「오래간만입니다.」라고 말했습니다.
② 다나까씨는 사또오씨를 작년에 만났습니다.

25) この部屋には20人いじょういるとおもいます。

① この部屋には20人しかいないとおもいます。

② この部屋にはちょうど20人いるとおもいます。

③ この部屋にいるのは20人よりおおいとおもいます。

④ この部屋にいるのは20人よりすくないとおもいます。

⑤ この部屋には20人だけいるとおもいます。

➡ 이방에는 20명 이상 있다고 생각합니다.
③ 이 방에 있는 것은 20명보다 많다고 생각합니다.

26) 部屋はいつもきれいにしておきましょう。

① 部屋はいつも掃除しておきましょう。

② 部屋はいつも仕度しておきましょう。

③ 部屋はいつも洗濯しておきましょう。

④ 部屋はいつも世話しておきましょう。

⑤ 部屋はいつも用意しておきましょう。

➡ 방은 언제나 깨끗이 해둡시다.
① 방은 언제나 청소해 둡시다.

27) これはたいへんめずらしい品物です。

① これはとても高いしなものです。

② これはなかなかいいしなものです。

③ これはたいへんすばらしいしなものです。

④ これはあまり見ないしなものです。

⑤ これはぜんぜんいらないしなものです。

➡ 이것은 대단히 진귀한 물건입니다.
④ 이것은 그다지 못 보는 물건입니다.

• 次の文の(　　)の中に最も適当なものを入れなさい。(28-31)

28) 一体どこを探せば見つかるの(　　)。

① だろう　　　　　　　② だった

③ らしい　　　　　　　④ かもしれない

⑤ ようだ

➡ 도대체 어디를 찾으면 발견될까.
① ~이겠지. (하나의 내용을 추량·상상하는 의미를 나타낸다)
③ ~인 것 같다　　　　　　　④ ~일지도 모르겠다
⑤ ~인 것 같다

29) 私のうちは駅(　　)遠いです。

① から　　　　　　　② に　　　　　　　　③ を

④ が　　　　　　　　⑤ で

> 🔁 우리 집은 역에서 멉니다.
> ① 동작의 시점이나 출발지점을 나타낸다.
> ② 도착지점을 나타낸다. (私のうちは駅に近いです。)

30) 私は一人(Ａ)住んでいます。田中さんは東京(Ｂ)住んでいます。

① Ａ：に　Ｂ：で　　② Ａ：と　Ｂ：に　　③ Ａ：で　Ｂ：に

④ Ａ：へ　Ｂ：に　　⑤ Ａ：と　Ｂ：で

> 🔁 住んでいる・泊る・勤める앞에 장소가 올 경우에는 に.
> 동작을 같이하는 대상일 경우는 と. 사물의 기준일 때는 で.

31) この服は(　　)そうですが、実はあまり高くないんです。

① 高い　　　　　　　② 高かった　　　　　③ 高くない

④ 高く　　　　　　　⑤ 高

> 🔁 이 옷은 비싸 보입니다만, 실은 그다지 비싸지 않습니다.
> そう문장은 そう앞에 어떤形이 왔느냐를 생각하면 쉽게 풀 수 있다.
> 동사・い형용사・な형용사・명사(기본체) + そう는 전문을 나타내고, 그 외는 양태를 나타낸다.

32) 밑줄 친 부분이 올바른 것을 고르시오.

① 四つ谷駅から二つ目の停留所でバスを降りて下さい。

② 田中さんはお父さんを似ています。

③ 友だちをあうつもりです。

④ 私はバナナを好きです。

⑤ 私はさしみをきらいです。

> 🔁 ① 요츠야역에서 두 번째 정류소에서 버스에서 내려주세요.
> ② 다나까씨는 아버지를 닮았습니다. (田中さんはお父さんに似ています。)
> ③ 친구를 만날 생각입니다.　　(友だちにあうつもりです。)
> ④ 나는 바나나를 좋아합니다.　(私はバナナが好きです。)
> ⑤ 나는 생선회를 좋아합니다.　(私はさしみがきらいです。)
> 　　(嫌いがある：～하는 경향이 있다)

33) 해석이 올바르게 짝지어진 것을 고르시오.

① おだいじに。 : 오래간만입니다.

② またこんどおねがいします。 : 이번에 부탁합니다.

③ おじゃまします。 : 실례합니다.

④ ごぶさたいたしました。 : 안부 좀 전해 주십시오.

⑤ いろいろおせわになりました。 : 돌보아 주었습니다.

➡ ③ 실례합니다. (남의 집을 방문할 때 들어가면서) (お邪魔します。)
　① 몸조리 잘하세요. (주로 환자에게) (お大事に。)
　② 다음에 부탁합니다. (상대의 청유를 거절할 때) (また今度お願いします。)
　④ 오랫동안 격조했습니다. (ご無沙汰いたしました。)
　⑤ 여러가지로 신세 많이 졌습니다. (いろいろお世話になりました。)

34) 다음 문장의 대답으로 올바른 것은?

> A : 富士山へいったことがありますか。
> B : ＿＿＿＿＿＿＿＿＿＿＿＿＿＿＿＿＿。

① はい、富士山へ行くつもりです。

② はい、富士山はへやにいます。

③ はい、あした富士山へ行きます。

④ いいえ、富士山へいったことがありません。

⑤ いいえ、富士山はとてもきれいです。

➡ A : 후지산에 가본 적이 있습니까.
　B : 아니오, 후지산에 가본 적이 없습니다.
　동사(과거형) + ことがある。: ～한 적이 있다.
　(본인의 과거 경험이나 체험을 나타낸다)

35) 次の文の下線の部分の正しい意味は。

> あなたのことをうらやましがる人もいます。

① 험담하기 좋아하는　　② 말하기 좋아하는

③ 유감스럽게 생각하는　　④ 부러워하는

⑤ 슬퍼하는

➡ 당신에 대해서 부러워하는 사람도 있습니다.
　　がる : ～하고 싶어 하다. (상대의 희망을 나타낸다)

36) 밑줄 친 부분이 올바르지 않은 것을 고르시오.

① 東京へ行くことができます。　　② さしみが食べられます。

③ 田中さんがあえます。　　④ コーヒーをのみたいです。

⑤ 釜山まで5時間で行けます。

➡ ③ 다나까씨를 만날 수 있습니다. (田中さんにあえます。)
① 도꾜에 가는 것이 가능합니다.　　② 생선회를 먹을 수 있습니다.
④ 커피를 마시고 싶습니다.　　⑤ 부산까지 5시간에 갈 수 있습니다.

• 가능형 앞에서의 조사는 が를 사용하고, 희망형(たい) 앞에서는 が or を를 사용할 수 있다.
　단 방향의へ 목적의で 장소의に 항상 변하지 않는 조사는 그대로 사용한다. 단 を를 が로 바꾸는 것이 가능한 것은
　주로 동작을 나타내는 동사에 거의 한정되며 보통문장에서 を를 사용했던 것을 が로 바꾸는 것이 가능하다.

일반 문장	가능형	たい형
コーヒーを飲む。 커피를 마시다.	コーヒーが飲める。 커피를 마실 수 있다.	お酒が飲みたい。 술을 마시고 싶다. ビールを飲みたい。 맥주를 마시고 싶다.
かばんを買う。 가방을 사다.	かばんが買える。 가방을 살 수 있다.	かばんが買いたい。 가방을 사고 싶다. 小さいかばんを買いたい。 작은 가방을 사고 싶다.
御飯を食べる。 밥을 먹다.	御飯が食べられる。 밥을 먹을 수 있다.	食べ物が食べたい。 음식이 먹고 싶다. 御飯を食べたい。 밥을 먹고 싶다.

37) ここは暑い(　　)早く外へ出なさい。

① のに　　　　　② ので　　　　　　　③ から

④ でも　　　　　⑤ やら

➡ から : 이유나 원인이 주관적이다. 뒷문장은 희망(たい)・의지(と思う)・명령(なさい) 같은 문장이 온다.
① ～인데도. (역접)　　　　② ～이기 때문에. (객관적인 문장)

38) あなたは食べ物のなかで、(　　)が一番好きですか。

① どれ　　　　　② どちら　　　　　　③ なに

④ どんな　　　　⑤ どっち

➡ 당신은 음식 중에서, 무엇을 제일 좋아합니까.
何が　　　: 무엇이.　(전체 중에서 하나를 선택할 때)
どれが　　: 어느 것이. (3개 이상의 물건 중에서 하나를 선택할 때)
どちらが : 어느 쪽이. (2개 중에서 하나를 선택할 때)
誰が　　　: 누가.　(사람)　　いつが : 언제가. (시간)
何が　　　: 무엇이. (사물)　どこが : 어디가. (장소)

39) 次の文の(　　)の中に最も適当なものを一つ選びなさい。

> こちらは私の(　　)です。どうぞよろしく。

① 家内（かない）　　② 奥様（おくさま）　　③ 奥方（おくがた）
④ 夫人（ふじん）　　⑤ おかみさん

➡ 이쪽이 나의 아내입니다. 잘 부탁합니다.
① 아내의 낮춤말. ((妻))　　② 남의 부인의 높임말.
③ 자신보다 신분이 높은 사람의 부인.　④ 영부인. (나비부인)
⑤ 女将（おかみ）: 요릿집・여관 등의 여주인. 상점의 주부를 공손하게 부르는 말.
御上 : 일왕・정부・관청.

40) 다음 중 문장이 올바른 것을 고르시오.

    ① 母は手紙をよんています。   ② 東京へ行いています。

    ③ 友達と話しています。   ④ 花を買いてきました。

    ⑤ 荷物を持っています。

    ➡ ③ 친구하고 이야기하고 있습니다.
    ① 母は手紙を<u>よんで</u>います。   ② 東京へ<u>行って</u>います。
    ④ 花を<u>買い</u>にきました。   ⑤ 荷物を<u>持って</u>います。

41) 人の世を作ったものは神でもなければ鬼でもない。의 올바른 해석은?

    ① 인간 세상은 신이 만들었다.

    ② 인간 세상은 귀신이 만들었다.

    ③ 인간 세상은 신과 귀신이 함께 만들었다.

    ④ 인간 세상을 만든 것은 신도 아니고 귀신도 아니다.

    ⑤ 인간 세상은 신이 만들지 않으면 귀신이 만든 것 같다.

    ➡ ~も ~ば ~も : ~도 있다면 ~도 있다. ~도 없다면 ~도 없다.

42) 주어진 일본어를 번역한 것 중 가장 적당한 것을 고르시오.

とうじ彼女はみすぼらしいなりをしていました。

    ① 동시에 그녀는 훌륭한 모습을 하고 있었습니다.

    ② 동시에 그녀는 꾀죄죄한 얼굴을 하고 있었습니다.

    ③ 당시 그녀는 초라한 차림을 하고 있었습니다.

    ④ 당시 그녀는 아주 화려한 복장을 하고 있었습니다.

    ⑤ 당시 그녀는 초췌하고 피로한 표정이었습니다.

    ➡ みすぼらしい : 초라하다. (見る影もない · 貧乏くさい)
    見っともない : 보기 흉하다.

43) 다음은 인사말의 여러 가지이다, 잘못 연결된 것을 고르시오.

　　① おはようございます。今日はよいおてんきですね。

　　② ごめんください。奥様いらっしゃいますか。

　　③ おまたせいたしました。どうぞこちらへ。

　　④ はじめまして。おひさしぶりです。

　　⑤ ごきげんよう。さようなら。

　　➡ ④ 처음 뵙겠습니다. 오래간만입니다.
　　① 아침 인사. 오늘은 좋은 날씨군요.
　　② 계십니까(남의 집을 방문해서 문을 두들길 때). 부인은 계십니까.
　　③ 오래 기다리게 했습니다. 자 어서 이쪽으로.
　　⑤ 헤어질 때. 헤어질 때.
　　　　お変わりありませんか。　　　相変わらず元気です。
　　　　변함없이 잘 지내십니까.　　변함없이 건강합니다.

44) 骨が折れる。の意味は。

　　① 가장 중요한 일에 실패하다.　　　② 골절상을 입다.

　　③ 척추를 다치다.　　　　　　　　④ 걸터앉다.

　　⑤ 심한 고생을 하다.

　　➡ 고생하다. (骨が折れる · 骨を折る · 始末が悪い · 手を焼く)

45) 間違っている文章を一つ選びなさい。

　　① 学者がなりたいです。

　　② 水が飲みたいです。

　　③ 私は英語の新聞が読めます。

　　④ 辞書が買いたいです。

　　⑤ 彼はコーヒーを飲みたがっています。

　　➡ ① 학자가 되고 싶습니다. (学者になりたいです)
　　② 물을 마시고 싶습니다.
　　③ 나는 영어신문을 읽을 수 있습니다.
　　④ 사전을 사고 싶습니다.
　　⑤ 그는 커피를 마시고 싶어 합니다.

46) 次の文中の下線の言葉の用語が他の四つと違うものは。

① 博物館はいま改築中で閉館しているそうです。

② 山は高くて登れば登るほど寒くなるそうです。

③ 冬の雪岳はとても静かだったそうです。

④ 映画の中で主人公はみじめそうな顔をしている。

⑤ 彼の日本語は古典も読めるぐらい上手だそうです。

➡ 동사・い형용사・な형용사・명사(기본체) + そう: 전문에 사용된다.
① 박물관은 지금 개축중이기 때문에 폐관했다고 합니다.　　(전문)
② 산은 높아서 오르면 오를수록 추워진다고 합니다.　　(전문)
③ 겨울의 설악산은 대단히 조용했었다고 합니다.　　(전문)
④ 영화 속의 주인공은 비참한 듯한 얼굴을 하고 있다.　　(양태)
⑤ 그의 일본어는 고전도 읽을 수 있을 정도로 잘한다고 합니다.　(전문)

47) 次の文の下線の部分の意味は。

> 学生<u>なので</u>割引きです。

① 必然　　　　　　② 責任　　　　　　③ 理由

④ 当然　　　　　　⑤ 義務

➡ ので: 객관적으로 명백한 원인・이유・근거의 관계를 나타낸다.

48) 次の文の下線の部分の正しい日本語は。

> 버스 안은 사람들로 <u>붐벼</u> 앉을 자리가 없었다.

① たくさんいて　　　　　② 立ちならんで

③ こんでいて　　　　　　④ こんだので

⑤ おおぜいいて

➡ 道が混んでいる: 길이 혼잡하다. (혼잡한 모습: ぎゅうぎゅう)
　道が空いている: 길이 한가하다. (한가한 모습: がらがら)
① 사람・사물이 많다. (沢山)　　　② 늘어서 있다. (立ち並ぶ)
⑤ 사람이 많다. (大勢)

49) 子供にそんな重い物が持てる(　)はありません。

① はず　　　　　　　② もの　　　　　　　　③ の

④ つもり　　　　　　⑤ こと

➡ 아이가 그렇게 무거운 짐을 들 수는 없습니다.
はず : 당연히 ～일 것이다. 당연하다.
　　　 어떠한 상황에서의 사물이, 당연히 그래야 할 것임을 나타내는 말. 예정.
용법 : 동사·い형용사(기본체)＋はず.
　　　 명사(の)＋はず. な형용사(な)＋はず.
はずがない : ～일리가 없다. 당연하다. (わけがない)
あの人がそんなことをするはずがない.　그 사람이 그런 짓을 할리가 없다.
あの人がそんなことをしないわけがない.　그 사람이 그런 짓을 안할리가 없다.

50) 次の文の(　)の中に最も適当なものを一つ選びなさい。

> A：あしたは何時に来ましょうか。
> B：そうですねえ。3時(　)来てください。

① まで　　　　　　　② までは　　　　　　　③ は

④ までに　　　　　　⑤ で

➡ A : 내일은 몇 시에 올까요.
　 B : 그렇군요. 3시까지는 와 주세요.
④ までに : 범위의 한계를 나타내기 때문에 뒤 문장은 なければならない 같은 문장이 많이 동반된다)

51) (　)の中に、助詞「に」を入れない方がいいものは。

① 田中さんは今年の1月(　)韓国へ来ました。
② 今日は午前中(　)買い物をすませた。
③ 何年(　)学校を卒業しましたか。
④ 今日は一日中(　)英語の勉強をしていました。
⑤ 今年中(　)大学の問題は解決されると思います。

➡ 정해진 정확한 시간을 나타낼 때는 조사 に를 붙여 사용한다.
① 다나까씨는 올해 1월에 한국에 왔습니다.
② 오늘은 오전 중에 쇼핑을 끝냈다.
③ 몇 년에 학교를 졸업했습니까.
④ 오늘은 하루 종일 영어 공부를 했습니다. (に가 필요 없음)
⑤ 올해 중으로 대학 문제는 해결된다고 생각합니다.

52) 「で」が入れられない文はどれか。

① 図書館( )本を読む。

② 彼はソウル( )住んでいます。

③ 風邪( )学校を休みました。

④ 会社までバス( )行きます。

⑤ 昨日母校(ぼこう)( )同窓会(どうそうかい)がありました。

➡ ② 住んでいる : 앞문장에 장소가 올 경우에는 반드시 조사는 に가 오고, 사물의 기준일 때는 で, 행동을 같이하는
　　　　　　　대상일 때는 と를 사용한다.
　① 도서관에서 책을 읽다. (동작이 행하여지는 장소)
　② 그는 서울에서 살고 있습니다.
　③ 감기 때문에 학교를 결석했습니다. (이유나 원인)
　④ 회사까지 버스로 갑니다. (수단 · 방법 · 재료 · 도구)
　⑤ 어제 모교에서 동창회가 있었습니다. (동작이 행하여지는 장소)

53) 次の文が正(ただ)しく訳(やく)されたのは。

여기에 떨어져 있는 돈은 누구의 것입니까?

① ここに落(お)ちているお金(かね)はだれのですか。

② ここに落ちてあるお金はだれのものですか。

③ ここに落としているお金はだれのですか。

④ ここに落ちられているお金はだれのものですか。

⑤ ここに落とされているお金はだれのですか。

➡ 타동사의 상태의 문장은 타동사(て형)＋ある。
　타동사의 상태의 문장은 (電話番号が書いてあります。)
　타동사의 현재진행형은 (電話番号を書いています。)
　자동사의 상태의 문장은 자동사(て형)＋いる。
　자동사의 상태의 문장은 (雨が降っています。)
　자동사의 현재진행형은 (今雨が降っています。)

54) 次の文の下線部分が正しく訳されたのは。

> 지금도 <u>살아 있다고</u> 한다면 70살입니다.

① 生きていると   ② 生きてあると

③ 住んでいると   ④ 住んであると

⑤ 生きていくと

🔁 生きている : 살아 있다.   生かしてある : 살리고 있다. (적성. 전공)

55) 近くにい<u>ながら</u>気づかなかった。下線の部分と同じ意味は。

① 生まれ<u>ながら</u>の天才だ。   ② 知ってい<u>ながら</u>教えない。

③ 食べ<u>ながら</u>教科書を読む。   ④ 散歩をし<u>ながら</u>詩を作る。

⑤ テレビを見<u>ながら</u>勉強する。

🔁 곁에 있으면서도 알지 못했다.
    ながら(つつ) : ~하면서 ~하다(동작의 동시진행). ~이면서도(역접).
    ① 태어나면서부터 천재다. (태어나면서부터 갖고 나오는 성질)
    ② 알고 있으면서도 가르쳐주지 않는다. (역접)
    ③ 먹으면서 교과서를 읽는다. (동작의 동시진행)
    ④ 산보하면서 시를 만든다. (동작의 동시진행)
    ⑤ 텔레비전을 보면서 공부한다. (동작의 동시진행)

56) 次の文の下線の部分の正しい日本語は。

> 오늘의 円시세는 어제에 비해 66센의 <u>円화 강세 달러화 약세였다.</u>

① 円高ドル弱だった   ② 円高ドル低だった

③ 円強ドル弱だった   ④ 円強ドル安だった

⑤ 円高ドル安だった

🔁 高い(비싸다) ↔ 安い(싸다). 高い(높다) ↔ 低い(낮다)

57) "저는 모르겠습니다."의 올바른 일본어는?

　① 私くしはご存じません。

　② 私くしは存じません。

　③ 私くしは存じ上げません。

　④ 私くしはおかわりになりません。

　⑤ 私くしはお伺いありません。

> ◪ 知る : 알다. (ご存じ : 知る의 존경어. 存じる : 知る의 겸양어)
>
> ③ 알다. (存じ上げる゜ 알다. 사람에게만 사용)
>
> 　상대방에 대해 '存じ上げません。(모르겠습니다)' 를 사용하면, 상대방의 입장을 낮추는 것이 되기 때문에 실례되는
>
> 　표현이므로 사용할 수 없습니다.
>
> (O) 私は社長の居場所を存じ上げません。　　　저는 사장이 있는 곳을 모릅니다.
>
> (O) 僕は営業課の課長の名前は存じ上げません。나는 영업과의 과장 이름은 모릅니다.

58) 이 책은 선생님이 써주셨습니다. 의 올바른 일본어는?

　① この本は先生さんにかいてやりました。

　② この本は先生さんにかいてもらいました。

　③ この本は先生にかいていただきました。

　④ この本は先生にかいてくれました。

　⑤ この本は先生にかいてくださいました。

> ◪ この本は先生がかいてくださいました。

• 次の文の(　　)の中に最も適当なものを入れなさい。(59~65)

59) 約束してしまったんだから(　)。

　① 行かざるをえない　　　　② 行くわけにはいかない

　③ 行くようにする　　　　　④ 行かなくてもいい

　⑤ 行ったほうがいいかもしれない

> ◪ 약속을 했기 때문에 가지 않을 수 없다.
>
> ① ざるをえない : ～하지 않을 수 없다. (行かないわけにはいかない)

60) 夢( )なけれ( )希望( )ない日々。

① は、ば、が   ② も、は、も   ③ は、ば、を

④ も、ば、も   ⑤ も、ば、に

➡ 꿈도 없다면 희망도 없는 나날.
　～も ～ば ～も : ～도 있다면 ～도 있다. ～도 없다면 ～도 없다.

61) かえりに道に( )大変でした。

① まよって   ② こんでいて   ③ すいていて

④ かけて   ⑤ すすんで

➡ 돌아오는 길에 길을 헤매서 힘들었습니다. (道に迷う : 길을 헤매다)
　道が混んでいる : 길이 혼잡하다. (혼잡한 모습 : ぎゅうぎゅう)
　道がすいている : 길이 한가하다. (한가한 모습 : がらがら)

62) 雨の中を1時間も( )、かぜをひいてしまった。

① 待たれて   ② 待たして   ③ 待ち合わせて

④ 待たされて   ⑤ 待たせて

➡ 비가 오는 중에 1시간씩이나 기다려서 감기에 걸리고 말았다.
　④ 사역수동형은 강제적으로 하다.

63) 結婚するんだったら、家事をてつだって( )人がいい。

① もらう   ② やる   ③ あげる

④ くれる   ⑤ あげよう

➡ 결혼한다면, 집안일을 도와주는 사람이 좋다.

64) 今日はテストだから、気分が悪いからといって、学校を休む( )。

① わけだ   ② ものだ   ③ わけではない

④ ものではない   ⑤ わけにはいかない

➡ 오늘은 시험이기 때문에, 기분이 나쁘다고 해서, 학교를 쉴 수는 없다.
　① 당연한 귀결.   ② 설명문에 사용.
　③ ～라고 하는 것은 아니다.   ⑤ ～할 수는 없다.

65) 彼女に(　)あったから、これもたのんでみよう。

① そのうち　　　　　　② せっかく　　　　　　③ とっくに

④ わざわざ　　　　　　⑤ わざと

66) 밑줄 친 부분이 나머지 넷과 용법이 다른 것을 고르시오.

① こんなことを言ったら、先生に叱られ<u>そうです</u>。

② あの人は日本語が出来<u>そう</u>じゃありません。

③ プールの中は気持ちがよさ<u>そうです</u>。

④ 金さんは今東京に向かって行っている<u>そうです</u>。

⑤ あの人は会社員ではなさ<u>そう</u>だ。

67) 다음 한자의 읽기 중 틀린 것을 고르시오.

① 大勢 (おおぜい)　　　　② 留守 (るす)

③ 時事 (じじ)　　　　　　④ 出店 (しゅってん)

⑤ 患者 (かんじゃ)

68) 다음 한자의 읽기 중 틀린 것을 고르시오.

① 相撲 (すもう)　　　② 首相 (しゅしょう)

③ 手配 (てはい)　　　④ 外国 (がいこく)

⑤ 台所 (たいどころ)

▶ ⑤ だいどころ (부엌)
① 씨름.　　　　　　　② 수상.
③ 수배.　　　　　　　④ 외국.

69) 다음 한자의 읽기 중 틀린 것을 고르시오.

① 言葉 (ことば)　　　② 食券 (しょくけん)

③ 四季 (しき)　　　　④ 値段 (ねだん)

⑤ 是非 (ぜひ)

▶ ② しょっけん (식권)
① 말. 언어.　　　　　③ 사계
④ 가격. 값.　　　　　⑤ 꼭. 틀림없이.

70) 다음 한자의 읽기 중 틀린 것을 고르시오.

① 減少 (げんしょう)　② 氷山 (ひょうさん)

③ 日常 (にちじょう)　④ 場合 (ばあい)

⑤ 直面 (ちょくめん)

▶ ② ひょうざん (빙산)
① 감소.　　　　　　　③ 일상. 늘. 평소.
④ 경우.　　　　　　　⑤ 직면.

71) 다음 한자의 읽기 중 틀린 것을 고르시오.

① 比較 (ひかく)　　　② 老人 (ろうじん)

③ 割合 (わりごう)　　④ 手当 (てあて)

⑤ 人柄 (ひとがら)

▶ ③ わりあい (비율)
① 비교.　　　　　　　② 노인.
④ 수당. 치료.　　　　⑤ 성품.

72) 다음 한자의 읽기 중 틀린 것을 고르시오.

① 素直 (すじき)　　　② 景色 (けしき)

③ 背丈 (せたけ)　　　④ 反応 (はんのう)

⑤ 弱点 (じゃくてん)

◆ ① すなお (솔직하다. 순수하다)
② 경치.　　　　　　　③ 신장.
④ 반응.　　　　　　　⑤ 약점.

73) 다음 한자의 읽기 중 틀린 것을 고르시오.

① 日記 (にっき)　　　② 家賃 (やちん)

③ 火事 (かじ)　　　　④ 泥棒 (どろぼう)

⑤ 大家 (だいか)

◆ ⑤ おおや (집주인)
① 일기.　　　　　　　② 집세.
③ 화재.　　　　　　　④ 도둑.

74) 다음 한자의 읽기 중 틀린 것을 고르시오.

① 上着 (じょうちゃく)　② 地図 (ちず)

③ 果物 (くだもの)　　　④ 風呂 (ふろ)

⑤ 風邪 (かぜ)

◆ ① うわぎ (상의). (下着 : 속옷, 내의)
② 지도.　　　　　　　③ 과일
④ 목욕탕.　　　　　　⑤ 감기.

75) 다음 한자의 읽기 중 틀린 것을 고르시오.

① 指輪 (ゆびわ)　　　② 帽子 (ぼうし)

③ 木の葉 (きのは)　　④ 奈良 (なら)

⑤ 怪我 (けが)

◆ ③ このは (나뭇잎)
① 반지.　　　　　　　② 모자.
④ 나라. (地名)　　　　⑤ 상처.

76) 다음 한자의 읽기 중 틀린 것을 고르시오.

① 土産 (みやげ)　　　② 和食 (わしょく)

③ 夕立 (ゆうだち)　　④ 田舎 (いなか)

⑤ 地震 (ちしん)

➡ ⑤ じしん (지진)
① 선물. 토산품.　　　　　② 일식.
③ 소나기.　　　　　　　④ 시골.

77) 다음 한자의 읽기 중 틀린 것을 고르시오.

① 両替 (りょうがえ)　　② 質屋 (しちおく)

③ 人口 (じんこう)　　　④ 掲示板 (けいじばん)

⑤ 都合 (つごう)

➡ ② しちや (전당포)
① 돈을 바꾸다.　　　　　③ 인구.
④ 게시판.　　　　　　　⑤ 형편. (돈·시간)

78) 다음 한자의 읽기 중 틀린 것을 고르시오.

① 行事 (ぎょうじ)　　　② 貿易 (むうえき)

③ 登山 (とざん)　　　　④ 下山 (げざん)

⑤ 荷物 (にもつ)

➡ ② ぼうえき (무역)
① 행사.　　　　　　　　③ 등산.
④ 하산.　　　　　　　　⑤ 하물. 짐.

79) 다음 한자의 읽기 중 틀린 것을 고르시오.

① 番組 (ばんぐみ)　　　② 偽物 (にせもの)

③ 文句 (もんく)　　　　④ 相手 (そうしゅ)

⑤ 手術 (しゅじゅつ)

➡ ④ あいて (상대)
① 프로그램.　　　　　　② 가짜.
③ 불평.　　　　　　　　⑤ 수술.

80) 다음 한자의 읽기 중 틀린 것을 고르시오.

① 芝生 (しばふ)　　　　② 趣味 (しゅうみ)

③ 助言 (じょげん)　　　　④ 生野菜 (なまやさい)

⑤ 返事 (へんじ)

　↴ ② しゅみ (취미)
　① 잔디밭.　　　　　　　　　③ 조언.
　④ 야채.　　　　　　　　　　⑤ 답장. 대답.

81) いずれそのうちおうかがいします。의 올바른 해석은?

① 언제 한번 찾아뵙겠습니다.

② 어느 쪽인가 한번 여쭈어 보겠습니다.

③ 언제인가 그날을 알아보겠습니다.

④ 어느 쪽이건 그 중에서 하나 갚겠습니다.

⑤ 여러가지로 그 동안 애쓰셨습니다.

　↴ いずれ : 어느 쪽. 어디. 조만간에. 머지않아.　其の内 : 조만간에.
　　(いずれそのうち・遅かれ早かれ・いつの間にか・知らないうちに)
　　伺う : 방문하다. 질문하다의 겸양어.

82) 주어진 일본어를 번역한 것 중 가장 적당한 것을 고르시오.

> 弟はふえをでたらめに吹いて遊びました。

① 동생은 피리를 신나게 불며 놀았습니다.

② 동생은 피리를 손가락으로 불며 갔습니다.

③ 동생은 피리를 아무렇게나 불며 놀았습니다.

④ 동생은 피리를 구슬프게 불며 놀았습니다.

⑤ 동생은 피리를 씩씩하게 불며 놀았습니다.

　↴ 出たら目に : 아무렇게나. 엉터리. 장난으로. (無茶・なまぬるい)

83) 주어진 일본어를 번역한 것 중 가장 적당한 것을 고르시오.

> ちょうど友だちは留守中でしたが、大家さんのお世話でそこにとまらせてもらった。

① 때마침 친구가 집에 없어서 그 집주인의 배려로 그곳에 묵게 되었다.
② 바로 친구가 집에 있었기 때문에, 그 집주인을 소개받아 신세를 입게
　 되었다.
③ 때마침 친구는 집에 없었기 때문에, 여관집 신세를 지었다.
④ 때마침 친구가 그곳의 우두머리였기 때문에, 큰집을 얻어서 머무를
　 수 있었다.
⑤ 때마침 친구가 그 고장의 토박이였기 때문에, 그 지방의 대가들을
　 소개받아 이런저런 이야기를 나누었다.

　▣ 大家 : 집주인.　　家主 : 집을 많이 갖고 있는 사람.　　母屋 : 안채. 본채. (母家)

84) 次の文の(　)の中に最も適当な言葉を入れなさい。

> 昨日は一日中歩き(　)歩いた。

① を　　　　② が　　　　③ に　　　　④ へ　　　　⑤ て

　▣ 어제는 하루 종일 걷고 또 걸었다.
　　동사(ます形) + に + 동사(현재형 · 과거형) : ～하고 또 ～했다. (반복)
　　(반복을 나타낸다). 見に見た : 보고 또 보았다.　降りに降る : 내리고 또 내리다.
　　待ちに待った : 기다리고 기다렸다. (待ちに待つ)

85) 次の文の(　)の中に最も適当な言葉を入れなさい。

> 生（い）き物（もの）ですから出来（でき）るだけお早（はや）めに(　)。

① お召（め）し上（あ）がりになって下（くだ）さい。

② お召し上がって下さい。

③ お召し上がりして下さい。

④ 召し上がって下さい。

⑤ お召し上がりになられて下さい。

➡ 신선한 것이기 때문에 가능한 한 빨리 드십시오.
　존경어 뒤에는 ください가 올 수 있지만 겸양어 뒤에는 ください가 올 수 없다.
　(O) お話しください。　　めしあがってください。
　(X) お話ししてください。　いただいてください。

86) 次の文の(　)の中に最も適当なものを入れなさい。

> 頭（あたま）がいい(　)何（なん）でもよく気（き）が付（つ）く。

① ばかりに　　　　　　② のに　　　　　　　③ ように

④ だけに　　　　　　　⑤ なりに

➡ 머리가 좋기 때문에 뭔지 잘 안다. (気が付く : 알다. 눈치 채다. 회복하다)
① 〜인 탓으로, 〜이기 때문에. ばかりに라고 하는 형으로 그것만이 원인·이유가 있다고 하는 의미를 나타낸다.
　(부정적인 문장에 사용한다)
② のに : 〜인데도, 〜했는데도. (역접의 확정 조건)
　예상하지 않았던 결과가 발생해서 원래의 상태로 돌아갈 수 없을 때, 비난이나 불만, 안타까움의 뜻을 나타낸다.
③ 〜처럼. (비유나 예시 문장에서 사용한다)
④ 〜이기 때문에 더욱더 그렇다. 당연한 귀결의 문장에서 사용한다.
　(だけに · だけあって · だけのことはある)
⑤ 〜하든지. 〜대로 (言うなり : 말하는 대로).
　나름대로 (私なりの : 내 나름대로), 〜모양 · 꼴 (〜たまごなり : 계란모양)

87) 次の文の(　)の中に最も適当なものを一つ選びなさい。

> 私は捕師伝という小説を日本で出版しましたが、(　)世間には知られていません。

① あまり　　　　　② それで　　　　　③ それから
④ それも　　　　　⑤ 結局

　☑ 저는 호시뎅이란 소설을 일본에서 출판했습니다만, 그다지 세상에는 알려지지 않았습니다.
　① 그다지. (부정을 동반했을 때는 그다지. 긍정을 동반했을 때는 너무)
　② 그래서.
　　(それだから・それゆえ・そのため・そして). (먼저 이야기한 것을, 원인·이유로서 강조한다)
　③ 그리고 나서 (어떤 동작을 하고 나서)
　④ 그것도　　　　　　　　　⑤ 결국

88) 일본어를 우리말로 바르게 옮긴 것을 고르시오.

> 今日は忙しくないから、お手伝いは遠慮致します。

① 오늘은 바쁘지 않으니까 심부름을 시켜도 괜찮습니다.
② 오늘은 바쁘지 않으니까 거들어 주는 것은 사양하겠습니다.
③ 오늘은 바쁘지 않으니까 손바느질을 할 작정입니다.
④ 오늘은 바쁘지 않으니까 손가는 일부터 차근차근 처리할 예정입니다.
⑤ 오늘은 바쁘지 않으니까 손에 닥치는 대로 남을 도울 생각입니다.

　☑ 遠慮 : 사양하다. 미래의 일을 생각하다. (致す : する의 겸양어)

89) 일본어를 우리말로 바르게 옮긴 것을 고르시오.

> 何かとお世話になります。

① 여러 가지로 신세가 많습니다.
② 무엇인가하고 세상 이야기를 들었습니다.
③ 무엇이든 불편해지면 신세지겠습니다.
④ 언제나 이 세상의 화젯거리가 됩니다.
⑤ 있는 대로 다 도움을 받겠습니다.

　☑ お世話になる : 신세지다.
　　(世話をする・面倒を見る・世話を焼く : 돌보아 주다)

90) 우리말을 일본어로 바르게 옮긴 것을 고르시오.

> 유감스러워 할 정도의 것은 아니다.

① 残念がるほどのことではない。

② 残念するほどのことではない。

③ 残念するくらいのことではない。

④ 残念がちのぐらいではない。

⑤ 残念がることのほどではない。

➡ い형용사 · な형용사(어간) + がる : ～하고 싶어하다.
ほしがる : 갖고 싶어하다.　いやがる : 싫어하다.
ほどのことではない : ～할 정도의 일은 아니다.

91) 우리말을 일본어로 바르게 옮긴 것을 고르시오.

> 그것은 서랍 안에 넣어 두었습니다.

① それはひきだしの中に入っています。

② それはひきだしの中に入れています。

③ それはひきだしの中に入れておきました。

④ それはひきだしの中に入れてありました。

⑤ それはひきだしの中に入っておきました。

➡ 동사(て形) + おく : ～해 놓다. ～해 두다.
(미리, 사전에 어떤 행위를 준비해 두다)

92) 次の文の問いに答えなさい。

> 車に乗せていただいて時間に間に合いました。

① それはよかった　　　　② どういたしまして

③ どうもありがとう　　　④ おかげさまで

⑤ おそれいります

➡ 차를 태워 주셔서 시간에 도착했습니다.
① 그것은 잘되었다　　　　　　② 천만예요
③ 대단히 고맙다　　　　　　　④ 덕분에
⑤ 恐れ入る : 죄송스럽게 생각하다. 고맙게 생각하다. 어처구니가 없다. 감탄하다.
(彼の誠実さには恐れ入るよ。 그의 성실함에는 감탄하다)

93) ( )の中に適当な言葉を入れなさい。

> ひま( )あればよく出かけていった( )です。

① も、　　だけ　　　　　　② さえ、　もの
③ だけ、　つもり　　　　　④ ほど、　の
⑤ が、　　ばかり

■ 시간만 있었다면 자주 외출했던 것입니다.
동사(ます形) + さえ + 가정형(ば) : 의 형으로 그것만으로도 충분(それだけでじゅうぶん)하다고 하는 의미를
나타낸다. (이것만하면 모든 것은 끝난다)특별한 예를 들어 ~이기 때문에 다른 것은 물론이라고 하는 의미를
나타낼 때.
「~でさえ」「~ですら」의 형으로 사용하는 일도 많다. (부정적인 문장에 사용)
~한테 마저도(게다가)라고 하는 의미를 나타낸다.

• 次の( )の中に入る適当な言葉を下から選び、記号で答えなさい。

94) この本は田中さんに( )ました。

① あげ　　　　　　　　　② やり
③ もらい　　　　　　　　④ ください
⑤ くれ

■ 이 책은 다나까씨한테 받았습니다.
• 내가 주어일 경우　　　　　• 제3자와 제3자일 경우
　私は田中さんにあげました。　　金さんは田中さんにあげました。
　私は田中さんにもらいました。　田中さんは金さんにもらいました。
　田中さんが私にくれました。　　田中さんが金さんにくれました。
• 어떤 물건이나 소유물을 가리킬 경우. (あげる는 사용할 수 없음)
　この本は田中さんにもらいました。この本は田中さんがくれました。

95) 과일을 사러 갔더니 벌써 다 팔렸다. 의 올바른 일본어는?

① 果物を買おうといったが、もう売り切れた。
② 果物を買いにいったら、もう売り切れた。
③ 果物を買おうといくと、もう売り切れた。
④ 果物を買いにいくのい、もう売り切れた。
⑤ 果物を買おうといってから、もう売り切れた。

■ 동사(과거형) + ら : ~했더니, ~한다면.
동사(ます形)・명사(단어) + に : ~하러. (に : 목적을 나타낸다)
(に行く・に出かける : ~하러 가다)

96) 동생은 컴퓨터를 사고 싶어 합니다. 의 올바른 일본어는?

　　① 弟はパーソコンを買いたいそうです。

　　② 弟はパーソコンが買いたいそうです。

　　③ 弟はパーソコンが買いたいようです。

　　④ 弟はパーソコンが買いたいします。

　　⑤ 弟はパーソコンを買いたがっています。

　　　　➡ がっている : ～하고 싶어 합니다. (상대의 희망을 나타내며 전문에 사용된다)

97) 경어가 올바르게 사용되어진 것을 고르시오.

　　① 私のお父さんは新聞を読んでいらっしゃいます。

　　② 私のお父さんは新聞をお読みになっていらっしゃいます。

　　③ 私の父は新聞を読んでおります。

　　④ 私のお父さんは新聞をお読みになっています。

　　⑤ 私の父は新聞を読んでいらっしゃいます。

　　　　➡ 일본어는 자기 가족을 남에게 말할 때는 겸양어를 사용한다.

98) 読めば読むほど難しくなってきた。의 올바른 우리말은?

　　① 처음 읽기가 어렵다.

　　② 읽을수록 내용이 쉬워진다.

　　③ 마지막까지 읽어 내기가 어렵다.

　　④ 어느 책이나 마지막까지 읽기란 어려운 법이다.

　　⑤ 읽으면 읽을수록 어려워졌다.

　　　　➡ ～ば ～ほど(だけ) : ～하면 ～하는 만큼 (정도).
　　　　　 가정형 + 기본형 + だけ · ほど : 뒷문장은 주로 くなる의 형이 온다.

99) 一休みしようではありませんか。の意味は。

① 休みしましょう　　　　② 休みしません

③ 休みしますか　　　　　④ 休みしなさい

⑤ 休みしてはいけない

➡ 잠깐 쉬려고 하는 것은 아닙니까. (一服 : 잠깐 쉬다)

　(一服盛る : 사람을 살해할 목적으로 독약을 만드는 것. 독약을 먹이는 것)

100) 小説家が死んだのを知りません。(　　)안에 들어갈 말은?

小説家(　　)死んだのを知りません。

① の　　　　　② で　　　　　③ は　　　　　④ に　　　　　⑤ と

➡ (A의 B)가 (주어 ― 동사), (주어 ― 형용사)등의 관계를 어순적으로 계속 유지하고 있는 경우, 연체수식절 안에서(が)를 대신할 수 있다. (이러한 경우는 일반적인 문장에서 が를 사용했던 것을 の로 바꾸는 것이 가능하다)

일반적인 문장		명사+명사의 문장	
私が読んだ。	내가 읽다.	私の読んだ本。	내가 읽은 책.
友だちが来る。	친구가 오다.	友だちの来る日。	친구가 오는 날.
水が飲みたい。	물을 마시고 싶다.	水の飲みたい人。	물을 마시고 싶은 사람.
人がいない。	사람이 없다.	人のいない部屋。	사람이 없는 방.

연습 문제 (3)

1) 다음 문장과 같은 것을 고르시오.

> 木村さんは田中さんから本をもらって山田さんに返^{かえ}した。

① 木村さんは田中さんに本をあげた。

② 田中さんは山田さんに本をもらった。

③ 田中さんは山田さんに本をあげた。

④ 木村さんは山田さんに本をあげた。

⑤ 山田さんは木村さんから本をくれた。

➡ 기무라씨는 다나까씨한테 책을 받아서 야마다씨에게 돌려주었다.

2) 次^{つぎ}の文^{ぶん}のように同^{おな}じ関係^{かんけい}を持^もつものを一^{ひと}つ選^{えら}びなさい。

> うまい ── おいしい

① おもしろい　──　くだらない

② はれやか　　──　ほがらか

③ ひろい　　　──　せまい

④ たしかだ　　──　あいまいだ

⑤ あらい　　　──　こまかい

➡ うまい : 잘한다(上手). 맛있다(おいしい). 일이 순조롭게 되다. (↔ まずい)
① 재미있다(面白い) : 시시하다(下らない)
② 晴やか(날씨가 맑다. 성격이 명랑하다) : 朗らか(명랑하다. 밝다)
③ 넓다(広い) : 좁다(狭い)
④ 확실하다(確かだ) : 애매모호하다 (曖昧だ)
⑤ 거칠다. 난폭하다(荒い). 꺼칠꺼칠하다. 조잡하다(粗い)
　대단히 작다. 자세하다. 돈에 인색하다. (細かい)

3) 次の文の(　)の中に適当な言葉を入れなさい。

今日もはたらき(　)いく。

① に　　　　　　　② を　　　　　　　③ の

④ で　　　　　　　⑤ は

✪ 동사(ます形)＋に：～하러. (목적을 나타낸다)

4) 次の文の(　)の中に適当な言葉を入れなさい。

田中さんまで(　)さえすれば旅行(りょこう)に行(い)くことが出来(でき)ます。

① 来(き)　　　　　② 来(こ)　　　　　③ 来る

④ 来ます　　　　　⑤ 来れ

✪ 다나까씨마저 오기만 하면 여행을 갈 수가 있습니다.
동사(ます形)＋さえ＋가정형(ば)：의 형으로 그것만으로도 충분(それだけでじゅうぶん)하다고 하는 의미를 나타낸다.
(이것만하면 모든 것은 끝난다). 특별한 예를 들어 ～이기 때문에 다른 것은 물론이라고 하는 의미를 나타낼 때, 「～でさえ」
「～ですら」의 형으로 사용하는 일도 많다.(부정적인 문장에 사용). ～한테 마저도(게다가)라고 하는 의미를 나타낸다.

5) 次の文の(　)の中に適当な言葉を入れなさい。

掃除(そうじ)は(　)終(お)わったばかりです。

① さき　　　　　　② いまから　　　　③ もと

④ また　　　　　　⑤ まだ

✪ 청소는 조금 전에 끝났습니다.
① 조금 전에　　　　　② 지금부터　　　　③ 원래
④ 또　　　　　　　　⑤ 아직

6) 次の文の中で、下線部分がまちがっているものは。

① あの子は父親によく<u>似ます</u>。

② 君はコンピューターを<u>もっていますか</u>。

③ あの学生のことならよく<u>覚えています</u>。

④ 今一万ウォン<u>要ります</u>。

⑤ 山が高く<u>そびえています</u>。

➡ ① 似ています。(자동사의 상태)
① 저 아이는 부모를 많이 닮았습니다.
② 너는 컴퓨터를 가지고 있습니까.
③ 저 학생에 대해서라면 잘 알고 있습니다.
④ 지금 만원 필요합니다.
⑤ 산이 높게 솟아 있습니다.

• 次の文の(　)の中に適当な言葉を入れなさい。

7) 先日は京都を(　)、ありがとうございました。

① ご案内さしあげて　　　② ご案内いただいて

③ お案内いただいて　　　④ お案内してくださって

⑤ ご案内してくださって

➡ 지난번에는 교또를 안내해주셔서, 고마웠습니다.
⑤ 겸양어 뒤에 ください · くださる같은 문장은 올 수 없다.
　 따라서 올바르게 고치면 ご案内くださって가 된다.

8) 下線の部分が間違っているのは。

① 私は妹に本を<u>読んでくれました</u>。

② 英語は田中先生に<u>教えていただきました</u>。

③ あなたがその老人を<u>助けてあげた</u>のですか。

④ 私は時々姉にケーキを<u>作ってもらいました</u>。

⑤ 招待<u>して下さいまして</u>ありがとうございます。

➡ 상대가 나에게 해주다. (くれる)　　金さんが私にくれる。
　 내가 상대에게 해 받다. (もらう)　　私は金さんにもらう。
　 내가 상대에게 해주다. (あげる)　　私は金さんにあげる。

9) 次の文にあたる質問はどれか。

> まだ彼にあったことはありません。

① あした金さんにあいますか。

② 今、金さんはどこにすんでいますか。

③ 金さんがいつここにきましたか。

④ 金さんにあったことはありますか。

⑤ いつ彼にあうつもりですか。

↪ 아직 그를 만난 적은 없습니다.
동사(과거형) + ことがある : 본인의 경험이나 체험을 나타낸다.

10) 次の外来語表記のうち、間違っているものは。

① beer ： ビル 　　② bed ： ベッド

③ bus ： バス 　　④ building ： ビルディング

⑤ business ： ビジネス

↪ ① ビール (ビル : 빌딩)

11) 次の文が正しく訳されたのは。

> 창문을 열어 주시지 않겠습니까?

① 窓を開けていただきませんか。

② 窓を開けていただけませんか。

③ 窓を開いていただけませんか。

④ 窓を開いていただきませんか。

⑤ 窓を開いてくださいませんか。

↪ ~해주시지 않겠습니까. (くださいませんか・いただけませんか)

12) 次の文が正しく訳されたのは。

> 아침에 일어나니 눈이 내리고 있었다.

① 朝起きるから、雪が降っていた。

② 朝起きたから、雪が降っていた。

③ 朝起きたのに、雪が降っていた。

④ 朝起きたなら、雪が降っていた。

⑤ 朝起きると、雪が降っていた。

➡ ⑤ 朝起きたら、雪が降っていた。

13) 次の文の(　)の中に最も適当な言葉を一つ選びなさい。

> あなたは何かプレゼント(　)もらったこと(　)ありますか。

① で、で　　　　　　　② を、が

③ が、に　　　　　　　④ の、も

⑤ が、を

➡ 당신은 무엇인가 선물을 받았던 적이 있습니까.
동사(과거형) + ことがある。: ~한 적이 있다.
(본인의 과거의 경험이나 체험을 나타낸다)

14) 次の文の(　)の中に最も適当な言葉を一つ選びなさい。

> このかばんはちょっと見ると(　)ですが、じっさいはあまりおもく
> ありません。

① おもい　　　　　　　② おもかったり

③ おもそう　　　　　　④ おもかった

⑤ おもいそう

➡ 이 가방은 언뜻 보면 무겁게 보입니다만, 실제는 그다지 무겁지 않습니다.

15) 次の文の(　)の中に最も適当な言葉を一つ選びなさい。(15~19)

> 子どもの時の思い出の、数かぎりなくある中で、いちばんたのしいのはお正月の思い出である。私はいつもお正月が大好きだけれども、子供の時は(　　)一年じゅうお正月の事ばかり考えて、日のたつのを待っているようなものであった。

① とても　　　　② まるで　　　　③ それでも

④ ついに　　　　⑤ かえって

◘ ② 마치(뒷문장은 よう가 온다). 부정의 의미를 나타낼 때는 전혀.

> 어릴 때의 기억이다. 셀 수 없이 많은 것 중에서, 제일 기쁜 것은 설날의 추억이다. 나는 언제나 설날을 제일 좋아했지만, 어릴 때는 마치 일 년 중 설날만 생각해서, 날짜가 지나는 것을 기다리고 있었던 것이었다.

① 긍정일 때는 대단히. 부정일 때는 도저히 (뒷문장은 실현 불가능한 문장이 온다 (とうてい)
④ 마침내. 드디어　　　　　　　⑤ 오히려. 차라리

16) 富士山の高さは3376メートルも(　)。

① いるそうです。　　② あるそうです。　　③ できるそうです。

④ するそうです。　　⑤ とるそうです。

◘ 후지산 높이는 3376메타나 된다고 합니다.
数詞 + もある : ~나 되다. ~도 있다.

17) 病気にさえかからなければ、人間は150才まで(　)ことができる。

① すむ　　　　　　② のこる　　　　　③ いきる

④ くらす　　　　　⑤ せいかつする

◘ 병에만 걸리지 않는다면, 인간은 150살까지 사는 것이 가능하다.
① 살다 (住む)　　　　　　② 남다 (残る)
④ 생활하다. 일몰까지 시간을 보내다 (暮らす)

18) 彼はいつも遊んで(　)いる。

① だけ　　　　　　　② さえ　　　　　　　③ も

④ など　　　　　　　⑤ ばかり

➡ 그는 언제나 놀고만 있다.
ばかり : 어떤 동작을 계속하고 있는 상태를 나타낸다.
(テレビを見てばかりいる。　텔레비전을 보고만 있다.)
(テレビばかり見ている。　텔레비전만 보고 있다.)

19) 先生の車を(　)いいですか。

① かしても　　　　　② かしてくれても　　　③ おかりしても

④ おかりになっても　⑤ おかししても

➡ 선생님 차를 빌려도 좋겠습니까.
존경어가 없는 동사는 다음과 같이 고치면 된다.
(존경어 : お + ます形 + になる・なさる) (先生がお飲みになる)
(겸양어 : お + ます形 + する・いたす)　(私がお飲みする)

20) 다음 단어 중 밑줄 친 부분의 발음이 다른 하나는?

① あっさり　　　　　② ぎっしり　　　　　③ こっそり

④ ばったり　　　　　⑤ まっすぐ

➡ ④
① 성격이 시원하다. 사소한 일에 신경 쓰지 않다.
② 빈틈없이 많은 물건이 꽉 차 있는 모습. (ぎっちり)
③ 남이 모르도록 살짝 행동하는 것 (ひそかに). (ごっそり : 전부. 몽땅)
④ 사람・물건 등이 갑자기 넘어지는 모습. 갑자기 만나는 모습.
소식이 갑자기 끊어지는 모습. (はったり : 허세 부리는 것. 과장하는 것)
(ぱったり : 뚝. ばったり보다 조금 가벼운 말)
⑤ 똑바로. 직진. 성격이 직선적이다.
• 작은 っ (촉음)
きって에서 보여지듯이 작은っ는 특별하게 읽는다. っ /tsu/라고 읽지 않고, 단지 모양만을 취할 뿐이다. 즉, きって의 경우는 き를 읽고, 혀는 て의 위치로 하여 모양을 취한다. 이 모양의 길이는 き・て를 읽는 것과 거의 같은 길이이다. 이와 같이 작은 っ를 읽는 경우의 혀의 위치는 っ에 붙는(뒤따라오는)문자의 자음의 위치이다. 그러나 っ다음에 오는 문자가 さ・し・す・せ・そ의 경우는 공기가 나올 뿐, 모양은 의식되지 않는다.
이 작은 っ는

か	き	く	け	こ	k음 앞에서는 ㄱ
さ	し	す	せ	そ	s음 앞에서는 ㅅ
た	ち	つ	て	と	t음 앞에서는 ㄷ
ぱ	ぴ	ぷ	ぺ	ぽ	p음 앞에서는 ㅂ

의 앞에서만 나타난다.

	ㄱ	ㅅ	ㄷ
예	いっかい せっかく がっこう	ざっし あっさり さっそく	きって まっち いったい

21) 밑줄 친 부분이 나머지 넷과 용법이 다른 것은?

① テレビのニュースによると、アメリカの大統領が来る<u>そうです</u>。

② 新聞によると、今年の夏はあまり暑くない<u>そうです</u>。

③ 山本さんは昨日あまり忙しくなかった<u>そうです</u>。

④ リーさんは旅行が好きだ<u>そうです</u>。

⑤ あの店の人は親切<u>そうです</u>。

☒ そう문장은 そう앞에 어떤形이 왔느냐를 생각하면 쉽게 풀 수 있다.
동사・い형용사・な형용사・명사(기본체) + そう는 전문을 나타내고, 그 외는 양태를 나타낸다.

22) 次のうち _____ 線の部分が間違ったものは。

① また<u>失敗しちゃった</u>な。

② ごめん。この間、<u>飲んちゃった</u>よ。

③ 疲れた。もう<u>死んじゃう</u>よ。

④ そんなに<u>きめちゃって</u>、どこに行くの。

⑤ もう進学は<u>諦めちゃった</u>よ。

☒ 동사(て形) + しまう : ~해 버리다. (동작이 완료된 것을 나타낸다)
회화체로는(ちゃう・ちまう・じゃう・じまう)를 사용한다.
단 (じゃう・じまう)는 동사 기본형의 끝 글자가 (ぬ・ぶ・む・ぐ)로 끝나는 동사에 한정된다.

예	しまう形	ちゃう・じゃう形	ちまう・じまう形
行く	行ってしまう	行っちゃう	行っちまう
食べる	食べてしまう	食べちゃう	食べちまう
読む	読んでしまう	読んじゃう	読んじまう
死ぬ	死んでしまう	死んじゃう	死んじまう
飛ぶ	飛んでしまう	飛んじゃう	飛んじまう
脱ぐ	脱いでしまう	脱いじゃう	脱いじまう

23) 다음 문의 내용과 일치하는 것을 고르시오.

> あの奥さんは三年前に夫に死なれました。

① あの奥さんは３年前に死んだ。

② あの奥さんは３年前に夫に殺された。

③ ３年前に夫が奥さんを死なせた。

④ あの奥さんは３年前に夫に死なせられた。

⑤ あの奥さんの夫は３年前に死んだ。

➡ 저 부인은 3년 전에 남편이 죽었습니다.
수동형인 경우 동작을 하는 사람은 조사 に를 받는 대상이다.
타라서 죽은 사람은 남편이 된다.

24) 저의 아버님은 제가 다섯 살 때에 돌아가셨습니다.

① お父さんは私が5歳の時にお亡くなりになりました。

② お父さんは私が5歳の時に亡くなりました。

③ 父は私が5歳の時にお亡くなりになりました。

④ 父は私が5歳の時に亡くなりました。

⑤ おやじは私が5歳の時にお亡くなりになりました。

➡ 자기 가족을 남에게 이야기할 때는 존경어를 사용하지 못한다.
亡くなる : 일반인이 죽다.   お隠れになる : 귀인이 세상을 뜨시다.

25) 다음 대화를 읽고 물음에 답하시오.

> A : あなたのロッカーはどれですか。
> B : それです。右から3番目です。
> A : ああ、ちょうどまん中のですね。

ロッカーは全部いくつありますか。

① 三つ　　　② 四つ　　　③ 五つ　　　④ 六つ　　　⑤ 七つ

➡ 사물함은 전부 몇 개 있습니까.
A : 당신 사물함은 어느 것입니까.
B : 그것입니다. 오른쪽으로부터 3번째입니다.
A : 아예, 딱 정 중앙이군요. (真ん中: 정 중앙)

26) 국장님은 지금 우체국으로 가셨습니다.

(외부에서 국장을 찾는 전화가 걸려 왔을 때의 대답으로 올바른 것은)

① 局長はいま郵便局へいらっしゃっています。

② 局長さまはいま郵便局へいらっしゃいました。

③ 局長はいま郵便局へおいでになっています。

④ 局長はいま郵便局へ行っています。

⑤ 局長はいま郵便局へいらっしゃるつもりです。

➡ 가다의 존경어는(いらっしゃる・おいでになる・お越しになる・御座します)

27) 다음 문장의 의미로서 올바르지 않은 것을 고르시오.

> 相手に待つように願う時の表現である。

① お待ちしてください。　　② お待ちなさい。

③ お待ちいただけませんか。　　④ お待ちねがいます。

⑤ お待ちくださいませんか。

➡ 겸양어 뒤에 ください (명령형)는 올 수 없다.
① 올바르게 고치면 お待ちください. (존경어)

28) 次の文の(　)の中に最も適当なものを一つ選びなさい。

> A : 黒板はどこにありますか。
> B : 黒板はあそこにあります。
> C : (　　)。
> D : いいえ、黒板の下には何もありません。

① 黒板の下に何がいますか　　② 黒板の下に何かありますか

③ 黒板の下に何もありますか　　④ 黒板の下に何かいますか

⑤ 黒板の下に何もないでしょう

➡ ② 칠판 밑에 무엇인가 있습니까.
A : 칠판은 어디에 있습니까.
B : 칠판은 저기에 있습니다.
C : 칠판 밑에 무엇인가 있습니까.
D : 아니오, 칠판 밑에는 아무 것도 없습니다.

29) 次の文の(　)の中に最も適当なものを一つ選びなさい。

> A：お兄さんはもう大学を卒業しましたか。
> B：はい、(　)卒業しました。
> C：今何をしていますか。
> D：中学校で英語を教えています。

① あした　　　　　　　② きょねん

③ らいねん　　　　　　④ さらいねん

⑤ らいげつ

✙ ② 예, 작년에 졸업했습니다.
A : 형님은 벌써 대학을 졸업했습니까.　　　B : 예, 작년에 졸업했습니다.
C : 지금 무엇을 하고 있습니까.　　　　　　D : 중학교에서 영어를 가르치고 있습니다.

30) 次の文の中で山田さんが朝起きて一番はやくすることを選んで
下さい。

> 木村：山田さん、あなたは朝起きて何をしますか。
> 山田：体操をしてから、ジョギングをします。
> 木村：ジョギングから帰って、何をしますか。
> 山田：シャワーを浴びて朝ごはんを食べます。

① 体操をする　　　　② 朝ごはんを食べる

③ シャワーを浴びる　④ ジョギング

⑤ 自宅に帰る

✙ ① 체조를 한다.
木村 : 야마다씨, 당신은 아침에 일어나서 무엇을 합니까.
山田 : 체조를 하고 나서, 조깅을 합니다.
木村 : 조깅을 하고 돌아와서, 무엇을 합니까.
山田 : 샤워를 하고 아침을 먹습니다.

• 次の文の(　　)の中に最も適当なものを一つ選びなさい。(31—32)

31) あなたは旅行(　　)きらいですか。

　　　① が　　　　　② の　　　　　③ を　　　　　④ で　　　　　⑤ に

　　　➡ 당신은 여행을 싫어합니까.
　　　　다음과 같은 な형용사 앞에서는 조사 が를 사용한다. 단 공통점이 있을 때는 も 공통점이 없을 때는 は를 사용한다.
　　　　(好き・嫌い・上手・下手)
　　　　嫌いがある : ～하는 경향이 있다.

32) 隣の方が(　　)から、お静かに願います。

　　　① ご迷惑なさいます　　　　　　② ご迷惑いたします

　　　③ ご迷惑されます　　　　　　　④ 迷惑いたします

　　　⑤ 迷惑します

　　　➡ 옆 분이 피해가 되기 때문에, 조용히 해주십시오.
　　　　① 존경어가 없는 경우는 お・ご + (명사・명사형) + になる・なさる가 된다.
　　　　お飲みになる。드시다.　　　　　お飲みなさる。드시다.
　　　　ご迷惑になる。폐가되다.　　　　ご迷惑なさる。폐가되다.

33) 여동생에게 사주고 싶은 것이 많습니다. 의 올바른 일본어는?

　　　① 妹に買ってやりたいものがたくさんあります。

　　　② 妹に買ってもらいたいものがたくさんあります。

　　　③ 妹に買ってさせたいものがたくさんあります。

　　　④ 妹に買ってくれたいものがたくさんあります。

　　　⑤ 妹に買って売ってもらいたいものがたくさんあります。

　　　➡ 妹に買ってやる。　여동생에게 사주다. (妹に買ってあげる)
　　　　妹に買ってもらう。　여동생에게 사받다.
　　　　妹が買ってくれる。　여동생이 사주다.

34) 次のうち、「ん」の発音が他と違うものは。

① はんたい (反対)　　　　　② あんない (案内)

③ こんなん (困難)　　　　　④ かんづめ (缶詰)

⑤ もんく　(文句)

➡ ④ 통조림　　　　　　　　　　　⑤ 불평

• ん은 다음에 오는 음에 의해 영향을 받아 실제로는 4종류의 읽기 방법이 있다.

실제의 발음	뒤에 따라오는 가나 문자							
ñ	あ	い	う	え	お			
	さ	し	す	せ	そ	しゃ	しゅ	しょ
	は	ひ	ふ	へ	ほ	ひゃ	ひゅ	ひょ
	や		ゆ		よ			
	わ							
	어미 (語尾)							
ŋ	か	き	く	け	こ	きゃ	きゅ	きょ
	が	ぎ	ぐ	げ	ご	ぎゃ	ぎゅ	ぎょ
n	ざ	じ	ず	ぜ	ぞ	じゃ	じゅ	じょ
	た	ち	つ	て	と	ちゃ	ちゅ	ちょ
	な	に	ぬ	ね	の	にゃ	にゅ	にょ
	ら	り	る	れ	ろ	りゃ	りゅ	りょ
m	ば	び	ぶ	べ	ぼ	びゃ	びゅ	びょ
	ぱ	ぴ	ぷ	ぺ	ぽ	ぴゃ	ぴゅ	ぴょ
	ま	み	む	め	も	みゃ	みゅ	みょ

ñ	ん 은 비음화 된다. (단독으로 사용한다)
	ほんや [hoñya] 책방.　　にほん [nihoñ] 일본.
ŋ	영어의 'Sing'에서 보여지는 ng의 음과 비슷하다. 우리나라 말의 ㅇ에 가깝다.
	ぶんか [buŋka] 문화.　　おんがく [oŋgaku] 음악.
n	허끝을 잇몸에 붙여 읽는다.　우리나라 말의 ㄴ에 가깝다.
	ほんと [honto] 정말.　　かんだ[kanda] 간다 (地名).　　おんな [onna] 여자.
m	위 아랫입술을 닫고 읽는다.　우리나라 말의 ㅁ에 가깝다.
	えんぴつ [empitsu] 연필.　　しんぶん [shimbun] 신문. ぶんめい [bumme] 문명

• ん음을 읽는데 걸리는 길이는 다른 가나문자의 길이와 거의 같다.

35) 借りた本を(　)としない。

①　かえしょう　　　　②　かえそう　　　　③　かえる

④　かえし　　　　　　⑤　かえよう

　☑ 빌린 책을 돌려주려고도 하지 않는다.
　　의지형 : 동사Ⅰ(お단)+う.　　　동사Ⅱ(ます形)+よう.
　　　　　　동사Ⅲ(する：しよう・くる：こよう)

36) 次の文の(　)中に最も適当な言葉を選びなさい。

彼は昨夜わたしの部屋に泊まりましたが、朝起きて(　)もういません
でした。

---

①　みれば　　　　　②　みて　　　　　③　みるなら

④　みながら　　　　⑤　みたら

　☑ 그는 어젯밤 내방에서 잠을 잤습니다만, 아침에 일어나 보았더니 이미 없었습니다.
　　⑤ たら : ~했더니. (뒷문장은 반드시 과거형이 온다)

37) 次の文の(　)中に最も適当な言葉を選びなさい。

教室の中は暑いですが、外は風が(　)涼しいです。

---

①　たって　　　　　②　はいって　　　　③　ふいて

④　やんで　　　　　⑤　ふって

　☑ 교실 안은 덥습니다만, 밖은 바람이 불어서 시원합니다.
　　③ 吹く：불다. (휘파람 · 바람)

38) 次のうち、下線部の用法が他と違うものは。

① 学校からの帰りに雨に<u>降られた</u>。

② わたしは<ruby>辛<rt>から</rt></ruby>いものでも<u>食べられます</u>。

③ <ruby>赤<rt>あか</rt></ruby>赤ちゃんに<u><ruby>泣<rt>な</rt></ruby>かれて</u>勉強ができなかった。

④ <ruby>水着姿<rt>みずぎすがた</rt></ruby>を<u><ruby>見<rt>み</rt></ruby>られて</u>はずかしかった。

⑤ <ruby>忙<rt>いそが</rt></ruby>しい<ruby>時<rt>とき</rt></ruby>、<ruby>友<rt>とも</rt></ruby>だちに<ruby>遊<rt>あそ</rt></ruby>びに<u><ruby>来<rt>こ</rt></ruby>られて</u>こまりました。

➡ ② 가능. ①, ③, ④, ⑤는 수동.

39) 입학한 지 1년이 되었습니다. の正しい日本語は。

① <ruby>入学<rt>にゅうがく</rt></ruby>してから<ruby>一年<rt>いちねん</rt></ruby>になりました。

② 入学してから1年がなりました。

③ 入学したから1年になりました。

④ 入学したから1年がなりました。

⑤ 入学の1年がなりました。

➡ 동사(て形)＋から : 어떤 동작을 하고 나서.
　　동사(기본체)＋から : 이유나 원인을 나타낸다.

40) 次の文とだいたい同じ意味のものは。

> わたしは友だちに本を貸してもらいました。

① わたしは友だちに本を貸してあげました。

② わたしは友だちに本を借りてもらいました。

③ 友だちはわたしに本を買ってくれました。

④ 友だちはわたしに本を貸してくれました。

⑤ 友だちはわたしから本を借りました。

▶ 내가 주어일 때 もらう의 상응되는 말은 くれる이다.
남이 주어일 때 あげる의 상응되는 말은 もらう이고 もらう의 상응되는 말은 くれる이다.

• 행위의 수급(물건의 수급)은 누가 누구에게 행위(물건)를 행하였느냐(주었느냐)에 따라서, 다음의 3개의 장면으로 나뉘어진다.
さしあげる(あげる의 겸양어). (やる는 あげる의 낮춤말)
いただく(もらう의 겸양어).   くださる는 くれる의 존경어)

• 내가 남에게 행위를 해준 경우와 해받은경우.	
私は、人に本を買ってあげました。 나는, 남에게 책을 사주었습니다.	(私 → 他人)
私は、人に / から本を買ってもらいました。 나는, 남에게 책을 사 받았습니다.	(私 ← 他人)
• A씨가 B씨에게 행위를 해준 경우와 해받은경우.	
Aさんは、Bさんに本を買ってあげました。 A씨는, B씨에게 책을 사주었습니다.	(A → B)
Bさんは、Aさんに / から本を買ってもらいました。 B씨는, A씨에게 책을 사 받았습니다.	(B ← A)
• B씨가 A씨에게 행위를 해준 경우와 해받은경우.	
Bさんは、Aさんに / から本を買ってもらいました。 B씨는, A씨에게 책을 사 받았습니다.	(B ← A)
Aさんは、Bさんに本を買ってあげました。 A씨는, B씨에게 책을 사주었습니다.	(A → B)
• A씨로부터 내가 행위를 해받은경우.	
Aさんは、私に本を買ってくれました。 A씨는, 나에게 책을 사주었습니다.	(A → 私)
私は、Aさんに / から本を買ってもらいました。 나는, A씨에게 책을 사 받았습니다.	(私 ← A)
• A씨가 B씨에게 행위를 해준 경우와 해받은경우.	
Aさんは、Bさんに本を買ってくれました。 A씨는, B씨에게 책을 사주었습니다.	(A → B)
Bさんは、Aさんに / から本を買ってもらいました。 B씨는, A씨에게 책을 사 받았습니다.	(B ← A)

• B씨가 A씨에게 행위를 해받은경우와 해준경우.	
Bさんは、Aさんに/から本を買ってもらいました。 B씨는, A씨에게 책을 사 받았습니다.	(B ← A)
Bさんは、Aさんに本を買ってくれました。 A씨는, B씨에게 책을 사주었습니다.	(A → B)
• 내가 年下나 동 · 식물에게 행위를 해준경우.	
私は、弟に本を買ってあげました。 나는, 동생에게 책을 사주었습니다.	(私 → 年下)
私は、鳥にえさを買ってやりました。 나는, 새에게 먹이를 사주었습니다.	(私 → 동·식물)

41) 다음 문장의 대답으로 올바른 것을 고르시오.

> 会議はもう終わりましたか。

① ええ、今はじまったところです

② ええ、今しまったところです

③ ええ、今おわったところです

④ ええ、今あけたところです

⑤ ええ、今とじったところです

➡ 회의는 벌써 끝났습니까.
③ 예, 지금 막 끝났습니다.

42) 다음 문장의 대답으로 올바른 것을 고르시오.

> お子さんはおいくつですか。

① 三人です　　　　　　② 三つです

③ 三年生です　　　　　④ 男の子です

⑤ アメリカにいます

➡ 자제분은 몇 살입니까. (二十歳 : 20세)
① 세 명입니다.　　　　　　② 세 살입니다. (세 개입니다.)
③ 3학년입니다.　　　　　　④ 남자아이입니다.
⑤ 미국에 있습니다.

43) 다음 문장의 올바른 일본어를 고르시오.

> 나는 감기 걸려서 회사를 쉬었습니다.

① 私はかぜをかかって、会社を休みました。

② 私はかぜをひいて、会社を休みました。

③ 私はかぜがかかって、会社を休みました。

④ 私はかぜがひいて、会社を休みました。

⑤ 私はかぜがかけて、会社を休みました。

➡ 風邪を引く : 감기 걸리다.　会社を休む : 회사를 쉬다.

44) 다음 문장의 올바른 일본어를 고르시오.

> 나는 쉬는 날에는 대개 아들에게 운전을 시킵니다.

① 私は休みの日には大抵息子に運転をされます。

② 私は休みの日では大抵息子に運転をさせます。

③ 私は休みの日には大抵息子を運転をされます。

④ 私は休みの日では大抵息子を運転をさせます。

⑤ 私は休みの日には大抵息子に運転をさせます。

➡ 運転をする의 사역형은 運転をさせる。運転させる。

• 次の文章を読んで後の問いに答えなさい。(45-48)

留学生はみんな一人で日本へ来て、一人で生活しています。わたしも留学生ですが。留学生の一番心配なことは病気です。日本に慣れていませんから、体も心も大変疲れます。今わたしは風邪を引いています。きのう健康保険に入りましたから、今日の午後保険証を(A)病院へいきます。保険証がない人は病院でお金を払わなければなりません。でも、わたしは(B)から、たくさん払わなくてもいいです。

유학생은 모두 혼자서 일본에 와서, 혼자서 생활하고 있습니다. 나도 유학생입니다만, 유학생이 제일 걱정하는 것은 병입니다. 일본에 익숙해져있지 않기 때문에, 몸도 마음도 대단히 피곤합니다. 지금 나는 감기에 걸렸습니다. 어제 보험을 들었습니다만, 오늘 오후 보험증을 받아서 병원에 갑니다. 보험증이 없는 사람은 병원에서 돈을 지불하지 않으면 안 됩니다. 그러나, 나는 보험이 있기 때문에, 많이 지불하지 않아도 됩니다.

45) 留学生は何を一番心配していますか。

① 勉強です　　　　　　② 病気です　　　　　　③ 元気です

④ 健康保険です　　　　⑤ 生活です

➡ 유학생은 무엇을 제일 걱정하고 있습니까.

46) 留学生はなぜ疲れますか。

① 日本に慣れていないからです　　② 食べものが違うからです

③ 一人で生活していますから　　　④ 友達がいないからです

⑤ 風邪を引いていますから

➡ 유학생은 왜 피곤합니까.

47) (A)の中に言葉を入れなさい。

① 入って　　　　　　② でて　　　　　　③ もらって

④ 払って　　　　　　⑤ まって

➡ 보험증을 받다. (保険証をもらう)

48) (B)の中に文を入れなさい。

　　① 病院へ行きます　　② 留学生です　　　③ 心配しています

　　④ 元気です　　　　　⑤ 保険証があります

　　◪ わたしは保険証がありますから。

• 次の文の(　　)の中に最も適当なものを入れなさい。

49) あなたは日本語(　　)できますか。

　　① が　　　　　　　　② へ　　　　　　　　③ お

　　④ で　　　　　　　　⑤ に

　　◪ 당신은 일본어를 할 수 있습니까.
　　　자동사 또는 가능형 앞에서의 조사는 が를 사용한다.

50) 次の文の(　　)の中に最も適当なものを入れなさい。

　　きのうは会社の上司にむりやりお酒を(　　)、酔っ払いらいました。

　　① 飲んで　　　　　② 飲ませて　　　　③ 飲まされて

　　④ 飲まれて　　　　⑤ 飲んでしまって

　　◪ 어제는 회사의 상사가 무리하게 술을 먹어서 취하고 말았습니다.
　　　③ 사역수동형은 강제적으로 상대에게 당하다.

51) 次の文の(　　)の中に最も適当なものを入れなさい。

　　ここまで来たらそのまま(　　)いかないでしょう。

　　① 帰るためには　　② 帰るのには　　　③ 帰ることには

　　④ 帰るわけには　　⑤ 帰るものには

　　◪ 여기까지 왔다면 그 상태로 돌아갈 수 없겠지요.
　　　わけにはいかない : ～할 수는 없다.

52) 次の文の(　)の中に最も適当なものを入れなさい。

> A：あ、おいしかった。ごちそうさまでした。
> B：いいえ、どういたしまして。(　　　)。

① おつかれさまでした。　　　　　② ごくろうさまでした。

③ おそまつさまでした。　　　　　④ おまちどおさまでした。

⑤ ごしゅうしょうさまでした。

➡ A：아, 맛있었다. 잘 먹었습니다.
　　B：아니오, 천만예요. 변변치 못했습니다.
　① 수고하셨습니다. (お疲れさまでした・ご苦労さまでした)　　③ 변변치 못했습니다. (お粗末さまでした)
　④ 많이 기다리셨습니다. (お待ち遠さまでした)　　⑤ 얼마나 애통하십니까. (ご愁傷さまでした)

53) 다음의 경어 표현 중 옳지 않은 것을 고르시오.

① 申し訳ございませんが、課長は只今外出なさっております。

② どなたが私を訪ねて見えましたか。

③ 社長にお目にかかりたいのですが。

④ 先生はそうおっしゃった。

⑤ 先生の辞書を利用させていただいた。

➡ ① 申し訳ございませんが、課長は只今外出しております。
① 죄송합니다만, 과장은 지금 외출했습니다.
② 어느 분이 저를 방문해오셨습니까.
③ 사장님을 만나 뵙고 싶습니다만.
④ 선생님은 그렇게 말씀하셨다.
⑤ 선생님 사전을 이용했다.

54) 다음 중 밑줄 친 부분이 올바르지 않은 것을 고르시오.

① 会議には遅れないようにして下さい。

② 当分は酒を飲まないことにしています。

③ 最近タバコは吸わないようにしています。

④ 人には迷惑をかけないようにしましょう。

⑤ 寒いから、風邪を引かないことにしましょう。

➡ ⑤ 寒いから、風邪を引かないようにしましょう。
① 회의에는 지각하지 않도록 해 주세요.
② 당분간은 술을 마시지 않도록 하고 있습니다.　　③ 최근 담배는 피지 않도록 하고 있습니다.
④ 사람에게는 피해를 주지 않도록 합시다.　　⑤ 춥기 때문에, 감기에 걸리지 않도록 합시다.

55) 다음 문장의 의미와 가장 가까운 것을 고르시오.

> あと十万円あれば、ピアノが買える。
> じゅうまんえん　　　　　　か

① この人は10万円あるので、今ピアノが買える。

② この人は10万円たりないから、今ピアノが買えない。

③ この人は10万円たりないが、今ピアノが買える。

④ この人は10万円しかないから、今ピアノが買えない。

⑤ この人は10万円あるから、今ピアノを買えない。

🔁 이제 10만 엔 있으면, 피아노를 살 수 있다.
② 이 사람은 10만 엔 부족하기 때문에, 지금 피아노를 살 수 없다.

56) 다음 문을 우리말로 바르게 옮긴 것을 고르시오.

> 彼の仕事を引き受けたばかりに、ひどい目にあった。
> かれ　しごと　ひ　う　　　　　　　め

① 그의 일을 인수한 나머지 많은 손해를 보았다.

② 그의 일을 떠맡은 바람에 혼났다.

③ 그의 일을 떠넘기느라 애를 먹었다.

④ 그의 일을 떠넘긴 탓에 지독한 비난을 받았다.

⑤ 그의 일을 인수한 덕에 큰 이익을 보았다.

🔁 그의 일을 인수했기 때문에, 심한 고생을 했다.
ばかりに : ~인 탓으로, ~이기 때문에. (그것만이 원인 · 이유가 있다고 하는 의미를 나타내며 부정적인 문장에 사용한다)
(심한 경험을 하다 : 辛く苦しい · 辛い目にあう · 苦しい経験をする · 苦しい思いをする · 苦しみを嘗める · つらいことを経験する · くるしい目に遭う · ひどい目に遭う)

57)「さんぽ」の「ん」の発音と同じものは。

① はんこ ② ほんのう

③ かんじ ④ あんま

⑤ はんたい

➡ 散歩 (산보)
① 도장. (判子) ② 본능. (本能)
③ 한문. (漢字) ④ 안마. (按摩)
⑤ 반대. (反対)

• ん은 다음에 오는 음에 의해 영향을 받아 실제로는 4종류의 읽기 방법이 있다.

실제의 발음	뒤에 따라오는 가나 문자							
ñ	あ	い	う	え	お			
	さ	し	す	せ	そ	しゃ	しゅ	しょ
	は	ひ	ふ	へ	ほ	ひゃ	ひゅ	ひょ
	や		ゆ		よ			
	わ							
	어미 (語尾)							
ŋ	か	き	く	け	こ	きゃ	きゅ	きょ
	が	ぎ	ぐ	げ	ご	ぎゃ	ぎゅ	ぎょ
n	ざ	じ	ず	ぜ	ぞ	じゃ	じゅ	じょ
	た	ち	つ	て	と	ちゃ	ちゅ	ちょ
	な	に	ぬ	ね	の	にゃ	にゅ	にょ
	ら	り	る	れ	ろ	りゃ	りゅ	りょ
m	ば	び	ぶ	べ	ぼ	びゃ	びゅ	びょ
	ぱ	ぴ	ぶ	ぺ	ぽ	ぴゃ	ぴゅ	ぴょ
	ま	み	む	め	も	みゃ	みゅ	みょ

ñ	ん 은 비음화 된다. (단독으로 사용한다)
	ほんや [hoñya] 책방.　にほん [nihoñ] 일본.
ŋ	영어의 'Sing'에서 보여지는 ng의 음과 비슷하다. 우리나라 말의 ㅇ에 가깝다.
	ぶんか [buŋka] 문화.　おんがく [oŋgaku] 음악.
n	혀끝을 잇몸에 붙여 읽는다.　우리나라 말의 ㄴ에 가깝다.
	ほんと [honto] 정말.　かんだ[kanda] 간다 (地名).　おんな [onna] 여자.
m	위 아랫입술을 닫고 읽는다.　우리나라 말의 ㅁ에 가깝다.
	えんぴつ [empitsu] 연필.　しんぶん [shimbun] 신문. ぶんめい [bumme] 문명.

• ん음을 읽는데 걸리는 길이는 다른 가나문자의 길이와 거의 같다.

• 次の文の(　　)の中に最も適当なものを入れなさい。

58) 昨日デパートで社長の奥様に(　　)。

　　① お目にかかりました　　　　　② お目にたちました

　　③ お見えになりました　　　　　④ お目につきました

　　⑤ お目にとまりました

　　➡ 어제 백화점에서 사장님 사모님을 뵈었습니다.
　　　① 뵈었습니다. (会う의 겸양어)　　② 눈에 띄었습니다. (目に立つ)
　　　③ 오셨습니다. (来る의 존경어)　　④ 눈에 띄었습니다. (目に付く)
　　　⑤ 눈길을 끌다. 관심을 끌다. (目に留まる)

• 次の文章を読んで後の問いに答えなさい。

　　まず二階の受付で保険証を出してください。受付で部屋の番号を書いた紙をお渡ししますからその番号の部屋でしばらくお待ちください。名前を呼ばれたら診察室へお入りください。なお診察が終わったら受付へ戻ってください。検査のあるかたもいったん受付へ戻ってから検査を受けます。

　　우선 2층의 접수하는 곳에서 보험증을 제출해주세요. 접수하는 곳에서 방 번호를 적은 종이를 건네 드리면 그 번호 방에서 잠시 기다려주세요. 이름을 부르면 진찰실로 들어와 주세요. 그리고 진찰이 끝나면 접수하는 곳으로 되돌아와 주세요. 검사가 있는 분도 일단 접수하는 곳으로 되돌아오고 나서 검사를 접수합니다.

59) どこからどこへ行けばいいですか。

　　① 受付 → 診察室　　　→ 番号の部屋 → 受付

　　② 受付 → 診察室　　　→ 番号の部屋 → 検査

　　③ 受付 → 番号の部屋 → 診察室　　　→ 受付

　　④ 受付 → 番号の部屋 → 診察室　　　→ 検査

　　⑤ 受付 → 番号の部屋 → 検査　　　→ 受付

　　➡ ③ 접수 → 번호의 방 → 진찰실 → 접수

60) 次の文章を読んで後の問いに答えなさい。

今朝は寒かった。七時に起きようとしたが、寒むくてなかなか起きられず七時半になってしまった。急いで準備をしていえを出た。

学校ではひさしぶりに田中さんとあった。　田中さんはしばらくフィリピンを旅行していたそうだ。おもしろかったのでもう一度行きたいと言っていた。そのためには一生懸命アルバイトをしてお金をためなければならないそうだ。

私も旅行には行ってみたいが、そんなたいへんなことはできそうもない。自分でも考え方があまいと思った。

오늘 아침은 추웠다. 7시에 일어나려고 했지만, 추워서 좀처럼 일어날 수 없어 7시 반이 되고 말았다. 서둘러 준비를 하고 집을 나왔다.

학교에서는 오래간만에 다나까씨를 만났다. 다나까씨는 잠시 필리핀을 여행했었다고 한다. 재미있었기 때문에 다시 한번 가고 싶다고 말했다. 그렇기 하기 위해서는 열심히 아르바이트를 해서 돈을 저금하지 않으면 안 된다고 한다.

나도 여행은 가고 싶지만, 그런 힘든 일은 가능할 것 같지도 않다. 스스로도 사고방식이 부족하다고 생각했다.

A) 「そのため」とは何のためですか。

① 旅行するため　　　　② フィリピンへ留学するため

③ お金をためるため　　④ アルバイトをするため

⑤ 田中さんに会うため

➡ ① 여행하기 위해서.

B) 「そんなたいへんなこと」とはどんなことですか。

① 旅行すること　　　　② フィリピンへ行くこと

③ 一生懸命アルバイトをすること

④ お金をためること　　⑤ 考え方があまいこと

➡ ③ 열심히 아르바이트를 하는 것.

연습 문제 1 정답

1	③	26	②	51	⑤	76	④
2	⑤	27	③	52	①	77	⑤
3	⑤	28	③	53	②	78	②
4	④	29	⑤	54	④	79	②
5	②	30	⑤	55	⑤	80	①
6	③	31	③	56	③	81	⑤
7	④	32	②	57	①	82	③
8	②	33	④	58	③	83	②
9	⑤	34	①	59	②	84	③
10	①	35	③	60	①	85	③
11	④	36	②	61	④	86	①
12	③	37	①	62	①	87	②
13	①	38	⑤	63	③	88	①
14	③	39	②	64	①	89	①
15	②	40	③	65	③	90	⑤
16	⑤	41	②	66	②	91	④
17	④	42	①④③②	67	⑤	92	②
18	①	43	④	68	④	93	④
19	①	44	③	69	①	94	④
20	④	45	①	70	②	95	⑤
21	③	46	⑤	71	①	96	④
22	①	47	③	72	⑤	97	①
23	②	48	②	73	③	98	⑤
24	③	49	②	74	③	99	③
25	①	50	③	75	①	100	①

연습 문제 2 정답

1	①	26	①	51	④	76	⑤
2	②	27	④	52	②	77	②
3	④	28	①	53	①	78	②
4	②	29	①	54	①	79	④
5	④	30	③	55	②	80	②
6	①	31	⑤	56	⑤	81	①
7	②	32	①	57	②	82	③
8	③	33	③	58	③	83	①
9	①	34	④	59	①	84	③
10	③	35	④	60	④	85	④
11	②	36	③	61	①	86	④
12	①	37	③	62	④	87	①
13	②	38	③	63	④	88	②
14	④	39	①	64	⑤	89	①
15	③	40	③	65	②	90	①
16	③	41	④	66	④	91	③
17	②	42	③	67	④	92	②
18	①	43	④	68	⑤	93	②
19	③	44	⑤	69	②	94	③
20	①	45	①	70	②	95	②
21	②	46	④	71	③	96	⑤
22	③	47	③	72	①	97	③
23	④	48	③	73	⑤	98	⑤
24	②	49	①	74	①	99	①
25	③	50	④	75	③	100	①

연습 문제 3 정답

1	④	16	②	31	①	46	①
2	②	17	③	32	①	47	③
3	①	18	⑤	33	①	48	⑤
4	①	19	③	34	⑤	49	①
5	①	20	④	35	②	50	③
6	①	21	⑤	36	⑤	51	④
7	②	22	②	37	③	52	③
8	①	23	⑤	38	②	53	①
9	④	24	④	39	①	54	⑤
10	①	25	③	40	④	55	②
11	②	26	④	41	③	56	②
12	⑤	27	①	42	②	57	④
13	②	28	②	43	②	58	①
14	③	29	②	44	⑤	59	③
15	②	30	①	45	②	60	①③

저자 약력

서강대학교
日本 拓植대학 유학생별과
日本 立教대학
전 한빛변리사학원 전임교수
전 태학관법정연구회 전임교수
전 사법연수원 일본어 교수
현 토피아 아카데미 강사

저서
기초일본어 Workshop 1 (박영사)
기초일본어 Workshop 2 (박영사)
고시일본어 Workshop 上 (박영사)
고시일본어 Workshop 下 (박영사)
고시일본어 Workshop-최종점검 일개월 완성 (태학관)
고시일본어 Workshop-사법시험, 변리사시험 기출문제집 (태학관)

기초 일본어 基礎 日本語

Workshop 2

초판발행	2021년 6월 10일
지은이	최철규
펴낸이	안종만·안상준
기획/마케팅	조성호
표지디자인	BEN STORY
제 작	고철민·조영환
펴낸곳	(주) 박영사
	서울특별시 금천구 가산디지털2로 53, 210호(가산동, 한라시그마밸리)
	등록 1959. 3. 11. 제300-1959-1호(倫)
전 화	02)733-6771
f a x	02)736-4818
e-mail	pys@pybook.co.kr
homepage	www.pybook.co.kr
ISBN	979-11-303-1259-0 14730

* 파본은 구입하신 곳에서 교환해 드립니다. 본서의 무단복제행위를 금합니다.
* 저자와 협의하여 인지첩부를 생략합니다.

정 가   37,000원